AF577968

SCM
R.Brockhaus

Edition C Bibelkommentar Altes Testament

Band 4

Herausgegeben von:
HELMUTH PEHLKE

unter Mitwirkung von
Walter Hilbrands
und
Hans-Georg Wünch

STEFAN KÜRLE

Das zweite Buch Mose

SCM

Stiftung Christliche Medien

SCM R.Brockhaus ist ein Imprint der SCM Verlagsgruppe, die zur Stiftung Christliche Medien gehört, einer gemeinnützigen Stiftung, die sich für die Förderung und Verbreitung christlicher Bücher, Zeitschriften, Filme und Musik einsetzt.

Titelbild: Jesaja-Rolle vom Toten Meer, 2. Jh. v.Chr.
Foto: Prof. J.C. Trever / © A. Schick – Bibelausstellung Sylt
Mit freundlicher Genehmigung entnommen aus dem Dokumentationsband von A. Schick »Faszination Qumran« (ISBN 3-98397-382-6).
Zum Ausleih für Gemeinden: Große Qumran- & Bibelausstellung mit Faksimiles der Schriftrollen vom Toten Meer, Modell von Qumran, Kopien der Tonkrüge etc.
Bibelausstellung Sylt c/o Alexander Schick
Friedrichstraße 19, D-25980 Westerland/Sylt.

Max-Eyth-Straße 41 · 71088 Holzgerlingen
Internet: www.scm-brockhaus.de; E-Mail: info@scm-brockhaus.de

Umschlaggestaltung: Stefanie Brunner
Umschlagsatz: Patrick Horlacher, Stuttgart
Satz: Breklumer Printservice, Breklum
Druck und Bindung: GGP Media GmbH, Pößneck
Gedruckt in Deutschland
ISBN 978-3-417-25088-6
Bestell-Nr. 225.088

Inhalt

Abkürzungen

Allgemeine Abkürzungen:

bzw. - beziehungsweise
ca. - circa/ungefähr
cm - Centimeter
d.h. - das heißt
f - folgender
ff - folgende
hebr. - hebräisch
Hrsg. - Herausgeber
Kap. - Kapitel
kg - Kilogramm
m - Meter
n.Chr. - nach Christi Geburt
s.u. - siehe unten
sog. - sogenannt(e)
usw. - und so weiter
V. - Vers/Verse
v.Chr. - vor Christi Geburt
vgl. - vergleiche
z.B. - zum Beispiel

Biblische Bücher:

1Mo	1. Mose
2Mo	2. Mose
3Mo	3. Mose
4Mo	4. Mose
5Mo	5. Mose
Jos	Josua
Ri	Richter
Rut	Ruth
1Sam	1. Samuel
2Sam	2. Samuel
1Kön	1. Könige
2Kön	2. Könige
1Chr	1. Chronik
2Chr	2. Chronik
Esr	Esra
Neh	Nehemia
Est	Esther
Hiob	Hiob
Ps	Psalmen
Spr	Sprüche
Pre	Prediger
Hld	Hohelied
Jes	Jesaja
Jer	Jeremia
Kla	Klagelieder
Hes	Hesekiel

Dan	Daniel
Hos	Hosea
Joel	Joel
Am	Amos
Obd	Obadja
Jona	Jona
Mi	Micha
Nah	Nahum
Hab	Habakuk
Zef	Zefanja
Hag	Haggai
Sach	Sacharja
Mal	Maleachi
Mt	Matthäus
Mk	Markus
Lk	Lukas
Joh	Johannes
Apg	Apostelgeschichte
Röm	Römerbrief
1Kor	1. Korintherbrief
2Kor	2. Korintherbrief
Gal	Galaterbrief
Eph	Epheserbrief
Phil	Philipperbrief
Kol	Kolosserbrief
1Thess	1. Thessalonicherbrief
2Thess	2. Thessalonicherbrief
1Tim	1. Timotheusbrief
2Tim	2. Timotheusbrief
Tit	Titusbrief
Phlm	Philemonbrief
1Petr	1. Petrusbrief
2Petr	2. Petrusbrief
1Joh	1. Johannesbrief
2Joh	2. Johannesbrief
3Joh	3. Johannesbrief
Hebr	Hebräerbrief
Jak	Jakobusbrief
Jud	Judasbrief
Offb	Offenbarung des Johannes

Textausgaben, Bibelübersetzungen, Lexika:

BDB	Brown, Driver, Briggs, Gesenius Hebrew and English Lexicon
BFC	Bible en Français Courant (ähnlich GNB)
BHS	Biblia Hebraica Stuttgartensia
Br	Bruns
Elb	Elberfelder-Übersetzung (revidiert)
EÜ	Einheitsübersetzung
GNB	Gute Nachricht Bibel
HFA	Hoffnung für alle
KJV	King James Version (von 1611)
LÜ	Luther-Übersetzung
LÜ†	Luther-Übersetzung von 1912
LXX	Septuaginta (grie. Übersetzung des AT)
MT	Masoretischer Text
NLB	Neues-Leben-Bibel
Ne-Al	Nestle-Aland Text des NT
RSV	Revised Standard Version
SLT	Schlachter-Übersetzung
Vul	Vulgata (lateinische Bibelübersetzung)
Zü	Zürcher Bibel

Umschrift für Hebräisch:

Konnsonanten		Vokale	
א	’	ַ	a
ב	v/b	ָ	ā/o
ג	g	ִ	i
ד	d	ֵ	ē
ה	h	ֶ	ä
ו	w	ֹ	ō
ז	z	ֻ	u
ח	ch	ָי	â
ט	ṭ	ִי	î
י	j	ֵי	ê
ך כ	ḵ/k	ֶי	ê
ל	l	וֹ	ô
ם מ	m	וּ	û
ן נ	n	הָ	āh
ס	s	הֵ	ēh
ע	‘	הֶ	äh
ף פ	f/p	הֹ	ōh
ץ צ	ṣ	ְ	ə
ק	q	ֲ	ă
ר	r	ֱ	ĕ
שׂ	ś	ֳ	o/ŏ
שׁ	sch		
ת	t		

Vorwort der Herausgeber

Eine Kommentarreihe zum Alten Testament herauszubringen war zu jeder Zeit ein Wagnis, denn das Alte Testament erfreut sich selbst in evangelikalen Kreisen nicht der gleichen Wertschätzung wie das Neue. Das mag daran liegen, dass die geschichtlichen, kulturellen und religiösen Hintergründe des Alten Testaments von unserem Kulturkreis und unserer Zeit zu weit entfernt liegen. Besonders für den Christen in der westlichen Hemisphäre, mit seiner humanistischen Prägung und seinem Demokratieverständnis, bleibt der Zugang zu diesem ersten Teil der Bibel häufig verwehrt. Ferner wird wenig berücksichtigt, dass das Alte Testament die Bibel Jesu Christi und der Apostel war. Die Aussagen des Alten Testaments bilden die Grundlage für das Neue.

Das erste Hauptmerkmal dieser Reihe ist eine ausführliche Einleitung in das jeweilige Bibelbuch, die dem Leser die Botschaft des jeweiligen Buches verständlich machen möchte. Dazu gehört eine Synthese der Botschaft, die helfen soll, das betreffende Bibelbuch in seiner Gesamtheit zu erfassen und zu verstehen, besonders in seiner theologischen Dimension.

Das zweite Hauptmerkmal soll eine solide historisch-grammatische Exegese am hebräischen Text sein. Dazu gehört eine flüssige Übersetzung des hebräischen Textes, die in einzelne Sinnabschnitte mit entsprechenden Überschriften gegliedert ist. Das Kernstück des Kommentars bildet die Auslegung des Textes. Wurden dazu andere Arbeiten benutzt oder zugrunde gelegt, werden die jeweiligen Autoren in Klammern mit entsprechender Seitenzahl angegeben. In der am Ende des Kommentars erscheinenden Literaturliste können der Titel, Erscheinungsort und -jahr nachgeschlagen werden. Es ist nicht die Absicht dieser Kommentarreihe, die wissenschaftlich notwendige Auseinandersetzung mit anderen Meinungen zu führen. Im Vordergrund und im Mittelpunkt der Edition C soll die Arbeit am biblischen Text stehen, wie er uns vorliegt.

Das dritte Hauptmerkmal ist, dass die Benutzer dieser Reihe Hilfe bei der Predigt- und Bibelstundenvorbereitung erhalten. Dazu sollen die homiletischen Hilfen und Einteilungen dienen. Sie wollen aber nicht die eigene Arbeit am biblischen Text ersetzen.

Am Anfang wurde darauf hingewiesen, dass das Alte Testament die Bibel unseres Herrn und der Apostel war. Das bedeutet, dass das Alte Testament zuerst geschrieben worden war und dann das Neue. Deshalb darf Christus nicht in das Alte Testament hineingelesen werden, sondern er muss herausgelesen werden. Daher sollte das Alte Testament zunächst als Altes Testament verstanden werden. Das Neue Testament entwickelt die theologischen Hauptkonzepte des Alten Testaments weiter und zeigt, dass das ganze Heilsgeschehen in Christus und in seiner Erlösungstat zur Vollendung kommt.

Die einzelnen Autoren und die Herausgeber freuen sich und sind der SCM R.Brockhaus dankbar, dass sie sich der Auslegung der ganzen christlichen Bibel verpflichtet weiß und dass sie das Wagnis auf sich nimmt, diese Kommentarreihe zum Alten Testament zu verlegen. Wir würden es als Lohn unserer Arbeit ansehen, wenn durch diese Kommentarreihe das Alte Testament besser verstanden und mehr gepredigt werden würde.

Die Herausgeber

Vorwort des Autors

Wer könnte sich anmaßen, in einem alten Buch wie dem 2. Buch Mose das Neue, noch nie Erkannte zu entdecken? Welche Berechtigung hat dann ein neuer biblischer Kommentar? Ein Kommentar soll die Brücke sein, über die seine Leser einen Zugang zu diesem alten Buch finden. Diese Brücke muss für jede Zeit neu geschlagen werden und darf sich nie von den bereits in der Vergangenheit und aus anderen Perspektiven gebauten Brücken loslösen. Aufgrund der Anlage der vorliegenden Reihe führe ich diesen Dialog nur an sehr wenigen Stellen ausdrücklich. Doch im Hintergrund wird der kundige Leser immer wieder feststellen können, in welcher auslegerischen Gemeinschaft ich mich befinde. Der spezifische Beitrag des vorliegenden Versuchs soll sein, den Leser anzuleiten, in die Welt des Textes dieses zentralen alttestamentlichen Buches einzusteigen, seine Schönheit, seine inhaltliche und künstlerische Tiefe, aber auch seine Spannungen und theologischen Herausforderungen wahrzunehmen. Ich habe bewusst versucht, meine Kommentare zu einzelnen sprachlichen und inhaltlichen Beobachtungen nicht isoliert aneinanderzureihen, sondern in einer kontinuierlichen Lektüre des ganzen Buches diese Einzelheiten miteinander in Bezug zu setzen.

Das 2. Buch Mose soll dem Leser zur Anrede werden. Wie alle biblischen Texte wurde auch 2. Mose mit einer kommunikativen Absicht geschrieben und gestaltet. Der Leser soll nicht wieder so vom Text weggehen, wie er ihn angetroffen hat. Dieser Kommentar ist ein Versuch, den heutigen Leser in diese Kommunikation des Autors mit seinem Leser mit hineinzunehmen. Letztlich haben wir es mit dem wirksamen und allzeit gültigen Wort Gottes zu tun, das uns begegnet und aus unserer Selbstbezogenheit lösen will. Gott soll uns begegnen können und uns Dinge sagen, die vielleicht momentan nicht unsere Themen sind, ihm aber sehr wohl wichtig sind.

Neben einer eigenen neuen Übersetzung und der Kommentierung werden auch homiletische Hilfen angeboten („Anregung zur Bibelarbeit“). Diese Anmerkungen bieten ganz bewusst keine ausgearbeiteten

Bibelarbeiten, da die Schnittstelle zur konkreten Zielgruppe außerhalb dieses Kommentars in der Person liegt, die die jeweilige Bibelstudiengruppe vorbereitet. Es wurden an manchen Stellen offene Fragen formuliert, die einer Gruppe den Zugang zum Text erleichtern sollen. An anderen Stellen wurde versucht, ganz bewusst die Aussage des Textes für die heutige Situation in Kirche, Kultur und Gesellschaft zuzuspitzen. Hier zeigt sich die Subjektivität des Kommentars am deutlichsten. Dies habe ich in Kauf genommen, da es oft einfacher ist, der Relevanz des Textes für die eigene konkrete Situation auf die Spur zu kommen, wenn man ein Beispiel hat, an das man sich anlehnen oder an dem man sich reiben kann.

Guter Sitte folgend, möchte ich mich an dieser Stelle auch bedanken, zunächst bei den Herausgebern Helmuth Pehlke und Hans-Georg Wünch. Dr. Pehlke hat meine eigenen ersten Schritte in der Auslegung des Alten Testaments motivierend begleitet. Ihm danke ich für das Vertrauen, mir diesen Kommentar zuzutrauen. Dem Verlag und vor allem dem neuen Mitherausgeber Dr. Wünch danke ich für die Wiederaufnahme des Projekts nach einigen Jahren des Stillstands. Meinen Kolleginnen und Kollegen an der Faculdade Teológica Sul Americana in Londrina, Brasilien, danke ich für die Unterstützung und Rücksichtnahme bei der Entstehung des Buches und ihren ungetrübten Blick für die Realitäten und Herausforderungen, in denen sich die Kirche heute befindet. Auch sie ist Gottes Volk, das seine Wurzeln in Israel findet, dessen Anfang und Identität in 2. Mose beschrieben werden. Weiterhin möchte ich meinen geschätzten Kolleginnen und Kollegen am Theologischen Studienzentrum Berlin und der Ev. Hochschule TABOR danken, die meinen Blick ebenfalls für viele Zusammenhänge geschärft haben und es mir ermöglicht haben, das 2013 in einer ersten Version fertiggestellte Manuskript nun abschließend zu bearbeiten. Doch mein größter Dank geht an Birgit, meine Frau, die an dem Kommentar einen sehr großen Teil mitträgt und ohne die seine Fertigstellung Illusion geblieben wäre.

Berlin, August 2021
Stefan Kürle

1 Einleitung

1.1 Das Buch 2. Mose

Wenn wir das 2. Buch Mose lesen, lesen wir ein Buch, und Bücher sind Literatur. Hier nun liegt allerdings ein Sonderfall vor. Das zweite Buch Mose ist Teil eines größeren Ganzen, welches wir heute Pentateuch nennen, also die Sammlung der fünf Bücher Mose, die Thora. Hier möchte ich gleich darauf hinweisen, dass 2. Mose nicht einfach eine Art Kapitel des Pentateuchs ist, wie es manche Ausleger annehmen. Es ist zwar wahrscheinlich, dass es nie ohne diesen literarischen Zusammenhang existiert hat, aber dennoch ist es eine in sich geschlossene Einheit mit einem Anfang und einem Ende. Dies ist eine Vorentscheidung, die wichtig sein wird, wenn wir die theologischen Themen und den Aufbau des Buches betrachten. So werde ich mich zunächst auf das Buch als solches beschränken und dann in einem nächsten Schritt die weiteren Horizonte des Buches in den Blick nehmen, d.h. seine Verbindungen zu den anderen Büchern des Pentateuchs und dann über das Alte Testament hin zur gesamten Bibel.

Im deutschen Sprachraum ist die Bezeichnung „das 2. Buch Mose" für das Buch üblich. Dieser Name ist unmittelbar zugänglich und verdeutlicht, dass 2. Mose Teil eines größeren Ganzen ist. Darüber hinaus legt diese Bezeichnung entweder die Autorschaft nahe oder es wird auf eine der Hauptfiguren innerhalb des Buches angespielt. Der griechische Name „Exodus" greift eines der Hauptthemen des Buches auf, den Exodus, den Auszug Israels aus Ägypten. Der hebräische Name *schəmôt* („Namen") ergibt sich aus der Tradition, die ersten Worte eines Buches auch als dessen Titel zu nehmen. „Und dies sind die Namen …" – so beginnt unser Buch. In diesem Kommentar werde ich die Bezeichnungen „Buch 2. Mose" oder meistens „2. Mose" austauschbar benutzen.

1.2 Inhaltlicher Überblick

Die 40 Kapitel des Buches 2. Mose sind eine sinnvolle, in sich abgeschlossene und kunstvoll komponierte Einheit. Dies ist auch dann der Fall, wenn sich uns als modernen Lesern die Zusammenhänge nicht immer unmittelbar erschließen und wir mit einigen chronologischen oder logischen Sequenzen Schwierigkeiten haben. Diese Schwierigkeiten deuten zuallererst auf die unterschiedlichen Voraussetzungen des Lesers hin, nicht auf Unzulänglichkeiten des Textes. Dieses Vertrauen in die Qualität des Textes soll meine Kommentierung tragen.

Eine knappe Zusammenfassung der Inhalte des Buchs soll an dieser Stelle den Überblick ermöglichen. 2. Mose beginnt mit der Feststellung der überaus großen Vermehrung des Volkes Israel in Ägypten. Dieses Bevölkerungswachstum wird von den ägyptischen Offiziellen als Bedrohung empfunden. Damit wird bereits das Hauptthema des Buches angesprochen: Israel ist nicht dort, wo es sein sollte, in dem ihren Vätern von Gott versprochenen Landstrich östlich des Mittelmeeres, den wir heute als Palästina kennen. So deutet sich ein politischer Konflikt an. Nun blendet der Autor die große Bühne aus und wendet sich der Geburt und den gefährlichen Umständen der ersten Jahre eines gewissen Mose zu. Ein Leser des Buches wird diesen Bericht mit der Schilderung der Situation des Volkes Israel kombinieren und zu dem Schluss kommen, dass hier der spätere Retter geboren wurde, falls er dies nicht schon aus den Erzählungen seiner Vorfahren wusste. Moses Werdegang wird jedoch als wenig Erfolg versprechend dargestellt. Erst mit seiner Gottesbegegnung wird sich dies ändern. Die Begegnung am brennenden Dornbusch mündet in einen langen Dialog zwischen Gott und Mose, der den Leser in den göttlichen Plan zu Israels Befreiung einweiht. Mose wird zusammen mit seinem Bruder Aaron zum Sprachrohr Gottes, sowohl für Israel als auch für den König Ägyptens. In den folgenden Kapiteln mit vielen Wiederholungen und Dialogen wird der Konflikt zwischen dem Pharao und Gott selbst entfaltet. Auf dem Höhepunkt dieses Konflikts, nach dem Einschub einiger Hinweise zur zukünftigen Einhaltung des Passahfestes, wird von der göttlich begleiteten Flucht des Volkes aus ägyptischer Sklaverei berichtet.

Diese wird abschließend in einem poetischen Text, dem Schilfmeerlied, reflektiert und auf die Zukunft des Volkes hin interpretiert.

Die folgenden Abschnitte schildern einige ausgewählte Ereignisse aus der Reise des Volkes in der Wüste. Diese sogenannte Wüstenerzählung behandelt einen weiteren Konflikt: den Konflikt zwischen Gott und seinem Volk. Das Volk erweist sich als widerspenstig und rebellisch. Mose bekommt viel von diesem Missmut ab, wird aber immer wieder als rechtmäßiger Leiter des Volkes von Gott bestätigt.

Schließlich erreicht das Volk den Berg Gottes, den Sinai, und bereitet sich auf die Gottesbegegnung und einen Bundesschluss zwischen Gott und Volk vor. Mose besteigt den Berg und redet mit Gott. Das Volk hört dann direkt die Zehn Gebote aus Gottes Mund und erbittet sich infolge dieses Erlebnisses Mose als Mittler zwischen ihnen und Gott. Es entwickelt sich für den Leser eine interessante Situation: Ganz anders als das Volk in der Erzählung „hört" der Leser in den nun folgenden Kapiteln Gottes Stimme sozusagen direkt, also ohne Umweg über Mose. Vor dem Bericht des offiziellen Bundesschlusses zwischen Gott und Israel bekommt der Leser im sogenannten Bundesbuch einen Einblick in die Möglichkeiten und Herausforderungen, die diese Verbindung für das Volk mit sich bringt.

Die nun folgenden Monologe Gottes drehen sich vor allem um die Errichtung und Ausstattung einer Kultstätte, der sogenannten Stiftshütte (wörtlich: „Zelt der Begegnung" oder einfach „Wohnung"), das Ritual der Priesterweihe und Anweisungen zum Sabbat.

Im Anschluss an all diese Anweisungen wird der Leser von dem Bundesbruch seitens des Volkes überrascht. Diese Erzählung vom Goldenen Kalb wird zum Hintergrund für eine theologische Diskussion zwischen Mose und Gott über die prinzipielle Möglichkeit der dauerhaften Verbindung zwischen Volk und Gott.

Nachdem deutlich wurde, dass Gott sein Projekt mit Israel weiterführen möchte, wird davon berichtet, wie die Konstruktion der Kultstätte noch in der Wüste mit großem Enthusiasmus und Einsatz ausgeführt wird. Das Buch kommt dann zu seinem alles überragenden Höhepunkt in der Weihe und dem Bezug der Stiftshütte durch Gott selbst. Die Gegenwart Gottes beim Volk gilt als gesichert, und der Bund zwischen den beiden bleibt bestehen.

Bereits eine oberflächliche Durchsicht des Buches 2. Mose macht deutlich, wie viel Material hier auf kleinem Raum literarisch verarbeitet wurde. Es wird eine Fülle von literarischen Formen verwendet, die alle dazu dienen, den Inhalt und die Botschaft des Buches ästhetisch anspruchsvoll und kommunikativ unterstützend zu vermitteln. Hierzu gehören Erzählung, Dialog, Monolog, Gebet, Gedicht, Gesetzessammlung, Anweisung, Erfüllungsbericht, Liste und viele kleinere Gattungen. Diese Vielfalt hat in der Auslegungsgeschichte oft dazu geführt, dass der Text als uneinheitlich galt und nur bruchstückhaft wahrgenommen wurde. Man konzentrierte sich auf kleinere Abschnitte des gesamten Buchs und verlor zuweilen den Blick für das Ganze. Wie die neuere Bibelauslegung jedoch wiederentdeckt hat, kann man den Inhalt nicht ohne die Form der Präsentation haben. Wie etwas geschrieben wurde, hat großen Einfluss darauf, wie der geschriebene Inhalt wahrgenommen und interpretiert wird. Somit ist jeder einzelne Abschnitt des Buches in seinem größeren literarischen Kontext zu lesen. So ist z.B. ein gründliches Missverstehen bereits vorprogrammiert, wenn die Gesetze aus Kap. 20–23 ohne ihre narrative Einbettung ausgelegt werden. Auch die Erzählung von Bundesbruch und Bundeserneuerung in Kap. 32–34 wird nicht ohne Grund an ebendieser Stelle im Gesamtbuch seinen Platz gefunden haben. Lesen ist ein Prozess, und somit wirkt bereits Gelesenes immer auf den aktuellen Lesevorgang.

1.3 Struktur

Diesem Kommentar liegt die folgende Gliederung des Buches 2. Mose zugrunde.

1,1–15,21	**Israel wird aus Ägypten herausgeführt.**
1,1–6,28	Das Volk wird unterdrückt und hofft auf Freiheit.
6,29–11,10	Gott lässt an den Plagen über Ägypten erkennen, wer er ist.
12,1–15,21	Israel zieht aus, wird gerettet und verarbeitet das Erlebnis in einem Lied.
15,22–18,27	**Israel wird von Gott in der Wüste geleitet, geschützt und versorgt.**
19,1–24,18	**Gott offenbart sich am Sinai und schlägt einen Bund vor, der geschlossen wird.**
19,1-25	Gott erscheint am Sinai.
20,1-21	Der Dekalog wird mitgeteilt.
20,22–23,33	Das Bundesbuch wird mitgeteilt.
24,1-18	Der Bund wird feierlich geschlossen.
25,1–40,38	**Das zentrale Thema der Gegenwart Gottes in Israel wird in diversen Facetten besprochen.**
25,1–27,19	Gott gibt Anweisungen zum Kultort.
27,20–31,18	Gott gibt Anweisungen zur Priesterweihe und zum regelmäßigen Gottesdienst.
32,1–34,35	Der Bund wird durch Israel gebrochen und durch Gott erneuert.
35,1–40,33	Über den Bau des Begegnungszeltes und die Realisation von Gottes Gegenwart beim Volk wird berichtet.
40,34-38	Schluss: Gott nimmt Wohnung in Israel.

Das Buch beginnt mit der Schilderung der Vorgeschichte des Auszugs Israels aus ägyptischer Zwangsarbeit. Mit dieser Einführung (Kap. 1) beginnt der erste Teil des Buches (1,1–15,21), der seine Dynamik und Struktur aus dem Konflikt zwischen Gott und dem ägyptischen Monarchen gewinnt. Israel selbst wird in diesem Teil lediglich als Spielball der Mächte beschrieben. Nach dem großen Gedicht (15,1-21), das den ersten Teil poetisch zusammenfasst und abschließt, wird der Weg Israels bis zum Sinai beschrieben (15,22–18,27). Hier gewinnt das Volk eine große Bedeutung für die Erzähldynamik. Die Israeliten haben immer wieder den großen Wunsch, nach Ägypten zurückzukehren. Gegen diesen Widerstand aber verfolgt Gott seinen Plan, das Volk zu sich und später in das Land der Verheißung, Kanaan, zu bringen. Diese spannungsvolle Situation lässt sich durchaus als Konflikt Gottes mit seinem eigenen Volk bezeichnen.

Am Sinai angekommen (19,1), beginnen die Vorbereitungen für die Begegnung von Gott und Volk. Kurz darauf feiert Israel, durch symbolische Vertretung der 70 Ältesten, ein Bundesmahl in der unmittelbaren Gegenwart Gottes. Dieses gemeinsame Essen bildet den Höhepunkt und Abschluss des so bedeutsamen Beginns der Sinai-Offenbarung, die sich in einem großen erzählerischen Bogen bis 4Mo 10 erstreckt. In 2. Mose wird der Abschnitt 19,1–24,18 zur Mitte und zum theologischen Herzstück. Hier wird sozusagen die Identität des Gottesvolkes definiert und die Grundlage für seine fortwährende Existenz in der Gegenwart Gottes gelegt.

Im vierten und letzten Teil des Buches (25,1–40,38) wird dann die Möglichkeit und Unmöglichkeit der Gegenwart Gottes beim Volk diskutiert. Dieser Teil ist für die Situation der ersten Leser des Buches wichtig, da er besonders deutlich die Brücke zwischen ihnen und der alten Geschichte ihrer Väter schlägt. Neben der zweifachen Beschreibung des mobilen Zeltheiligtums, welches dem späteren Tempel zum ideellen Vorbild dient, wird immer wieder auf den Sabbat Bezug genommen. Heiligtum und Sabbat wurden in Israel zu den entscheidenden religiösen Symbolen, die in der in 2. Mose beschriebenen Gründungsphase des Volkes ihren Anfang nehmen. Gleichzeitig zeigt die Erzählung vom Goldenen Kalb (32–34), wie sehr das Volk in seinem Bestand und seiner Berufung gefährdet und von Gottes Vergebung abhängig ist. Allein die göttliche Vergebung ermöglicht die fortwährende Existenz des Volkes und damit auch die Zukunft des Lesers. Dieser letzte Teil schließt mit dem Höhepunkt des gesamten Buches: Gott nimmt Wohnung inmitten des Volkes (40,34-38). Entgegen allen Erwartungen und trotz aller Gefährdungen – ägyptische Interessen, Versorgungsschwierigkeiten in der Wüste, militärische

Konflikte, Nörgeleien und Zweifel an Gottes Führung, Bundesbruch – ist Gott nun nicht mehr nur in einer Ehrfurcht gebietenden Weise auf dem Berg Sinai anwesend, sondern er begleitet das Volk und sichert durch seine Gegenwart dessen Existenz.

1.4 Literatur, Genre, Leser

In diesem Abschnitt soll das Buch 2. Mose in seinen größeren literarischen Kontext gestellt werden. Diese Vorüberlegungen sollen helfen, es angemessen auszulegen.

Der alte Vordere Orient ist seit frühester Zeit ein literarisch sehr kreativer Kulturraum. Hier wurden in kulturgeschichtlicher Hinsicht Meilensteine literarischen Schaffens gelegt. Die Schrift wurde hier erfunden und die ersten Alphabetschriften entwickelt. Eine ausgeprägte Listenwissenschaft bietet uns erste „wissenschaftliche" Texte. Normen, Mythen und Erzählungen wurden verschriftlicht und bilden für uns einen unschätzbaren Horizont, vor dem die Texte des Alten Testaments zu lesen sind. Die Bibel entstand nicht in einem geistesgeschichtlichen Vakuum. Die biblischen Autoren wurden von ihrem kulturellen Kontext geprägt und schrieben ganz bewusst für Menschen, die ebenfalls in diesem Kontext beheimatet waren. Durch die Texte aus der Umwelt des Alten Testaments haben wir eine ungefähre Ahnung vom jeweils vorherrschenden Weltbild und den religiösen Überzeugungen, die den Hintergrund für viele alttestamentliche Aussagen bieten.

Das Buch 2. Mose war ein hochaktuelles Buch, wie alle Bücher des Alten Testaments, und ist es in einem ganz anderen Sinn heute immer noch. Doch diese Aktualität erschließt sich uns postmodernen Lesern eben nicht direkt, da wir ganz anders geprägt sind als die Autoren und ersten Leser dieser Texte. Das heute vorherrschende Weltbild ist vom altvorderorientalischen grundverschieden. Unsere Lesegewohnheiten und unser eigener literarischer Kontext sind ebenfalls anders geprägt. Dieser Umstand macht dann auch die Fremdheit aus, mit der uns das Buch 2. Mose in weiten Teilen entgegentritt.

Wir wüssten oft gerne mehr von den Gestalten, die uns im Buch begegnen. Es würde uns durchaus interessieren, was Mose in dieser oder jener Situation dachte, fühlte oder sich wünschte. Die biblischen Erzählungen sind für unsere Ohren seltsam kurz gehalten, und so sind wir versucht, immer wieder die sich für uns ergebenden Leerstellen zu füllen. Andere Texte erscheinen uns unnötige Wiederholungen zu sein. Warum

„verschwendet" der Autor sechs Kapitel, wenn auch ein Satz wie „Das Volk und Mose bauten die Stiftshütte genau so, wie Gott es vorgeschrieben hatte" genügen würde? Dann gibt es Texte, die uns völlig ungeordnet erscheinen. Die vielen unterschiedlichen Ideen zur Gliederung des Bundesbuchs sprechen Bände, sowohl über den Text selbst als auch über unseren modernen Drang, logisch strukturierte Texte lesen zu wollen. Dann wiederum gibt es Texte, die uns chronologisch völlig deplatziert vorkommen. Und doch hat sie der Autor genau an dieser Stelle gewollt. Aber warum nur verlässt er die zeitliche Ordnung?

Diese Art von Fragen, die uns als heutige Leser beschäftigen, ist zunächst ein Indiz dafür, wie sehr wir uns auf den Text in seiner Gestalt und in seinem Kontext einlassen müssen. Vieles beim Lesen erschließt sich nicht ohne Weiteres und macht das Lesen des Buches 2. Mose anstrengend. Und doch ist es diese Anstrengung wert, da wir es mit Gottes Wort zu tun haben, das auch bei uns zu seinem kommunikativen Ziel kommen will.

An dieser Stelle soll eine kurze Anmerkung zu der diesem Kommentar zugrunde liegenden Hermeneutik folgen. Wie bereits deutlich wurde, sehe ich in den Brüchen und Schwierigkeiten des Textes eine kommunikative Absicht des Autors, nicht Hinweise auf mündliche oder schriftliche Vorformen des überlieferten Textes. Die Rekonstruktion von mündlichen oder schriftlichen Vorformen, welche in der sogenannten historisch-kritischen Exegese seit vielen Jahrzehnten versucht wird, hat bislang keine gesicherten oder konsensfähigen Ergebnisse gebracht. Ein Kommentar des Buches 2. Mose sollte nach meiner Meinung vor allem eine Erklärung des vorliegenden Textes bieten. Die Frage nach verwendeten Quellen in dem überlieferten Text ist berechtigt, und ihre Beantwortung würde einer umfassenden Erklärung sicherlich zuträglich sein. Aber im Fall des Buches 2. Mose ist die Quellenlage zu dünn, als dass über vage Hypothesen hinaus Antworten gegeben werden könnten. Deshalb beschränke ich mich auf den überlieferten Endtext.

Aus dem eben Gesagten folgt auch die grundlegende Annahme, dass der Autor mit seinem Text in seiner vorliegenden Form eine kommunikative Absicht verfolgte. Texte wie das Buch 2. Mose sind als Teil eines Mitteilungsgeschehens zu verstehen. Bei der Kommentierung des Textes werde ich immer wieder auf die erzählerische Absicht eingehen, die ich hinter dem Text annehme. Dabei kann es nicht nur um den Inhalt des Textes gehen, sondern es muss auch die Form des Textes beachtet werden. Nicht nur *was* der Text kommuniziert, sondern auch *wie* er kommuniziert, hat einen unmittelbaren Einfluss auf dessen Wahrnehmung. Der Leser hat die Aufgabe, alle Aspekte eines Textes wahrzunehmen und anhand dessen sein Verständnis prägen zu lassen. Die vorliegende Kommentarreihe versucht mithilfe der homiletischen Anmerkungen am Ende einer jeden Texteinheit, dieses Verständnis weiterzuführen und für die heutige kulturelle und gesellschaftliche Situation fruchtbar zu machen.

1.5 Der Text von 2. Mose

In diesem Kommentar wird vor allem mit dem masoretischen Text gearbeitet. Dies ist der Text der Hebräischen Bibel, der bereits in den vorchristlichen Schriften von Qumran bezeugt ist. Die Masoreten bemühten sich im Früh- und Hochmittelalter darum, den seit Anfang des zweiten vorchristlichen Jahrhunderts feststehenden Konsonantentext zu vokalisieren und mit Randbemerkungen zu versehen. Diese dienten vor allem dazu, die ungewöhnlichen Eigenschaften des Textes vor Änderungen wie Angleichungen, Korrekturen oder Aktualisierungen zu schützen. Die vielen Handschriftenfunde der Neuzeit, wie zum Beispiel die Rollen von Qumran, zeigen die erstaunlich hohe Qualität dieser Überlieferung.

Neben dieser masoretischen Überlieferung gibt es aber auch noch die Texte des samaritanischen Pentateuchs und die antike griechische Übersetzung des Alten Testaments, die Septuaginta. Für das Buch 2. Mose sind die Unterschiede dieser verschiedenen Textzeugen nicht sehr groß, doch werden sie, falls relevant, in der Übersetzung und Kommentierung aufgenommen.

1.6 2. Mose im Pentateuch

Die fünf Bücher Moses werden in der Fachsprache oft als Pentateuch, abgeleitet vom grie. *pentateuchos biblos* – „fünfbändiges Buch“ –, bezeichnet. Im Judentum entspricht diese Gruppe von Schriften der Thora, von hebr. *tôrāh* – Unterweisung, Gesetz. Schon sehr früh wurden diese fünf Schriften als Einheit betrachtet und gelesen. Wie bereits oben bemerkt, kann man davon ausgehen, dass die einzelnen Teile nie unabhängig voneinander existiert haben. So ist für die Auslegung auch dieser literarische Horizont maßgebend. 2. Mose ist in diesen Gesamtzusammenhang eingebunden. So ist es nicht verwunderlich, dass dieses Buch Erzählfäden und Themen aus dem ersten Buch Mose aufnimmt und weiterführt oder in ihm begonnene Entwicklungen erst viel später zu Ende erzählt werden oder eine Auflösung finden.

2. Mose beginnt mit einem Zitat aus 1Mo 46,8a – ein passender Auftakt für ein Buch, in dem die weitere Erfüllung der Verheißungen an die Erzväter erzählt wird. Die darauf folgende genealogische Liste in 2Mo 1,1-5 bietet einige Anspielungen auf die Geschichte der Söhne Jakobs, wie sie im ersten Buch Mose erzählt wird. Besonders deutlich wird die Verbindung mit 1Mo 46 durch die Erwähnung der Zahl der Personen, die nach Ägypten kamen (1Mo 46,27). Dieses Kapitel dient im Josephzyklus als Abschluss der vorhergehenden Erzählung. Die Brüder haben ihre Einheit wiedergewonnen. So steht einer gemeinsamen Zukunft der „Söhne Jakobs“ als „Söhne Israels“ nichts mehr im Wege. Die Gottesrede in 1Mo 46,3-4 bereitet die weitere geschichtliche Entwicklung in Ägypten vor. Auf dem Hintergrund von 1Mo 46 nehmen die ersten Verse des Buches bereits die Handlung der ersten 15 Kapitel vorweg.

Die Erwähnung der überaus deutlichen Vermehrung Israels in Ägypten hätte bereits genügt, um den Leser an die göttliche Verheißung des Auszugs zu erinnern. Doch der Autor entschied sich, explizit alle Söhne Jakobs namentlich aufzulisten. Deutlicher kann die Verbindung zur Patriarchengeschichte kaum formuliert werden. Der Segen in Gestalt der Vermehrung erinnert den Leser, dass das, was Gott mit Abraham begann, in Ägypten erfüllt wurde – allerdings nur teilweise, denn Israel ist fern des verheißenen Landes, unter politischer Fremdbestimmung und massiv unterdrückt.

So wird deutlich, wie der Autor von 2. Mose mit seinem Werk an den vorangehenden kanonischen Kontext von 1. Mose anknüpft und damit beim Leser eine gewisse Kenntnis des ersten Buches des Pentateuchs voraussetzt.

Der Anschluss der folgenden Bücher des Pentateuchs erfolgt auf mehreren Ebenen. Die narrative Fortsetzung der in 2Mo 15 begonnenen Wüstenwanderung ist erst ab 4Mo 10,11 gegeben. Der gesamte Bereich zwischen diesen Eckpunkten ist erzählerisch am Sinai verortet. Das Erreichen des verheißenen Landes wird erst in 5. Mose vorbereitet und dann in Josua erzählt. Doch bereits in 2Mo 3,8 wird die Landnahme erwähnt. Der lange literarische Weg dorthin spiegelt den realen Weg des Volkes durch die Wüste und umfasst mehrere biblische Bücher. Die Einbindung von 2. Mose in seinen literarischen Kontext dürfte schon durch diese wenigen Hinweise genügend angedeutet sein. Und doch erreicht das Buch 2. Mose ein wirkliches Ende erst mit Kap. 40. 2Mo 40,34-38 fasst das in den vielen vorangehenden Kapiteln Erreichte zusammen und lenken den Blick auf den Aufbruch vom Sinai, der ja erst in 4Mo 10 erzählt wird. Dass Gott nun tatsächlich in die Stiftshütte einzieht und damit später mit dem Volk mitziehen wird, ist der Höhepunkt der ganzen Erzählung des Buches. Die Verlagerung der Perspektive in 3. Mose auf die Vorgänge im Heiligtum markiert auch einen inhaltlichen Übergang von einem Buch zum anderen.

Zusammenfassend lässt sich also sagen, dass 2. Mose eine in sich geschlossene literarische Einheit bildet, die unauflöslich mit ihrem literarischen Kontext verbunden ist. Der erste Horizont unserer Auslegung muss also zunächst das Buch an sich sein, darf aber nicht die Einbettung in den Pentateuch vergessen (vgl. Weimar & Zenger, 11).

Was aber ist dieser Pentateuch als Ganzes? In vielen Kreisen ist die Bezeichnung „Bücher des Gesetzes“ für den Pentateuch üblich. Dies könnte durchaus zu Missverständnissen führen. Grob unterteilt lassen sich zwei Grundgenres ausmachen: narrative, also erzählende Texte und regulative, d.h. gesetzliche Texte. Das Verhältnis dieser beiden Textsorten im Pentateuch ist ungefähr eins zu eins. Geschichte ist hier mit Gesetz untrennbar verwoben. Eines stützt das andere. Der hebräische Begriff *tôrāh* ist eine sehr gute Bezeichnung für das Ganze: Diese Bücher sind Unterweisung, sowohl die Gesetzessammlungen als auch die Erzählungen. In der Auslegungsgeschichte wurde dieses Ineinander zuweilen aufgelöst und damit beide Teile fundamental fehlinterpretiert, bis hin zu einer Gegenüberstellung, die in den Begriffen „Gesetz und Evangelium" gipfelte. Das Judentum, auch das alttestamentliche, wurde oft mit dem Vorwurf der Gesetzlichkeit und der Selbsterlösung durch Gesetzesbeachtung bedacht. Dieser theologische und auslegerische Fehlgriff wiegt schwer, weil dadurch in der christlichen Kirche eine Abwertung des Alten Testaments gegenüber dem Neuen Testament nahegelegt wurde. Damit einhergehend wurde eine sehr negative Einschätzung des Judentums vorgenommen, die einer Karikatur nahekam.

Betrachtet man das Gesetz in seinem literarischen Zusammenhang, so wird deutlich, dass der geforderte Gesetzesgehorsam nicht die Akzeptanz Israels bei Gott begründet, sondern Antwort des aus freien Stücken erwählten Volkes Gottes ist. Das Gesetz umreißt sozusagen den Rahmen, innerhalb dessen das Volk Gottes zu dem werden kann, was es bereits ist. Es ist allein Gottes Wille zu Gnade und Barmherzigkeit, der die Existenz des Volkes in seiner jeweiligen Gegenwart begründet. Gerade dieser Punkt wird durch die Opferbestimmungen deutlich: Buße und Vergebung waren schon immer Teil des Lebens als Volk Gottes. Einen weiteren sehr deutlichen Hinweis in diese Richtung bietet der in 2Mo 32 überlieferte Dialog Moses mit Gott. Nach dem „Fall" Israels durch die Verehrung des Goldenen Kalbes kann Israel nur aufgrund der Vergebungsbereitschaft Gottes weiterexistieren. Diese theologischen Grundlinien werden bei der Kommentierung detaillierter aufgegriffen werden.

Es wird also deutlich, dass der Pentateuch, und mit ihm natürlich auch das Buch 2. Mose, keineswegs ein Gesetzbuch im modernen Sinne ist, welches dem Leser gewisse Verhaltensweisen vorschreibt oder sie unter Strafandrohung stellt. Der Pentateuch erzählt von der göttlichen Rechtsvorstellung und ist daher auf einer theologischen Ebene zu lesen. Wie noch im Einzelnen nachgewiesen wird, ist 2. Mose ein Dokument, durch welches eine gewisse Weltsicht vermittelt werden soll. Dies schließt sowohl eine bestimmte Interpretation der Geschichte des Volkes ein als auch die Begründung eines Lebensstils, der der Identität Israels als Gottesvolk gerecht wird. In diesem Zusammenhang werden zwangsläufig theologische Themen berührt. Dies alles geschieht in einem erzählerischen Gesamtentwurf, der die Interpretation aller Einzelteile bestimmt.

Das zweite Buch Mose führt erzählerisch und theologisch das erste Buch Mose weiter und will die Identität der zum Volk gewordenen Nachkommen Abrahams bestimmen. Die folgenden drei Bücher des Pentateuchs schließen sich chronologisch an 2. Mose an und beleuchten die Identität Israels als Gottesvolk aus jeweils eigenständigen Perspektiven. Somit ist der Pentateuch das Grunddokument Israels und seiner Religion. Es werden Ideale formuliert, welche erzählerisch mit der oft allzu menschlichen Realität in Kontakt gebracht werden. Dies lässt sich in vielen theologischen Themen nachzeichnen, wie es in Auswahl in einem nächsten Schritt geschehen soll.

1.7 Theologische Schwerpunkte und Linien

Im folgenden Abschnitt werden einige wichtige Themen angesprochen, die in 2. Mose eine bedeutende Rolle spielen. Ein Schwerpunkt wird auf die Themen Gesetz und Heiligtum gelegt, da an ihnen die theologische Bedeutung von 2. Mose deutlich wird.

1.7.1 Auszug und Befreiung

Eines der zentralen Themen in 2. Mose ist sicherlich die Erzählung und Interpretation des Auszugs des Volkes Israel aus Ägypten, wie es ja bereits die lateinisch-griechische Bezeichnung des Buches, *Exodus*, nahelegt. Doch nimmt dieses Thema lediglich wenige der insgesamt 40 Kapitel ein.

Wie weiter unten, im Abschnitt über den Bund, ausgeführt wird, ist der Auszug nicht das Gründungsereignis des Volkes Israel. Der Anfang des Volkes wird in der Thora durchgehend in Abraham gesehen. Dem Urvater Israels wird eine Nachkommenschaft versprochen, die die Größe eines Volkes annehmen wird. An diese Verheißung knüpft der Beginn von 2. Mose an, wenn in 1,1-7 die Namen aller Söhne Israels/Jakobs aufgezählt werden und ihre überaus große Vermehrung mit Worten beschrieben wird, die die Schöpfungserzählung aus 1Mo 1 ins Gedächtnis rufen. Gottes schöpferisches Handeln setzt sich in dem starken Bevölkerungswachstum der Israeliten in Ägypten fort. Somit rückt die Erfüllung dieses Teils der Abrahamverheißung hier in den Mittelpunkt. 2Mo beginnt mit einem bereits zu einem Volk gewordenen Israel, welches schon hier als jenes Gottesvolk interpretiert werden muss, das es in Abraham bereits war.

Was aber ist nun das theologisch Besondere am Auszug? Im Kern bedeutet der Auszug für Israel einen Herrscherwechsel. Zu Beginn des Buches dient Israel dem ägyptischen König, indem es ihm seine Baudenkmäler errichtet (2Mo 1–5). Das Buch endet damit, dass Israel seinem neuen Herrn, Jahwe, ein Heiligtum errichtet, welches Gott in einem beeindruckenden Akt bezieht (2Mo 40; vgl. Fretheim 1996a, 230f). So spannt sich der erzählerische Bogen des Buches vom Dienen als erzwungener, harter und stumpfsinniger körperlicher Arbeit (1,11-14; 5,6-19) hin zum Dienen als Gottesdienst (3,18; 5,1.3 usw.) und freiwilligem, fröhlich-kreativem Gestalten des Zeltheiligtums (35,4–40,33). Die Befreiung, die mit dem Auszug geschieht, ist also nicht ein Abwerfen jeglicher Autorität, sondern ein Wechsel der Verbindlichkeiten. Der eigentliche Wechsel wird dabei in der Unterschiedlichkeit der Herren gesehen. Der Pharao ist der „unbewegte Beweger“ (Fretheim 1996a, 230), dessen Herz verhärtet ist und der sich selbst durch die grausamsten Schicksale, die seine Unbeweglichkeit für sein eigenes Volk heraufbeschwört, nicht Gottes Willen beugt. Der Pharao wird als schöpfungsfeindlicher und schöpfungszerstörender Unmensch dargestellt. Demgegenüber „erinnert“ sich Gott (2,24) an sein Volk, segnet, ja verstärkt sein schöpfungsgemäßes Wachstum, lässt sich von ihrer Not bewegen (3,7-10) und sieht selbst bei offensichtlichem Bundesbruch von konsequentem Gericht ab (34,6-10). In seiner gesamten Anlage betont 2. Mose in vielen konzeptionellen Anspielungen an das altorientalische Königsideal diese fürsorgliche Art der Herrschaft Gottes über sein Volk.

Bedeutsam für die theologische Interpretation des Auszugsthemas ist der Aufbau des letzten Teils der Auszugserzählung mit der Einbindung von kultischen Texten (12,14-20.25-27b.43-49; 13,1-16; vgl. Childs, 195-206). Diese Anweisungen für den späteren religiösen Kalender Israels brechen für uns als moderne Leser unnötig den Erzählstrang auf. Doch sind diese Texte geschickt und wirkungsvoll eingefügt, da sie den Bezug der erzählten historischen Ereignisse, die ja bereits für die eigentlichen Adressaten des 2. Mose in ferner Vergangenheit liegen müssen (siehe 2.9.2 zur Datierung des Buches), und der gottesdienstlichen Praxis in der Gegenwart der Adressaten herstellen. Jeder Israelit, der in erinnerndem Bewusstsein das Passah feiert, wird sich in Kontinuität zum Israel des eigentlichen Auszugs verstehen. So wird das Dienen Israels im Gottesdienst an dieses einzigartige geschichtliche Ereignis des Auszugs immer wieder aktualisierend gebunden und von dort begründet. Der Gott, der Israel hinausführte und dem das Volk seine politisch selbstständige Existenz verdankt, ist immer noch derselbe. Dass diese politische Freiheit Israels seit Anbeginn vor allem durch das Volk selbst immer wieder gefährdet wurde und dann in der assyrischen Verschleppung und im babylonischen Exil sein jahrhundertelanges Ende fand, ist ein anderes Thema.

Der Auszug ist als ein aus Gottes Initiative bewirkter Herrschaftswechsel zu verstehen, welcher seine Erfüllung im Gottesdienst findet. Diese Verbindung zum israelitischen Kult ist allerdings nicht einer Vergeistlichung des historischen Auszugs gleichzusetzen. Gerade die Vorschriften zum Passah betonen die Historizität des erinnerten Ereignisses. Dennoch kann die Befreiung des Volkes durchaus als theologische Metapher benutzt werden. Gott hat ein großes Interesse am Ergehen der Unterdrückten. Der Auszug zusammen mit der Erinnerung an die eigene Sklavenvergangenheit wird bereits innerhalb von 2. Mose zur Begründung der sozialen Aufwertung der Ausländer und Schwachen innerhalb Israels herangezogen (22,20; 23,9). So lässt sich aus dem Auszug mit gutem Recht und prominentem Vorbild eine zentrale soziale und auch sozialpolitische Verantwortung derer ableiten, die dem Gott Israels dienen. Vielleicht ist es heutzutage wesentlicher, an diesen überaus wichtigen Aspekt des 2. Mose zu erinnern und auch die christlichen Leser dieses Buches auf ihre gesellschaftliche Verantwortung anzusprechen, statt gegen ihre offensichtlichen Fehlinterpretationen und Radikalisierungen an die politisch motivierte Befreiungstheologie zu erinnern. Viel zu oft lässt sich heute eine eingleisige Verengung des neutestamentlichen Evangeliums Jesu Christi, welches ja in deutlicher Kontinuität zu 2. Mose steht (s.u. 1.8 Das Buch 2. Mose im Kanon), auf eine rein geistlich verstandene Befreiung der Seele aus widergöttlichen Mächten beobachten. Gottes befreiendes Handeln im Auszug wird in 2. Mose als schöpferisches Handeln verstanden. Die Vermehrung des Volkes, trockenes Land aus dem Meer, Licht aus Dunkelheit heraus und später Schaffung einer Ordnung für das Leben und eines Heiligtums, welches im Kleinen Gottes Schöpfungsordnung widerspiegeln soll. Gottes Ordnung des Kosmos ist symbolisch mit seinen Vorstellungen zur gesellschaftlichen und damit sozialen Ordnung verknüpft, und dieser Zusammenhang wird im israelitischen Gottesdienst ausgedrückt. So müssen auch wir Christen das Evangelium für die gesamte Schöpfung interpretieren und leben, damit Gottes lebensschaffende und lebensermöglichende Herrschaft in Jesus möglichst gut für möglichst viele Menschen befreiende Realität wird.

1.7.2 Gott bleibt souverän: der Gottesname

Im vorliegenden Kommentar, vor allem in der Übersetzung, habe ich die einfache Umschrift, JHWH, der vier Konsonanten des Gottesnamens gewählt, um dessen Gewicht an einzelnen Stellen deutlich werden zu lassen.

Wie ist der Gottesname JHWH, gesprochen: *Jahwe* oder *Adonai*, zu verstehen? Hierzu gibt es eine Vielzahl von Hypothesen, die nicht alle gleich wichtig sind. Brevard Childs gibt in seinem Kommentar zu 2. Mose einen knappen Überblick über die Versuche, den Gottesnamen aus einer langen Entstehungsgeschichte mit vielen altorientalischen Parallelen zu erklären (vgl. Albright; Freedman; Cross). Diesen Überblick schließt Childs mit der Bemerkung, dass es angebracht sei, der israelitischen Tradition zu folgen, die den Gottesnamen in klarem Kontrast zu den altorientalischen Parallelen interpretiert (Childs, 64). Es geht in 3,13-15 auch nicht darum, wo dieser Name herkommt, der den Israeliten schon aus grauer Vorzeit bekannt gewesen sein dürfte, sondern um dessen Sinn und damit die Beschreibung des Wesens dieses göttlichen Auftraggebers. Aber auch Childs' eigene Hypothese, den Namen formgeschichtlich aus den Prophetentraditionen zu belegen, kann nicht überzeugen. Bei ihm bleibt die Botschaft für den Leser des überlieferten Textes ebenfalls im Unklaren. Wenn wir auf der Suche nach dem Sinn des Textes sind, der sich für die ersten Leser ergeben hat, so müssen wir zur Erklärung des Gottesnamens letztlich auf wissenschaftliche Etymologien, d.h. Rekonstruktionen der Entstehungsgeschichte der Bedeutung von Worten, verzichten. Besonders deutlich ist dies, wenn der Autor selbst eine Erklärung des Namens anbietet, wie es in 2Mo 3 der Fall ist. Hier versucht der Autor die Erklärung des Namens der Erzählung dienstbar zu machen (vgl. Houtman 1993a, 72). So drängt sich schließlich folgende Frage auf: Welche Funktion haben die Angabe des Namens und seine Erklärung an dieser Stelle der Erzählung?

13 Da sagte Mose zu Gott: Wenn ich nun zu den Söhnen Israels komme und ihnen sage: Der Gott eurer Väter hat mich zu euch gesandt, dann werden sie mich fragen: Wie ist sein Name? Was soll ich ihnen dann sagen?

14 Gott antwortete Mose: Ich bin, der ich bin. Dann sagte er: Dies sage den Söhnen Israels: Ich bin hat mich zu euch gesandt.

15 Und Gott sagte weiter zu Mose: Sage dies den Söhnen Israels: JHWH, der Gott eurer Väter, der Gott Abrahams, der Gott Isaaks und der Gott Jakobs, hat mich zu euch gesandt. Dies ist mein Name für immer und unter diesem werde ich bekannt sein von Generation zu Generation. (3,13-15).

„Ich bin" ist mehr als eine Selbstvorstellung. Im Alten Testament kommt ein zusätzlicher Aspekt hinzu, der Autorität und Exzellenz ausdrückt (Becker, 46). Die Frage nach dem Namen geht über ein reines Interesse an der Identität hinaus und sucht nach Bedeutung und Gewicht der Person. Diese sogenannte „Ich bin"-Formel wird in altorientalischen Texten gerne und viel von Herrschern und Göttern benutzt. Im Alten Testament ist sie bis auf wenige Ausnahmen (1Mo 41,44; 1Kön 19,2 [LXX]; Jes 47,8.10; Zef 2,15 und möglicherweise 2Sam 13,28) Gott vorbehalten, siehe vor allem in 3Mo 17–26, Hesekiel (die Phrase „…erkennen, dass ich JHWH bin" kommt ab 6,7 ca. 70 Mal vor) und Jes 40–49. In 2Mo 3 kommen zwei Bedeutungsebenen zusammen: einerseits die Verweigerung einer direkten Antwort, so auch 2Mo 4,13; 2Sam 15,20 und 2Kön 8,1, und andererseits die eben angesprochene Gewichtigkeit der hinter der Aussage stehenden Person (2Mo 16,23; 33,19; Hes 12,25 und 36,20; vgl. Becker, 54). Gott ist genau das, was er ist, und das genügt für Mose und Israel. Der Text ist aber noch wesentlich interessanter.

Im unmittelbaren Kontext verwendet der Autor nämlich auch die negative Version der „Ich bin"-Formel, die Behauptung der Unwürdigkeit (Becker; Houtman 1993a; Coats). In biblischen Texten begegnen wir der Frage „Wer bin ich, dass …" oder „Wer ist er, dass …", wie zum Beispiel der Pharao in 2Mo 5,2a seine Zweifel an der Bedeutsamkeit Gottes und damit seinen Spott zum Ausdruck bringt. Aber auch Mose formuliert: „Wer bin ich, dass ich zum Pharao gehe und dass ich die Kinder Israel aus Ägypten führe?" (3,11). Aus der vorangehenden Erzählung (2Mo 2) wird deutlich, dass Mose aus sich heraus nicht die richtige Person für seine neue Aufgabe sein kann, da er seine Autorität verspielt hat. Diese Idee greift nun der Autor durch die negative „Ich bin"-Formel auf und setzt sie in Beziehung zur Selbstvorstellung Gottes. Gott, und mit ihm der Autor, ist davon überzeugt, dass es Mose gelingen wird, das Volk aus Ägypten zu befreien, 2Mo 3,12b: „Wenn du das Volk aus Ägypten geführt hast, werdet ihr auf diesem Berge Gott dienen", blickt in die Zukunft. In Gottes Autorität wird Mose das erreichen, was er zuvor zu erreichen versäumt hatte. Der weitere Dialog in 2Mo 3 und 4 wird durch die Frage nach der Autorität der beiden Gesprächspartner dominiert. Schlussendlich wird deutlich, dass Moses Autorität nur dann bestehen wird, wenn sie durch Gottes Autorität gestützt wird. Dies ist also der erzählerische Rahmen, in den die Offenbarung des Gottesnamens fällt und in dem diese zu interpretieren ist.

Was aber will nun der Autor mit seiner eher ausweichenden Erklärung des Gottesnamens sagen? Eigentlich bietet er nur ein Wortspiel an. „Ich bin, der ich bin" ist eine korrekte Übersetzung der zwei hebräischen Verben, die in ihren Konsonanten an den Gottesnamen Jahwe anklingen. Es sollte deutlich geworden sein, dass der redundante Satz „Ich bin, der ich bin" keine Definition oder gar „Übersetzung" des Gottesnamens ist. Hier wird Gleiches mit Gleichem erklärt. So wird in einem gewissen Sinne also gerade keine Antwort gegeben (Lundbom; Zimmerli). Gott entzieht sich dem Zugriff, der Festlegung. Dies wird durch die Aufnahme der als bekannt vorauszusetzenden „Ich bin"-Formel unterstrichen, die für Autorität und Gewicht steht. Gott ist so groß und so unvergleichlich, dass das, was er kann, nicht in einem einzigen Begriff artikuliert werden kann. Über Gott kann man nicht auf der Ebene „Was ist sein Name?" sprechen. Einen Namen wird Mose den Israeliten nicht liefern können, doch er wird etwas über Gottes Charakter berichten können (Houtman 1993a, 95).

Bereits die parallelen Aussagen in 3,14 und 15 machen deutlich, dass für den Leser nichts wirklich Neues kommt. Gott hat keinen anderen Namen als den, mit dem er bereits bekannt ist: der Gott der Väter. Dem Leser ist der Name „Jahwe" bekannt – entweder durch das Lesen von

1. Mose oder 2Mo 3,2, oder er kannte ihn aus seinem eigenen Hintergrund. Hier lernt er nun, wie er diesen Namen verstehen soll. Im Hinblick auf die Patriarchen war Gott der, der verspricht. Jetzt wird er auch als der Erfüller dieser Versprechen bekannt sein.

Betrachten wir den Inhalt des Wortspiels – also die literarische Etymologie von „Jahwe“ –, dann können wir diesen Satz „Ich bin, der ich bin“ in die Reihe der semitischen Satznamen einordnen (v. Soden). Mit v. Soden lässt sich sowohl sprachlich als auch theologisch „Jahwe“ als „Er erweist sich“ auffassen, wobei nicht festgelegt wird, worin er sich erweist. V. Soden ergänzt den Satz mit „als Helfer“. So ist der Name in Wirklichkeit eine Aussage, die dem Namensträger eine gewisse Eigenschaft zuweist. Der Gottesname ist also kein abstraktes, ontologisches Programm im Sinne von Gott als dem „Seienden“, „aus sich heraus Existierenden“. Zusammen mit dem unmittelbaren literarischen Zusammenhang wird vielmehr ein theopolitisches Programm vorgestellt: Gott „Jahwe“ ist bereit, Israel aus Ägypten zu holen. Dies wird gelingen, weil er die nötige Autorität hat. In diesem geschichtlichen Handeln, wie auch in seinem Namen, wird seine Souveränität gewahrt bleiben (Krochmalnik, 40.45).

1.7.3 Bund, Bundesbruch und Bundeserneuerung

Die Erwählung Israels ist nie ein Thema in 2. Mose, wohl aber seine Berufung (Fretheim 1996b, 114). Oft wird vom Sinaibund als einem konditionalen Bund gesprochen: Wenn Israel sich an die Bundessatzungen vom Sinai halte, dann seien sie Gottes Volk. Liest man 2. Mose, so wird die Bundesbeziehung wesentlich differenzierter interpretiert. Weder wird Israels Erwählung durch Gott infrage gestellt, noch ist sie abhängig von der Einhaltung der Bundessatzungen.

Zu Beginn des Buches wird immer wieder auf den Bund mit Abraham, Isaak und Jakob angespielt und dieser schließlich direkt als Grund für Gottes Erlösungswerk durch den Auszug angegeben (2,24). Es ist also die göttliche Erwählung des Volkes bereits in Abraham, in der der Bund vom Sinai steht. Die Erzählung in 1. Mose zeigt, dass der Bund mit Abraham ein erblicher Bund ist (17,7-9). Die zahlreichen Bundeserneuerungen in 1. Mose (17; 26; 28; 35) zeigen, dass der Abrahambund immer wieder aktualisiert und in seinem Bestand dadurch gesichert wurde. 2Mo 19–24 lässt sich in diesem Sinne als weitere Kontextualisierung verstehen und muss nicht davon getrennt als neuer Bund verstanden werden. Dabei muss diese Erweiterung zugleich als eine „Bestätigung" verstanden werden: Der Bund selbst ist nicht das Neue, sondern vielmehr die Gruppe, die sich darauf verpflichten lässt (Jackson 2000, 233). Die Parteien des Bundes erkennen, dass sie bereits durch den Bund gebunden sind, und aus dem einen oder anderen Anlass bekräftigen sie einander ihre Verbindung. Der Anlass ist in 1. Mose im Allgemeinen der Generationenwechsel. In 2. Mose hat sich die Situation dahin gehend geändert, dass nunmehr nicht bloß ein Clan betroffen ist, sondern, in Erfüllung der Mehrungsverheißung, ein ganzes Volk. In der Neuauflage des Bundes Gottes mit seinem Volk, dem sinaitischen Bund, geht es dementsprechend um die Regelung des Verhältnisses zwischen Gott und seinen Bundesgenossen in einer neuen soziologischen Dimension – bereits prospektiv verortet im verheißenen Land und damit in politischer Selbstverantwortung.

Die Reaktion Gottes auf die Unterdrückung des Bundesvolkes, wie sie in 2,23-25 beschrieben wird, ist nur aus dieser Sicht verständlich: Gott „erinnert" sich seines Bundes. Damit erinnert sich auch der Leser an diesen Bund und nimmt die Spannung zwischen der Krise des Volkes, die durch den neuen König aufkam, und der eigentlichen Bundesverheißung wahr. Ja, die teilweise Erfüllung der Abrahamverheißung in der Vermehrung des Volkes hat sogar erst zu Konflikt und Krise geführt. Da können Zweifel beim Leser aufkommen, ob der Bund wirklich auch für Israel als Volk weiterhin besteht und ob neben dem Bevölkerungswachstum auch noch politische Souveränität und Territorium hinzukommen. Der Leser, der ja aus einer Perspektive nach dem Auszug diese Zeilen wahrnimmt, weiß um den Erfolg des Auszugs, weiß um das neue Land und weiß wahrscheinlich auch, wie zerbrechlich die Segnungen des Bundes sein können, je nachdem, in welcher Epoche er den Text liest. Doch hat Israel in seiner Geschichte sich immer wieder daran erinnert, dass es Gottes Volk ist – seit Abraham – und dass Gott zu ihnen steht.

Diese Verbindung zwischen Gott und Volk wird betont im Plagenzyklus aufgenommen, wann immer Gott die Worte „mein Volk" verwendet (vgl. 2Mo 3,7.10; 5,1; 7,4.16.26; 8,16ff; 9,1.13; 10,3f). Diese Bezeichnung ist Teil der sogenannten Bundesformel: „... ich bin dein Gott, und du bist mein Volk" (programmatisch gebraucht in 6,7; 19,5f und auch 29,45f). In der Auseinandersetzung mit dem Besitzanspruch des Pharaos war es offensichtlich notwendig zu betonen, dass Israel Gottes Volk ist, und das Dominanzstreben des Pharaos als politische Fehleinschätzung zu entlarven.

Das Fortbestehen des Bundes Gottes mit Abraham bedeutet also, dass der Bundesritus (2Mo 24) keine wesentliche Statusänderung vor Gott markiert. Israel bleibt das auserwählte Volk Gottes und wird nun an einem historischen Wendepunkt in den Abrahambund auch rituell mit hineingenommen. Es ist bedeutsam, dass die Einverständniserklärung des Volkes in 19,8 zur Bundeserneuerung vor allen konkreten Gebotsformulierungen beschrieben wird. Das Volk hat Gott nun als politischen Befreier und Beschützer und Versorger in der Wüste kennengelernt. Diesem Gott wollen sie nun bewusst folgen. So bleibt dieser Entschluss auch bestehen, nachdem Gott in der Rolle eines altorientalischen Königs seine Vorstellungen von Recht und Ordnung für sein Volk vermittelt hat (20–23): Die Antwort des Volkes in 24,3 ist identisch mit der in 19,8.

In der Interpretation des Buches 2. Mose kann der ägyptische König zwar nicht mit den göttlichen Besitzansprüchen an Israel konkurrieren, doch er kann eine ernst zu nehmende Gefährdung für die eigentliche Erfüllung des Abrahambundes darstellen. Diese Bedrohung Israels und deren Überwindung wird in den ersten 14 Kapiteln des Buches zur treibenden Kraft der Erzählung. Später wird dann allerdings deutlich, wie die Gefährdung der Bundeserfüllung noch viel stärker vonseiten des Volkes ausgeht. Der eklatante Bundesbruch des Volkes, markiert durch die Anfertigung und Verehrung des Kalbsbildes (32), wurde bereits im frühen Judentum als „Fall Israels" parallel zum Fall Adams bezeichnet. Dieser Fall ist radikal. Hier wird der „Identitätsverlust des Volkes deutlich, das seine Geschichte im Interesse vermeintlicher Zukunftssicherung missdeutet und so Jahwe aus Vergangenheit, Gegenwart und Zukunft ausschaltet, indem er zunächst verdrängt und dann ersetzt wurde." (Scoralick 2002, 93). Das Kalb ist weit mehr als eine Verletzung des Fremdgötter- und des Bilderverbotes, welche so provokant am Anfang der Zehn Gebote stehen. Es ist der Versuch des Volkes, die eigene Geschichte des Auszugs neu zu interpretieren, die parallel verlaufende Gotteserscheinung auf dem Sinai zu ignorieren und sich die Zukunft neu zu sichern, indem sie nun einen ihnen verfügbaren Gott haben, der sie aus dieser Wüste hinausbringen wird. Damit stellt sich das Volk bewusst außerhalb des Abrahambundes, der ja die treibende Kraft des Auszugs war und mit seiner Landverheißung die Vision für die Zukunft stellte. Aus dieser Perspektive verwundert die anfängliche Reaktion Gottes (32,10) nicht. Israel stellte sich selbst außerhalb des Bundes.

Wurde schon in der Erzählung zur Wüstenwanderung (15,22–18,27) Israel als rebellisch und ungläubig charakterisiert, so hatte dies jedoch in den Augen des Autors keinen Einfluss auf die Gottesbeziehung. Der Schwerpunkt der Erzählung liegt dort ganz auf Gott und seiner Fähigkeit, für das Volk in verschiedenen Bezügen zu sorgen. Den Zwischenfall des Goldenen Kalbes nutzt der Autor nun ganz offensichtlich dazu, die konkrete Beziehung zwischen Gott und Israel zu beschreiben (Scoralick 2002, 90): Israel ist und bleibt ein halsstarriges Volk (vgl. 32,9; 33,3.5 und 34,9), aber Gott ist bereit zu gnädiger Vergebung aufgrund des bleibenden Bundes mit den Vätern (32,13-14; 33,1 und 34,6-9). Betont will Gott den Bund mit Israel neu schließen: Es werden repräsentative Gebote aus 20,22–23,33 wiederholt und die Tafeln mit den zehn „Worten" neu geschrieben. Damit wird direkt an den vorherigen Bundesschluss aus Kap. 24 angeknüpft.

Diese literarische Verklammerung von Bundesschluss und Bundeserneuerung wird noch durch die betonte Wiederholung des Sabbatgebotes unterstrichen (35,1-3). Das Sabbatgebot kommt an strukturell hervorgehobener Stelle in 2. Mose immer wieder zur Sprache und wird somit als Bundeszeichen etabliert. In Kap. 16 wird der Sabbat in seiner konkreten Ausführung in der Wüstensituation eingeführt. In Kap. 20 wird er theologisch im Schöpfungsrhythmus begründet und ganz allgemein formuliert. In Kap. 23 wird er in Form der Sabbatjahre und des wöchentlichen

Sabbats auf die Situation im Land angewendet. Es ist signifikant, dass der Sabbat kurz vor dem „Fall Israels“ in Kap. 31 als allgemein sichtbares Bundeszeichen gedeutet wird. Nach der Bundeserneuerung wird er beispielhaft als Zusammenfassung aller Worte Gottes angeboten.

Die konkrete Füllung des Bundes, also des Ausdrucks der Beziehung zwischen Israel und Gott, kommt in den einzelnen Bestimmungen der Zehn Gebote und des Bundesbuches (22,22–23,33) zum Ausdruck und soll im nächsten Abschnitt besprochen werden.

1.7.4 Gott nachfolgen zwischen Ideal und Realität: die Gesetzessammlungen

„Dann nahm er das Buch des Bundes und las es dem Volk vor. Sie aber sprachen: Alle Worte, die Jahwe geredet hat, wollen wir tun!“ (2Mo 24,7). Das „Buch des Bundes“ dient also in der Erzählung des Bundesschlusses in Kap. 24 als Grundlage für den Gehorsam des Volkes. Der literarische Kontext legt nahe, dass mit dem „Buch des Bundes“, dem „Bundesbuch“, die Rechtssammlung 20,22–23,33 gemeint ist. Zu den Gesetzessammlungen in 2. Mose gehören darüber hinaus noch die Grundsatzerklärung Gottes (Dekalog, 20,1-17) und die zusammenfassende Sammlung in 34,18-26 mit Geboten vor allem zum Festkalender. Viele Ausleger vermuten in diesen Texten einige der ältesten Verse der Bibel. Es ist mir jedoch in diesem Kommentar wichtig, die uns vorliegende Form von 2. Mose zu betrachten. Daher soll die enge Verknüpfung der Gesetzessammlungen mit den erzählenden Teilen des Buches ernst genommen und theologisch ausgewertet werden.

Es sollte dem Leser bewusst sein, dass die hier verwendeten Begriffe „Gesetz“ und „Recht“, wenn sie sich auf die altorientalischen Realitäten beziehen, nur teilweise dem heutigen Verständnis entsprechen.

Zunächst einige Bemerkungen zu Gott als Gesetzgeber. 2. Mose betont die bleibende Autorität der Gesetzestexte, indem sie den Leser als direkte Gottesrede treffen. Gott direkt zu hören, ist ein Privileg des Lesers. Der Israelit, der damals am Gottesberg das Gesetz vernahm, hörte es demgegenüber lediglich durch Moses Vermittlung. Die späteren Leser des Buches werden direkt und unvermittelt vor Gott gestellt, auf dessen Charakter als Gesetzgeber sie unmittelbar schließen können. So wird ein Teil des Gottesbildes geprägt, das 2. Mose seinen Lesern mitgeben möchte.

Für den modernen Leser erscheint es durchaus akzeptabel, dass Gott Israel das Gesetz direkt gibt. Für ihn stellt sich Gott hiermit deutlich als letzte Instanz in Fragen von richtigem oder falschem Verhalten vor. Dass ein Gott die gesellschaftliche Rolle des Rechtsgebers übernimmt, unterscheidet sich allerdings auffällig von anderen altorientalischen Kulturen, bei denen der König in Fragen des Rechts und dessen Anwendung letzte Instanz war. Natürlich ist der König von den Göttern legitimiert und erlässt seine Rechtsordnung im Namen der Gottheit. Ja, die Wahrung von Recht und Ordnung war sogar die höchste gottgegebene Verantwortung des Königs. Die Gesetze selbst gingen aber in keiner Weise von den Göttern aus. Sie waren auch nicht abhängig von der oft anzutreffenden Launenhaftigkeit der Götter. Im Gegenteil, sogar die Götter konnten anhand der Gesetze beurteilt werden (Kaiser; Roth). Vor diesem kulturgeschichtlichen Hintergrund wird deutlich, wie Gottes Rolle in 2. Mose bestimmt wird: Durch die Übernahme der letzten legislativen und exekutiven Instanz, um anachronistische Begriffe zu gebrauchen, wird Gott als König charakterisiert. Dass damit selbstverständlich alle zukünftigen oder gegenwärtigen Könige Israels in ihrer Macht relativiert werden, ist in 2. Mose nicht ausgeführt, klingt aber bereits in 5. Mose recht deutlich an (McConville, 34-36.41).

Eine weitere Konsequenz dieses eher allgemeinen Vergleichs der altorientalischen Gesetzessammlungen mit denen in 2. Mose betrifft ihre kommunikative Absicht. Welche Funktion hatte diese Art von Texten in der Gesellschaft? Zunächst ist da die offensichtliche soziale Funktion der Gesetzessammlungen: festhalten, was recht ist und wie Rechtsbruch zu bestrafen ist. Hinzu kommt eine rhetorisch-politische Funktion: Der König soll als weiser und fähiger Gesetzgeber herausgestellt werden. Dies wird besonders an den monumentalen Aufzeichnungen der Gesetze auf den sogenannten Stelen deutlich. Bei diesen Sammlungen geht es nicht um eine allgemein- und ewig gültige Festschreibung des Rechts, damit im ganzen Lande die Gerichte in gleicher Weise handeln. Aus dem Alten Orient, vor allem aus Mesopotamien, ist die Praxis der Veröffentlichung von Rechtssammlungen auf Stelen gegen Ende der Amtszeit eines bedeutenden Königs allgemein bekannt. Die Sammlung sollte offensichtlich den weisen und klugen Entscheidungen des Königs ein Denkmal setzen (Bottéro; Assmann). Der große Wert, den die Könige darauf legen, dass sie selbst die Autoren dieser Gesetze sind, weist in dieselbe Richtung. So stützt die Sammlung zunächst und vor allem die Autorität des Gesetzgebers und soll ihn als fähig qualifizieren. Sicherlich ist auch eine Wirkung in die andere Richtung intendiert gewesen: Ein als zuverlässig und weise bekannter Gesetzgeber wird den einzelnen Gesetzen seiner Sammlung ebenfalls Autorität geben. Beide kommunikativen Funktionen spielen auch in 2. Mose eine große Rolle. Gott zeigt sich durch seine Gesetze als fähiger König, dessen Rechtsvorstellung entsprechend gefolgt wird. Und in der Tat lässt sich anhand der Gesetzespassagen von 2. Mose ein umfassendes Porträt Gottes zeichnen, welches sich mit dem in den erzählerischen Passagen deckt und diese ergänzt (vgl. Watts 1996; Graupner). Ebenso „leiht" sich der Gesetzestext die Autorität des Redners, da 2. Mose Gott bei seinen Lesern als bekannt voraussetzt und dann dieses Bild modifiziert und erweitert.

Welches Gottesbild wird in den Gesetzen deutlich? Wie bereits oben erwähnt, sind besonders das Bundesbuch und auch der Dekalog als Grundlage des Sinaibundes zu verstehen. Wir müssen also die Bundessatzungen innerhalb des bereits bestehenden Bundesverhältnisses zwischen Gesetzgeber (Gott) und Gesetzempfänger (Israel) verstehen. Es ist ein Klima, in dem man sich gegenseitig kennt, akzeptiert und füreinander entschieden hat. Es geht also bei den Gesetzen vor allem darum, wie sich der Bund im konkreten Alltag Israels auszuwirken hat. Daher kann das Gesetz auch als Gnade Gottes bezeichnet werden: Es schafft Leben und gilt als besondere Zuwendung Gottes an sein Volk (vgl. 5Mo 4,6-8; Ps 119,64.124). Besonders interessant sind die verschiedenen Arten der Strafandrohungen, die den Gehorsam motivieren sollen. Als leitendes Prinzip ist hier die Wiedergutmachung zu nennen (vgl. Limbeck). Der entstandene Schaden soll wiedergutgemacht werden (z.B. 2Mo 21,18f). Dabei ist die gesellschaftliche Stellung des Geschädigten oder des Täters ohne Bedeutung (vgl. 21,33–22,5) – eine Besonderheit des israelitischen Rechts und ein klarer Ausdruck der Schöpfungsordnung Gottes, die die Gleichwertigkeit aller Menschen betont. Weitere Sanktionsformen sind Todesstrafe und indirekte Androhung der Ausgrenzung vom göttlichen Segen. Die Todesstrafe wird angedroht, wenn Wiedergutmachung nicht möglich ist und ein besonders schweres Verbrechen vorliegt (vgl. 21,12-17.29; 22,18; 31,14f; 28,35.43; 30,20f; 35,2). Letztlich ist der Tod ein endgültiges Ausscheiden aus dem Segensraum Gottes. So können diese beiden Arten der Sanktion zusammengefasst werden. Den Segen Gottes (der Götter) zu verlieren, ist eine Grundangst des antiken Menschen. Vom göttlichen Segen hängt das Wohlergehen des Volkes und des Individuums ab. Diese Sicht der Dinge macht sich auch 2. Mose zunutze, wenn in 23,20-33 und 34,10-26 keine direkte Strafandrohung genannt wird, sondern eine eher allgemeine Konsequenz aufgezeigt wird, die Gottes Wunsch deutlich macht, Gehorsam zu belohnen, aber auch seinen Willen, Ungehorsam zu ahnden (vgl. Watts 1996). Hier wird das in 2. Mose sichtbar, was Eckart Otto eine „Theologisierung des Rechts" genannt hat: Israels Recht ist unauflöslich mit seinem göttlichen Gesetzgeber verbunden.

Betrachtet man die Auswahl der Themen in den Gesetzessammlungen und die Reihenfolge der einzelnen Gesetze, so wird ein weiterer theologischer Anspruch der Gesetze in 2. Mose deutlich. Für moderne Leser ist besonders die Mischung von profanem und religiösem Inhalt auffällig. Man beachte das Altargesetz (20,24-26), die Vorschriften über die Erstlinge (22,28-30), den kultischen Kalender (23,14-19) und den Epilog des Bundesbuches (20,22–23,33) mit seinen deutlichen Bezügen zur Gegenwart Gottes (23,20-33). Die Position dieser kultisch-religiös orientierten Gesetze an strukturell hervorgehobenen Stellen im Bundesbuch wirkt als wichtiger Leitfaden im Leseprozess: Alle „profane" Gesetzgebung wird von einem kultischen Rahmen umgeben, sodass der Leser die Gesamtheit des Bundesbuches als religiös relevant wahrnehmen muss. Der Autor legt eine göttliche Perspektive zum Verhalten, den Idealen, dem Rechtswesen, den Einstellungen und Beziehungen Israels vor. Diese Perspektive hält das zusammen, was wir in moderner Tradition heute so gerne trennen: das

Verhalten in der Gesellschaft und das Verhalten dem „Heiligen“ gegenüber. In 2. Mose wird beides im göttlichen Charakter verankert. Gott ist es, der als Bundespartner und Rechtsgeber Israel den Weg als Gottesvolk weist. Letztlich basiert die Ethik Israels auf dem Konzept der *imitatio dei*, der Nachfolge Gottes.

Wenn die Rechtssatzungen in 2. Mose viel über Gott selbst, den Gesetzgeber, aussagen, so sagen sie mindestens ebenso viel über die Gesetzesempfänger aus. Die Gesetzessammlungen beschreiben Israel als das Volk Gottes und zeichnen das Bild eines idealen Israel (Kürle, 227-245). Dennoch erwartet die bloße Existenz von Gesetzen ihre Verletzung. Gesetze werden nicht ohne Grund erlassen. Normalerweise macht es eine konkrete Situation notwendig, dass etwas gesetzlich geregelt wird. Daher sagt die bloße Existenz einer gesetzlichen Bestimmung sehr viel darüber aus, wozu der Autor seine Leser für fähig hält. Dies ist in 2. Mose nicht anders. Die Wüstenwanderung und besonders die Geschichte mit dem Goldenen Kalb werfen ein ähnliches Licht auf die rebellische Haltung des Volkes, die auch indirekt in den Gesetzessammlungen erkennbar ist (Patrick; Watts 1999). Neben dieser Charakterisierung des in den Augen des Verfassers real existierenden Israels wirft das Gesetz selbstverständlich auch noch einen Blick auf das ideale Israel, das sich der Autor wünscht.

Die Absicht für Israel findet sich in 2Mo 19,6. Dort wird das Volk zu einem Reich von Priestern vor allen Völkern bestimmt. Mit dieser Rollenzuweisung wird Israel in unmittelbare Nähe zur göttlichen Gegenwart gerückt. Diese außergewöhnliche Nähe bringt seine eigenen ganz speziellen Anforderungen an das Verhalten des Volkes mit sich. Im Dekalog und im Bundesbuch werden nun die Konsequenzen dieser Rolle als ein priesterliches und damit heiliges Volk aufgezeigt. Interessanterweise lesen wir in 2. Mose nur von einer relativ begrenzten Auswahl von offensichtlich repräsentativen Vorschriften. Große Teile des täglichen Lebens bleiben unberührt. Damit bleibt dem Leser in vielen Fällen überlassen, für sich selbst zu entscheiden, wie er sein Leben als Teil des Bundesvolkes führen kann, ohne die göttliche Gegenwart und damit den göttlichen Segen für sich und seine Volksgenossen zu gefährden. Diese Offenheit macht die Gesetzessammlung so dauerhaft aktuell, da sie selbst auf Weiterschreibung hin angelegt ist. Wie dies aussehen kann, zeigen dann 5. Mose und viele der Prophetenbücher auf.

Dass Israel allerdings fehlbar ist und der Vergebung bedarf, zeigt allein schon die Notwendigkeit der Gesetzestexte. Doch auch und gerade das Opfersystem, zusammen mit den Regelungen des Gottesdienstes, geht davon aus, dass Israel der Vergebung bedarf. Gott selbst zeigt eine Möglichkeit auf, Sünde zu sühnen. Wieder ist die literarische Gestaltung der Gesetzestexte interessant und theologisch bedeutsam. Der Text zur Erneuerung des Bundes in 34,11-26, nachdem der drohende Verlust der Gegenwart Gottes im Volk gerade noch abgewendet werden konnte, enthält viele Parallelen zum Schlussteil des Bundesbuches. Beide Texte beschäftigen sich mit der Zukunft Israels und damit mit der Gegenwart des Lesers. Dass beide Sammlungen mit demselben denkwürdigen Satz enden: „Du sollst eine junge Ziege nicht in seiner Mutter Milch kochen" (23,19b; 34,26b), ist ein untrügliches rhetorisches Mittel, um die gedankliche Verbindung zwischen den beiden Sammlungen herzustellen. Das ganze Bundesbuch ist auch in 2Mo 34 gemeint: Vor und nach der Bundeserneuerung verlangt Gott genau dasselbe von seinem Volk. Die Art und Weise, wie Israel in Gottes Gegenwart zu leben hat, verändert sich nicht. Das Ideal, welches für das Israel der Auszugsgeneration galt, gilt weiterhin für das Israel des Lesers. Eine ähnliche literarische Verzahnung lässt sich an Vorschriften zum Sabbat nachzeichnen (vgl. 2Mo 16; 20,8-11; 31,12-17; 35,1-3). In den Passagen vor und nach dem Bundesbruch wird der Sabbat als das ewige Zeichen des Bundes bestätigt: Er wird sowohl das Zeltheiligtum überdauern (Dohmen 2004, 293f), als auch den Ungehorsam und Bundesbruch Israels. Der Sabbat soll als ständige Erinnerung an den Auszug aus der ägyptischen Knechtschaft dienen. Damit erinnert er an den Fortbestand des Bundes mit Gott, in dem Israel nun wieder „Sklave" ist, aber eben Knecht Gottes. Kap. 16 macht überaus deutlich, dass der Sabbat das alltägliche Leben beeinflussen muss. Damit bekommt dieses Bundeszeichen eine die Zeiten überdauernde Qualität. Die Aufnahme des Sabbats in die Zehn Gebote macht deutlich, wie eng er mit der Heiligkeit Israels als Priestervolk verbunden ist.

Der narrative Rahmen der Gesetzesvorschriften in 2. Mose hat diese theologisch bedeutsam in den großen Kontext von Israels Erwählung und Bestimmung in Abraham gestellt.

Es soll noch ein weiterer Aspekt zur literarischen Verzahnung aller Teile dieses Buches genannt werden: der Einfluss der Erfahrungen der Vergangenheit als Sklaven in Ägypten. In den erzählerischen Teilen drängt sich die Parallele zwischen den Bauvorhaben des Pharaos (1,11) mit dem Bau des mobilen Heiligtums (35,4–39,43) auf. Aber auch in den rechtlichen Teilen erscheint die Sklavenvergangenheit des Volkes in zwei wichtigen Motivierungssätzen (22,20 und 23,9), die gemeinsam einen Rahmen um den Teil des Bundesbuches bilden, der die sozialen Werte Israels bestimmt: „… denn ihr seid Fremdlinge gewesen im Land Ägypten." Da Gesetze nicht nur auf den Verstand des Lesers wirken sollen, sondern gerade Gefühle zur Einhaltung motivieren wollen, ist dieser Rückblick auf die schwere Vergangenheit des Lesers bedeutsam. Es wird an das Mitgefühl appelliert, welches sich aus der eigenen Erfahrung beziehungsweise der Erfahrung der Vorfahren ergeben sollte. Ein weiterer Hinweis in diese Richtung kann in 20,2 gefunden werden. Gerade am Beginn der Zehn Gebote, einem der zentralen Texte von 2. Mose, wird an die Vergangenheit Israels erinnert. Es lässt sich beobachten, wie das Thema der Sklavenvergangenheit große Teile des Buches zusammenhält. Im Leseprozess entsteht eine gedankliche Verbindung zwischen der ägyptischen Grausamkeit an den damaligen Ausländern, den Israeliten (Kap. 1–2; 5), und der möglichen Misshandlung von Ausländern durch Israeliten (22,20-26). Die möglichen Täter waren bereits einmal Opfer. So stehen auch die Sklavengesetze (21,2-11) nicht zufällig an der Spitze der zentralen Sammlung der „Rechtsbestimmungen" des Bundesbuches (Chirichigno; Jacob; Jackson; Sprinkle).

Es ließen sich noch viele theologisch gewichtige Folgerungen für unser Verständnis des alttestamentlichen Gesetzes ziehen, doch möchte ich mich auf einen einzigen weiteren Aspekt beschränken. Eine zentrale Absicht der Gesetze in 2. Mose ist die Schaffung eines solidarischen Volkes. Meinrad Limbeck nennt diese Zielrichtung des Gesetzes „verpflichtendes Wohl-wollen". Eckart Otto spricht von einer „Ethik der Solidarität". Beide Begriffe drücken das Ideal eines geeinten Israel aus, welches nur in seiner Zusammengehörigkeit und gegenseitigen Solidarität seinen speziellen Status als Volk Gottes spiegelt. Es wäre den Mächtigen in Israel durchaus möglich, die Gesetze in 2. Mose zur Unterdrückung der Schwächeren auszulegen. Wahrscheinlich hat der Autor gerade wegen dieser Möglichkeit diverse Regelungen mit in seine Sammlung aufgenommen, die die gesellschaftlich Marginalisierten betreffen oder die schwierig in einem Gericht zu handhaben sind, weil sie eher die Einstellung eines Menschen betreffen als die konkrete Tat (20,12.17.20-23; 22,24-26; 23,4-5.6-8). Diese Gesetze werden von Motivierungssätzen begleitet, die auf den Charakter Gottes zurückgreifen, der zu imitieren ist, beziehungsweise auf Gott als höchste gerichtliche Instanz verweisen. Die Möglichkeit des ungerechten Gerichts wird gesehen und als zerstörend für die Einheit des Volkes verstanden. Wer so handelt, handelt an der Intention der Gesetze vorbei und bringt das göttliche Gericht über sich. Es ist Gottes Wunsch, dass sich sein Volk gegenseitig unterstützt und aufbaut; nur so kann es innerhalb des Bundes leben. Die in 2. Mose geforderte Gerechtigkeit ist keine abstrakte, sondern findet Ausdruck im aktiven Kümmern um Menschen, die einem nicht nahestehen, seien es „Feinde" oder „Ausländer". So versucht 2. Mose durch seine Gesetzessammlungen Einfluss auf die Einstellungen der Einzelnen zu nehmen.

Gott sagt es mit Nachdruck: „Ich werde mitten unter den Israeliten wohnen und ihr Gott sein. Sie sollen erkennen, dass ich, Jahwe, ihr Gott, bin, der sie aus Ägypten herausgeführt hat, um in ihrer Mitte zu wohnen, ich, Jahwe, ihr Gott" (29,45-46).

Es sollte deutlich geworden sein, dass das Gesetz in 2. Mose gründlich missverstanden wird, wenn unsere eigenen kulturell geprägten Vorstellungen von modernen Gesetzeskodizes in die alttestamentlichen Texte hineingelesen werden. Auch das alttestamentliche Gesetz auf einen abstrakten kategorischen Imperativ zu reduzieren, wie er seit dem deutschen Idealismus so gerne als ethische Maxime benutzt wird, wird diesen Texten nicht gerecht. Es werden in 2. Mose die Ideale des Volkes beschrieben, sie werden aber immer in Bezug gesetzt zur befreienden Tat Gottes im Auszug aus Ägypten und zur Notwendigkeit und Ermöglichung von Vergebung. Somit sind die Gesetze durch ihre erzählerische Verschränkung mit der Geschichte Israels gerade als Konsequenz und Ausdruck der Gnade Gottes zu verstehen und ihr Halten als Ausdruck des Wunsches, der Bundesbeziehung zu Gott zu entsprechen, die Israel von Gott zugesagt bekam. Die unangemessene, aber einflussreiche Dualität von „Gesetz und Evangelium" kann auf diesem Hintergrund nicht aufrechterhalten werden. Im Kommentar zu den betreffenden Stellen werden die innere Logik und die theologische und kommunikative Zielrichtung der einzelnen Gesetze gezeigt werden.

1.7.5 Gottes Gegenwart und das Heiligtum

Für 2. Mose gibt es eine direkte Verbindung zwischen der Gegenwart Gottes und dem Wissen, dass Gott der Gott Israels ist, der Gott, der mit ihnen einen Bund geschlossen hat und nun mit ihnen geht (vgl. 1Mo 17,8; 2Mo 6,7-8). Ein großer Teil des Buches beschäftigt sich mit Bestimmungen, die die Gegenwart Gottes unter den Menschen ermöglichen sollen.

Die Gegenwart Gottes ist eines der Hauptthemen nicht nur von 2. Mose, sondern der ganzen Thora (Klein). Bereits im Bundesbuch (20,22–23,33) steht an herausgehobener erster Stelle das Altargesetz (20,22-26). Seinen Abschluss findet das Bundesbuch in einer Reflexion über die Konsequenzen der göttlichen Gegenwart im Volk für die Eroberung des Landes (23,20-33). Die Anweisungen zum Bau des mobilen Zeltheiligtums (25,1–31,18) und die Erzählung des Baus (35,1–40,38) nehmen literarisch einen breiten Raum ein. Dies weist auf die Bedeutung der Präsenz Gottes für den Autor des Buches. Als ob dies nicht deutlich genug wäre, spitzt sich die Diskussion zwischen Gott und Mose über die Zukunft Israels nach dem Goldenen Kalb (33,12-33) auf die Frage der Gegenwart Gottes beim Volk zu.

Im Altargesetz werden zwei religiöse Vorstellungen aufgenommen, die in allen altorientalischen Kulturen anzutreffen sind. Die Gottheit kann sich gleichzeitig im geistlich/göttlichen Bereich und im menschlichen Bereich aufhalten. Hinzu kommt die Überzeugung, dass die Präsenz der Gottheit sichergestellt werden muss, damit der Mensch die göttlichen Segnungen auch empfängt. Dieses Ziel wurde vor allem durch Tempelgebäude und Götterbildnisse mit großer Kunstfertigkeit und immensen Investitionen verfolgt. Diese beiden Vorstellungen bestimmten auch das Weltbild der Israeliten. Daher will der Autor von 2. Mose sie für den genuin israelitischen Gottesdienst mit entsprechendem Inhalt füllen. Das Altargesetz verbindet beide Konzepte mit dem grundlegenden alttestamentlichen Gebot, Jahwe, den Schöpfer- und Bundesgott, allein anzubeten (20,22). Im Ritus des Gottesdienstes, im Heiligtum und in den dazugehörigen Kultobjekten wird der Charakter des angebeteten Gottes zum Ausdruck gebracht. Dabei unterstreicht das Altargesetz vor allem die Souveränität Gottes. Der Altar, das Zentrum eines jedes Opfergottesdienstes, soll einfach gehalten sein und damit eben nicht Gott „an sich ketten", sondern dort errichtet werden, wo Gott sich offenbart. Hinzu kommt, dass jegliches Bild, das sonst nötig ist, um die Gegenwart der Gottheit sicherzustellen, hier verboten wird. Dass Gott gerade in dieser Einfachheit und Ungebundenheit gegenwärtig ist, wird explizit betont (20,24). In Israel wird das altorientalische Weltbild an diesem Punkt quasi auf den Kopf gestellt: Erst ist Gott gegenwärtig, und dann soll in Folge der Altar gebaut werden. So war es in der großen Gotteserscheinung am Sinai (2Mo 19; 24).

Die Unverfügbarkeit Gottes bleibt ein Thema in der gesamten Bibel. Wir haben dieses Phänomen bereits beim Gottesnamen gesehen. Selbst im Buch 5. Mose, welches oft im Sinne einer Kultzentralisation interpretiert wird, geht es immer um „den Ort, den Gott sich wählen wird". Dieser Aspekt der Gegenwart Gottes bestimmt auch die weitere Entfaltung in 2. Mose. Das Bundesbuch schließt den allgemeinen Teil der Gebote mit einer Liste der religiösen Feste ab (23,14-19) und öffnet damit den Horizont des Lesers in seine eigene Zeit. Alle diese Feste wird er in seinem Jahreszyklus begehen. Wieder ist es der Gottesdienst, in dem sich die Gegenwart Gottes am ehesten zeigt. Nach dem offiziellen Bundesschluss wird in 25,8 direkt auf den Bau des Heiligtums hingewiesen, an dem die göttliche Präsenz physisch deutlich werden soll: „... damit ich in ihrer Mitte wohne." Dieses Wohnen betont die bleibende Verbindung Gottes mit seinem Volk. War die Theophanie am Sinai ein großes Ereignis, so bleibt sie doch einmalig. Ein weiteres einmaliges Ereignis war das gemeinsame Essen der Ältesten Israels in Gottes Gegenwart am Sinai (24,9-11). Letztlich war das Ziel des Volkes allerdings nicht die Wüste, sondern das Land der Väter. Gott ist zusammen mit Israel auf dem Weg dorthin und so wird das Zeltheiligtum zum mitziehenden Sinai (Jacob 1997). Das Zelt als Ort der Gotteserscheinung und Offenbarung wird darüber hinaus nicht in „sicherer Entfernung" vom Lager aufgeschlagen, im Gegensatz zum scharf abgegrenzten Sinai, sondern inmitten des Volkes. Dieses mobile Heiligtum ist wiederum nicht für alle Ewigkeit gedacht, sondern für jene Generation der Wüstenwanderung.

Wenn Gott nun auch inmitten des Lagers Wohnung nimmt, so wahrt doch auch das Zeltheiligtum mit seinen verschiedenen Bereichen die sichere Distanz zur gefährlichen Heiligkeit Gottes. An dieser Stelle wird nicht auf die einzelnen Details der Konstruktionsvorschriften und deren Ausführung eingegangen, dies soll im eigentlichen Kommentar folgen. Aber eine allgemeine Beobachtung zu diesen zwei Textblöcken (25–31 und 35–40) ist theologisch interessant. Der Vergleich des Ausführungsberichts mit den Anweisungen legt nahe, dass es durchaus Raum für Kreativität und Ausgestaltung gab. Es geht in den Anweisungen um die Funktionsbestimmungen der einzelnen Teile und deren symbolische Ausdruckskraft nicht um exakte Anweisungen für die Konstrukteure. 2. Mose ist ein Buch für den späteren Leser und nicht der Bauplan für die damaligen Handwerker. Dohmen (2004, 242) trifft es sehr gut, wenn er schreibt: „Diese Beschreibungen – besonders in 25,1–27,19 – inszenieren einen Raum und verlangen vom Leser, dass er sich diesen Raum vorstellt bzw. die beschriebenen Dinge im vorgestellten Raum positioniert." Geht man dieser „Vorstellungsarbeit" als Leser nach, so entwickelt sich vor dem geistigen Auge die „Welt" des Heiligtums mit seinen Bereichen unterschiedlicher Heiligkeit und den Elementen des Gottesdienstes, die in diesem mit Metaphern gefüllten Raum in ihrer theologischen Bedeutung eingeordnet werden. Aus dieser Perspektive wird auch die spätere Gestaltung des salomonischen Tempels verständlich. Der Tempel war keine schlichte Kopie oder Vergrößerung des mobilen Heiligtums, er war aber an diesem geistigen Vorbild orientiert und konzipiert.

Die verschiedenen Bauprojekte Israels in 2. Mose sind die Vorratsstädte, die der Ehre des ägyptischen Monarchen dienen sollten, und das Zeltheiligtum, welches den zweiten Teil des Buches dominiert. Doch bevor es ausgeführt wird, lesen wir noch von einem anderen Projekt, dem Goldenen Kalb. Es lassen sich einige auffällige Parallelen zwischen diesen Projekten feststellen. Vor allem sind es die zwei Versammlungen des Volkes, die den jeweiligen Konstruktionen vorausgehen: 32,1-6 und 35,1-29. Fretheim (1991, 267) listet einige der Berührungspunkte zwischen den beiden Ereignissen auf: menschliche Initiative gegenüber göttlicher Initiative; Aarons Forderung nach Gold gegenüber der freiwilligen Spende des Volkes; das kopflose Werden des Kalbsbildes gegenüber dem durch Weisheit geleiteten Bauprozess der Stiftshütte; direkte Zugänglichkeit gegenüber dem umsichtigen Schützen der Heiligkeit Gottes; ein sichtbarer Gott gegenüber einem unsichtbaren Gott; ein unpersönliches Objekt gegenüber einem persönlich und emotional involvierten Gott. Dieser Kontrast wird durch Moses jeweilige Reaktion unterstrichen. Zunächst seine (indirekte) Beurteilung der Situation beim falschen Gottesdienst: „Und es geschah, als Mose nun in die Nähe des Lagers kam, da sah er das Kalb und die Tänze; der Zorn des Mose entbrannte und er schleuderte die Tafeln aus seinen Händen und zerbrach sie am Fuß des Berges“ (32,19). Auch das fertige Heiligtum sieht Mose: „Dann sah Mose das ganze Werk, und siehe, sie hatten es so gemacht, wie Jahwe es Mose befohlen hatte, so hatten sie es gemacht. Und Mose segnete sie“ (39,43). Diesmal ist es nicht der Bundesbruch, den er durch sein Handeln markiert, sondern sein Segen läuft dem eigentlichen Ziel des Baus des Heiligtums, Gottes segnender Gegenwart inmitten des Volkes, voraus. Die Handwerker hatten in Geisterfüllung aus den vom ganzen Volk freiwillig und gerne gestifteten Gaben ein Werk geschaffen, welches Gottes Intention in Vollkommenheit entsprach. So ist die vollendete Stiftshütte Israels Antwort auf Gottes Zuwendung und Bundestreue – gerade nach dem Bundesbruch in Kap. 32. Hier beginnt ein Volk, seinem neuen Herrn zu dienen. Wie im alten Vorderen Orient die Tempel Gipfel und Krönung der menschlichen Kunst und Kultur und zugleich meistens Sklavenwerk waren, so passt sich auch das Zeltheiligtum in diesen Kontext ein, wenn auch unter ganz anderen Voraussetzungen (Krochmalnik).

Das Buch 2. Mose schließt mit seinem Höhepunkt, der Einwohnung Gottes im Zeltheiligtum. Mose hatte das Werk vollendet (40,33), und nun bezog Gott quasi seine Bleibe inmitten des Volkes, indem er das Zelt der Begegnung heiligt. Das Beisein Gottes war Moses Motivation, Hoffnung und Ziel gewesen, darauf hatte er hingearbeitet, dafür hatte er gebetet und sich aufgeopfert. Jetzt war es so weit, und jetzt konnte es auch auf diesem Weg weitergehen. Die weitere Wüstenwanderung wird in den letzten Versen des Buches angedeutet. Auch nach dem Sinai begleitet Gott das Volk in Form der Wolken- und Feuersäule.

1.8 Das Buch 2. Mose im Kanon

Bezüge auf 2. Mose finden wir in der Bibel nicht nur in direkten Zitaten. Wie bereits weiter oben beschrieben, ist das Buch in einen größeren literarischen Rahmen eingebunden. Durch seine Stellung in diesem Rahmen wirkt es in jeden nachfolgenden biblischen Text hinein. Neben dieser indirekten Einflussnahme auf viele andere alttestamentliche Themen und Bücher wird auf 2. Mose durch Zitate und indirekte Anspielungen Bezug genommen.

Zitate sind ein recht offensichtliches Phänomen. Anspielungen hingegen bieten naturgemäß einen größeren Spielraum, der für sich genommen schon zu einer fast unüberschaubaren Menge an Sekundärliteratur geführt hat. Ich möchte an dieser Stelle einzelne theologische Themen verfolgen, die bereits oben besprochen wurden. Somit hoffe ich, wenigstens die Grundlinien zu beschreiben, die vom Buch ausgehen.

Das Thema des Auszugs aus Ägypten findet weite Aufnahme im ganzen Alten Testament, da sich hierdurch Israels Identität (z.B. 3Mo 26,13; 5Mo 5; 13,5; Ps 78; 81; 105; 106; 114; 136; Am 2,10; 3,1; Hos 2,15-17) und Gottes Wesen (3Mo 11,45; 19,36; 22,33; 4Mo 15,41; 5Mo 6,12; 8,11-14; Am 9,7) ausdrücken. Sogar Jerobeam I. knüpft an den Auszug an, um seine Machtansprüche zu legitimieren (1Kön 12,28). Diese Erinnerung an den Auszug wird zum Ausdruck der neuen Hoffnung besonders angesichts und während des Exils (Jes 11,11-16; 43,14-17; 51,9-11; 52,11f; 63,11-14; Hes 20,33-44; vgl. Rendtorff 2001, 58ff). Neh 9,9-12 und Dan 9,15ff sind Gebete, die Gott als den Gott des Auszugs ansprechen und deshalb die Hoffnung haben, dass er wieder befreiend an Israel handeln wird. Bei einzelnen Gesetzen steht die Erinnerung an die Sklavenvergangenheit des Volkes im Hintergrund (5Mo 15; 24), was bereits in 2. Mose anklingt. Die Gesetzesmotivation ist ein wichtiger Hinweis darauf, dass es im Grunde beim Gesetz um Werte geht, nicht einfach um Regelungen, die blinden Gehorsam verlangen. Bei den Propheten Hosea und Amos wird der Auszug als Gottes Rettung dem sündhaften Handeln Israels gegenübergestellt – der Auszug rettet nicht nur, er verpflichtet auch. Im Neuen Testament wirkt der Auszug vor allem über das Passah nach. In den Evangelien wird Jesu Kreuzigung betont mit dem Passahfest in Verbindung gebracht (Wright 1996, 557ff), was selbstverständlich Sinn ergibt, wenn man in Jesu Tod und Auferstehung den Gründungsakt oder das Fundament einer neuen Gemeinschaft und eines neuen oder erneuerten Gottesvolkes versteht, welches das alte Gottesvolk um die Nichtjuden erweitert. Im Neuen Testament wird der Auszug zur Leitmetapher im Hintergrund aller möglichen Konzepte: der neue Auszug, das wirkliche Ende des Exils durch Jesus als den neuen König; das neue Volk bestehend aus Israel und Nichtjuden; das neue Land, jetzt die ganze Welt und nicht mehr der kleine Landstreifen östlich des Mittelmeers; eine neue Thora, ausgedrückt in einer Ethik ohne nationale Symbole; ein neuer Tempel, nun in allen Gläubigen, individuell und in ihrer Gemeinschaft. Es ginge zu weit, hier all die Konsequenzen für die Christologie und die Lehre von der Kirche auch nur anzudeuten – es sollte deutlich geworden sein, dass der Auszug für die neutestamentlichen Schriften eine zentrale Rolle spielt.

Schon viele Theologen haben im Thema Bund das zentrale Thema alttestamentlicher Theologie gesehen. Manche Ausleger vermuten sogar eine komplette Strukturierung der Heilsgeschichte in verschiedenen Bünden Gottes mit den Menschen, aufgrund derer Gott dann jeweils anders mit den Menschen handelt. Es scheint jedoch ein allzu schematisches Denken hinter diesen Auslegungen zu stehen, das dem alttestamentlichen Text nicht immer ganz gerecht wird. Wie oben bereits bemerkt, ist der Sinaibund die Ausweitung des Bundes Gottes mit Abraham auf das neu entstandene Volk (5Mo 7,12) und eine Ausformulierung für den Alltag, den dieses Bundesverhältnis kennzeichnen sollte. Gott gedenkt seines Bundes (2Mo 2; 3Mo 26; 5Mo 4; 7; 8; Ps 105; 111; Jer 14; Hes 16), und dieses Gedenken ist für den Menschen immer Heil oder Hoffnung. Allerdings verpflichtet ein Bund auch immer (1Mo 17; 2Mo 19; 31; 5Mo 7; 29). Der Bund zwischen Gott und Menschen geht immer von Gott aus und schließt das Hören und Bewahren seitens Israel ein (2Mo 12,10-20; 16; 20). Der berühmte „neue Bund“ (Jer 31), den Gott Israel durch die Propheten verspricht, hebt auch nicht das „Gesetz“, d.h. den Anspruch des Bundes, auf, vielmehr macht Gott im Zuge dieses Bundes das gesetzeskonforme Leben erst möglich, da er die Bundespartner von innen heraus verändert („neues Herz"). Die Rolle des Ermöglichers übernimmt aus neutestamentlicher Perspektive der Heilige Geist, der in den Christen wohnt und sie in den Bund insofern mit hineinnimmt, dass sie aufgrund der „Erneuerung ihres Sinnes" (Röm 12) diesem Bund gerecht werden können. Bei allen Bünden geht es aber letztlich nicht einfach um die Festschreibung einer bestimmten Beziehung (vgl. die Erwählungsaussagen 1Mo 12; 17; 2Mo 6; 19; 5Mo 7; 19; Jer 31 „Ich werde euer Gott sein, ihr sollt mein Volk sein"), sondern es geht um das Ziel dieser Beziehung. Die Erwählung Israels war immer auf die anderen Völker ausgerichtet. 2. Mose spricht vom Priestertum des ganzen Volkes (19,5-6), eine Vermittlerfunktion, die durch einen Verkündigungs- und Lehrauftrag erfüllt wird (vgl. Jona und Esra). Im Alten Testament spitzt sich diese Priesterschaft später, über David, auf die Idee eines Messias zu. Die christliche Missiologie spricht von der *missio dei*, dem großen Plan Gottes mit dieser Welt, in dem das Gottesvolk die neue Schöpfung in der jetzigen Gebrochenheit der Welt bereits vorwegnehmen soll. Hieran knüpft dann auch die Idee des allgemeinen Priestertums an, wie es im Neuen Testament erneut entwickelt wird (1Petr 2,5.9; Offb 1,6).

Das Gesetz als Ausdruck der Bundesverbindung zu Gott ist in 2. Mose Ausdruck des Lebenszentrums Israels. Es ist Gnade von Gott, dass er Israel das Gesetz gibt und es damit weiß, wie es sich im sozialen und religiösen Alltag als Gottesvolk verhalten sollte, welche Werte ihrem Bundesgott entsprechen. Diese Funktion des Gesetzes spiegelt sich dann auch in Texten wie 2Kön 22; 1Chr 15,13; Esr 3; Neh 13; Ps 1; 19; 119, wo die Bedeutung des Gesetzes beschrieben oder besungen wird. Die neutestamentliche Aufnahme des Themas ist komplex. Selbst der Versuch, dieses Thema anzureißen, würde die Anlage dieses Kommentars sprengen. Dass das Gesetz im Neuen Testament ein zentrales Thema bleibt, zu welchem Jesus bez. seiner Alltagsrelevanz in der Diskussionen mit seinen Zeitgenossen klar Stellung bezieht (Mt 5–7), zeigt die Bedeutung dieser alttestamentlichen Texte an. Auch heute noch lohnt es sich, diese Texte als Niederschlag der Vorstellungen Gottes bezüglich eines dem Menschen entsprechenden Lebens neu zu lesen. Das Gesetz wurde nie als statisch, als unveränderbar betrachtet. Es muss in seiner Anwendung und Konkretisierung immer wieder neu formuliert werden, damit seine Relevanz für die jeweilige Zeit deutlich bleibt. Wie dies möglich ist, hat bereits 5. Mose gezeigt, und dass es notwendig ist, haben die Propheten in aller Deutlichkeit gefordert.

Das Zelt der Begegnung, welches so viel Raum in 2. Mose einnimmt, hat eine unermessliche Wirkungsgeschichte nach sich gezogen. Es wurde zum Vorbild der späteren Tempel in Jerusalem (1Kön 6; Esr 4–6; Haggai), und durch seine Symbolkraft wirkt es noch bis heute in die Konflikte in Palästina hinein. Letztlich geht es beim Heiligtum um die immanente Gegenwart des transzendenten Gottes und hat damit unmittelbar mit „Inkarnation" zu tun. Im Judentum wurde der Tempel gar zum Zentrum des Kosmos. Je näher man dem Tempel kommt, desto näher ist man Gott. Die große Tempelvision Hesekiels basiert auf diesem Konzept (Hes 40–45). So ist es nicht verwunderlich, dass die Heiligtumsymbolik im Neuen Testament eine zentrale Rolle spielt. In den Evangelien wird jede Begegnung Jesu mit dem Tempel zu einer Lektion über die Gegenwart Gottes. Besonders die symbolische Aktion der Tempelreinigung (Mt 21; Mk 11; Joh 2) markiert einen Höhepunkt, ebenso auch der zerreißende innere Vorhang (Mt 27; Mk 15; Lk 23). Der Tempel war das zentrale religiöse und politische Symbol Israels, und wenn Jesus dieses Symbol auf sich bezieht, so wird die Aufregung der Juden durchaus verständlich, behauptet er doch damit, selbst wichtigster Ausdruck der Gegenwart Gottes zu sein. Paulus redet dann konsequenterweise vom individuellen Christen (1Kor 3; 6) und der christlichen Gemeinschaft (Eph 2; 2Thess 2?) als Tempel, also dem Ort, wo sich Gott in dieser Welt aufhält. Offb 21,3.22 zeigt dann das eigentliche Ziel des Tempels in seiner Auflösung auf: Es wird in der neuen Schöpfung keinen Tempel mehr geben, da Gott unmittelbar gegenwärtig ist.

1.9 Historische Einordnung

1.9.1 Allgemeine Bemerkungen zur Beziehung von Text und Geschichte

Die Bibelwissenschaftler der vergangenen zwei Jahrhunderte verwendeten sehr viel Zeit und Kraft in die Untersuchung und Interpretation der historischen Hintergründe der in der Bibel erwähnten Ereignisse und besonders auch der Umstände ihrer Entstehung (vgl. Houtman 1999). Daran entspann sich eine lange und teils heftige Diskussion hinsichtlich der historiografischen Zuverlässigkeit der biblischen Texte. Da in der Anlage des vorliegenden Kommentars kein Raum für eine eingehende Diskussion der Forschungsgeschichte einerseits und der vielen unterschiedlichen Deutungsmodelle andererseits ist, werde ich mich hier auf eine knappe Zusammenfassung meiner Position zu einzelnen Fragen beschränken. Der interessierte Leser sei auf die Bibliografie am Ende des Kommentars verwiesen.

Da ich mich bewusst auf die eigentliche Aufgabe eines biblischen Kommentars beschränken möchte, also die Erklärung und Auslegung des Textes, stellt sich die Frage, inwiefern die genauen historischen Hintergründe des Buches zu seiner Interpretation beitragen. Für das Verständnis des Textes ist es durchaus wichtig zu wissen, aus welchem Kulturkreis und welcher Epoche der Text stammt. Leider lassen sich häufig nur Vermutungen anstellen. Sicherlich wäre eine Kenntnis der genauen Abfassungszeit und der genauen Umstände der Autorschaft für die Interpretation wünschenswert, doch ist beides im Falle von 2. Mose nicht gegeben. Als Leser haben wir mit dieser Unbestimmtheit zu leben. Sie fordert uns zur exegetischen Demut heraus, weil es uns schwerfällt, unsere modernen historiografischen Ansprüche zurückzustellen. Für 2. Mose muss man leider ohne manche Details auskommen, wenn man sich nicht allein auf Vermutungen stützen will.

Doch bei all diesen Vorbehalten ist und bleibt das Buch ein geschichtliches Dokument, und zwar in zweifacher Hinsicht: Einerseits ist es durch und durch geprägt von den zeitgeschichtlichen Umständen seiner Entstehungszeit, und andererseits ist es selbst eine wichtige historische Quelle. Auf beide Aspekte soll im Folgenden eingegangen werden.

1.9.2 Die Abfassung des Buches

Die ältesten heute noch erhaltenen biblischen Texte wurden in den Bibliotheken von Qumran gefunden. Diese Schriften stammen frühestens aus dem dritten vorchristlichen Jahrhundert. Damit kommt unsere „Quelle" also mit über 1000 Jahren Abstand zu den Ereignissen des Auszugs zu uns (Houtman 1993b, 2-4). Manche haben daraus geschlossen, dass im Pentateuch und den anderen biblischen Büchern zur Volksgeschichte Israels vor allem identitätsstiftende Fiktion vorliegt: Man sah sich im vierten bis dritten vorchristlichen Jahrhundert genötigt, sich eine „große Geschichte" zuzulegen, damit man in den Wirren der Perserzeit und der folgenden hellenistischen Zeit eine Identität als Volk bewahren könnte. Hier ist nicht der Ort, diese Sicht der Dinge zu überprüfen oder zu widerlegen.

Und tatsächlich, das Buch 2. Mose lässt sich durchaus sinnvoll in der eben beschriebenen nachexilischen Situation lesen. Es ist vorstellbar, dass 2. Mose genau in dieser Situation einen entscheidenden Beitrag zur Neubesinnung und Neubestimmung Israels in dieser wirren Zeit geleistet hat. Diese kommunikative Qualität und damit Aktualität von 2. Mose lässt sich durch seine gesamte Auslegungsgeschichte hindurch beobachten. Immer wieder kam es zu geschichtlichen Situationen, in denen gerade 2. Mose eine besondere Rolle als Wort Gottes für ebendiese konkrete Situation spielte. Die nachexilische Zeit allerdings als ersten oder gar einzigen historischen Kontext von 2. Mose zu verstehen, ist unnötig. Wahrscheinlich ist diese historische Verortung des Buches aus unserer sehr begrenzten Kenntnis der vorexilischen Geschichte Israels geboren. Erst mit dem fünften Jahrhundert kann man für das antike Israel auf deutlich mehr historisch gesicherte Kenntnisse zurückblicken. Damit wird diese Zeit für uns besonders plastisch und greifbar. Möglicherweise wurde diese Zeit auch deswegen zum Kondensationspunkt für viele historische Vermutungen der modernen biblischen Wissenschaft. Wegen der ungesicherten Annahmen soll das Buch nicht vor dem Hintergrund einer nachexilischen Entstehungshypothese kommentiert werden.

Woran lässt sich nun aber eingrenzen, wann das Buch geschrieben wurde?

Eine Möglichkeit ist sicherlich die Lösung der Frage nach der Autorschaft des Buches. Schon der deutsche Titel des Buches „Das zweite Buch Mose" legt eine mosaische Verfasserschaft nahe. Dies wurde auch über Jahrhunderte hinweg bis in die frühe Neuzeit weithin vorausgesetzt. Doch gab es bereits in der Antike im Rahmen ganz allgemeiner Angriffe auf das Juden- und Christentum den Vorwurf, dass Moses den kompletten Pentateuch gar nicht habe schreiben können. In vielen Kreisen erschien es daraufhin wichtig, die Gottgegebenheit und damit die Autorität des Pentateuchs zu verteidigen. Dabei an Mose als dem maßgeblichen Autor festzuhalten, war offensichtlich ein grundlegendes Bedürfnis, da kulturell Autorität an Autoritäten gemessen wurde, und Mose war unbestreitbar eine solche.

Eine beliebte Hypothese bei vielen Kirchenvätern war, dass Esra eine „inspirierte" Neufassung des Pentateuchs vorlegte, die im Grunde eine Überarbeitung des mosaischen Originals war. So war eine weitere bekannte Autorität gewonnen, die den Text gewissermaßen absicherte. Eine andere Möglichkeit, die vielen Angriffe auf die mosaische Verfasserschaft abzuwehren, war der Rückgriff auf Moses prophetische Begabung.

Erst im 17. Jahrhundert, begründet im beginnenden Rationalismus, wurde Mose als Verfasser im großen Stile angezweifelt. Es ist jedoch klar, dass diese Randfrage Ausdruck eines philosophischen Großprogramms war, alte und suspekt gewordene Autoritäten zu entthronen. Die Verfasserfrage des Pentateuchs eignete sich da hervorragend als Modellfall. Dennoch war nun die Frage nach dem „tatsächlichen" Werden des Pentateuchs gestellt, und sie wollte beantwortet werden. Wenn man dies wissenschaftlich glaubwürdig tun wollte, so musste man im Rahmen des vorherrschenden Rationalismus arbeiten. Die Autoritätsfrage der biblischen Bücher war in diesem Klima nicht mehr wichtig. Was jedoch sehr wichtig wurde, war die genaue Kenntnis der historischen Umstände der Entstehung der Bücher. Aufgrund der vorherrschenden Wissenschaftsphilosophie waren Texte nur vor ihrem historischen Hintergrund richtig zu verstehen. So entwickelten sich die verschiedensten Hypothesen zur Entstehungsgeschichte des Pentateuchs und damit auch des Buches 2. Mose (Zenger & Fabry, 86-162). Mit einigem Abstand lässt sich rückblickend feststellen, dass kein tragfähiger Konsens während der zwei Jahrhunderte intensiven Forschens gefunden wurde. Diese sogenannte Pentateuchkrise der modernen Bibelwissenschaft (Rendtorff, 1977) ernüchtert das Vertrauen auf die sachliche Angemessenheit der verwendeten historisch-kritischen Voraussetzungen und Methoden.

Das Fragen nach dem genauen Prozess der Entstehung des Buches ist ein wichtiges und berechtigtes Anliegen der Bibelwissenschaft. Je mehr wir darüber wissen, desto besser können wir den Text in seiner ursprünglichen kommunikativen Situation wahrnehmen. Ob jedoch diesbezüglich jemals gesicherte Ergebnisse vorliegen werden, darf angezweifelt werden. Verlässt man die der historisch-kritischen Forschung zugrunde liegende Hermeneutik, so öffnet sich der Fragehorizont in verschiedene Richtungen.

Einige der Bibelwissenschaftler der letzten Jahrzehnte sind den Weg des totalen Verzichts auf historische Fragen und Antworten gegangen und haben die alttestamentlichen Texte als „Literatur“ gelesen, was in vielen Fällen mit „Fiktion“ gleichzusetzen war. Doch zeigt sich an der Form eines Textes nicht, ob er Geschichtsschreibung zu sein beansprucht oder reine literarische Fiktion. Ob Fiktion oder nicht, zeigt sich letztlich nur an der erzählerischen Zielsetzung des Textes. Lesen wir in 2. Mose, so lässt sich feststellen, dass es weder geschichtliche Fiktion, d.h. reine Erfindung in historiografischer Form, noch eine fiktionale Geschichtsschreibung, d.h. eine literarisch ausgeschmückte Interpretation einer dunklen historischen Erinnerung, ist, sondern gerade als historiografisches Werk gelesen werden will. Israel hatte schon immer ein ausgesprochen starkes Interesse an seiner Vergangenheit und deren Bedeutung für die jeweilige Gegenwart. Dass diese Texte auch ein religiöses und theologisches Interesse haben, diskreditiert sie noch lange nicht in ihrem Anliegen, historische Begebenheiten zu berichten. Sie gehen vielmehr in ihrem Anspruch weit darüber hinaus, lediglich „Fakten“ zu berichten. Vergangene Ereignisse sollen rückblickend gedeutet und somit für die jeweilige Gegenwart der Autoren fruchtbar gemacht werden.

Auf dem Hintergrund dieser Überlegungen lässt sich nun die Frage nach dem Autor möglicherweise besser einordnen. Im Alten Testament tritt der Autor gegenüber dem Text quasi durchgängig in den Hintergrund. Die Mehrheit der alttestamentlichen Schriften ist anonym, d.h., der Autor wird nicht genannt, so auch 2. Mose. Es gibt zwar biblische Traditionen, dass Mose einzelne Texte aufgeschrieben hat (2Mo 17,14; 24,4; 34,27f), was aufgrund seiner guten Ausbildung in Ägypten sehr plausibel scheint, doch für das ganze Buch gibt es keine Verfasserangabe. Diesem Rechnung tragend, gehe ich von einer anonymen Autor- bzw. Redaktorschaft aus und rechne mit mosaischen Quellentexten, welche in das jetzt vorliegende Werk eingearbeitet wurden. Diese jedoch von einer letzten Überarbeitung zu unterscheiden, halte ich aufgrund der Misserfolge während der vergangenen zwei Jahrhunderte bei solchen Versuchen für aussichtslos. Der Text sollte demnach in seiner überlieferten Form ausgelegt werden.

Leider ist der Weg zu einer genaueren zeitlichen Einordnung des Buches über den Verfasser somit verwehrt. In dem speziellen Fall von 2. Mose bleiben noch zwei weitere Möglichkeiten übrig: die Beachtung der in dem Buch verwendeten literarischen Konventionen und die relative Datierung in Bezug auf das fünfte Buch Mose. Ich möchte mit der letzteren Option beginnen.

Das fünfte Buch Mose ist in der Forschungsgeschichte immer wieder der Dreh- und Angelpunkt der verschiedenen Entstehungshypothesen des Pentateuchs gewesen (McConville). Wenn bei diesem Buch eine gewisse zeitliche Festlegung möglich wäre, ließe sich auch 2. Mose diesem Zeitfenster zuordnen. Ohne an dieser Stelle weiter dafür argumentieren zu können, gehe ich davon aus, dass das zweite Buch Mose dem fünften zeitlich vorangeht. Theologische Gründe sind bereits weiter oben angeklungen.

5. Mose wurde schon immer mit der Josianischen Reform (2Kön 22–23) in Verbindung gebracht. Das in dieser Zeit bei Renovierungsarbeiten im Jerusalemer Tempel wiedergefundene Buch könnte durchaus 5. Mose

gewesen sein. Dies wurde vor allem damit begründet, dass Josias Reform vor allem die Abschaffung der Vielzahl der Opferstellen in Israel zum Ziel hatte. Diese Kultzentralisation hatte man als Kernthema in 5. Mose identifiziert. An diesen Gedankengang knüpfte sich im 19. Jahrhundert die Annahme, dass das „gefundene" Buch gar nicht alt war, sondern zur bewussten Unterstützung der Reformabsichten erst verfasst worden war. Um von der mosaischen Autorität rhetorisch zu profitieren, wurde das Buch dann als lange verschollen und jetzt wiederentdeckt vorgestellt. Damit hatte man in der Bibelwissenschaft endlich eine für viele plausible Datierung für 5. Mose: die zweite Hälfte des siebten Jahrhunderts. Entlang dieser Hypothese entwickelten sich viele grundlegende Modelle zur Entwicklung der israelitischen Religion, der alttestamentlichen Theologie, der sozialpolitischen Gegebenheiten und zur allgemeinen Geschichte Israels. Mittlerweile hat sich aber auch in diesen historischen Hypothesen jeglicher Konsens aufgelöst: Die Verbindung von der Entstehung von 5. Mose mit der Josianischen Reform hat keine großen Lösungen in diesen Fragen gebracht. Dass Josia nach den Ideen von 5. Mose gehandelt hat, bedeutet nicht, dass diese direkt für ihn geschrieben wurden. Ebenso ist klar, dass der Autor von 2. Könige stark von 5. Mose beeinflusst wurde. Daraus aber lässt sich keine gleichzeitige Entstehung der beiden Bücher ableiten.

Befreit man sich von einer Datierung in das siebte Jahrhundert, so lässt sich das 5. Buch Mose ohne Weiteres in die prämonarchische Zeit datieren.

Die nun folgenden Anmerkungen zu den in 2. Mose sich findenden literarischen Konventionen wurden auch für die Einordnung von 5. Mose in das ausgehende zweite Jahrtausend in Anspruch genommen: Auch die literarische Anlage dieses Buches findet enge Parallelen zu Texten aus dieser Zeit.

Es wurde mittlerweile eine ganze Reihe von Texten von anderen Völkern des alten Vorderen Orients gefunden und übersetzt, die den biblischen Berichten in 2. Mose zur Struktur des Zeltheiligtums, zu den Bauberichten, zu den Einweihungsriten, zur Priesterweihe, zum Festkalender und zu den regelmäßigen Opfern in vielem, sowohl formell als auch inhaltlich, sehr entsprechen (Kitchen; Baltzer; Mendenhall; McCarthy 1972; McCarthy 1963). Diese Texte sind vor allem aus der Zeit des zweiten Jahrtausends bekannt. Die meisten Parallelen kommen aus Ägypten, aber auch aus dem semitischen Kulturraum, z.B. aus Ugarit, Emar, Mari, Assyrien, Babylon. All diese Texte lassen große Gemeinsamkeiten erkennen, sodass eine generelle Wahrscheinlichkeit besteht, dass auch die biblischen Texte in derselben Epoche, im ausgehenden zweiten Jahrtausend, also der Spätbronzezeit, entstanden sind. Spätere Texte aus den Israel umgebenden Kulturen weisen andere formelle Konventionen auf. Was die Datierungsfrage angeht, so kann man die obige Einschätzung für 2. Mose eingrenzen. Wenn wir davon ausgehen, dass der zeitliche Abstand zwischen den Ereignissen und ihrer Niederschrift nicht wesentlich länger als 100 Jahre ist, so könnten wir an 1100-1000, also die vormonarchische Zeit oder frühe Königszeit Israels, denken, was natürlich von der Datierung der berichteten Ereignisse abhängt.

Diese Annahme erhärtet sich, wenn man die in 2. Mose verwendete literarische Form zum Bundesschluss in seinem altorientalischen Kontext beachtet. Detaillierte Untersuchungen von mehr als 80 verschiedenen altorientalischen Bundes- und Vertragstexten (aus Mesopotamien, Nordsyrien und Anatolien) lassen eine deutliche Periodisierung der unterschiedlichen literarischen Konventionen, die diesen Texten zugrunde liegen, erkennen. Vor allem in Umfang und Anordnung der Segens- und Schwurpassagen ist diese Periodisierung deutlich. Die zu beobachtenden Gemeinsamkeiten gehen über Sprach- und Kulturgrenzen hinweg, sodass sich anscheinend eine allgemein verbreitete literarische Tradition zu dieser Art von Texten im Vorderen Orient gebildet hat. Von diesem Muster wurde im konkreten Fall abgewichen, um dem jeweiligen Vertragsgegenstand zu entsprechen. In 2. Mose liegt eine Erzählung zum Bundesschluss zwischen Gott und Israel vor, also nicht die eigentlichen Vertragstexte. Doch legt die Anlage dieser Erzählung nahe, dass der Autor die Konventionen des 15.-13. Jahrhunderts kannte und seinen Text entsprechend formulierte. Dieses Argument für die Einordnung des zweiten Buches Mose kann sicher nicht als unzweifelhaft oder abschließend gelten, dafür haben konkrete Autoren zu viel gestalterische Freiheit bei der Formulierung ihrer

Texte. Doch macht es mindestens die bis jetzt anvisierte Abfassungszeit von 2. Mose in dieser Epoche (12.-11. Jahrhundert) historisch plausibel.

Mit großer Wahrscheinlichkeit wird der tatsächliche, für uns anonyme Autor oder eine Autorengruppe Quellentexte aus der Zeit des Auszugs von Mose oder seinen Schreibern später noch zur Verfügung gehabt haben. Vor allem aber muss mit einer sehr stabilen mündlichen Überlieferung gerechnet werden, die dafür gesorgt hat, dass die historischen Begebenheiten treu überliefert wurden.

1.9.3 Der geschichtliche Horizont des zweiten Buches Mose

Die derzeitige Sachlage in Bezug auf außerbiblisches Material zur Präsenz Israels im antiken Ägypten und dem eigentlichen Auszug ist dürftig. Es wurde nach wie vor kein außerbiblisches Dokument gefunden, welches beides zweifelsfrei belegt. Das ist an sich nicht weiter verwunderlich. Vieles, was geschah, wurde nicht aufgeschrieben, und viel Geschriebenes hat den Lauf der Zeit bis heute nicht überdauert. So sind im Fall des Auszugs der Israeliten aus Ägypten die Historiker auf die Bibel als älteste historiografische Quelle zu diesen Ereignissen verwiesen (Kitchen; Hoffmeier 1997; Hoffmeier 2007; Young; Wood 2007; Wood 2005; Schmidt 1983).

In der historischen Wissenschaft wird die Frage der Zuverlässigkeit jedweder Quelle zu Recht gestellt. Wie bereits bemerkt, wurde die Bibel in den letzten Jahrhunderten diesbezüglich sehr kritisch gelesen und von vielen Theologen und Historikern als Quelle zur Rekonstruktion historischer Begebenheiten abgelehnt. Dies ist zunächst insofern problematisch, da hiermit die einzige Quelle zu diesen für Israel fundamentalen Ereignissen wegbricht. Die Bewertung der Bibel, und damit auch des Buches 2. Mose als historischer Quelle, steht und fällt an der Bewertung ihrer literarischen Natur und Funktion.

Die Erwartungen der Moderne an historiografische Literatur waren sicherlich anders als die entsprechenden Erwartungen des antiken semitischen Kulturkreises. Dass 2. Mose keine Historiografie im modernen

Sinne ist, ist offensichtlich. Es werden keine Namen der betroffenen ägyptischen Könige oder ihrer Dynastien genannt, es wird keine relative Chronologie aus der Patriarchenzeit oder von anderen Völkern der damaligen Zeit angeboten, und es gibt auch keine genaueren Angaben zu weiteren politischen Ereignissen parallel zum Auszug. Es lassen sich also kaum konkrete Daten unterschiedlicher Herkunft miteinander vergleichen und in Beziehung setzen. Als Quelle für die in 2. Mose berichteten Ereignisse haben wir nur das Buch 2. Mose. Dieser Quelle ist zunächst mit Vertrauen zu begegnen. Eine positive Einstellung ist gegenüber jedem historischen Dokument zunächst angemessen, ganz unabhängig von einer theologisch gefassten Qualität des Buches als Heiliger Schrift.

Auch wenn wir keine historischen Sicherheiten in manchen Einzelheiten erreichen können, so können wir doch hinreichend sicher sein, dass die erzählten Begebenheiten gut in die Zeit des ausgehenden zweiten vorchristlichen Jahrtausends passen. Wichtig ist vor allem, dass wir, wie oben bereits bemerkt, die Rahmendaten des Auszugs als historisches Faktum anerkennen. Das Buch legt in keinem Moment nahe, dass das Ereignis der Unterdrückung des zum Volk gewordenen Israel und seines Auszugs lediglich eine theologisch-literarische Erfindung einer viel späteren Zeit ist.

Die außerbiblischen Zeugnisse eines Aufenthaltes der Israeliten in Ägypten sind äußerst dürftig. Dies ist zunächst und vor allem der Vergänglichkeit aller monumentalen oder inschriftlichen Artefakte im östlichen Nildelta geschuldet. Die jährlichen Überschwemmungen und die Abwesenheit von härteren Steinen in dieser Region legen nahe, dass kaum Siedlungsspuren die Jahrtausende überdauern konnten. Darüber hinaus ist es unwahrscheinlich, dass der Auszug von Sklaven in den Listen der militärischen Erfolge der damaligen Weltmacht Ägypten an den Palastwänden erwähnt wird. Das Fehlen jeglicher Spuren Israels in Ägypten ist also nicht verwunderlich.

Jedoch lassen sich einzelne Aspekte der Umstände des Auszugs durchaus im Rahmen ägyptischer Kultur plausibel einordnen. Mit dem Neuen Reich, Mitte des zweiten Jahrtausends v.Chr. lässt sich zum Beispiel eine verstärkte Inanspruchnahme von ausländischen Arbeitskräften für die ambitionierten Bauprojekte der Pharaonen feststellen. Die Art und Weise der Arbeit und die Situation dieser semitischen und nubischen Zwangsarbeiter entsprechen dem, was wir im 2. Mose lesen. Die Ziegelherstellung mit Stroh, das teilweise Fehlen von Stroh für die kontinuierliche Produktion, das Bitten um Urlaub aus religiösen Gründen, das Schlagen der Arbeiter und das System der Vorarbeiter bzw. Aufseher, die gewisse Quoten erreichen müssen, sind sowohl biblisch wie auch außerbiblisch gut belegt (Kitchen, 322-324). Mit diesen Hinweisen und denen, die schon im vorigen Teil zur Datierung von 2. Mose genannt wurden, soll vor allem nahegelegt werden, dass das Ereignis des Auszugs durchaus als historischer Fakt gelten kann, auch wenn der biblische Text diese Daten interpretiert und damit für seine Gegenwart relevant macht.

Die Anlage dieses Kommentars schließt aus, dass selbst ein knapper Überblick über ägyptische Chronologien, die Umstände der damaligen Weltpolitik, Kulturen oder Religion gegeben werden kann. An passenden Stellen im Kommentar werden entsprechende Hinweise gegeben, sofern sie der Auslegung dienen.

1.9.4 Zeitpunkt des Auszuges

Für die historische Rekonstruktion des Auszugs bieten sich zurzeit zwei Hypothesen an (vgl. Wood 2007; Wood 2005; Kitchen; Hoffmeier 2007, Merrill): die frühe Datierung des Auszugs in das 15. vorchristliche Jahrhundert (ca. 1447/1446) und eine späte Datierung im 13. Jahrhundert (ca. 1270-60). Mittlerweile gibt es eine recht ansehnliche Anzahl an wissenschaftlichen Veröffentlichungen, die diese Hypothesen sehr kontrovers diskutieren. Die Bibliografie wird helfen, sich ein umfassenderes Bild von der gegenwärtigen Diskussion zu machen.

Zunächst ist festzuhalten, dass es selbst innerhalb der Bibel kein einheitliches Bild zum Datum des Auszugs gibt. Aus diversen Texten kann man jedoch eine relative Chronologie erstellen. 1Kön 6,1 bestimmt die Zeitspanne zwischen dem Auszug und dem vierten Regierungsjahr des Salomo (ca. 966/967) als 480 Jahre (bzw. 440 Jahre in der Septuaginta). Damit wäre man dann bei einem Auszugsdatum im 15. Jahrhundert. Zählt man jedoch die einzelnen in der Bibel gegebenen Regierungszeiten der Könige und Richter für diese Zeitspanne zusammen, so ergeben sich ca. 633 bis 650 Jahre für dieselbe Zeitspanne, womit man im 17. Jahrhundert wäre. Die biblischen Zahlen sind also ohne die Annahme zeitlich überlappender Regierungszeiten und verschiedener Kalender (1 Kön 12,33) kaum in den Griff zu bekommen. Es stellt sich die Frage, was an welcher Stelle wörtlich zu nehmen ist. Symbolische Zahlen und Zeitspannen sind in der Hebräischen Bibel durchaus üblich. Die Frage ist lediglich: In welchen Fällen? Somit besteht definitiv die Möglichkeit eines Exodus um ca. 1446.

Der zentrale Text für den Auszug im 13. Jahrhundert ist in 2Mo 1,11, der die beiden Vorratsstädte, welche von den Israeliten gebaut wurden, als Pitom und *Ra'amses* bezeichnet. Ägyptologen haben letztere Stadt als Pi-Ramses identifiziert, gebaut unter Ramses II. (19. Dynastie, ca. 1292-1191) im nordöstlichen Nildelta, heute bekannt als Quantir. Dies bedeutet aber nicht, dass diese Städte nicht auch in früherer Zeit schon so geheißen haben könnten, da der Name Ramses anscheinend bereits seit der 12. Dynastie (ca. 1939-1760) vorkommt. Vertreter der früheren Datierung sehen in 2Mo 1,11 eine spätere Aktualisierung, damit die Ortsnamen verständlich bleiben. Des Weiteren fand man 1896 die Merenptah-Stele, auf der unter vielen anderen kanaanäischen Völkern auch erstmalig eine Referenz zu „Israel" in einem außerbiblischen Text vorkommt. Diese Stele wird gewöhnlich auf 1211/1210 v.Chr. datiert. Dort werden die Kanaanfeldzüge von Merenptah, Sohn Ramses' II., aufgeführt. Frühere Belege einer Präsenz Israels in Kanaan sind sehr wohl möglich, aber nicht gesichert. Weitere Hinweise für eine späte Datierung lassen sich in der archäologischen Erforschung der Siedlungsgeschichte Kanaans finden. Die Bücher Josua und Richter berichten von keinen militärischen Auseinandersetzungen der Israeliten mit Ägypten, der Kanaan und Syrien dominierenden Macht zwischen 1400 und 1250. Die verschiedenen Schichten der Stadt Hazor, die Josua mit seinen Truppen zerstört hatte (Jos 11), legen möglicherweise nahe, dass diese Zerstörung erst im späten 13. Jahrhundert stattgefunden habe und nicht bereits um 1400.

Was ist nun mit den 480 (440) Jahren aus 1 Kön 6? Der überaus häufige Gebrauch der Zahl 40 in der Bibel legt eine starke symbolische Verwendung der Zahl nahe. 12-mal 40 Jahre, also 480, wobei die 40 Jahre symbolisch für eine Generation stehen könnten, weisen in diese Richtung. Solche symbolischen Jahresangaben dienen als interpretatorische Verbindung zwischen zwei weit auseinanderliegenden historischen Ereignissen und sind ein literarisches Stilmittel, um diese Ereignisse in Bezogenheit aufeinander zu deuten.

Wie so oft bei solchen Datierungsfragen im Altertum lässt sich auch hier schwer Eindeutigkeit erlangen. Meines Erachtens erklärt die Hypothese des 13. Jahrhunderts für den Auszug die vorhandenen textlichen und archäologischen Hinweise am elegantesten. Die Hypothese des Auszugs im 15. Jahrhundert bleibt als weitere durchaus plausible Option bestehen. Für die konkrete Auslegungsarbeit ist eine zweifelsfreie Entscheidung für die eine oder andere Hypothese kaum relevant.

1.9.5 Die Route des Auszugs

Die Frage nach der konkreten Reiseroute der Israeliten von Ägypten zum Sinai ist ebenso umstritten wie die Datierung des Auszugs (vgl. Kitchen). Eine letztgültige Entscheidung ist von manchmal recht unsicheren Interpretationen der wenigen textlichen und archäologischen Fakten abhängig. Der vorliegende Kommentar sieht seine Hauptaufgabe in der Erklärung und Auslegung des biblischen Textes. Daher werden keine neuen Erklärungsmodelle geboten. Es wird auch nicht versucht, die abschließende Entscheidung in diesen Fragen zu finden. Die Entscheidung zur Frage nach der Route des Auszugs wird keinen größeren Einfluss auf die eigentliche Texterklärung ausüben. Dennoch möchte ich ganz knapp die drei möglichen Hypothesen nennen.

Vertreter der Nordroute nehmen an, dass die Israeliten ganz im Norden des Nildeltas der Mittelmeerküste entlang die kürzeste und schnellste Route Richtung Kanaan nahmen. Diese Möglichkeit wird jedoch bereits von 2. Mose 13,17f ausgeschlossen: Entlang des Mittelmeeres lagen zehn ägyptische Festungen oder Siedlungen, die im 13. Jahrhundert gut besetzt waren. Das hätte für die Israeliten mit größter Wahrscheinlichkeit einige unausweichliche militärische Auseinandersetzungen bedeutet. Deswegen und wegen einiger anderer geografischer Gründe wird diese Route schon länger nicht mehr in der Forschung vertreten.

Eine mittlere Route nimmt an, dass die Israeliten über das et-Tih-Plateau gezogen sind. Das ist der große Kalksteinrücken im Zentrum der Sinaihalbinsel. Vor allem Vertreter einer Lokalisation des Berges Sinai/Horeb in Edom oder Nordwestarabien (Midian) denken an diese Route. Doch die et-Tih-Ebene ist dermaßen unwirtlich, dass eine größere Gruppe von Menschen und Tieren dort nicht für längere Zeit würde überleben können. Zudem lassen sich für die biblischen Ortsangaben für den Weg keine geografischen Anhaltspunkte entlang der mittleren Route finden.

So bleibt noch die Südroute zunächst entlang des Golfs von Suez und dann über den bergigen Süden der Sinaihalbinsel. Dort ließe sich auch ein durchaus wahrscheinlicher Ort für den Offenbarungsberg lokalisieren, der dem Lager der Israeliten genügend Raum geben hätte, der *Ğebel Mūsā*, der sogenannte Mosesberg. Überdies sind die diversen Itinerarangaben aus 2. Mose relativ gut mit den örtlichen Gegebenheiten der südlichen Route vereinbar.

2 Kommentar

2.1 Israel wird aus Ägypten herausgeführt (1,1–15,21)

Der erste Teil des Buches berichtet den Auszug des Volkes Israel aus ägyptischer Zwangsarbeit. Neben der Erwählung Abrahams markiert das Alte Testament mit diesem Ereignis die Geburtsstunde des Volkes Israel. Nun liegt der Fokus der Erzählungen der Thora nicht mehr auf Familienereignissen, sondern es geht ab jetzt um das zum Volk gewordene Israel, das im Auszug und in den Ereignissen der Wüstenzeit seine Identität findet.

Der Gott der Väter wird zum Gott des Volkes. Dies wird jedoch erst später ganz konkret formuliert. In den ersten Texten des Buches wird Gott als bekannt vorausgesetzt. Erst ab 2Mo 2,23 und dann vor allem in der Berufungsgeschichte Moses wird Gott genauer beschrieben und damit in die Erzählung eingeführt. Beim Leser wird die Kenntnis von 1. Mose vorausgesetzt, ebenso wie offensichtlich einige der Ereignisse aus der Frühzeit des Volkes, die hier erzählt werden: über Mose, über die Zeit in Ägypten, den Auszug, die Zeit der Wanderung, die Gotteserscheinung am Berg Sinai, die Bundesverbindung zwischen Gott und Israel, über den Bundesbruch und das mobile Heiligtum seiner Vorfahren. Der Text scheint an manchen Stellen eine gewisse Kenntnis dieser Ereignisse vorauszusetzen, was nicht verwundert, da zentrale Begebenheiten aus der Frühphase einer Gruppe oral, oder möglicherweise auch schriftlich, tradiert werden. Diese Perspektive ist wichtig für unser Verständnis der Texte. Es geht in ihnen nicht vor allem um die Stillung eines allgemeinen Geschichtsinteresses oder eine besonders interessante Erzählung der fabelhaften Erlebnisse aus grauer Vorzeit. Die Texte des 2. Buches Mose treffen den Leser nicht auf dieser Ebene. Sie wollen vielmehr eine Interpretation der Geschichte vornehmen, evtl. vorhandene Fehleinschätzungen korrigieren und den Leser über seine eigene Identität als Teil des Gottesvolkes in die Pflicht nehmen. Man könnte sagen, dass dem Leser hier eine bestimmte Weltsicht vorgelegt wird, die bei der Bewältigung seines eigenen Alltags innerhalb des Gottesvolkes helfen soll.

Im ersten Teil wird vor allem Gott beschrieben. Sein Wesen wird auf dem Hintergrund seines Handelns an der Familie Jakobs, am Volk, an Mose und am Pharao deutlich. Letztlich dienen diese anderen Personen vor allem als Kontrastbild zu Gott. Diese „theologische" Einführung wird vom Schicksal Israels her entfaltet. Die Notwendigkeit des Auszugs wird begründet (1,1–6,27). Seine Vorgeschichte wird in einer fast kosmischen Perspektive in der Plagenerzählung entfaltet (6,28–11,10) und schließlich mit einigen „Exkursen" in den israelitischen Festkalender erzählt und mit einem längeren und einem kürzeren Gedicht abgeschlossen (12,1–15,21). Vor allem im Schilfmeerlied (15,2-19) kommt dieser erste große Teil des Buches 2. Mose zum Höhepunkt und Ende: Der Auszug ist abgeschlossen.

2.1.1 Das Volk wird unterdrückt und hofft auf Freiheit (1,1–7,13)

2.1.1.1 Leben und Bedrohung (1,1–2,25)

2.1.1.1.1 Übersetzung

1,1 Dies sind die Namen der Söhne Israels, die mit Jakob nach Ägypten gekommen waren – es kam ein jeder mit seiner Familie:

2 Ruben, Simeon, Levi und Juda, 3 Issachar, Sebulon und Benjamin, 4 Dan und Naftali, Gad und Ascher.

5 Und dies waren alle leiblichen Nachkommen Jakobs: siebzig Personen. Aber Joseph war (schon) in Ägypten.

6 Es starben Joseph und all seine Brüder, alle dieser Generation. 7 Doch die Söhne Israels waren fruchtbar, vermehrten sich sehr, wurden zahlreich und überaus stark, sodass das Land von ihnen gefüllt wurde.

8 Und ein neuer König stand auf über Ägypten, der von Joseph nichts mehr wusste. 9 Und er sagte zu seinem Volk: Seht, das Volk der Söhne Israels ist größer und stärker als wir! 10 Also, lasst uns weise mit ihnen umgehen, sonst werden sie noch zahlreicher. Gäbe es dann einen Krieg, könnten sie sich unseren Feinden anschließen, uns bekriegen und aus unserem Land wegziehen.

11 Und so setzten sie Sklavenaufseher über sie, um sie durch schwere Zwangsarbeit zu unterdrücken. Sie bauten für den Pharao die Speicherstädte Pithom und Raamses. 12 Je mehr sie sie allerdings unterdrückten, desto zahlreicher wurden sie und breiteten sich aus, sodass sie vor den Söhnen Israels Angst bekamen. 13 Daher zwangen die Ägypter die Söhne Israels mit Gewalt zur Zwangsarbeit 14 und machten ihnen das Leben bitter mit harter Zwangsarbeit an Lehm und Ziegeln und allerlei Feldarbeit. In allen ihren Zwangsarbeiten zwang man sie mit Gewalt.

15 Darüber hinaus redete der König Ägyptens mit den hebräischen Hebammen, von denen eine Schiphra und die andere Pua hieß. 16 Er sagte: Wenn ihr den Hebräerinnen bei der Geburt helft, so schaut bei der Entbindung nach; sollte es ein Sohn sein, so tötet ihn, sollte es aber eine Tochter sein, so lasst sie leben.

17 Doch die Hebammen fürchteten Gott und taten nicht, wie ihnen der König Ägyptens befohlen hatte, sondern ließen die Jungen leben. 18 Da ließ der König Ägyptens die Hebammen rufen und fragte sie: Warum habt ihr dies getan? Warum habt ihr die Jungen leben gelassen? 19 Da antworteten die Hebammen dem Pharao: Weil die hebräischen nicht wie die ägyptischen Frauen sind. Sie sind vitaler. Ehe die Hebamme zu ihnen kommt, haben sie geboren. 20 So tat Gott den Hebammen Gutes, und das Volk wurde zahlreich und vermehrte sich sehr. 21 Und so geschah es, weil die Hebammen Gott fürchteten, dass Gott ihnen Nachkommen gab.

22 Da befahl der Pharao seinem ganzen Volk: Alle Söhne, die geboren werden, müsst ihr in den Fluss werfen. Alle Töchter könnt ihr leben lassen.

2,1 Und <doch> heiratete ein Mann vom Stamm Levi eine Tochter Levi.

2 Die Frau wurde schwanger und gebar einen Sohn. Als sie sah, dass er wohlgeraten war, versteckte sie ihn für drei Monate.

3 Aber als sie ihn nicht länger verbergen konnte, nahm sie einen Kasten, dichtete ihn mit Bitumen und Pech, legte das Kind hinein und legte es am Nilufer ins Schilf. 4 Seine Schwester stellte sich in der Nähe auf, um zu erfahren, was mit ihm geschehen würde.

5 Da kam die Tochter des Pharaos herab, um sich im Nil zu waschen, während ihre Dienerinnen am Ufer des Nils auf und ab gingen. Sie sah den Kasten im Schilf und schickte ihre Sklavin es zu holen. 6 Sie öffnete es, und sie sah ein Kind, einen weinenden Jungen! Da bekam sie Mitleid mit ihm und sagte: Das ist eines der hebräischen Kinder.

7 Da sagte seine Schwester zu Pharaos Tochter: Soll ich zu den Hebräerinnen gehen und dir eine stillende Frau holen, damit sie dir das Kind stillen kann? 8 Des Pharaos Tochter antwortete: Ja, geh! Da ging die junge Frau und holte die Mutter des Kindes. 9 Die Tochter des Pharaos sagte zu dieser: Nimm dieses Kind mit und stille es für mich. Ich werde dir deinen Lohn dafür geben. Da nahm die Frau das Kind und stillte es.

10 Als das Kind aber groß geworden war, brachte sie es der Tochter des Pharaos. So wurde er ihr Sohn. Sie nannte seinen Namen Mose und erklärte: Weil ich ihn aus dem Wasser gezogen habe …

11 Und es passierte, als Mose älter geworden war, ging er hinaus zu seinen Brüdern und sah ihre Zwangsarbeit. Er sah einen ägyptischen Mann einen hebräischen Mann schlagen, einen seiner Brüder. 12 Er schaute nach allen Seiten und sah keinen Menschen. Da erschlug er den Ägypter und verscharrte ihn im Sand.

13 Am nächsten Tag ging er hinaus, und siehe: Zwei hebräische Männer stritten miteinander. Da sagte er zu dem, der im Unrecht war: Warum schlägst du deinen Genossen? 14 Der erwiderte: Wer hat dich zum Aufseher oder Richter über uns bestellt? Willst du mich etwa töten, so wie du den Ägypter getötet hast? Da bekam Mose Angst und sagte: Ist diese Sache doch bekannt geworden!

15 Als der Pharao von diesem Vorfall hörte, wollte er Mose töten. Deswegen floh Mose vor dem Pharao und siedelte im Land Midian. An einem bestimmten Brunnen hielt er sich auf.

16 Nun hatte der Priester von Midian sieben Töchter, die kamen und begannen zu schöpfen und die Tränken zu füllen, um die Herde ihres Vaters zu tränken. 17 Es kamen aber Hirten, die sie verdrängten. Da stand Mose auf und rettete sie und tränkte ihr Kleinvieh. 18 Als sie zu Reuel, ihrem Vater, kamen, fragte er: Warum seid ihr heute so früh? 19 Sie antworteten: Ein ägyptischer Mann hat uns aus der Hand der Hirten befreit und sogar Wasser geschöpft und das Vieh getränkt. 20 Da fragte er: Ja, wo ist er denn? Warum habt ihr den Mann dort gelassen? Ruft ihn zum Essen!

21 Mose willigte ein, bei dem Mann zu bleiben. Der gab Mose seine Tochter Zippora zur Frau. 22 Sie gebar einen Sohn, den er Gerschom nannte, weil er sagte: Ein Ausländer bin ich in einem fremden Land geworden.

23 Nach diesen vielen Tagen starb der König Ägyptens, doch die Söhne Israels stöhnten wegen der Zwangsarbeit. Sie schrien um Hilfe, und ihr Geschrei wegen der Zwangsarbeit stieg auf zu Gott. 24 Da hörte Gott ihr Stöhnen, und Gott gedachte seines Bundes mit Abraham, Isaak und Jakob. 25 Gott sah die Söhne Israels, und Gott wusste, <was er tun würde>.

2.1.1.1.2 Struktur

Der Einstieg in das zweite Buch Mose wurde vom Autor in fünf Episoden erzählt, denen eine Einleitung und ein Schluss beigegeben wurden (Siebert-Hommes; Weber):

Einleitung (1,1-7)	Wachstum von der Familie zum Volk wird nachgezeichnet.
A (1,8-14)	Zwangsarbeit wird eingeführt.
B (1,15-22)	Hebammen schützen das Leben.
C (2,1-10)	Geburtsgeschichte des Retters Mose wird erzählt.
D (2,11-14)	Zwangsarbeit wird nicht aufgehoben.
E (2,15-22)	Priestertöchter nehmen Mose auf.
Schluss (2,23-25)	Gott nimmt sich der Sache an.

Die ersten zwei Kapitel bilden eine Erzähleinheit, deren Teile vielfältig aufeinander bezogen sind. In diesem Einstiegsstück wird der weitere Erzählfortschritt eingeführt und vorbereitet. Die zentralen Personen werden vorgestellt und die Wahrnehmung der gesamten weiteren Erzählung (vor allem bis Kap. 15) in ein besonderes Licht gestellt. Somit wirken diese beiden ersten Kapitel sozusagen als Brille, durch deren Linsen das Lesen der weiteren Erzählung bestimmt wird. Es wird der interpretative Rahmen vorgegeben.

Diese Teile sind vor allem durch Wort- und Themenwahl voneinander getrennt, aber alle zugleich auch inhaltlich aufeinander bezogen und bilden so eine Gesamtkomposition.

In der Einleitung (1,1-7) geht es von den zwölf Namen der Söhne Israels/Jakobs hin zu einer nicht mehr zählbaren Menge ihrer Nachkommen (angezeigt durch die vielen Wiederholungen in V. 6-7).

Episode A wird mit einer zeitlichen Notiz eingeleitet, die eine neue Person, einen ägyptischen Monarchen, der von Joseph nichts mehr wusste, einführt. Die Mehrung der Nachkommen Jakobs wird aus dessen Sicht zum Problem, und er schlägt eine Lösung vor: Unterdrückung durch Zwangsarbeit. Deren Beschreibung dominiert dann das Ende dieses Teils (wiederum angezeigt durch eine große Redundanz in der Wortwahl). Gegenüber der folgenden Hebammenepisode, die lediglich eine Einzelerzählung bleibt, wird das Thema der Zwangsarbeit später wieder konkret aufgenommen und dominiert viele Texte bis zum eigentlichen Auszug.

In Teil B spitzt sich der angehende Konflikt zwischen Ägypten und Israel zu und wird gleichzeitig auf der konkreten familiären Ebene verdeutlicht. Dieser Teil lebt aus der Gegenüberstellung der Hebammen und des Pharaos. Diese beiden ersten Episoden sind eng miteinander verwoben. Beiden liegt dieselbe Grundstruktur zugrunde: Zwei (Rede-)Handlungen des Pharaos werden durch eine Misserfolgsmeldung seiner Bemühungen getrennt. Dabei spitzt sich die Erzählung auf V. 22 zu, der den Abschluss beider Teile bildet.

Die dritte Episode (2,1-10) steht im Zentrum der Gesamtkomposition und ist aufs Engste an die vorangehende Einheit gebunden. Es gibt viele thematische Verbindungen, die durch verschiedene Stichworte und Handlungsstränge hergestellt werden. Es geht um Geburt, um Frauen, die den kommenden Retter retten, um den Fluss, der einmal zum Tod, dann zur Rettung wird. Die Geburtsgeschichte des Mose ist sozusagen eine Beispielerzählung für den vorangehenden Text. Formell erinnert der Text sehr stark an das Erzählmuster „Geburt des Retters/Königs", welches im alten Vorderen Orient sehr verbreitet war (vgl. Dohmen 2015, 114-116). Die Erwartungen des Lesers sind damit natürlich groß. Er weiß ja um die Gestalt des Mose und dessen Rolle in der Geschichte seines Volkes.

Teil D (2,11-15) geht inhaltlich parallel zu Episode A, da es wieder zentral um die Zwangsarbeit geht. Hier werden die möglichen Lesererwartungen in Bezug auf Moses Rettersein ernüchtert, die evtl. vorher durch die Geburtsgeschichte aufgekommen sind. Mose scheitert in seinem Versuch, Gerechtigkeit herzustellen, und entfernt sich durch seine Flucht von seinen Volksgenossen.

Die fünfte und letzte Episode (2,16-22) erzählt von Moses neuer Familie, einer heidnischen und ausländischen Priesterfamilie. Wieder sind es Frauen, die die Handlung dominieren, und der Retter richtet sich häuslich in der Ferne von seinem Volk ein. Auch diese Episode zeichnet kein Idealbild eines Retters. Hoffnung keimt erst mit der Benennung seines Sohnes auf: Die Geburt seines Sohnes wird für ihn zum Anlass, dass er sich an seine Wurzeln erinnert (vgl. 1Mo 15,13f). Mose versteht sich als Gast und damit als Teil der Nachkommen Abrahams, denen der Auszug bereits versprochen wurde.

Diese drei letzten Episoden werden durch die Person Mose zusammengehalten, und jede von ihnen behandelt exemplarisch einen Teilaspekt seines Retterseins.

Wie der Leser in dem Schlussabschnitt (2,23-25) feststellt, ist dieser Hoffnungsschimmer berechtigt. Nicht wegen Mose, sondern wegen der ersten konkreten Handlung Gottes in 2. Mose in Richtung einer Lösung des Grundproblems der Israeliten. Es werden in diesem Abschluss nochmals die zentralen Stichworte aufgenommen. Der Initiator der Zwangsarbeit lebt nicht mehr, doch die Zwangsarbeiter schreien in unverminderter Verzweiflung, und Gott hört und erinnert sich seines Bundes mit den Vätern. Gott sieht und er weiß, was er tun wird. Damit ist die Aufmerksamkeit des Lesers ganz auf Gottes Handlungen gerichtet.

Die fünf Teile zusammen mit den rahmenden Einheiten schaffen auf der Ebene des alttestamentlichen Kanons den erzählerischen Übergang von der Patriarchengeschichte zur eigentlichen Volksgeschichte. Auf der Ebene der fünf Bücher Mose geht es konkret von den Vätern hin zum ersten großen Konflikt, den das frisch gewordene Volk zu bestehen hat. Gerade der Schlussteil wirkt als Scharnier zwischen der großen Einleitung in das Buch (Kap. 1 und 2) und der danach ansetzenden Auszugserzählung.

2.1.1.1.3 Auslegung

2. Mose beginnt (1,1) mit einem Zitat aus 1Mo 46,8a, sicher ein passender Anfang für ein Buch, das die weitere Erfüllung der Verheißungen an die Väter erzählt. Gerahmt wird die **Einleitung** (2Mo **1,1-7)** durch „Söhne Israels" (1,1.7). In 1,1 sind es noch die zwölf Söhne, in 1,7 ist es dann ein Volk, welches wie ein Schwarm das Nildelta füllt. Die genealogische Liste in 1,2-4 zusammen mit der Nennung der Anzahl der Nachkommen Jakobs (1,5) macht die Anknüpfung an 1. Mose eindeutig (vgl. besonders 46,27). Der Josephszyklus wird mit 1Mo 46 abgeschlossen, da es keinen weiteren Erzählfortschritt mehr gibt. Mit 1Mo 46 sind die Brüder wieder vereint, und Gott kündigt in seiner Vision an Jakob deren Zukunft als großes Volk an, welches nicht in Ägypten bleiben wird (46,2-4). Damit ist der Inhalt der Ereignisse von 2. Mose 1–15 fast schon vorweggenommen. Der Autor hätte es durchaus bei der Erinnerung an Gottes Verheißung an Jakob belassen können, doch er nennt jeden einzelnen der Söhne und unterstreicht damit die Einheit des Volkes, welches, gegliedert in zwölf Stämme, als Ganzes die Väterverheißung trägt.

1,6 nimmt den Leser mit in seine eigene historische Realität hinein: Die Patriarchenzeit ist zu Ende. Doch es geht im Sinne der Väterverheißung weiter, wie es in 1,7 überaus deutlich wird. Es blieb nicht bei den 70 Personen, die damals in Ägypten siedelten. 1,7 ist sehr redundant und sagt mit vielen Worten – fruchtbar sein, sich sehr vermehren, zahlreich werden, überaus stark werden, das Land füllen – lediglich eine Sache aus: Israel wird zum Volk. Das Verb „fruchtbar sein" (*prh*) knüpft an Stellen wie 1.Mo 9,7; 17,6; 28,3; 35,11; 48,4 an. „Zahlreich werden" (*rbh*) spannt den Bogen zu Texten wie 1Mo 16,10; 17,2; 22,17; 26,4.24; 28,3; 35,11; 48,4. Der Autor von 2. Mose interpretiert also die Ereignisse in Ägypten als direkte Konsequenz der großen Verheißungen Gottes an die Väter. Die Anklänge an die Schöpfungserzählung sind ebenfalls nicht zu übersehen (1Mo 1,11-12.22.28). Das, was Gott für die ganze Schöpfung im Blick hatte, verwirklicht sich hier vor den inneren Augen des Lesers.

Ohne Gott bis jetzt auch nur ein einziges Mal erwähnt zu haben, erscheint er doch zwischen den Zeilen als derjenige, der das Leben erschafft und erhält.

Bei aller Betonung der Mehrungsverheißung wird jedoch auffällig von den anderen Aspekten der Patriarchenverheißung geschwiegen. Israel hat kein Land (1Mo 12,7; 13,15.17; 15,7.18-21; 17,8) und genießt auch nicht die politische Souveränität, die damit einhergeht. Beides wird bereits in den nächsten Versen deutlich. Auch wenn der Segen Gottes in den ersten Versen von 2. Mose deutlich wird, so ist doch auf keinen Fall von einem Idealzustand zu sprechen.

Der erste Teil der einleitenden Erzählung **(Episode A, 1,8-14)** berichtet die Reaktion der ägyptischen Innenpolitik auf die Bevölkerungszunahme der unter ihnen wohnenden nordwestsemitischen Ausländer. 1,8 markiert den Wechsel der Geschicke des Volkes Israel mit dem Amtsantritt eines Monarchen, der von den Leistungen und Segnungen des lange schon verstorbenen Joseph nichts mehr wusste. Allein dem Pharao wird hier direkte Rede gegeben, und aus seinem Munde kommt dann auch die Bestätigung für Israels außergewöhnliches Wachstum, sozusagen von höchster Stelle (1,9). Dass es der Pharao selbst ist, der als Erster den Auszug Israels – hier noch als Möglichkeit – anspricht, stimmt mit der insgesamt ironischen Anlage der Gesamtkomposition überein (Exum, 68-69). So legt ihm der Autor mit einem ironischen Zwinkern Worte der „Weisheit" in den Mund (1,10). Wie realistisch die Einschätzung der Lage von ägyptischer Seite aus ist, entscheidet sich an der vermuteten Epoche des Auszugs. Wenn man von einer Frühdatierung ausgeht, wäre der neue König derjenige, der die Herrschaft der Hyksos, dieser nicht ägyptischen Volksgruppe, die in einer Schwächeepoche der ägyptischen Herrscher das Land übernommen hatte, beendet. Der neue Pharao müsste also jetzt seine Herrschaft festigen. Dafür wäre eine im Nordosten des Landes wohnende große Anzahl Semiten ein Problem. Das Volk zu dezimieren wäre dann das einzige Ziel gewesen. Dazu will dann aber der Befehl zur Tötung ausschließlich der männlichen Neugeborenen nicht so recht passen (s.u.).

Aus einer anderen Perspektive wollten die Ägypter sicher gerne am Wohlergehen der Israeliten partizipieren, sonst würden sie ja froh sein, wenn die Israeliten „ausziehen" (1,10c). Wahrscheinlich mussten sich die Ägypter der von einem früheren Pharao versprochenen Zusicherung von Sonderrechten (1Mo 45,18f; 47,6.11) geschickt entledigen. Wahrscheinlich ging es um Erb- und Wohnrechte (Dohmen 2015, 103-105). Dieses Szenario würde begründen, warum die Ägypter die Israeliten gerne behalten würden, sie aber nicht in dieser Konzentration akzeptieren wollten.

Die Absicht der konkreten vom Monarchen angeordneten Aktion ist klar: Eindämmung des Bevölkerungswachstums. Das Mittel ist harte Zwangsarbeit. Das Ergebnis ist ebenso deutlich wie unerwartet: Die Israeliten werden eher mehr als weniger (1,12). Zwangsarbeit bei Bauvorhaben war im Ägypten des Neuen Reiches kein ungewöhnlicher Schritt: Die Sklaven oder Kriegsgefangenen wurden in Arbeitstrupps eingeteilt und Vorarbeitern unterstellt, die täglich eine gewisse Produktionsquote abliefern mussten. Das geschah unter strenger ägyptischer Aufsicht (Kitchen, 322-324).

Die in 1,11 genannten Speicherstädte Pithom und Raamses werden im nordöstlichen Nildelta mit Tell *Reṭābe* und einer nur schlecht erhaltenen Stadt bei Khataana-Qantir identifiziert (Kitchen, 332-339). Dort haben die Israeliten wohl für Ramses II. an Vorratshäusern zur Versorgung des Palastes gearbeitet, sofern wir von der Spätdatierung des Exodus ausgehen. Ihre Ziegel haben sich mittlerweile wieder zersetzt, und die Steine der Tempel und Paläste wurden für andere Projekte abtransportiert und damit, wie in Ägypten üblich, recycelt.

Nachdem der Erfolg der Maßnahmen ausblieb, wurde die Arbeitslast erhöht, was in der sehr redundanten Beschreibung von 1,13-14 für den Leser sehr plastisch wird. Was allerdings in auffälliger Weise fehlt, ist eine Regung von Widerstand seitens der Hebräer. Erst in der nächsten Episode lernt der Leser, dass es die Frauen sind, die den lebenszerstörenden Maßnahmen widerstehen – mit Erfolg.

Im zweiten Teil des Textes, **Episode B: 1,15-22**, kommt es inhaltlich zu einer weiteren Verschärfung der Lage der Israeliten. In einer zweiten Rede ordnet der Pharao in seiner „Weisheit" einen Völkermord an. Diese kurze Erzählung gewinnt seine Kraft aus Kontrasten (Weber). Der „König Ägyptens" bleibt nach wie vor anonym. Die Namen der Hebammen dagegen haben Jahrtausende überdauert. Schiphra und Pua fürchten Gott. Den Pharao fürchten sie nicht. Gott selbst fördert das Leben, die Hebammen schützen es. Der König will Leben zerstören. Die Söhne müssen sterben, die Töchter dürfen leben, und das, obwohl die hebräischen Frauen vitaler sind als die ägyptischen und daher neu Söhne und Töchter gebären können. Der Pharao handelt aus Angst, die Hebammen aus Verantwortung und Gottesfurcht. Wie in einem Refrain wird in 1,20 erneut beschrieben, wie sich das Volk weiterhin vermehrt.

Ein Leser, der hier seine eigene Volksgeschichte geschildert bekommt, wird sich still mitgefreut haben, dass die beiden Heldinnen des Kapitels ebenfalls eine stabile Familie gründen konnten (1,21). In der fast familiären Zuspitzung der großen Ereignisse wird die Situation für den Leser realistisch greifbar, wobei allerdings die Brutalität und direkte Bedrohung durch den versuchten Völkermord nicht beschönigt werden.

Die Ironie des Ganzen spitzt sich zu. Ein letzter Versuch, geboren aus dem politischen Aktivismus des „weisen" Herrschers, das Bevölkerungswachstum der Hebräer einzudämmen, leitet bereits in die Geburtsgeschichte des Mose über (1,22). Mit der Weisheit des Pharaos ist es tatsächlich nicht sehr weit her. Seine letzten Worte – in 2. Mose wird ihm keine weitere direkte Rede gewährt – bestätigen geradezu die fortwährende Existenz der Hebräer: „Alle Töchter sollt ihr leben lassen." Hätte er das Überbevölkerungsproblem lösen wollen, so hätte er die gebärfähigen Töchter umbringen lassen sollen.

Es gibt einige Stichworte aus dieser Episode, die weit in die spätere Erzählung hinein ihre Wirkung durch Ironie entfalten, die teils an Sarkasmus grenzt (Weber). Der Befehl, die Jungen zu töten, spiegelt sich in der zehnten Plage wider, der Tötung der ägyptischen Erstgeburt. Schon in der ersten Plage wird geschildert, wie der Pharao zum Nil hinabsteigt und das Wasser blutrot findet (7,15) – eine Anspielung auf die zu tötenden Jungen? Im Wasser, in welches er die Jungen werfen lassen will, werden später sein Nachfolger und seine Soldaten sterben (14,27-28). Israel wird hingegen durch das Wasser hindurchgerettet (14,29).

Die zentrale **Episode C (2,1-10)** erzählt die Umstände der Geburt Moses. Eine Frau, die wie auch ihr Mann zum Stamm Levi gehörte, gebiert einen Sohn. Sie sieht, dass er „schön" oder „gesund" ist, und verweigert sich dem Befehl des Monarchen. Auffällig ist, dass bei der Einführung dieser wichtigen biblischen und historischen Gestalt keinerlei genauere Abstammung erwähnt wird. Das wird erst viel später nachgeholt (6,20-27). Der Autor hat sich hier für eine möglichst knappe, stilisierende Erzählform entschieden. Der Retter wird geboren, sein Leben ist jedoch von Anfang an gefährdet. Er wird vor dem Tod gerettet und in eine andere Familie adoptiert. Die Episode erinnert sehr stark an die im alten Vorderen Orient verbreitete Standarderzählung „Geburt und Gefährdung eines Retters oder Königs". Es wurden 32 Beispiele dieser Erzählung gefunden, die in die oder nach die neuassyrische bzw. neubabylonische Epoche datiert werden (Redford). So wurde Sargon von Akkad, ca. 2350-2294 v.Chr., unter ganz ähnlichen Umständen geboren wie Mose (Beyerlin, 123-124). Sargon war ein sagenhaft erfolgreicher König, der im Wasser ausgesetzt, von einem Wasserschöpfer gerettet und im Auftrag der Götter aufgezogen wurde. Der König wird geboren und wunderbar vor dem drohenden Tod im Wasser gerettet und adoptiert. Es ist davon auszugehen, dass dieser Erzähltypus bereits lange vor dem siebten bis sechsten Jahrhundert v.Chr. bekannt war und immer wieder neu benutzt wurde. So spielt der Autor wohl mit seiner knappen Geburtsgeschichte des Mose auf diesen Erzähltypus an und suggeriert, dass hier ein ähnlich bedeutender Mensch geboren wird. Einige Leser werden diese Anspielung bemerkt haben und wurden damit in ihrem Wissen bestätigt, dass Mose der bedeutendste Leiter Israels war. Wie in der Einleitung zum Kommentar bereits angedeutet, gehe ich davon aus, dass mindestens die Grundzüge der eigenen Geschichte den ersten Lesern bekannt waren. Der Leser lernt hier also nichts grundlegend Neues, sondern die Absicht des Autors ist vielmehr, dieses Bild der Geschichte zu formen oder gar zu korrigieren. Genau hier setzt die kommunikative Strategie des Autors an: Er beginnt eine typische Geburtsgeschichte des zukünftigen Helden. Erstaunlicherweise wird sie aber nicht weitergeschrieben. Die Geburtsgeschichte bleibt genau das. Sie wird nicht, wie sonst typisch, zu einer ganzen Kindheitsgeschichte ausgeweitet. Mose empfängt von seiner Adoptivmutter seinen Namen. Das genügt dem Erzähler. Er bricht ab und erzählt keine weiteren „Wundergeschichten" aus der Jugend des Retters, wie sonst üblich in diesem Erzählmuster (Willi-Plein, 116).

Nach dieser allgemeinen Bemerkung zur Form der Episode jetzt mehr zu deren Inhalt.

2Mo 2,1 steht inhaltlich natürlich in enger Beziehung zum vorangehenden Text. Deshalb wurde auch für die im Hebräischen recht unbestimmte Konjunktion die Übersetzung „und doch" gewählt. Die Hebräer vermehren sich trotz der verstärkten Bemühungen um ihre Dezimierung, und Moses Geburt ist ein Beispiel dafür. Wie oben bemerkt, bemüht sich der Autor um Kürze, daher wird nur genannt, dass beide Eltern von Levi abstammen. Dies hätte er auch noch knapper formulieren können, doch scheint es ihm wichtig gewesen zu sein, Moses Mutter als „Tochter" Levis zu beschreiben. Sie ist also eine derjenigen, die der Pharao ausdrücklich am Leben erhalten will (1,22b). Und diese *Tochter* gebiert nun ironischerweise einen *Sohn*, einen, der umgebracht werden muss, der aber später der Retter und Leiter des Volkes Israel wird. Später wird deutlich, dass Mose mindestens Jochebeds drittes Kind war, denn Aaron und Miriam sind seine älteren Geschwister. Deren Geburtsgeschichten interessieren den Autor nicht. Hieran wird deutlich, dass es nicht um eine romantische Familiengeschichte geht, die von mütterlicher Fürsorge, geschwisterlicher Schlauheit und großem Glück handelt, sodass Klein Mose als armer ausländischer Zwangsarbeitersohn direkt an den Hof kommt.

Der Kasten, den die Mutter zur Rettung des Kindes anfertigt (2,3), wird mit demselben hebräischen Wort beschrieben, das auch in 1Mo 6 für die Arche des Noah benutzt wird (*tvh*). Möglicherweise ist das nur auf die Form des Kastens zurückzuführen, aber eine gedankliche Verbindung zur Flutgeschichte liegt doch nahe. Mose wurde durch den Kasten vor den Gefahren des Wassers gerettet wie die Menschheit, in Person des „Retters" Noah, in grauer Vorzeit durch einen anderen, größeren Kasten, die Arche. In dieser individuellen „Arche" übergibt die Mutter den Sohn dann dem Fluss (vgl. 2Mo 1,22a).

Doch aufgegeben hat sie ihren Sohn nicht: Moses Schwester steht in sicherer Entfernung und beobachtet das Schicksal ihres Bruders (2,4). Durch diesen Vers wird eine gewisse Spannung aufgebaut, da auch der

Leser nicht genau weiß, was denn nun geschehen wird. Konsequenterweise kommt dann auch die überraschende Wendung der Geschichte: Es kommt nicht irgendwer zum Fluss, sondern des Pharaos Tochter (2,5). Natürlich entdeckt sie den Kasten. In ihrer wörtlichen Rede kommt die ironische Färbung der Erzählung wieder zum Ausdruck: Obwohl es für sie offensichtlich ist, dass hier eines der hebräischen Kinder ausgesetzt wurde, hat sie Mitleid mit ihm (2,6). Selbst die Tochter des Pharaos scheint also gegen das Dekret ihres Vaters handeln zu wollen. Dies muss allerdings noch letztlich bestätigt werden, und hier schaltet sich Moses Schwester geistesgegenwärtig ein (2,7). Deren Vorschlag wird akzeptiert und die Frauen machen unter sich aus, wie Klein Mose am besten zu helfen wäre (2,7-9). Jochebed wird nun für ihren Dienst als Amme bezahlt und die Familie hat die Chance, Mose als Israelit zu erziehen. Der Tochter Levis wird also die Tochter des Pharaos zur Seite gestellt. Beide nehmen ihre Verantwortung für Klein Mose wahr und so bleibt der zukünftige Retter der Israeliten am Leben. Diese Wendung der Dinge wird dem Leser große Genugtuung geben, gehört er, im Gegensatz zu des Pharaos Familie, doch zu den Wissenden.

In zwei abschließenden Sätzen erfährt der Leser, dass es sich hier tatsächlich um Mose handelt, dessen Geburtsgeschichte erzählt wird. Sein Name wird mit einer literarischen Etymologie, Herkunftsdeutung, erklärt: Mose klingt ähnlich wie das hebräische *mschh,* herausziehen. Wieder eine Doppeldeutigkeit der Erzählung! Mose wurde aus dem Wasser gezogen, aber später wird er dafür bekannt sein, dass er Israel aus Ägypten „herauszog". Mose ist kein typisch hebräischer Name. Ägyptisch hingegen ist er gut belegt und bedeutet einfach „Sohn". Er war zwar nicht als Sohn der Tochter des Pharaos geboren, aber er wurde ihr Sohn. Hier nimmt der Autor zum Abschluss der zwei eng zusammengehörenden Texte B (1,15-22) und C (2,1-10) noch einmal die leitwortartige Wurzel *jld* (Kind/Sohn, gebären, Hebamme ...) auf, diesmal allerdings in ägyptischer Sprache (vgl. Willi-Plein, 118).

Wie bereits angemerkt, findet sich ein gutes Maß an ironischen Anspielungen in dieser Episode. Eine der Töchter, die „leben gelassen" werden sollten (1,22), wird zur Mutter dessen, der später den Pharao herausfordert. Eine andere Tochter vermittelt dem Mose seine eigene Mutter als Amme. Adoptiert durch des Pharaos eigene Tochter, wächst sein Gegenspieler heran, in aller Weisheit Ägyptens geschult. Für den Leser ist spätestens am Ende dieses Teils die Autorität des Pharaos untergraben. Vielleicht empfängt der ägyptische Monarch auch gerade deswegen keinen Namen in der Erzählung, damit die verschiedenen Pharaonen des Buches (es sind mindestens zwei) in einer einzigen literarischen Figur aufgehen können und somit die eben genannten literarischen Querverbindungen stärker wirken können.

Nach der abgebrochenen Geburtsgeschichte werden zwei weitere Episoden aus Moses Leben erzählt. In **Episode D (2,11-14)** wird das Thema Zwangsarbeit aus Episode A (1,8-14) wieder aufgenommen. Mose ist sich seiner hebräischen Herkunft sehr bewusst (2,11). Er wird konfrontiert mit den brutalen Ungerechtigkeiten, die mit der Zwangsarbeit einhergehen, und ergreift spontan Partei für „seine Brüder“ (zwei Mal in V. 11). Der Mord an dem ägyptischen Aufseher ist anscheinend im Affekt geschehen, wenn auch im entscheidenden Moment wohlüberlegt. Er schaut sich erst um, bevor er den Mord begeht (2,12). Der Autor enthält sich jedes weiteren Kommentars und geht direkt über zu einer zweiten Begebenheit, in der sich Mose als „Retter“ oder „Richter“, mindestens aber als moralische Instanz profilieren will. Diesmal sind es zwei Hebräer, die einen Konflikt mit Gewalt austragen. Moses Frage nach den Gründen für den Streit ist Zeugnis für sein Gerechtigkeitsempfinden und seine Sichtweise der Dinge. Angesichts der Situation der brutalen Zwangsarbeit müssten zwei Leidensgenossen doch viel eher zueinanderhalten als im Streit liegen. Der von ihm zurechtgewiesene Hebräer formuliert daraufhin die Perspektive, in der der Autor die Begebenheit interpretiert: Es geht hier um Moses Rolle als „Aufseher und Richter“ (2,14a). In diesem Licht gewinnt auch die Begebenheit am Vortag Sinn. Mose hat sich gegenüber dem Ägypter als Richter aufgespielt. Der Hebräer stellt die zentrale Frage nach der Legitimation dieser Rolle: „Wer hat dich bestellt?“ In diesem Text ist es lediglich eine rhetorische Frage, zu beantworten mit „niemand“. In dem Wissen um die spätere Bedeutung des Mose in der Geschichte Israels allerdings gewinnt diese Frage ein ganz anderes Gewicht. In 18,13-27 wird die Legitimation Moses als Richter ausdrücklich bestätigt. Aber eben erst dann; jetzt handelt Mose aus eigener Macht – und scheitert. Der Effekt dieser kurzen Erzählung ist eindeutig die Unterwanderung eines möglichen Mosebildes, welches Mose als Helden aus sich heraus sieht. Hier ist er trotz allem bewundernswerten Engagement ein Versager. Er muss fliehen, verlässt Ägypten und damit auch seine Volksgenossen, die ihn ja auch nicht als „Anführer und Richter" akzeptieren. Dieses Thema der Legitimation und Autorität von Mose durchzieht die gesamte spätere Erzählung, vor allem in der Berufungsgeschichte (2 Mo 3-4) und der späteren Wüstenwanderungserzählung, sowohl in 2. Mose als auch in 4. Mose.

In der fünften **Episode E (2,15-22)** kommen wieder vermehrt Frauen, um genau zu sein: Töchter, vor. Der Autor hat als letzte Begebenheit aus der Zeit vor Moses göttlicher Berufung eine Brunnenszene ausgewählt. Hier trifft Mose zwar seine spätere Frau, doch primär geht es um Moses erneuten Versuch, soziale Gerechtigkeit herzustellen. Diesmal scheitert er nicht und wird für seinen Einsatz mit einer neuen Heimat und Familie belohnt. Der knappe Dialog zwischen Reuel und seinen Töchtern über die Heldentat Moses unterstreicht deren Bedeutung: Er hat nicht nur die fremden Hirten vertrieben, er hat sogar das Vieh Reuels getränkt (2,18-20). Mose, der zukünftige Retter, Richter und Anführer, ist geflohen, gibt sich als Ägypter aus, hält sich ferne von seinen leidenden Volksgenossen auf und lebt in einer heidnischen Priesterfamilie ein bescheidenes, aber ruhiges Hirtenleben. Einen Hoffnungsschimmer findet der Leser am Ende der Episode, wo wieder ein Sohn benannt und sein Name erklärt wird. Gerschom heißt Moses Ältester, und die Namenserklärung spielt mit dem ersten Wortteil *gr,* Fremder, Ausländer. Mose scheint realisiert zu haben, dass er nicht am rechten Platz ist, sondern fern von seinem geografischen Heimatland und fern seiner sozialen und kulturellen Herkunft, dem Volk Israel.

Die Rolle der Frauen in diesem ersten Teil des Buches ist auffällig. Alle handeln bewusst gegen den Willen des ägyptischen Königs und entscheiden sich jeweils für das Leben. Die Hebammen fürchten Gott und helfen den Hebräerinnen in einer besonderen Weise. Moses Mutter ist so clever, den Sohn dem Nil in einer ganz anderen Weise anzuvertrauen, als es vom

Pharao erwartet wurde. Dessen eigene Tochter ist von Mitleid gerührt und holt den kleinen Hebräer sogar an den Hof. Moses Schwester handelt schnell und verantwortungsbewusst. Sie alle wehren sich gegen die lebenszerstörenden, „weisen" Ideen ihres Monarchen. Mit den Frauen beginnt die eigentliche Befreiung des Volkes aus der ägyptischen Sklaverei.

Der Schlussabschnitt oder **Epilog (2,23-25)** des ersten Teiles von 2. Mose ist von größter Bedeutung für den Erzählfortschritt und auch für die theologische Perspektive, aus der der Autor diese Begebenheiten aus der Frühzeit Israels erzählt. Der Pharao zur Zeit der Geburt des Mose und seiner Frühzeit ist tot, doch die Zwangsarbeit bedrückt die Hebräer unvermindert.

Nun führt der Autor Gott in die Handlung ein. Vorher war er nur im Hintergrund, inhaltlich und theologisch zwar deutlich (1,7.20-21), aber literarisch nur indirekt Teil der Erzählung. Diese Art der langsamen und stückweisen Einführung Gottes in die Erzählung hat mit der weisheitlichen Grundausrichtung der Darstellung zu tun, die eher vom verborgenen Wirken Gottes in Geschichte und Alltag ausgeht. Auch entsteht durch diese vorsichtige Einführung ein starker Kontrast zwischen Gott und dem ägyptischen König. Diese Rivalität wird die Kapitel bis zum tatsächlichen Auszug Israels bestimmen. Während der Pharao sich aus Angst in Aktivismus und Boshaftigkeit verausgabt und ihm doch die Lage entgleitet, bleibt Gott ruhig im Hintergrund und bestimmt letztlich die Situation: durch das Bevölkerungswachstum, durch die ihn fürchtenden Hebammen, durch die Mutterliebe und Intelligenz der Mutter Moses, durch das Mitleid der Tochter des Pharao. Doch jetzt wird Gott sichtbar aktiv. Er hört, er erinnert sich, er sieht und er weiß (2,24-25).

Vier Mal wird Gott in diesen zwei kurzen Sätzen genannt. Das interessanteste der vier Verben, die Gottes Handeln beschreiben, ist sicherlich „erinnern/gedenken". Für die Erzählung ist dies mehr als ein menschlicher Ausdruck für ein göttliches Handeln (Anthropomorphismus). Allein durch das Verb wird der Leser indirekt dazu aufgefordert, eben solches zu tun, sich an den Bund Gottes mit Abraham, Isaak und Jakob zu erinnern. Wie der Autor bereits in seiner Einleitung (1,1-7) bemerkt, geht es beim Auszug aus Ägypten um die Erfüllung der Väterverheißung, vor allem der Landverheißung. Der Leser wird von diesem Bund entweder aus eigenem Hören oder aus der vorherigen Lektüre von 1. Mose wissen. So wird im Nachhinein für den Leser unmissverständlich deutlich, wie er das Bevölkerungswachstum der Hebräer zu verstehen hat. Auch wird jetzt verständlich, warum dieses neue Volk einen Retter braucht, denn reale Sklavenexistenz und verheißene souveräne Nation passen im Horizont des Väterbundes nicht zusammen. Die anderen Verben in 2,24-25 öffnen den Horizont des Lesers nach vorne: Gott wird sich der unsäglichen Situation Israels annehmen („Da hörte Gott ihr Stöhnen … Gott sah die Söhne Israels") und er wird etwas tun („Gott wusste"). Was Gott tun würde, das wusste auch der Leser. Er wird sein Volk aus Ägypten heraufführen nach Kanaan. In der Kürze und grammatischen Unvollständigkeit des letzten Satzes liegt auch seine rhetorische Kraft. Der Leser selbst muss hier unwillkürlich vervollständigen. Gott und Leser werden hier quasi zu Verbündeten, beide wissen, was jetzt zu tun ist.

2.1.1.1.4 Anregung zur Bibelarbeit

Zunächst eine ganz allgemeine Vorbemerkung zum Lesen von biblischen Erzähltexten im Kontext einer Bibelarbeit: Die alttestamentlichen Autoren haben ganz allgemein die Tendenz, Begebenheiten eher knapp zu erzählen und all das wegzulassen, was sie nicht für ihre kommunikative Absicht benötigen. Dies lässt den modernen Leser im Allgemeinen etwas frustriert zurück, da er doch gerne etwas genauer wüsste, was Moses Mutter hierbei gefühlt hat oder wie der Mord Moses denn nun ethisch-moralisch zu bewerten sei. Allerdings ist das Auffüllen von erzählerischen Leerstellen eher Spekulation und dient nicht der Auslegung.

Es kann jedoch sein, dass der Autor bewusst Leerstellen einbaut und damit den Leser ermutigt, doch ein wenig weiter zu denken, sich mit der Erzählung auseinanderzusetzen, und ihn damit in die Erzählung effektiv mit hineinnimmt. Dabei gilt es, keine anachronistischen Versuche zu unternehmen – der Horizont, vor dem solche Leerstellen aufzufüllen sind, ist immer der alte Vordere Orient, nicht das 21. Jahrhundert. So ist es durchaus eine berechtigte Frage, wie der Mord am Ägypter moralisch einzuordnen ist, und das Schweigen des Autors dazu könnte eine indirekte

Aufforderung sein, sich eine Meinung zu bilden. Ist es eine zu begrüßende Heldentat Moses, die seine Entschlossenheit und sein soziales Engagement anzeigt? Oder ist es Zeugnis seiner Unreife und seines selbstanmaßenden und unweisen Geltungsbedürfnisses? Beide und möglicherweise auch noch mehrere Optionen werden in einem gewissen Rahmen offengelassen. Dass diese Offenheit auslegerisch auch voll ausgenutzt wurde, versteht sich von selbst und ist an den einschlägigen Artikeln und Kommentaren zum Text ablesbar. Eine eher mosekritische Auslegung, die dem Leser bewusst die Ambivalenz des Mose vermitteln will, scheint der gesamten Erzählung eher zu entsprechen. Später im Kommentar werden weitere Gründe für dieses kritische Mosebild der frühen Kapitel angeführt werden.

Man sollte die Texte des 2. Mose nicht nur auf der Ebene des Erzählten wahrnehmen. Wie in der Einleitung zu diesem Kommentar bereits geschrieben, geht es den biblischen Autoren im Allgemeinen nicht um das Auffüllen historischer Informationslücken, sondern um die Deutung der historischen Fakten, die oft wohl schon als dem ursprünglichen Leser bekannt vorauszusetzen sind. Daher müssen wir uns in der gemeindlichen Auslegung dieser Texte immer wieder darauf besinnen, die Wirkung des Textes auf den im Text selbst angesprochenen Leser zu erfragen. Texte sollen wirken und etwas bewirken.

Mit 1,1–2,25 haben wir es mit einer recht umfangreichen Texteinheit zu tun. Auch wenn das gedankliche Zusammenhalten des gesamten Textes möglicherweise Schwierigkeiten bereitet, so sollten doch einige Themen anhand der gesamten Einheit bedacht werden.

Leben und Bedrohung (1,1–2,25). Es sind diese zwei Pole, die die Spannung in der Erzählung tragen. Es sind dieselben zwei Pole, die auch unser individuelles, familiäres und gesellschaftliches Leben mit Spannung füllen. In einer Bibelarbeit zum ganzen Text wäre es für die Diskussion fruchtbar, nach konkreten Erfahrungen der Teilnehmer zu fragen, wie sie diese Spannung in ihrem Leben wahrnehmen oder erlebt haben. Daran könnte sich die Frage anschließen, wie sie Gottes Handeln in diesem Spannungsfeld erleben.

Der Text in 2. Mose ist sehr zurückhaltend, was das konkrete Benennen der göttlichen Aktivität angeht. Es wird vielmehr zwischen den Zeilen deutlich, wie Gott in allem, was das Leben fördert, tätig ist. Dies könnte ein Kriterium sein, um Entwicklungen im heutigen Alltag oder der persönlich erfahrenen Geschichte zu deuten. Wo hat eine Entscheidung für das Leben im ganz allgemeinen Sinn den Sieg da?

Es ist theologisch nicht einfach, von Israel auf das Leben einer christlichen Gemeinschaft oder gar eines christlichen Individuums zu schließen. Wir Christen haben keine Väterverheißung empfangen, unter deren Wirkungsbereich der erste Leser unseres Textes mit Sicherheit noch stand. Es wäre auch mindestens problematisch, direkt die in Kap. 1–2 aufgezeigten Zusammenhänge auf einzelne neutestamentliche Verheißungen zu projizieren. 2. Mose interpretiert die Ereignisse zu Beginn des Auszugs im Rahmen der göttlichen Verheißungen an die Patriarchen. Damit schließt er das gewordene Volk ausdrücklich in diesen Väterbund mit ein. Gott handelte in dieser Situation aufgrund des Bundes und wird dies auch in Zukunft, d.h. in der Gegenwart und Zukunft des ersten Lesers, der ja Israelit war, tun. In diesem Sinne ist die Geschichte Israels durch diesen Bund bestimmt. Gott weiß, was er zu tun hat. Ihm wird das Ruder nicht wie dem Pharao, dem Herrscher einer der damaligen Weltmächte, entgleiten. Gott wird auch in Zukunft aufmerken und für sein Volk bestimmt und konsequent handeln. Dies sind Wesenszüge Gottes, die sich aus den biblischen Erzählungen ganz allgemein und auch hier speziell ableiten lassen. Das Neue Testament, wie auch das Alte, bekennt Gott immer wieder als zuverlässig und treu, die Geschicke dieser Welt im Hintergrund leitend.

An dieser Stelle meldet sich selbstverständlich das moderne Bewusstsein für die schreienden Ungerechtigkeiten in dieser Welt und damit auch die Frage, wie das mit dem eben beschriebenen Gottesbild zusammenzuhalten wäre. Auf der Ebene der erzählten Begebenheiten wird diese Frage den hebräischen Zwangsarbeitern auch gekommen sein. Es ist in der jeweiligen Situation immer ein sehr heikles Unterfangen, einen tieferen Sinn in seinem Leiden zu entdecken. Oft ist dies, wenn überhaupt, erst im Nachhinein mit genügendem zeitlichem Abstand möglich. Da hilft es wenig, mit Verweis auf unseren Text die heute unter den vielfältigen sozialen oder sonstigen Ungerechtigkeiten Leidenden zu trösten und ihnen zu sagen: „Wie er sich Israels angenommen hat, so nimmt sich Gott deiner an und weiß schon, was er tut." Das mag zwar theologisch durchaus richtig sein, aber hilfreich oder gar weise ist es nicht. Sicher wäre es besser, sich ein Beispiel an den Hebammen zu nehmen und in zivilem Ungehorsam im Kleinen und Erreichbaren ein wenig Linderung der Ungerechtigkeit zu schaffen.

Von der Familie zum Volk (1,1-7). Dieser Abschnitt strömt über von Leben und damit von neuen Möglichkeiten. Doch auch die Vergangenheit wird bewusst mit hineingenommen. Im Nebeneinander von der bescheidenen Großfamilienvergangenheit und der Zukunft des werdenden und wachsenden Volks wird Gottes bewahrendes, begleitendes und erhaltendes Handeln deutlich. Nur vor dem Hintergrund dieser Geschichte kann diese Gruppe zu einem Volk werden und ist kein namenloser Haufen von Sklaven. In der Vergangenheit und besonders in den göttlichen Verheißungen wird Israels Identität begründet. In einem vielleicht gewagten theologischen Schritt kann sich auch die christliche Kirche einer in der Vergangenheit auf göttlichen Zusagen und Ermöglichungen gegründeten Identität sicher sein. Wir brauchen uns nicht je und je neu erfinden. Unser Leben und fortwährende Existenz haben wir ebenso wie Israel allein Gott zu verdanken.

Zwangsarbeit wird eingeführt (1,8-14). Immer wieder wird sich eine Macht finden, die gegen das Leben handelt. In aller seiner Kürze schafft es dieser Abschnitt, unsere Sinne für die heutigen sozialen, kulturellen oder gar politischen Gegenspieler des Lebens zu schärfen. Die Staatsräson, die der Pharao hier anführt, läuft nicht nur ins Leere, sie wird vielmehr als durch und durch unweise und vor allem widergöttlich charakterisiert. Den Mut, diese Dinge beim Namen zu nennen und auch öffentlich anzuprangern, haben viele unserer Kirchen verloren. Die aufklärerische Trennung von Glaube und „wirklichem Leben" war in unserer Kultur zu erfolgreich. Wir müssen neu lernen zu denken. Wir müssen die vielen

Selbstverständlichkeiten unserer Kultur, Gesellschaft und Politik von den Perspektiven des Reiches Gottes her neu durchdenken und im Rahmen der Mission Gottes mit dieser Welt Alternativen entwickeln. Die Erfahrung hat gezeigt, dass diese neuen Alternativen das Wichtige sind, da allein Kritik am Bestehenden im Allgemeinen nicht viel bewirkt. Genau dies zeigt auch der nächste Abschnitt an zwei konkreten Beispielen auf.

Die Hebammen schützen das Leben (1,15-22). Ziviler Ungehorsam tut manchmal not und ist durchaus gottgewollt, wenn er dem Leben dient. Was wäre wohl passiert, wenn sich die zwei Hebammen nicht eingesetzt hätten? Sicherlich waren es nicht nur Pua und Schiphra. Sie stehen hier für ganz viele Frauen, die sich für das Leben und gegen den Tod und Ungerechtigkeit gestellt haben. Durch mutige und verantwortungsbewusste Menschen wie diese regiert Gott in dieser Welt. Durch sie baut er sein Reich. Theologisch gesehen handeln diese Menschen eschatologisch, das heißt, sie versuchen schon im Hier und Heute die Werte des Reiches Gottes zu leben und damit anzuzeigen, wie echtes Menschsein aus Gottes Perspektive aussieht. Sie tun das in aller menschlichen Begrenztheit und Vorläufigkeit in dem Rahmen, in dem sie es können, im Vertrauen auf Gott, der sie letztlich bestätigen wird.

In einer Bibelarbeit zu diesem Text wäre es interessant zu fragen, wie die Teilnehmer bisher Ähnliches erlebt haben. Wo hat verantwortliches Handeln vor Gott verhindern können, dass Leben zerstört oder beschnitten wurde? Wo könnte die christliche Gemeinde vor Ort im Moment herausgefordert sein, auch politisch und gesellschaftlich bedeutsam für Gottes Perspektiven einzustehen und nach ihnen zu handeln?

Geburtsgeschichte des Retters Mose (2,1-10). Manchmal kommt eins zum anderen. So in dieser Erzählung. Jede der Beteiligten nimmt ihre Verantwortung wahr, und so wird Klein Mose gerettet und kommt gar an den Hof dessen, dessen Erzfeind er später wird. So die Ironie der tatsächlichen Geschichte und auch der Erzählung. Die Figuren der Erzählung tun jeweils das, was ihnen im Moment richtig vorkommt. Sie werden wohl kaum an die großen Konsequenzen gedacht haben. Die Mutter wird nichts von Moses späterer Rolle gewusst haben. Die Tochter des Pharaos wird sicher keine große Sklavenbefreiung fördern wollen. Es sind die kleinen Dinge, die wir im Vertrauen auf ihre Angemessenheit tun, die Gott eventuell zu etwas Großem anwachsen lässt. Das aber wissen wir nicht, und trotzdem tun wir es. Gerade dies ist wichtig, und hierin zeigt sich Gottes Handeln in der Geschichte.

Als christlicher Leser sollte man auch die erstaunliche Parallelität von Moses Geburtsgeschichte und Jesu Geburtsgeschichte betrachten. Das Leben des Messias ist bald nach seiner Geburt durch einen ängstlichen Monarchen gefährdet (Mt 2,7-12). Viele männliche Säuglinge aus Bethlehem mussten sterben (Mt 2,16), doch Jesus konnte mit seinen Eltern ausgerechnet noch nach Ägypten fliehen (Mt 2,13-15). Ägypten hat in der Bibel eine sehr zwiespältige Rolle als Metapher sowohl für Leben als auch für Tod. So wurde auch Jesus, wie Mose, zu Beginn seines irdischen Lebens gerettet, damit er letztlich zum Retter werden konnte (Weber, 72).

Zwangsarbeit wird nicht aufgehoben (2,11-15). In der Auslegung zu diesem Abschnitt wurde darauf hingewiesen, dass Moses Geburtsgeschichte in Form einer typischen Erzählung von der Geburt eines später wichtigen Mannes erzählt wird. Konsequenterweise lesen wir jetzt von den ersten großen Taten dieses wichtigen Mannes. Leider wird oft direkt von der Geburtsgeschichte zur Erzählung vom brennenden Dornbusch gesprungen. Damit entsteht vom Leben Moses schnell der romantische Eindruck einer religiösen Erfahrung, die ganz von Gottes Bewahrung getragen wird. So ist das Leben aber nicht, auch nicht bei Mose.

Mose hat das Potenzial, das hat die Geburtsgeschichte zu sagen versucht, und doch scheitert er. Es ließe sich in einer Bibelarbeit fragen, warum er scheiterte. Auch wäre auf dem Hintergrund der späteren Entwicklung des Mose zu bedenken, was einen guten Leiter denn ausmacht. Welches Bild eines guten Leiters (oder Managers) zeichnet unsere Kultur heute?

Andere Aspekte, die in einer Bibelarbeit angesprochen werden können, beziehen sich auf das moralische Bewerten von Moses Handlungen. Wie gehen die Teilnehmer mit ihrem eigenen „heiligen Zorn“ um? Worüber lohnt es sich eigentlich, sich aufzuregen? Was muss man eben einfach ertragen? Was halten Sie von gewaltfreiem Widerstand? Wann und wofür ist für Sie der Einsatz von Gewalt legitim? Allerdings haben gerade die letzten beiden Fragen das Potenzial, die Gruppe vom Text wegzuführen und in Grundsatzdiskussionen zu verwickeln. So wäre es eventuell hilfreich, über die Frage, wie der Text denn Moses Taten bewertet, wieder zum Text selbst zurückzukommen.

Priestertöchter nehmen Mose auf (2,16-22). Flucht war für Mose die einzige Option, um zu überleben. War es auch eine Flucht vor der Herausforderung, seinem Volk zu dienen? Disqualifiziert sein Verhalten Mose auch hier wieder als gute Führungspersönlichkeit? Doch die Flucht ist nur der Beginn eines neuen Abschnitts in Moses Leben. Wieder findet er sich an der Seite der Opfer von Ungerechtigkeit und handelt diesmal erfolgreicher. Hier bricht er den Kreislauf von Gewalt und Gegengewalt, in den er vorher eingestiegen war. Doch im Ganzen wird deutlich, wie der frühe Mose, hier noch ganz anders als der spätere, keine feste Identität hat. Dies zeigt sich vor allem daran, dass die Frauen ihn als Ägypter wahrnehmen, und darin, wie er seinen ersten Sohn nennt. Er ist ein „Außenseiter", einer, der nicht so recht dazugehört. Daran ist er sicher nicht so ganz unschuldig, doch war es ja sein Einsatz für eine „gute Sache", die ihn motiviert hatte. Ein Kommentator (Brueggemann, 705) will hierin eine christologische und ekklesiologische Komponente sehen: Jesus wurde ein Außenseiter, weil er sich auf die Seite der Außenseiter gestellt hatte und die etablierten Kreisläufe der Gewalt durchbrochen habe. Ebenso sollte die Kirche handeln. Es wäre interessant, mit der Gruppe über diese Auslegung zu reden.

Gott nimmt sich der Sache an (2,23-25). Die Schreie der Verzweiflung, die an Gottes Ohr dringen, finden viele Parallelen in den Klagepsalmen. Hier ist nicht der Ort einer Psalmenauslegung, daher mag der Hinweis genügen, dass es der heutigen Kirche gut anstehen würde, wieder die Sprache der Klage zu lernen. Es ist wenig Raum in den christlichen Gemeinden für Leid, Niederlagen und Klage (Anklage). Es hilft nicht, diese Realitäten und Ausdrucksformen durch Lob und Freude überdecken zu wollen. Beides muss nebeneinanderstehen. In diesem kurzen Abschnitt ist es das Klagen des Volkes, welches Gott aufhorchen lässt, was ihn zum „Erinnern" des Bundes bringt. Es erinnert an die Geschichte des blinden Bartimäus (Mk 10,46-52). Still sein und abwarten kann auch falsch sein. Wir dürfen uns sicher sein, dass Gott reagiert.

2.1.1.2 Gott und Mose begegnen einander (3,1–4,31)

2.1.1.2.1 Übersetzung

3,1 Mose hütete nun die Schafe seines Schwiegervaters Jitro, des Priesters von Midian. Einmal trieb er die Schafe über die Wüste hinaus und kam zum Horeb, zum Berg Gottes. 2 Da erschien ihm der Engel JHWHs in einer Feuerflamme, mitten aus einem Dornbusch heraus. Als er schaute, sah er, dass der Dornbusch zwar brannte, aber der Dornbusch wurde vom Feuer nicht verbrannt. 3 Da sagte Mose: Ich will mich dorthin wenden, um mir dieses außergewöhnliche Schauspiel anzusehen. Warum verbrennt der Dornbusch nicht? 4 Als JHWH sah, dass er sich hinwandte, um nachzusehen, rief Gott ihm mitten aus dem Dornbusch zu: Mose, Mose! Dieser antwortete: Hier bin ich! 5 Daraufhin sagte er: Komm nicht näher heran! Zieh dir deine Sandalen von den Füßen, denn der Platz, auf dem du stehst, ist heiliger Boden. 6 Er fuhr fort: Ich, ich bin der Gott deines Vaters, der Gott Abrahams, der Gott Isaaks und der Gott Jakobs. Da verdeckte Mose sein Gesicht; denn er fürchtete sich, Gott anzuschauen.

7 JHWH aber sprach: Das Elend meines Volkes in Ägypten habe ich wirklich gesehen, und sein Schreien wegen seiner Sklaventreiber habe ich gehört; ja, ich weiß um seine Schmerzen. 8 Deswegen bin ich herabgekommen, um es aus der Gewalt der Ägypter zu erretten und es aus diesem Land hinaufzuführen in ein Land, gut und weitläufig, in ein Land, überfließend von Milch und Honig, in das Gebiet der Kanaaniter, Hetiter, Amoriter, Perisiter, Hiwiter und Jebusiter. 9 Schau! Jetzt ist das Schreien der Israeliten zu mir gedrungen und ich habe auch gesehen, wie die Ägypter sie quälen. 10 So geh jetzt! Ich schicke dich zu dem Pharao, damit du mein Volk, die Söhne Israels, hinausführst aus Ägypten.

11 Mose aber entgegnete Gott: Wer bin ich, dass ich zu dem Pharao ginge und die Israeliten aus Ägypten herausführte?

12 Der aber sagte: Ganz sicher werde ich mit dir sein. Dies soll das Zeichen für dich sein, dass ich dich gesandt habe: Wenn du das Volk aus Ägypten hinausgeführt hast, dann werdet ihr Gott an diesem Berg dienen.

13 Da sagte Mose zu Gott: Wenn ich nun zu den Söhnen Israels komme und ihnen sage: Der Gott eurer Väter hat mich zu euch gesandt, dann werden sie mich fragen: Wie ist sein Name? Was soll ich ihnen dann sagen? 14 Gott antwortete Mose: Ich bin, der ich bin. Dann sagte er: Dies sage den Söhnen Israels: Ich bin hat mich zu euch gesandt.

15 Und Gott sagte weiter zu Mose: Sage dies den Söhnen Israels: JHWH, der Gott eurer Väter, der Gott Abrahams, der Gott Isaaks und der Gott Jakobs, hat mich zu euch gesandt. Dies ist mein Name für immer und unter diesem werde ich bekannt sein von Generation zu Generation. 16 Geh und rufe die Ältesten Israels zusammen und sage ihnen: JHWH, der Gott eurer Väter, der Gott Abrahams, Isaaks und Jakobs, ist mir erschienen und hat gesagt: Ich habe euch gesehen und was euch in Ägypten angetan wird. 17 Und ich sagte, dass ich euch aus der Zwangsarbeit in Ägypten hinaufführen werde in das Gebiet der Kanaaniter, Hetiter, Amoriter, Perisiter, Hiwiter und Jebusiter, in ein Land, überfließend von Milch und Honig.

18 Und sie werden auf dich hören. Du und die Ältesten Israels sollen zum König Ägyptens gehen und ihm sagen: JHWH, der Gott der Hebräer, ist uns begegnet. Jetzt lass uns also drei Tagesreisen weit in die Wüste gehen, um JHWH, unserem Gott, Opfer zu bringen.

19 Ich weiß aber, dass der König von Ägypten euch nicht gehen lassen wird, auch nicht <gezwungen> durch eine starke Hand. 20 Und doch werde ich meine Hand ausstrecken und Ägypten schlagen mit allen meinen Wundern, die ich in seiner Mitte tun werde. Danach wird er euch ziehen lassen. 21 Ich werde die Ägypter diesem Volk gegenüber günstig stimmen und so, wenn ihr geht, werdet ihr nicht mit leeren Händen gehen. 22 Jede Frau wird von ihrer Nachbarin oder Mitbewohnerin silberne und goldene Gefäße und Kleidung erbitten. Ihr werdet sie euren Kindern und Enkeln aufladen, und so werdet ihr die Ägypter plündern.

4,1 Mose aber hielt dagegen: Ja, was aber passiert, wenn sie mir nicht glauben? Wenn sie auf meine Stimme nicht hören und sagen: JHWH ist dir nicht erschienen?

2 Da sagte JHWH zu ihm: Was ist das in deiner Hand? Er sagte: Ein Stab. 3 Er befahl: Wirf ihn zu Boden! Als er ihn zu Boden warf, wurde er eine Schlange und Mose floh vor ihr. 4 Dann sagte JHWH zu Mose: Strecke deine Hand aus und fasse sie am Schwanz! Da streckte er seine Hand aus und ergriff sie, und sie wurde in seiner Hand <wieder> zum Stab. 5 Deswegen werden sie glauben, dass JHWH dir erschienen ist, der Gott ihrer Väter, der Gott Abrahams, der Gott Isaaks und der Gott Jakobs.

6 JHWH befahl ihm auch: Stecke deine Hand unter deinen Mantel. So steckte er seine Hand unter seinen Mantel und zog sie wieder heraus. Siehe, seine Hand war weiß vom Aussatz, wie Schnee. 7 Er sagte: Stecke deine Hand wieder unter deinen Mantel. So steckte er seine Hand unter seinen Mantel und zog sie wieder unter seinem Mantel heraus. Und sie war wieder wie der Rest seines Körpers. 8 Und sollten sie dir nicht glauben und die Stimme des ersten Zeichens nicht verstehen, werden sie der Stimme des zweiten Zeichens glauben. 9 Aber wenn sie selbst diesen zwei Zeichen nicht glauben und deine Stimme nicht hören, dann nimm Nilwasser und schütte es auf den trockenen Boden. Das Wasser, das du aus dem Nil genommen hast, wird zu Blut werden auf dem trockenen Boden.

10 Mose entgegnete JHWH: Ach Herr, ich war noch nie ein Mann der Worte, weder gestern noch vorgestern noch seitdem du mit deinem Diener redest. Unbeholfen ist mein Mund und unbeholfen meine Zunge.

11 Da sagte JHWH: Wer hat dem Menschen einen Mund gegeben? Wer macht ihn stumm oder taub oder sehend oder blind? Bin ich es nicht, JHWH? 12 Geh jetzt! Ich werde mit deinem Mund sein und dich lehren, was du sagen sollst.

13 Da sagte er: Ach Herr, schicke doch, wen du schicken willst!

14 Da wurde JHWH zornig über Mose und sprach: Ist da nicht dein Bruder Aaron, der Levit? Ich weiß, dass dieser sehr gut reden kann. Siehe, er ist schon auf dem Weg, um mit dir zusammenzutreffen. Wenn er dich sieht, wird er sich herzlich freuen. 15 Dann sollst du zu ihm reden und die Worte in seinen Mund legen, und ich will mit deinem Mund und mit seinem Mund

*sein und will euch lehren, was ihr tun sollt. 16 Er soll für dich zum Volk
reden. Und es wird so sein, dass er für dich zum Mund wird und du für ihn
zum Gott wirst. 17 Nimm diesen Stab in deine Hand; damit sollst du die
Zeichen tun.*

*18 Mose machte sich auf, kehrte zu seinem Schwiegervater Jitro zurück
und sagte zu ihm: Ich möchte wieder zu meinen Brüdern nach Ägypten zurückkehren, um zu sehen, ob sie noch am Leben sind. Jitro sprach zu Mose:
Geh in Frieden!*

*19 Und JHWH sprach zu Mose in Midian: Geh hin, kehre nach Ägypten
zurück! Denn alle Männer sind gestorben, die dir nach dem Leben trachteten.
20 So nahm Mose seine Frau und seinen Sohn, setzte sie auf einen Esel und
kehrte zurück in das Land Ägypten. Mose nahm den Stab Gottes in seine
Hand. 21 Da sprach JHWH zu Mose: Wenn du nach Ägypten zurückkehrst,
so sieh zu, dass du alle Wunderzeichen, die ich in deine Hand gelegt habe,
vor dem Pharao tust. Ich aber werde sein Herz stark machen, dass er das Volk
nicht entlässt. 22 Sage dem Pharao: So spricht JHWH: Mein erstgeborener
Sohn ist Israel. 23 Ich sage dir: Lass meinen Sohn ziehen, dass er mir diene!
Wenn du dich weigerst, ihn zu entlassen, dann werde ich deinen erstgeborenen
Sohn töten.*

*24 Auf dem Weg, an dem Ort, wo sie die Nacht verbrachten, trat JHWH
ihm gegenüber und wollte ihn umbringen. 25 Aber da nahm Zippora einen
scharfen Stein und schnitt die Vorhaut ihres Sohnes ab. Damit berührte sie
dann seine Füße und sprach: Du bist ein Blutbräutigam für mich. 26 Darauf
ließ er von ihm ab. Damals sagte sie – Blutbräutigam – wegen der Beschneidung.*

*27 JHWH sagte zu Aaron: Geh und triff dich mit Mose in der Wüste. Da
ging er hin, traf ihn am Berg Gottes und küsste ihn. 28 Mose erzählte Aaron
alle Worte JHWHs, mit denen er ihn gesandt hatte, und alle Wunderzeichen,
die er ihm befohlen hatte.*

*29 Da gingen Mose und Aaron hin und versammelten alle Ältesten Is-
raels. 30 Aaron berichtete alles, was JHWH zu Mose gesagt hatte. Dieser aber
wirkte die Wunderzeichen vor den Augen der Leute. 31 Das Volk glaubte <ih-
nen>. Und als sie hörten, dass JHWH sich wirklich der Söhne Israels annehmen wollte und ihr Elend gesehen hatte, da fielen sie nieder und beteten an.*

2.1.1.2.2 Struktur

Die Gliederung dieses Abschnitts ergibt sich aus dem umfangreichen Dialog zwischen Mose und Gott (2Mo 3,7–4,17). Diesem vorangestellt, lesen wir in einer erzählenden Notiz von der Gotteserscheinung am brennenden Dornbusch (3,1-6). Nach dieser Einführung beginnt Gott, Mose sein Vorhaben mit dem Auszug Israels aus Ägypten vorzustellen (3,7-10). Der eigentliche Dialog ist in fünf Teile gegliedert, die, bis auf den ersten, jeweils von einem Einwand Moses eingeleitet werden:

3,11-12	Gegenwart Gottes beim Volk und Dienen am Berg
3,13-22	Gottesname und Vorhersage der Reaktion Israels bzw. des Pharao
4,1-9	Wunderzeichen und „Glauben“
4,10-12	Moses Redekünste
4,13-17	Aaron als Sprecher

Dieser Dialog ist dadurch gekennzeichnet, dass Mose jeweils nur kurze Einwände und Nachfragen äußert, Gott hingegen den Großteil der „Redezeit“ abbekommt. Allein dadurch wird deutlich, wer hier die zentrale Person ist. Wie weiter unten ausgeführt, nutzt der Autor Moses Beiträge, um Gott immer wieder neue Stichworte zu geben. Dies wird darin deutlich, dass Gott zwar oberflächlich auf Moses Einwände eingeht, dann aber doch vor allem zu seinen eigenen und damit für Mose relevanten – Themen kommt. Im Ganzen wird in diesem Dialog die eigentliche Entwicklung des Auszugs antizipiert und vor allem auf die Rolle Gottes dabei eingegangen. In der Anlage des Buches wird Gott erst durch diesen Abschnitt literarisch eingeführt, dies aber in einer umfassenden und speziell auf die weitere Erzählung zugeschnittenen Weise.

Es folgt eine dreiteilige Erzählung, die einige der im Dialog angesprochenen Themen wieder aufnimmt (4,18-31). Zunächst verlässt Mose Midian in Richtung Ägypten. Am Schluss kommt er zusammen mit Aaron dort an und überzeugt seine Volksgenossen von Gottes Vorhaben. Etwas unvermittelt erscheinen dazwischen die schwer verständlichen Verse 4,24-26. Diese Notiz scheint aus Sicht des Autors an dieser Stelle erzählerisch und auch theologisch Sinn ergeben zu haben.

2.1.1.2.3 Auslegung

Nachdem in Kap. 1–2 in die Situation der Israeliten in Ägypten und des künftigen Retters Mose eingeführt wurde, schuf der Autor mit 2,23-25 den Übergang in die eigentliche Auszugserzählung. Israels Leid ist Gott gegenwärtig. Indem er jetzt zur Aktion schreitet, ist auch er für Israel gegenwärtig. Der erste Schritt ist die Berufung des Mose zum Herausführer der Israeliten aus ägyptischer Zwangsarbeit und Unterdrückung.

Nun begegnet Gott dem Auserwählten (3,1-6). Die Gotteserscheinung (Theophanie) wird durch den Boten (Engel) Gottes eingeleitet (3,2). Zum Miteinander von Bote und Gott bei speziellen Erscheinungen Gottes vergleiche auch 1Mo 16; 22; 4Mo 22; Ri 6. Der Bote bereitet sozusagen die Situation vor, und Gott selbst übernimmt dann, wenn es ums Wichtige geht (Fischer, 227). Berichte von Theophanien finden sich im Alten Testament immer an Stellen, die wichtig für die Zielrichtung des Textes sind. Hier offenbart sich Gott in einem Dornbusch. Sicher wäre es möglich, in dem Dornbusch schlicht den Fakt, dass dies eben ein Dornbusch war, zu sehen. Da dieser aber fünf Mal in 2Mo 3,2-4 genannt wird, steckt wohl mehr dahinter. In der rabbinischen Tradition steht die Wahl des Dornbusches als Metapher für die Solidarisierung Gottes mit den unterdrückten Israeliten. Andere antike Autoren sahen in dem brennenden, aber nicht verbrennenden Busch die Widerstandskraft Israels. Wiederum andere sehen in diesem Ereignis Gottes Gnade den Israeliten (oder auch den Ägyptern) gegenüber oder sein läuterndes Handeln an Israel (Houtman 1993, 342-345). Diese vielen Interpretationsmöglichkeiten sind nicht ungewöhnlich, wenn man den Dornbusch in diesem Zusammenhang auch als Metapher versteht. Dass Gott in Form eines Feuers erscheint, ist aus dem Alten Testament an mehreren Stellen bekannt. Das Feuer scheint symbolisch für Gottes Macht und Gefährlichkeit zu stehen. Da Feuer aber auch positive und dem Menschen nützliche Eigenschaften hat, bietet es sich als Metapher für Gott an, der ja auch am Besten des Menschen interessiert ist. Da später im Buch sich Gott in der Wolken- und Feuersäule manifestiert, könnte hier schon ein erster Anklang dessen gemeint sein. Betrachtet man das Wortspiel mit „Dornbusch“ (*sənāh*) und Sinai (*sînāî*), so wird deutlich, dass die „private“ Theophanie Moses ganz bewusst parallel zu der späteren Theophanie des Volkes (Kap. 19–20) erzählt wurde. Vor diesem Hintergrund ist es sinnvoll, mit der rabbinischen Auslegung des Dornbusches als Israels bescheidener Existenz zu gehen. Gott ist anzutreffen, wo sich sonst keiner hinbegibt, und macht den Ort zu einem heiligen Ort, den sonst keiner für würdig erachtet (3,5).

Die Antwort Moses auf Gottes Anrede zusammen mit dem Ausziehen der Sandalen ist als Akt der Unterwürfigkeit und Demut zu verstehen (5Mo 25,9-10; 2Sam 15,30; Rut 4,7-8; Ps 60,10; 108,10; Jes 20,2-4; Hes 24,17.23; Mi 1,8 machen die Symbolik deutlich). Mose akzeptiert hiermit Gottes Ansprüche an den Ort und auch an ihn selbst. Mose wird der Aufforderung nachgekommen sein, und damit verdeutlicht er seine Position als Diener. Seine spontane Reaktion auf Gottes Anrede in 3,6 ist wiederum Zeugnis seiner Unterwürfigkeit und verdeutlicht sein Gefühl der Unwürdigkeit vor dem heiligen Gott (Houtman 1993, 351).

Die Selbstvorstellung Gottes als Gott der Väter stellt die Kontinuität zur Einleitung her (vgl. 2,24). Es ist der Gott des Bundes, der aufgrund dieses Bundes jetzt aktiv wird und sich des Leidens seines Volkes annimmt. Dieser „Name" Gottes wird später in 3,15-16 an besonders herausgehobener Stelle wieder aufgenommen und tritt vor allem in Bezug zu Gottes Kommunikation mit den Israeliten auf. Dem ägyptischen König gegenüber soll Mose von dem „Gott der Hebräer" reden (3,18).

Damit ist dann auch zur **einleitenden Gottesrede**, die dem Dialog vorgeschaltet ist, übergeleitet **(3,7-10)**. In 3,7 werden drei der vier Verben, die in 2,24-25 Gottes Handeln ausdrücken, wiederholt: sehen, hören und wissen. Auf das Erinnern wurde indirekt schon durch die Erwähnung des Dreiklangs der Väter Israels in 3,6 Bezug genommen. Was sich jetzt in 3,8 anschließt, ist die Vorstellung des konkreten Planes Gottes mit Israel. Die beiden Länder, Ägypten und das Gebiet der verschiedenen kanaanäischen Völker, werden einander gegenübergestellt. Ägypten ist das Land des Elends, der Sklaventreiber, der Schmerzen, der Gewalt. Kanaan ist das Land der Weite, der Fruchtbarkeit, des Überflusses. Damit ist das Ziel Gottes mit dem Auszug genannt. Die Motivation Gottes wird in 3,9-10 wiederholt und mündet in den konkreten Auftrag an Mose, das Volk aus Ägypten herauszuführen. Der Leser wird hier also über das Fernziel und den Weg dorthin informiert. Vor allem aber wird deutlich, dass der Autor die Initiative zum Auszug bei Gott sieht und Mose lediglich Ausführender ist. Gott ist besorgt um die Hebräer. Er definiert das Ziel, und zwar in Anlehnung an das den Vätern als Land verheißene Gebiet. Er ist es, der Mose sendet. Diesem Punkt ist der Rest des nun beginnenden Dialogs gewidmet: Mose geht nicht in seiner eigenen Autorität, sondern autorisiert von und ausgerüstet durch Gott.

In diesem Sinne beginnt der **Dialog zwischen Mose und Gott**. Den ersten Teil **(3,11-12)** beginnt Mose mit einer Selbstdisqualifizierung: „Wer bin ich?" (3,11). Ähnliche Aussagen zur eigenen Unfähigkeit oder Unwürdigkeit finden sich auch an anderen Stellen (Ri 6,15; 1Sam 9,21; 18,18; 2Sam 7,18; 1Kön 3,7; 1Chr 17,16; 29,14; 2Chr 2,5; Jer 1,6). Oberflächlich betrachtet, schätzt Mose hier entweder seine Qualifikation und Autorität für diese Aufgabe negativ ein oder drückt damit aus, dass er lieber nicht gehen will. Aufgrund der weiteren Entwicklung ist es wohl Letzteres: Mose würde gerne den Auftrag ablehnen. Im literarischen Kontext gelesen, insbesondere im Licht der im Dialog bald folgenden Selbstvorstellung Gottes als „Ich bin, der ich bin", gewinnt Moses „Wer bin ich?" eine tiefere Bedeutung. Wie in der Einleitung bereits geschrieben, entzieht sich Gott damit jedem Definitionsversuch und drückt dadurch seine unbedingte Freiheit und Unabhängigkeit, aber auch seine Zuverlässigkeit aus. Mose hingegen ist ein Nichts, das hat die Geschichte bereits erwiesen. Gott ist souverän. Für ihn genügt es, zu sagen, dass er ist, wer er ist.

Gottes Antwort auf Moses ersten Einwand schwächt dessen Selbsteinschätzung in keiner Weise ab (3,12a). Wer Mose ist, ist in der Tat unwichtig. Gott stellt dieser Tatsache einfach eine andere Tatsache zur Seite: Er, Gott, wird mit Mose sein. Das sollte genügen. Das Zeichen, das Gott Mose gibt (3,12b), erscheint auf der Ebene der erzählten Ereignisse etwas seltsam, da es ja erst in der Zukunft überprüfbar ist. Der Leser weiß aber schon Bescheid, denn seine Vorfahren sind ja offensichtlich ausgezogen. So kann er zurückblicken und sagen: „Richtig, Gott war mit Mose, weil der Auszug tatsächlich stattgefunden hat." Der Erfolg des großen Projekts „Auszug" mit seinem krönenden Abschluss in der Gottesbegegnung mit

Israel am Sinai wird Mose später zum Zeichen sein: Gott war mit ihm. Am Gottesberg, hier am brennenden Dornbusch, wird also der Auszug begonnen, der erst zu seinem Ziel gekommen ist, wenn das Volk am selben Gottesberg ankommt.

Im zweiten Teil kommen wir nun zu einem der theologisch bedeutsamsten Texte in 2. Mose, der sogenannten **Offenbarung des Gottesnamens (3,13-22)**. Einleitend fragt Mose danach, wie er den Gott der Väter seinen Leuten vorstellen soll. Wie bereits in der Einleitung (1.7.2) erläutert, entzieht sich Gott hier einer genaueren Definition über einen Namen. „Ich bin, der ich bin" ließe sich auch sinngemäß als „Ich lasse mich nicht durch einen Namen festlegen" formulieren. Gott ist der, als der er sich schon seit Anbeginn erwiesen hat, und hier in der Situation des beginnenden Auszugs wird er auch nicht anders sein. Ich habe oben bereits die zwei Bedeutungsebenen erwähnt, die hier zusammenkommen: einerseits die Verweigerung einer direkten Antwort und andererseits die Gewichtigkeit Gottes. Der redundante Satz „Ich bin, der ich bin" ist keine Definition oder gar „Übersetzung" des Gottesnamens „JHWH" für Leute, deren Hebräisch nicht so gut ist, sondern eher ein vielschichtiges und deswegen bedeutsames Wortspiel. JHWH wird gleich im nächsten Vers (3,15) als Name des Gottes der Väter erwähnt. JHWH zusammen mit den Attributen „Gott Abrahams, Isaaks, Jakobs" ist genug Definition für Mose und die Hebräer. So kennen sie Gott, und so bleibt er auch. Insofern ist er auch der, der er ist.

Wenn man den Kontext dieser Selbstvorstellung Gottes betrachtet, so wird deutlich, dass Gott hier mit seinem Namen ein theopolitisches Programm verknüpft. Gott „JHWH", der „Gott, der sich erweist", hat sich bereit gemacht, Israel aus Ägypten zu befreien, und schreitet mit der Berufung Moses nun zur Tat. Der Auszug wird gelingen, weil Gott die nötige Autorität hat – schon immer hatte. Dazu ist kein neuer Name nötig.

Im Rest der Antwort Gottes geht es nun um die zwei Gruppen, die Mose ansprechen und überzeugen muss, die Israeliten und die Ägypter bzw. deren Herrscher. Für den Leser eigentlich überflüssig, aber dadurch eben besonders betont, wird in 3,16-17 Gott noch einmal vorgestellt und das Versprechen gegeben, dass sie nicht nur wegziehen, sondern dass sie auch in einem wunderbaren Land ankommen werden. Dies soll Mose den Ältesten Israels sagen. Es scheint, dass die Hebräer untereinander die traditionelle Sippenstruktur trotz der Fremdherrschaft aufrechterhalten haben. Es sind also die weisen Autoritäten, die dann wohl ihre Familien weiter informiert haben.

3,18a ist eine Vorhersage der Reaktion der Ältesten. Für den Leser scheint das zunächst nichts Besonderes zu sein. So fragte Mose ja schließlich nach dem Gottesnamen, um damit einen möglichen Einwand seines Volkes vorwegzunehmen. Und doch wird dieser Satz „Sie werden auf dich hören" eine wichtige Rolle innerhalb des Dialogs bekommen. Mose und Gott schätzen nämlich die auf sie zukommenden Schwierigkeiten grundsätzlich unterschiedlich ein. Mose sieht die großen Probleme vonseiten der Israeliten auf sich zukommen (4,1-9). Gott hingegen erwartet den eigentlichen Gegenwind durch den Pharao. Dies formuliert er auch gleich in 3,19-20. Welcher der beiden recht hat, ist, zumindest für einen israelitischen Leser, eindeutig, und so kommt in 4,31a auch kaum überraschend: „Das Volk glaubte <ihnen>."

Die Bitte, die Mose zusammen mit den Ältesten an den Pharao richten soll (3,18), ist ganz auf die ägyptische Kultur und Religion zugeschnitten. Jedes Volk hat seine Götter. So auch die Hebräer. Dass dieser Gott nur außerhalb des fremden Territoriums verehrt werden kann, dürfte ein Pharao als gegeben hinnehmen. Daher ist die Bitte bezüglich des Opferfestes durchaus sinnvoll. Wären nicht handfeste politische und ökonomische Interessen im Spiel, so wäre ein Stattgeben des Königs durchaus möglich gewesen.

Der hebräische Text von 3,19-20 hat zu verschiedenen Übersetzungen geführt. Dieser Abschnitt ist quasi eine Zusammenfassung von 5,4–12,36. Die Erwartung ist klar: Der König wird sie nicht einfach so gehen lassen. Probleme bereitet der Nachsatz in 19b: „auch nicht <gezwungen> durch eine starke Hand". Viele übersetzen als: „Es sei denn <gezwungen> durch eine starke Hand." Diese Übersetzung ist angesichts von Stellen wie z.B. 3,20; 6,1; 13,3.9 durchaus sinnvoll. Hier lesen wir, dass genau dies stattfindet: Gezwungen durch eine starke Hand wird Israel letztlich doch gehen. Es ist die Frage, ob das hebräische *wəlō'* auch eine Kondition ausdrücken kann. Dazu gibt es keine eindeutige Antwort. Bleiben wir beim gewöhnlichen Gebrauch von *wəlō'*, so haben wir mehrere Optionen. Hier könnte die Hand von Mose oder den Ältesten, also eine menschliche Hand, gemeint sein. Diese wird den Pharao nicht beeindrucken können. Das aber wäre ein ungewöhnlicher Gebrauch des Ausdrucks „starke Hand", der sonst im Alten Testament die Hand Gottes näher bestimmt. Es ließe sich auch in 19 und 20 von derselben Hand (Gottes) ausgehen und der Unterschied, der zwischen den beiden Versen besteht, in der Bereitschaft des Pharaos sehen: Obwohl der Pharao durch Gottes Hand geschlagen wird, widersetzt er sich. Er wird zwar letztlich gezwungen, Israel ziehen zu lassen (3,20), doch gegen seinen Willen. Oder man könnte 3,19 auf die ersten neun Plagen beziehen und dann in 3,20 an die letzte Plage denken, die den Pharao tatsächlich einlenken lässt. Hieraus begründet sich auch die Übersetzung des ersten Wortes in 3,20 mit „Und doch werde ich ausstrecken". Diese letzte Option ist wegen der weiteren Entwicklung der Erzählung die attraktivste.

Der letzte Gedankengang dieses Teils des Dialogs (3,21-22) bereitet eine weitere markante Entwicklung der Ereignisse um den Auszug herum vor: die sogenannte Plünderung der Ägypter (vgl. auch 11,2-3 und 12,35-36). Wie sich herausstellt, scheint der engste Kreis um den König der Ägypter eine ganz andere Einstellung zu den Hebräern zu haben als die breite Masse des Volkes und einige der Offiziellen (11,2-3). Diese Idee, Ägypten mit vollen Taschen zu verlassen, wurde vom Autor offensichtlich von 1Mo 15,14 her als Gliederungsmerkmal für seine Erzählung genutzt. Er knüpft hiermit wiederum an eine alte Verheißung aus der Patriarchenzeit an. In seiner Erzählung kommt es hier im Dialog zur Wiederholung der Vorhersage. Die Ungewöhnlichkeit dieser Entwicklung vor allem im Zusammenhang einer Flucht hebt das Thema deutlich hervor. Später wird der Bericht dazu in 11,2-3 und 12,35-36 genutzt, um den Leser an die Vorhersage und damit den Dialog zu erinnern. Dass hier vor allem ein kommunikativer Effekt beabsichtigt ist, wird daran deutlich, dass der Bericht, so wie auch die Vorhersage, sehr knapp, ja fast schematisch formuliert ist und wir über die Details dieser Aktion kaum etwas erfahren. Es ist also lediglich eine Tradition, die untrennbar mit dem Auszug verknüpft ist. Was genau passiert ist und wie die Ägypter überzeugt wurden, den Hebräern von ihrem Reichtum abzugeben, bleibt im Dunkeln.

Auf einer theologischen Ebene könnten wir schlicht von Gottes Versorgung seines Volkes reden. Viele Ausleger diskutieren den moralischen Aspekt dieser Aktion, der dadurch gewichtiger wird, dass es Gott ist, der hier „Diebstahl und Betrug" anordnet und ermöglicht. Je nach Perspektive der Auslegung wird entsprechend versucht, entweder die Aktion nicht als moralisch verwerflich zu interpretieren (z.B. berechtigtes Sklavenfreilassungsentgelt, berechtigte Plünderung im Kriegsfall, freiwillige Geschenke seitens der Ägypter), oder sie wird eben als eines der Beispiele für das vermeintliche alttestamentliche moralische Defizit genannt (Houtman 1993, 382-386). Der Text selbst scheint wenig Interesse an einer ethischen Wertung dieser „Plünderung" zu haben. Sich einer Wertung zu enthalten ist in alttestamentlichen Erzähltexten durchaus üblich; es gibt allerdings auch genügend Beispiele, in denen durch die weitere Entwicklung der Erzählung eine klare Wertung der früheren Handlung durchgeführt wird. So werden z.B. negative Entwicklungen aufgezeigt, die ihren Ursprung in einer verwerflichen Tat haben (für einige Beispiele aus 1. Mose und Richter siehe Wenham). Die Plünderung der Ägypter wird allerdings nicht wieder aufgenommen und auch weitere Konsequenzen scheinen nicht daran zu hängen. Offensichtlich enthält sich der Autor einer Wertung und registriert das Ereignis vor allem aus strukturellen Gründen. Die einzige spätere Aufnahme findet sich in Ps 105,37 in einer noch knapperen Formulierung. Die Plünderung wird im Psalm als eines der vielen Ereignisse des Auszuges erwähnt und soll hier Grund für ein Gotteslob sein, das sich am Betrachten der Heilstaten Gottes in der Vergangenheit entzündet.

Mose weiß jetzt also, wer ihn gesandt hat, wozu er gesandt wurde, was er zu sagen hat, und vor allem, dass Gott mit dabei sein wird, und doch leitet er den nächsten **Redegang (4,1-9)** mit seinen Zweifeln bezüglich seiner Glaubwürdigkeit in den Augen der Israeliten ein (4,1). Gott antwortet durch die Gabe von drei Zeichenhandlungen. Diese sollen im Zweifelsfall die Ältesten Israels überzeugen (4,5.8.9).

Das erste Zeichen, zu welchem Gott Mose ermächtigt, ist die Verwandlung seines Stabes in eine Schlange (4,2-5). Dieses „Wunder" kann Mose ebenso rückgängig machen wie das zweite Zeichen, die Verwandlung einer gesunden in eine aussätzige Hand (4,6-8). Diese zwei Zeichen sind unabhängig vom Ort ausführbar, das letzte Zeichen hingegen kann nur in Ägypten geschehen: die Verwandlung von Nilwasser in Blut (4,9). Dieses Zeichen ist auch nicht reversibel. Auf dem Hintergrund des allgemeinen altorientalischen Weltbildes sind diese drei Zeichenhandlungen Beweise für die göttliche Autorisierung des Ausführenden. Alle drei sind verbunden mit Metaphern des Todes – Schlange, Aussatz und Blut – sodass dem Boten Gottes, der diese Wunder tut, sozusagen die Macht über Leben und Tod gegeben ist. Überzeugender kann man seine göttliche Autorität in diesem Kontext nicht erweisen (Houtman 1993, 387).

Das letzte Zeichen wurde besonders vielfältig interpretiert. Das liegt aller Wahrscheinlichkeit nach an den verbalen Verbindungen zur ägyptischen Mythologie (Nil als Gottheit und Lebensspender Ägyptens) und zur ersten Plage (der Verwandlung des gesamten Nils in Blut; 7,14-24). Meines Erachtens führen diese Interpretationen zu weit. Im Kontext geht es um die Überzeugung der Hebräer und nicht der Ägypter.

Mit diesen Zeichen ausgerüstet, kann es in der Begegnung zwischen Mose und den Ältesten eigentlich keine Probleme mehr geben. Dies ist zumindest die Erwartung Gottes, wie sie in 4,8-9a zum Ausdruck kommt. Für den Leser ist ein anderer Gesichtspunkt interessant: Nach wie vor geht es in dem Dialog um Moses Autorität. Der Autor macht an allen Stellen unmissverständlich klar, dass Mose nicht aus eigenen Stücken oder eigener Kraft handeln, sondern in Gottes Namen und Kraft diesen Auszug der Israeliten leiten wird. Die herausgehobene Stellung, die Mose in der Geschichte des Volkes Israel einnimmt, hat er allein seiner göttlichen Berufung und Befähigung zu verdanken.

Im vierten Redegang kommt Mose auf seine **rhetorischen Fähigkeiten zu sprechen (4,10-12)**. Moses Einwand scheint nicht auf eine physische Behinderung anzuspielen, Mund und Zunge im letzten Teil von 4,10 sind wohl als Metonymie zu verstehen und stehen für die Worte im ersten Satz. Diese wiederum sind wohl als Teile einer ganzen Rede zu werten.

Hier geht es Mose also um Wortgewandtheit und Überzeugungskunst. Dieser Gedanke kommt an dieser Stelle nicht von ungefähr, da es ja nicht genügt, ein paar Wunder zu wirken. Es geht im Kern um die Überzeugung sowohl des Volkes der Hebräer als auch des ägyptischen Königs. Moses Einwand läuft also darauf hinaus, dass seine fehlende Redebegabung, die nichts Neues ist, ihn selbst bei allem göttlichen Beisein und den Wunderzeichen für die zukünftige Aufgabe disqualifiziert. Gott sieht das allerdings nicht als ein Problem, das er nicht lösen könnte (4,11). Ist er ja schließlich der Schöpfer, der einem Menschen die Nutzung seiner Organe ermöglichen oder verwehren kann. Durch die Nennung der Adjektive „stumm, taub, sehend, blind" wird bewusst der Bereich des Sprechens überschritten, damit Gott in seiner Qualität als Schöpfer erkannt wird. Es sind Merismen, die in ihrer Polarität die Ganzheit beschreiben. In 4,12 kommt der Text dann wieder auf das eigentliche Problem zu sprechen. Hier wird besonders deutlich, dass es nicht um Aussprache, sondern um Wortwahl geht. Das Beisein Gottes (3,12) wird sich auch auf Moses Botschaft positiv auswirken.

Im **letzten Teil des Dialogs (4,13-17)** wird Gott nun zornig. Moses Worte sind zwar von größtmöglicher Höflichkeit geprägt (4,13; Houtman 1993, 413), doch für Gott ist die Ablehnung der Aufgabe keine Option. Formell gesehen stellt Mose Gott zwar die Auswahl der Person frei, doch müssen wir davon ausgehen, dass er einen Satz wie „... solange ich es nicht bin!" mitgemeint hat. Mose will einfach nicht. Über die Motive der Ablehnung schweigt der Text. Hier wurde viel spekuliert: wahre Demut, Gefühl der Unzulänglichkeit, Überforderung, Überzeugung, dass diese Aufgabe nur von Engeln geleistet werden könnte, Angst, Rebellion des „Fleisches", Hoffnung auf den wohlverdienten Ruhestand (schließlich war er ja schon 80 Jahre alt; vgl. 7,7) oder Ähnliches mehr. Der Autor ist wohl bewusst über dieses Detail hinweggegangen. Wie bereits bemerkt, geht es in diesen zwei Kapiteln nicht um Mose, sondern um Gott und seinen Plan. Dieser wird auch vorangetrieben. Gott lässt sich in keiner Weise auf Moses Ablehnung ein (4,14-17). Aaron wird an Moses Seite gestellt. Jener hat schon von Natur aus kein Redeproblem und soll als Bruder und Helfer die Last des Auftrags teilen. In 4,16 kommt es zu einer erstaunlichen Metapher: Aaron wird zum „Mund" und Mose wird zur „Gottheit". Der Sinn ist folgender: Mose spricht die maßgeblichen Worte, während Aaron diese an das Volk bzw. den Pharao weitergibt, als ob er Moses Prophet wäre. Diese Metapher nimmt, wie diese ganze letzte Gottesrede des Dialogs, Themen aus dem Gespräch auf. „Mund" war der Fokus des letzten Einwands Moses und zielte bewusst auf den wichtigsten Teil von Moses Aufgabe ab, das Vermitteln und Überzeugen. Dass Mose nun als „Gottheit" bezeichnet wird, spiegelt seine eigene Beziehung zu Gott: Wie Gott zu Mose, so verhält sich Mose zu Aaron. Diese Parallele unterstreicht für den Leser wiederum die Abhängigkeit Moses von Gott. Einen anderen Effekt bekommt dieser knappe Satz im Licht der weiteren Entwicklung der Figur Mose in der Gesamterzählung des Buches. So lässt sich die Metapher „Gott" für Mose als erster leichter Hinweis darauf verstehen, dass Mose in einer ganz besonderen Weise in Gottes Nähe stehen wird. Ein weiterer Hinweis in diese Richtung wird vom Autor in 7,1 gegeben, indem Mose als „Gott" für den Pharao bezeichnet wird.

An den großen Dialog zwischen Mose und Gott schließt sich nun eine Erzählung an, in der verschiedene Fäden aus dem Gespräch aufgenommen werden. Nachdem kein Raum für weitere Einwände mehr ist, handelt Mose nach Gottes Anweisung und geht. Die Verben „gehen" (hebr. *hlk*; dreimal) und „zurückkehren" (hebr. *schûv*; fünfmal) dominieren die erste Hälfte von 4,18-23. Der Autor betont die Bewegung Moses und damit seinen Gehorsam. Dieses Thema des Gehorsams wird weiter betont, mit der fast wörtlichen Wiederholung von 4,17 in 4,20b. Mose erfüllt die letzten Worte der Gottesrede, indem er seinen Stab, der zum Symbol seiner Autorität als göttlicher Bote geworden ist, mitnimmt. Der Leser wird dann in einer weiteren kurzen Gottesrede (4,21-23) an Moses Aufgabe erinnert und damit an Gottes Absichten. Dort eingebunden, lesen wir eine rhetorisch sehr wirksame Vorhersage zur Verstockung des Pharaos und zur letzten Plage, der Tötung der ägyptischen Erstgeburt. Dieses kurze Statement Gottes betont erneut, dass das, was Mose tun wird, letztlich von JHWH, dem Gott Israels, kommt.

Es scheint, dass in 4,22-23 wieder ein gewisser ironischer Unterton in der Interpretation der Ereignisse seitens 2. Mose vorliegt. Wenn also der

Pharao den „Sohn Gottes“ misshandelt und tötet, wie dies in der Anweisung des Pharaos bezüglich der männlichen Kinder der Israeliten in Kap. 1 angedeutet wird, so wird auch die Erstgeburt Ägyptens leiden müssen. Diese Entsprechung als einfache „Wie du mir, so ich dir“-Theologie zu deklarieren, ginge am kommunikativen Ziel des Textes vorbei. Vielmehr geht es dem Autor vor allem darum, die Beziehung zwischen Gott und Israel klar herauszustellen. Dafür benutzt er die Stichwortverknüpfung zusammen mit der Idee der Entsprechung. So wird deutlich, dass es um einen bedeutsamen Konflikt geht. Wer sich am Erstgeborenen Gottes vergreift, bekommt es mit einem sehr aufmerksamen und mächtigen Vater zu tun (vgl. Brueggemann, 717f).

Zahlreich sind die exegetischen Kopfschmerzen, die durch 4,24-26 im Laufe der Jahrhunderte ausgelöst wurden. Für einen Überblick über die Versuche, diese dunkle Stelle zu erklären, vgl. Childs, 965-101; Houtman 1993, 439-447 und Ber, 158-161. Der Text ist kurz, so kurz, dass die Gefahr der Überinterpretation gegeben ist. Durch den Autor wird dies an dieser Stelle mit Bedacht erzählt. Möglicherweise hat die vorangehende Erwähnung Israels als Gottes Erstgeburt das Stichwort geliefert. Auch die konzeptionelle Ähnlichkeit zum Kampf Jakobs am Jabbok (1Mo 32) könnte bedeutsam sein. Offenbar hatte Mose seinen ältesten Sohn nicht beschnitten oder vielleicht war darüber hinaus auch er selbst nicht beschnitten. Letzteres würde wahrscheinlich, wenn man die Berührung von Moses Genitalien durch Zippora als Ersatz für seine eigentliche Beschneidung versteht. Die „Füße“ in 4,25b sind wahrscheinlich ein Euphemismus für „Genitalien“. Es scheint so, dass Moses Versäumnis, was auch immer genau es war, Gottes Angriff provoziert hat. Warum sonst sollte Gott vom Töten Moses ablassen, nachdem sein Sohn beschnitten war? Der Autor antwortet nicht auf unsere drängende Frage, warum Gott ausgerechnet die Person angreift, die er gerade mühevoll davon überzeugen musste, dass sie sein Gesandter würde.

Der Kontext macht klar, dass Mose, wenn auch völlig passiv und nie namentlich erwähnt, die wichtigste Figur in dieser Notiz ist. Mose, nachdem er alle möglichen persönlichen Schwächen aufgezählt hatte, um sich als Gottes Bote zu disqualifizieren, hat das Entscheidende nicht gesehen.

Das wurde lebensgefährlich für ihn. Wie schon früher ist es wieder eine Frau an seiner Seite, die auf ihn aufpasst und geistesgegenwärtig sein Leben rettet. Es mag einige feine Ironie in dieser Notiz liegen oder auch die bewusste Legitimierung von Zippora, die als Midianiterin aus israelitischer Sicht eine eher negative Herkunft hatte (vgl. 4Mo 25; 31; 32; Jos 13; Ri 6–8; Jes 9; 10). Sie würde sich durch die Durchführung des israelitischen Bundeszeichens am Sohn eng zu Israel halten und damit ihre Loyalität ausdrücken (Dohmen 2015, 176-178). Die rätselhafte Formulierung in 4,26b soll keine Herkunftserklärung für die Praxis der Beschneidung liefern. Hier wird vielmehr deutlich, dass das Thema „Beschneidung" für den Autor am Übergang Moses von Midian nach Ägypten zentral war, und so sollten wir uns fragen, warum. Der vorangehende Kontext legt 1Mo 17 als interpretativen Rahmen nahe: Dort wird die enge Verbindung zwischen dem Bund Abrahams und allen seinen Nachkommen mit dem Ritus der Beschneidung als Zeichen hergestellt. So ist ein Aspekt des Textes, die Kontinuität zwischen dem Bundesgott Abrahams und dem Gott der Befreiung Israels aus Ägypten herauszustellen. Hier bildet sich an Moses Kernfamilie die Bedeutung der Beschneidung bereits ab, die sie im Kontext von Passah und Auszug erlangen wird. Dafür bot sich offensichtlich diese Episode an, die trotz ihrer Rätselhaftigkeit in das Buch 2. Mose aufgenommen wurde. Wieder begegnen wir einem Element der Erzählung, welches Mose etwas kritisch sieht. Er ist zwar nun innerlich bereit, aber anscheinend war der Übergang von Midian nach Ägypten doch noch ein kritischer und entscheidender Punkt, an dem seine und die Loyalität seiner Familie zu Israel nochmals thematisiert werden musste.

Mose ist also nun vollumfänglich bereit, und Aaron begleitet ihn. Die Arbeit kann beginnen. Der letzte Abschnitt dieser Einheit (4,27-31) ist eine großartige Zusammenfassung. Die vielen Leitmotive aus Kap. 3–4 erinnern den Leser an die entsprechenden Passagen im Dialog. Gott sendet Aaron zu Mose (4,27a – vgl. 4,10-17). Sie treffen sich am Berg Gottes (V. 27b – vgl. 3,1). Zweimal wird auf die Worte und Wunderzeichen verwiesen, die Mose von Gott empfangen hat (4,28.30 – vgl. 3,14b-22 und 4,1-9). Schließlich wird noch die Reaktion der Söhne Israels gemäß Gottes korrekter Vorhersage erwähnt (4,31 – vgl. 3,18a). Moses

Gehorsam und sein Erfolg werden sehr knapp beschrieben. Die Wirkung, die diese kurze Notiz auf den Leser und seine Wahrnehmung von Mose hat, ist wieder zweischneidig. Wie zu erwarten, waren alle Ängste Moses bez. der Aufnahme seiner Worte bei seinen Volksgenossen unbegründet. Das notwendige Gegenstück dazu ist natürlich Moses Erfolg. Der Leser wird langsam verstehen, wie es letztlich doch dazu gekommen ist, dass Mose seine spätere Bedeutung und Berühmtheit erlangt hat. Allerdings ist ein unausgewogenes, allzu heroisches Bild des Mose nach diesem Kapitel nicht mehr möglich. Die Korrektur eines übertrieben positiven Bildes, welches sich möglicherweise im Laufe der Jahre durch verschiedene mündliche Überlieferungen gebildet hatte, scheint eine der vordringlichen Absichten gewesen zu sein, die der Autor mit der Anlage seines Textes verfolgte. Doch bleibt kein Vakuum zurück, wenn Mose damit quasi vom Sockel gestoßen wurde. Der Autor möchte anscheinend seine Leser davon überzeugen, dass ihrem gemeinsamen Gott JHWH alle Ehre bezüglich des Auszugs der Vorfahren aus Ägypten gebührt. Mose wird später „rehabilitiert" werden. Er wird durch die Darstellung in 2. Mose zu dem, wie wir ihn kennen: ein gehorsamer, gewissenhafter Diener und Mittler Gottes, der ganz in der Nähe zu Gott die größten Spannungen ausgehalten hat. Dazu später im Verlauf der weiteren Kommentierung mehr.

Unser Abschnitt endet mit einer Erinnerung an Gottes Hören, Erinnern, Sehen und Wissen aus 2,24-25. Die angemessene Reaktion des Volkes sollte auch die des Lesers sein: sich zu beugen unter Gottes Absichten und ihn in Dankbarkeit anzubeten (4,31).

2.1.1.2.4 Anregung zur Bibelarbeit

Da die Kap. 3 und 4 eine große und in sich wunderbar geschlossene Einheit bilden, sollte dies auch in einer Bibelarbeit zum Text zum Ausdruck kommen. Es bietet sich an, das Gespräch an den beiden literarischen Figuren Mose und Gott entlang zu führen. Dabei wäre es aufgrund des Umfangs des Textes sicherlich förderlich, über die gesamte Zeit des Treffens eine Gliederung für alle sichtbar zu haben.

Um sich dem Text zu nähern, könnten folgende Fragen hilfreich sein:

- Wie stellt sich Gott Mose am Dornbusch vor? Warum diese Aufzählung? Woran knüpft Gott an? (3,6)
- Fassen Sie alle Absichten Gottes für Israel, die in diesen zwei Kapiteln deutlich werden, zusammen. Was hat Gott mit Israel vor?
- Welche Themen treiben Mose um? Was hat Gott mit Mose vor?
- Wie verstehen Sie den Abschluss des Dialogs? (Kompromiss, Zugeständnis Gottes, Überzeugtsein Moses …)

Um die Übertragung des Textes für das Leben der Teilnehmer des Bibelgesprächs anzuregen, bieten sich eventuell folgende Fragen an:

- Wie würden Sie auf eine ähnlich intensive Gottesbegegnung reagieren, wie sie Mose am Dornbusch hatte? Was verbinden Sie mit dem Begriff „Furcht Gottes“?
- Inwiefern können Sie Moses Zweifeln an seiner Eignung für den Auftrag Gottes nachempfinden?
- Hat jemand schon einmal mehr an Sie „geglaubt“, als Sie es selbst taten? Wie haben Sie darauf reagiert?
- Wie schätzen Sie Mose im Vergleich zu Ihnen bekannten Leiterpersönlichkeiten ein?
- Die Wunderzeichen, die Gott Mose zum Überzeugen an die Hand gibt, passen wunderbar in die damalige Zeit. Welche Art von Autorisierung müsste Mose heute in unserer Kultur begleiten, damit wir von seiner göttlichen Sendung überzeugt wären?
- Mose stellt die Frage nach Gottes Wesen (3,13). Gott weicht mit seiner Antwort eher aus und verweist auf sein Handeln. Warum? Wie würden Sie Gott in einem Satz charakterisieren?

Es geht in dem Text um die Vorbereitung eines zukünftigen Leiters, der andere Menschen von einem Plan Gottes überzeugen und sie in dessen Durchführung begleiten soll. Ein berufungsloses Leben ist zwar selbstbestimmt, aber doch geht es dahin ohne Korrektur von außen, ohne Umdenken, ohne Anspruch. Wir sind stolz auf ein selbstbestimmtes Leben und meinen, dass uns keiner kennt, keiner wahrnimmt und keiner einen

Anspruch an uns hat, es sei denn, wir melden uns aus eigenen Stücken und setzen uns freiwillig irgendwo für etwas ein, was wir selbst wichtig finden (Brueggemann 1994, 719). Im Tiefsten bedeutet dieses (moderne) Ideal der Selbstbestimmtheit, dass man sich der Verantwortung entzieht. Wir sind immer gerufen und berufen, uns an Gottes Mission zu beteiligen. Das Neue Testament nennt diese Berufung „Nachfolge". Dabei geht es nicht darum, einen ganz besonderen und sehr spezifischen Auftrag von Gott zu bekommen, um dann in großem Sendungs- und Selbstbewusstsein diesen zu realisieren. Und wenn sich kein Erfolg einstellt, gibt es zwei mögliche Reaktionen: Entweder werden die „Widersacher" gesucht und bekämpft, oder aber es wird alles, inklusive Gott, infrage gestellt, und zurück bleibt ein gebrochener Mensch. Hätte Mose seine Berufung in diesem Sinn verstanden, so wäre er spätestens im nächsten Kapitel ausgestiegen.

Bei der Berufung in die Nachfolge geht es vielmehr darum, das zu tun, was Gott einem sozusagen vor die Füße legt. So auch bei Mose. Folgende Aspekte dieses Berufungserlebnisses werden genannt:

- Mose erlebt eine konkrete Gottesbegegnung (3,1-6).
- Gott definiert Ziel und Weg seines Planes (3,7-10).
- Gott verspricht seine Gegenwart bei Mose und damit seine Hilfestellung (3,12).
- Gott definiert die Inhalte, die Mose jeweils vermitteln soll (3,13-22).
- Gott bestätigt seine Autorisierung Moses durch Zeichenhandlungen (4,1-9).
- Gott nimmt Rücksicht auf die Befürchtungen Moses (4,10-12).
- Gott lässt sich nicht von seinem Plan abbringen (4,14-17).
- Mose muss letztlich handeln und gehen (4,19-20).
- Gott drängt auf die (kulturell-religiösen) Voraussetzungen, die Mose mitbringen muss (4,24-26).
- Gott schenkt Erfolg (4,31) – hier zumindest ein erstes bisschen Erfolg, später dann, beim tatsächlichen Auszug, kommt es zum ganzen Erfolg.

Anhand dieser Aspekte ließen sich auch andere Berufungserlebnisse einordnen und evtl. sogar ein Muster ableiten. Allerdings ist Letzteres mit der Gefahr behaftet, von einem konkreten Erlebnis eines Einzelnen abzuleiten, wie jede Berufung auszusehen hat. Das gibt der Text nicht her, und deswegen sollte man auch eher von „Aspekten" und nicht von „Prinzipien" sprechen. Der Text will in seiner kommunikativen Absicht nicht neue Leiter im Volk Gottes schaffen, sondern Mose und vor allem Gott in das rechte Licht rücken. Dies sollte die eigentliche Zielrichtung der Bibelarbeit sein: Gott ist die die Handlung und die Sendung tragende Gestalt. Gott bestimmt, und Mose folgt – zwar zögerlich, aber er folgt. Diese Berufung in die Nachfolge kann dann auch die massiven Misserfolge überleben, die jetzt kommen werden.

2.1.1.3 Zuspitzung und Hoffnung (5,1–7,13)

2.1.1.3.1 Übersetzung

5,1 Darauf gingen Mose und Aaron hin zum Pharao und sagten: So spricht JHWH, der Gott Israels: Gib mein Volk frei, damit es mir ein Fest feiert in der Wüste!

2 Der Pharao antwortete: Wer ist JHWH, dass ich auf seine Stimme hören sollte, Israel freizugeben? Ich kenne JHWH nicht und werde Israel auch nicht freigeben. 3 Sie entgegneten: Der Gott der Hebräer ist uns begegnet. Lass uns doch drei Tagesreisen weit in die Wüste gehen und JHWH, unserem Gott, opfern, sonst sucht er uns mit der Pest oder mit dem Schwert heim.

4 Da erwiderte ihnen der König Ägyptens: Warum, Mose und Aaron, wollt ihr das Volk von seiner Arbeit abhalten? Geht zu euren Zwangsarbeiten! 5 Und der Pharao fuhr fort: Siehe, das Volk des Landes sind viele, und ihr wollt sie von den Zwangsarbeiten abhalten?

5,6 Noch am selben Tag befahl der Pharao den Sklaventreibern und den Vorarbeitern: 7 Ihr sollt den Leuten kein Häcksel mehr zur Anfertigung von Ziegeln liefern wie bisher. Sie sollen gehen und selbst Häcksel sammeln. 8 Nichtsdestotrotz müsst ihr von ihnen dieselbe Anzahl Ziegel fordern wie bisher. Ihr dürft ihnen daran nichts kürzen! Denn sie sind faul. Darum schreien sie auch: Wir wollen gehen und unserem Gott opfern. 9 Schwer soll die Arbeit auf den Männern lasten, damit sie genug zu tun haben, um nicht auf Lügenreden zu achten.

10 Da gingen die Vorarbeiter des Volkes und die Sklaventreiber hinaus und sagten zum Volk: So spricht der Pharao: Ich lasse euch kein Häcksel mehr liefern. 11 Geht! Holt euch selbst Häcksel, wo auch immer ihr es findet. Aber von der Arbeit werden wir euch nichts kürzen.

12 Da verteilte sich das Volk im ganzen Land Ägypten, um Stroh für Häcksel zu sammeln. 13 Die Vorarbeiter aber drängten: Ihr müsst jeden Tag die gleiche Leistung vollbringen wie bisher, als es noch Häcksel gab!

14 Die israelitischen Vorarbeiter, welche von den Sklaventreibern des Pharaos eingesetzt worden waren, wurden geschlagen, während sie gefragt wurden: Warum habt ihr nicht euren Soll wie zuvor erfüllt, weder gestern noch heute?

15 Da gingen die israelitischen Vorarbeiter zum Pharao und schrien: Warum tust du dies deinen Sklaven an? 16 Es wird deinen Sklaven kein Häcksel gegeben, und doch wird uns gesagt: Macht Ziegel! Deine Sklaven werden sogar geschlagen. Du sündigst – dein Volk leidet!

17 Er aber sagte: Faulenzer seid ihr, ja Faulenzer! Darum sagt ihr: Lasst uns gehen, um JHWH zu opfern. 18 Geht! An die Arbeit! Häcksel wird euch nicht gegeben werden, doch euren Soll an Ziegeln werdet ihr geben!

19 Da realisierten die Vorarbeiter der Israeliten ihre üble Lage, weil ihnen gesagt worden war: An eurem täglichen Soll an Ziegeln wird nichts abgestrichen!

20 Als sie vom Pharao weggingen, trafen sie Mose und Aaron, die sie erwarteten. 21 Denen sagten sie: Möge JHWH euch anschauen und über euch richten, dass ihr uns stinkend gemacht habt vor dem Pharao und seinen Beamten. Ein Schwert habt ihr ihnen in die Hand gegeben, damit sie uns töten.

22 Da wandte sich Mose an JHWH: Herr, warum lässt du diesem Volk solches Leid widerfahren? Wozu hast du mich denn gesandt? 23 Seitdem ich nämlich zum Pharao gegangen bin, um in deinem Namen zu reden, behandelt er dieses Volk nur noch übler. Du aber hast dein Volk nicht gerettet.

6,1 JHWH erwiderte Mose: Nun, du sollst sehen, was ich dem Pharao antun werde. Durch eine starke Hand gezwungen, wird er sie fortschicken;

ja, durch eine starke Hand gezwungen, wird er selbst sie aus seinem Land hinausjagen.

2 Gott redete weiter mit Mose und sagte zu ihm: Ich bin JHWH. 3 Ich erschien Abraham, Isaak und Jakob unter dem Namen El-Schaddai; doch mit meinem Namen JHWH habe ich mich ihnen nicht offenbart. 4 Darüber hinaus habe ich meinen Bund mit ihnen geschlossen, ihnen das Land Kanaan, ihr Gastgeberland, in dem sie als Ausländer lebten, zum Besitz zu geben. 5 Und so habe ich das Schreien der Söhne Israels, die in Ägypten geknechtet werden, gehört und meines Bundes gedacht. 6 Deshalb sage den Söhnen Israels: Ich bin JHWH! Herausholen werde ich euch aus der ägyptischen Sklaverei, erretten werde ich euch aus der Zwangsarbeit und erlösen werde ich euch mit ausgestrecktem Arm und mit gewaltigen Strafgerichten. 7 Ich will euch mir zum Volk nehmen. Ich will euer Gott sein und ihr werdet erkennen, dass ich JHWH, euer Gott, bin, der euch herausführt aus der ägyptischen Sklaverei. 8 Und dann bringe ich euch in das Land, dessentwegen ich meine Hand erhoben habe, damit ich es Abraham, Isaak und Jakob gebe. Euch will ich es zum Besitz geben. Ich bin JHWH.

9 Als Mose dies den Israeliten ausrichtete, wollten sie nichts mehr von Mose hören, wegen des kurzen Atems und der harten Arbeit.

10 Da redete JHWH weiter mit Mose und sagte: 11 Geh hinein, sage dem Pharao, dem König von Ägypten, er solle die Söhne Israel aus seinem Land wegschicken! 12 Mose aber redete vor JHWH: Schau, nicht einmal die Israeliten haben auf mich gehört. Wie sollte dann der Pharao auf mich hören, zumal ich im Reden unbeholfen bin?

13 Doch JHWH redete zu Mose und Aaron und sandte sie zu den Söhnen Israels und zum Pharao, dem ägyptischen König, mit dem Befehl, die Israeliten aus Ägypten herauszuführen.

14 Dies sind die Häupter ihrer Familien: die Söhne Rubens, des Erstgeborenen Israels: Henoch, Pallu, Hezron und Karmi. Dies sind die Sippen Rubens. 15 Die Söhne Simeons: Jemuel, Jamin, Ohad, Jachin, Zohar und Schaul, der Sohn der Kanaaniterin. Dies sind die Sippen Simeons. 16 Die Namen der Söhne Levis nach ihren Sippen: Gerschon, Kehat und Merari. Levi wurde einhundertsiebenunddreißig Jahre alt.

17 Die Söhne Gerschons: Libni und Schimi nach ihren Sippen. 18 Die Söhne Kehats: Amram, Jizhar, Hebron und Usiël. Kehat wurde einhundertdreiunddreißig Jahre alt. 19 Die Söhne Meraris: Machli und Muschi. Dies sind die Familien Levis nach ihren Sippen. 20 Amram nahm seine Tante Jochebed zur Frau. Sie gebar ihrem Mann Aaron und Mose. Amram wurde einhundertsiebenunddreißig Jahre alt. 21 Die Söhne Jizhars: Korach, Nefeg und Sichri. 22 Die Söhne Usiëls: Mischaël, Elizafan und Sitri. 23 Aaron heiratete Elischeba, die Tochter Amminadabs, die Schwester Nachschons. Sie gebar ihm Nadab, Abihu, Eleasar und Itamar. 24 Die Söhne Korachs: Assir, Elkana und Abiasaf. Dies sind die Familien der Korachiter. 25 Eleasar, der Sohn Aarons, heiratete eine von den Töchtern Putiëls. Diese gebar ihm Pinhas. Das sind die Familienhäupter der Leviten nach ihren Sippen.

26 Dies sind Aaron und Mose, zu denen JHWH gesagt hatte: Bringt die Söhne Israels aus dem Land Ägypten, geordnet nach Militärverbänden. 27 Diese waren es, die mit dem Pharao, dem König Ägyptens, redeten, um die Söhne Israels aus Ägypten herauszuführen, diese <beiden>: Mose und Aaron.

28 So war es an jenem Tag, als JHWH mit Mose in Ägypten redete.

29 JHWH sagte zu Mose: Ich bin JHWH! Sag dem Pharao, dem König Ägyptens, alles, was ich dir auftrage! 30 Mose aber antwortete JHWH: Siehe, ich bin im Reden unbeholfen. Wie sollte denn der Pharao auf mich hören?

7,1 JHWH aber sagte zu Mose: Siehe, ich mache dich dem Pharao gegenüber zum Gott, und dein Bruder Aaron soll dein Prophet sein. 2 Du sollst ihm alles sagen, was ich dir befehle. Und dein Bruder Aaron soll es dem Pharao weitersagen, damit er die Israeliten aus seinem Land entlässt. 3 Doch ich werde des Pharaos Herz verhärten und viele Zeichen und Wunder in Ägypten wirken. 4 Der Pharao wird nicht auf euch hören. So werde ich gegen die Ägypter meine Hand ausstrecken und unter großen Strafgerichten meine Militärverbände, mein Volk, die Söhne Israels, aus Ägypten herausführen. 5 Und <ganz> Ägypten wird erkennen, dass ich JHWH bin, wenn ich meine Hand über Ägypten ausstrecke und die Söhne Israels aus ihrer Mitte herausführe.

6 Mose und Aaron taten, wie JHWH es ihnen aufgetragen hatte.

7 Mose war 80 Jahre alt und Aaron 83, als sie mit dem Pharao redeten.

8 Und weiterhin sprach JHWH zu Mose: 9 Wenn der Pharao zu euch sagen wird: Wirkt doch ein Wunder!, dann sprich zu Aaron: Nimm deinen Stab und wirf ihn vor den Pharao hin. So wird er zu einer Schlange werden.

10 Also gingen Mose und Aaron zum Pharao und taten, wie JHWH befohlen hatte. Aaron warf seinen Stab hin vor den Pharao und seine Diener und er wurde zu einer Schlange. 11 Da rief der Pharao die Weisen und Beschwörungspriester, und die ägyptischen Zauberer taten dasselbe mit ihren Zauberkünsten. 12 Sie alle warfen jeder seinen Stab hin, und es wurden Schlangen daraus. Aber Aarons Stab verschlang ihre Stäbe.

13 Doch das Herz des Pharaos wurde bestärkt und er hörte nicht auf sie, wie JHWH es vorausgesagt hatte.

2.1.1.3.2 Struktur

Nachdem der Abschnitt über Moses Berufung und seine ersten Schritte als Botschafter JHWHs vor dem Volk sehr positiv endete, wendet sich der Autor nun der anderen Seite der Realität zu. Gemäß Gottes Vorankündigung während des Dialogs (3,19-20) kommt es nicht überraschend, dass sich der Pharao nicht so leicht von einem Auszug Israels aus seinem Machtbereich überzeugen lässt (5,1-5).

Der Abschnitt 5,1–7,13 berichtet über den Beginn und die Zuspitzung des Konflikts zwischen Israeliten, Mose, Aaron und JHWH auf der einen Seite und dem Pharao und seinen Beamten auf der anderen. Es bleibt jedoch nicht bei diesen zwei Parteien. Die massive Verschlechterung der Umstände für das Volk der Hebräer (5,6-18) verkompliziert die Situation erheblich: Sie schieben Mose und Aaron die Schuld für ihre erhöhte Arbeitslast zu (5,19-21). So sieht sich Mose zusätzlich zum Misserfolg seiner Botschaft beim Pharao von seinen eigenen Volksgenossen infrage gestellt – eine Situation, die er so ähnlich bereits vermutet hatte (4,1), die sich aber nicht an einem fehlenden Vertrauen der Israeliten Gott gegenüber entzündet hatte, sondern am Misserfolg der bisherigen Aktion. Insofern ist das Ende auch für den Leser eine neue Entwicklung, die zwar konsequent aus der vorhergesagten Reaktion des Königs abzuleiten ist, doch so nicht unbedingt vorhersagbar war. Mit Kap. 5 beginnt nun langsam die literarische Figur „Volk Israel“ Gestalt zu gewinnen.

Der spätere Konflikt zwischen JHWH und seinem Volk, wie er sich so richtig erst in der Wüste entspinnt (Kap. 16–18), deutet sich hier bereits leise an. 5,1-21 lässt sich anhand der handelnden Personen in drei Teile einteilen. 5,1-5 ist sozusagen die Einleitung: In dem Gespräch zwischen Mose und Aaron und dem König bahnt sich der grundlegende Konflikt an. Dieser wird dann ohne jegliche Beteiligung von Mose und Aaron in 5,6-18 in einem Gespräch zwischen dem Pharao, den ägyptischen Aufsehern und den hebräischen Vorarbeitern konkret. Abschließend entlädt sich dieser Konflikt vonseiten der Hebräer auf Mose und Aaron (5,19-21). Die Anschuldigung seitens der Hebräer schafft den Übergang zum nächsten Teil.

Der Abschnitt 5,22–7,13 konzentriert sich erneut auf Moses Autorisation durch Gott, die angesichts des ersten Misserfolges (5,23; 6,30; 7,13) und der neu hinzugekommenen Konfliktgruppe „Söhne Israel" infrage gestellt wurde (6,9.12). Man könnte hier fast eine zweite Berufungserzählung des Mose sehen, die durch die eben genannten Komplikationen nötig wurde.

Dieser Teil ist etwas komplexer komponiert. Einleitend steht ein kurzer Dialog zwischen Mose und Gott (5,22–6,1), in dem Mose zurückblickt und Gott vorausblickt. Danach kommt eine längere Gottesrede (6,2-8), in der der Dialog von Kap. 3–4 besonders unter dem Thema „Bund" zusammengefasst wird. Schlüsselsatz ist die Aussage „Ich bin JHWH" (viermal). 6,9-12 ist wieder ein Dialog zwischen Mose und Gott, der von einer erzählerischen Notiz eingeleitet wird. Jetzt wird die genealogische Einordnung Moses und Aarons nachgereicht (6,13-27). Diese Information zu Moses Verwandtschaft hatten wir bereits in 2Mo vermisst, doch dafür war dort wegen der vom Autor gewünschten Kürze kein Raum.

Der knappe Vers 6,28 nimmt als erzählerische Notiz, hier in Form einer angedeuteten Zusammenfassung, die Handlung wieder auf. Der Satz hängt etwas unverbunden in der Luft und scheint bewusst sowohl als Abschluss als auch als Eröffnung, sozusagen als verbindendes Scharnier, zu stehen.

Angeschlossen ist ein weiterer Dialog, der einzelne Elemente aus Kap. 3–4 aufnimmt (6,29–7,5). Dies geschah schon in 6,2-8, wobei diesmal nicht der Bund Gottes mit Israel im Zentrum steht, sondern der Konflikt Gottes mit dem Pharao. Auch dieser Teil wird durch den Satz „Ich bin JHWH“ dominiert.

Den Abschluss bildet eine kurze Erzählung der nächsten Ereignisse (7,6-13). Der Schwerpunkt liegt dabei darauf, dass Mose und Aaron genau das tun, was Gott ihnen aufgetragen hatte (7,6.10). Interessanter- und ironischerweise wird dasselbe auch vom Pharao ausgesagt (7,13) – nicht in Form einer Aussage über „Gehorsam“, sondern in Form einer Bestätigung der Vorhersage Gottes bezüglich der Ignoranz des Pharaos. Selbstverständlich öffnet der Autor mit diesem letzten Teil schon den Blick auf die Plagenerzählung (7,14–11,10).

2.1.1.3.3 Auslegung

Der erste Kontakt Moses und Aarons mit dem ägyptischen König ist von der Erzählung her auf das Nötigste beschränkt. Die Kürze des Dialogs macht deutlich, dass hier eine Zusammenfassung der historischen Gegebenheiten geboten wird. Letztlich geht es dem Autor darum, in den großen Konflikt zwischen Gott und Pharao einzuführen, und so werden hier die verschiedenen Positionen genannt und erklärt.

Mose und Aaron treten in 5,1 als Propheten Gottes auf. Die Botschaft ist eindeutig und sehr knapp, doch für den Leser ausreichend, da er ja bereits um diese Botschaft aus 3,18 weiß. Mit der Phrase „So spricht JHWH …“, der sogenannten Botenformel, werden häufig die Botschaften der Propheten eingeleitet (von den ca. 300 Vorkommen der Botenformel im Alten Testament sind 73 % im Kontext der Propheten; vgl. Accordance 1994-2020). Das Ziel dieser Botenformel ist, das Folgende als Botschaft eines Dritten zu deklarieren, also mit dessen Autorität aufzutreten. So versteht es auch der Pharao. Er kommt sogleich auf die Identität des Sendenden zu sprechen (5,2): „Wer ist JHWH?“ Diese Frage ist alles andere als eine Bitte um mehr Information. Dies macht schon der Nachsatz deutlich. Interessant ist auch die Verbindung zum Berufungsdialog, wo genau dieses Thema ausführlich besprochen wurde. Mit der Frage des Pharaos wird der Leser auf den vorherigen Dialog verwiesen und daran erinnert, wer JHWH ist. Die Souveränität Gottes, die die Namenserklärung bestimmt, muss sich nun auch vor dem Pharao erweisen. Genau dies wird nun vom König mit seiner Beleidigung herausgefordert. Dass er JHWH nicht kennt, ist der Beginn eines weiteren Themas, was von nun an besonders in der Plagenerzählung ausgeführt wird: die Erkenntnis Gottes (6,3.7; 7,5.17; 8,6.18; 9,14.29; 10,2.7; 11,7; 14,4.18; 16,6.12; 18,11). Gott wird sich schon zu erkennen geben, sowohl den Ägyptern als auch den Israeliten. Dieses Thema gibt auch einen konkreten Hinweis auf die Kommunikationsabsicht des Erzählers. Auch der Leser soll erkennen, wer Gott ist, wie er handelt, und damit auch implizit, wie man ihm begegnen soll. Zu diesen Zielaussagen von Gottes Verstockungshandeln mehr im Kommentar zur Plagenerzählung.

Der Rest des Gesprächs zwischen Mose und Pharao (5,3-5) gibt weitere Informationen vor allem zum Hintergrund der Weigerung seitens des Pharaos, die Hebräer ziehen zu lassen. Mose und Aaron bezeugen nun JHWH als den Gott ihres Volkes und geben einen Grund an, warum sie dieses Opferfest begehen müssen. Es ist ein ironischer Unterton zu spüren, wenn sie von den Gefahren Pest und Schwert reden und man von den späteren Plagen über die Ägypter weiß. Der Pharao sieht durch diesen Wunsch des Volkes seine Autorität über die Hebräer und den wirtschaftlichen Nutzen, den er durch sie hat, in Gefahr.

An diesen (berechtigten) Befürchtungen entlang entwickelt sich der nächste Teil der Erzählung (5,6-18). Die Maßnahmen, den Hebräern die Arbeit noch schwerer zu machen, zielen darauf, dass sie dann weniger auf dumme Gedanken kommen. Die Situation der Israeliten verschlechtert sich derart, dass auch der Leser sich fragen muss, wo Gottes starke Hand (3,19-20; 4,22) in dieser Situation ist. Der Pharao scheint die Situation gut im Griff zu haben, wie der überhebliche Ton in 5,17-18 zeigt. Sogar ein gewisser ironischer Unterton lässt sich im Übergang von V. 17 nach V. 18 finden: „Lasst uns gehen." – „Geht!" Klar, dass sich das letzte „Geht!" nicht auf das Opferfest bezieht, sondern auf die Arbeit.

Die Einschätzung und Auswertung der Lage durch die Hebräer (5,19-21) ist nur allzu verständlich, genauso wie die Klage Moses vor Gott (5,22–6,1). Die Hebräer sehen die Schuld bei Mose und Aaron, jene wiederum können nicht anders, als sich in Unverständnis an Gott zu wenden. Brisanz bekommt der Text durch die zweifache Erwähnung des Wortes „Hand“ (5,21 und 6,1). Einmal ist es die Hand des Pharaos, die das Schwert der Unterdrückung und des Todes führt, das andere Mal ist es wieder Gottes starke Hand, die auf Ägypten lasten wird, allerdings erst in der Zukunft. Doch jetzt, sowohl auf der Ebene der erzählten Ereignisse wie auch auf der Ebene der Erzählung selbst, ist von der letzteren Handlung noch nichts zu erkennen. Es geht um Macht und Ohnmacht, die aus Sicht der Hebräer und Moses offensichtlich falsch verteilt sind.

Wie bereits angedeutet, wird auch der Leser mit in dieses Urteil hineingezogen. Der weiß zwar vom späteren Auszug, doch scheint der Text bewusst das Leiden Israels ins fast Unerträgliche wachsen zu lassen, damit dieser Auszug zu einem umso größeren Machterweis Gottes werden kann (Houtman 1993, 486; Sternberg, 113). Gottes rettendes Handeln ist immer noch nur Ankündigung.

Wie oben unter Struktur beschrieben, eröffnet 5,22–6,1 eigentlich einen neuen Abschnitt, die zweite Berufungsgeschichte des Mose. Doch ist dieser Text eng an 5,1-21 gebunden und mit ihm verschränkt. Dabei geht die eigentliche Bewegung von 5,22–6,1 nach vorne. Mose äußert erneut Zweifel an seiner Berufung (5,22-23). Der Misserfolg scheint ihm recht zu geben, doch Gott ist nach wie vor anderer Ansicht. Wie Mose bereits richtig erkannt hat, war es Gott, der bislang nicht gehandelt hat („Du aber hast dein Volk nicht gerettet“). Es war ja vorausgesehen, dass Mose beim Pharao auf Widerstand treffen würde. Es liegt also nicht an Mose, dass er keinen Erfolg hatte. Gott stellt sich jetzt – und wird dies im Laufe des gesamten Buches immer wieder tun – hinter seine Sendung von Mose. Der Rest des Abschnitts bis 7,13 ist allein dazu bestimmt, Moses Berufung und seine Autorität zu untermauern.

Den Anfang macht Gott mit einer Zusammenfassung seiner schon in 2Mo 3–4 formulierten Absicht, das Volk entgegen allen Widerstände aus Ägypten zu befreien und nach Kanaan zu führen (6,2-8). Eingeklammert wird diese Rede durch ein zweifaches „Ich bin JHWH“. Dies ist der Name des Gottes, der seinen Bund mit den Ahnvätern des Volkes aufgerichtet hat (6,2-5) und nun auch dieses Volk bewusst als Erben dieses Bundes definiert (6,7).

6,6-8 ist bis aufs Kleinste durchkomponiert und spiegelt in seinem Aufbau die äußere Bewegung, die er beschreibt, wider:

Ich bin JHWH!
    Herausholen werde ich euch aus der ägyptischen Sklaverei,
    erretten werde ich euch aus der Zwangsarbeit und
    erlösen werde ich euch mit ausgestrecktem Arm und mit gewaltigen Strafgerichten.
        Ich will euch mir zum Volk nehmen.
        Ich will euer Gott sein
        und ihr werdet erkennen, dass ich JHWH, euer Gott, bin,
        der euch befreit aus der ägyptischen Sklaverei.
    Und dann bringe ich euch in das Land, dessentwegen ich meine Hand erhoben habe, damit ich es Abraham, Isaak und Jakob gebe.
    Euch will ich es zum Besitz geben.
Ich bin JHWH.

In der Mitte steht die Bundesformel „Ich will euer Gott sein und ihr sollt mein Volk sein“ – eine äußerste Verknappung dessen, was sich am Sinai ereignet hat. Dahin führt eine dreifache Nennung des Auszugsgeschehens („herausholen, erretten, erlösen“), um dann den Blick in das Land der Verheißung zu heben („bringen, zu Besitz geben“). Gerahmt wird es wiederum durch den Gottesnamen. Dieser Gott hat den Auszug und den Einzug realisiert, und zwar aufgrund seines unverbrüchlichen Bundes mit dem Volk. Dies ist die Interpretation der Geschichte, die 2. Mose seinen Lesern anbieten will.

Dass es dem Autor hier um die Bestätigung Moses geht, wird in 6,9-12 deutlich. V. 9 berichtet von der verlorenen Autorität Moses gegenüber seinem eigenen Volk. Dem schließt sich eine wörtliche Rede Gottes an, die auch in den Augen des Lesers wie Hohn klingen muss (6,11). Genau das hatte Mose ja getan und war gescheitert. Jetzt bezieht sich Mose auf seine Unzulänglichkeiten, die zu diesem Zustand geführt haben (6,12).

Mose hält an der harten Erfahrung fest. JHWH hält an seinem gefassten Plan fest. Es scheint, dass für Gott weder die Erfahrung noch die persönliche Eignung seines Botschafters zählt. Mose tritt gegenüber Gott in den Hintergrund. Es wird im Laufe der Erzählung immer deutlicher, dass es JHWH ist, der die Fäden in der Hand hält, und Mose eben nur das ist, wozu er berufen wurde, ein Prophet, ein Botschafter.

Dieses Bild wird dann auch durch die Genealogie des Mose verstärkt (6,14-25). In einer durch geschichtliches Denken geprägten Kultur wie der Israels sind Stammbäume wichtig für die genaue Einordnung einer Person. Dass Mose Levit ist, war schon in 2Mo 2 deutlich geworden. Neben vielen Beobachtungen, die an dieser Auflistung von Namen und Familienverhältnissen gemacht werden könnten, ist vielleicht die die wichtigste, dass es keine Mosedynastie in Israel gibt. Mose war nicht der erste einer bedeutenden Reihe von Männern, und er war auch nicht der Höhepunkt einer zielgerichteten Entwicklung. Was für den Autor anscheinend gezählt hat und was er durch diese Liste ausdrücken wollte, verstärkt das bisher in 2. Mose herausgearbeitete Mosebild: Die herausragende Persönlichkeit Moses ist nicht entscheidend, sondern JHWH, der Gott des Volkes Israels, der Gott der Väter.

Die Genealogie bleibt ein Ausschnitt und fokussiert ganz speziell einen kleinen Teil der Söhne Jakobs. Ruben und Simeon werden kurz genannt, dann geht es mit Levi weiter. Wichtiger als Mose selbst ist dem Autor die Linie der Leviten und speziell die Linie Aarons, die später die Priester stellen wird.

Diese Genealogie umklammernd (6,13.26-27) steht die wiederholte Anweisung Gottes an Mose und Aaron, zum Pharao zu gehen und die Entlassung des Volkes Israel zu fordern. Es wird also sehr betont, dass beide auf Gottes Befehl hin handeln und nicht aus eigener Motivation heraus.

Wie oben unter „Struktur“ bereits angedeutet, schließt 6,28 als erzählerische Notiz das Vorangehende ab und eröffnet zugleich die weitere Handlung. Der Leser wird dazu eingeladen, das bislang Erzählte zu rekapitulieren. Moses erster Versuch, den König von der Notwendigkeit eines hebräischen Opferfestes außerhalb Ägyptens zu überzeugen, ist gründlich fehlgeschlagen. Dem Volk geht es nun schlechter als zuvor. Und doch war es JHWH, der große Gott der Väter, der diese Sache angestoßen hat. Dieser Gott kam bislang nur als Beauftragender vor, getan hat er noch nichts – oder wie 6,28 es formuliert: „So war es, als JHWH mit Mose in Ägypten geredet hatte." Weil es aber Gott ist, der als handelnder Gott bereits den Vätern und auch dem Leser in seiner eigenen Kenntnis von Israels Geschichte ebenfalls bekannt war, muss jetzt endlich Gottes Aktion beschrieben werden.

Der Autor macht allerdings zunächst mit einem Dialog weiter (6,29–7,5). Und wieder ist es Gott, der sagt, dass er JHWH ist und einen Auftrag an den Pharao hat. Mose, wie bereits bekannt, findet sich ungeeignet für das Überbringen dieser Botschaft. Gott reagiert, wie er es auch in 2Mo 4 getan hat: Er stellt Mose seinen Bruder Aaron zur Seite. Doch Gottes Wortwahl ist erstaunlich. Mose soll „Pharao gegenüber zum Gott" sein und Aaron sein Prophet. Wie die nachgeschobene Erklärung zeigt, ist diese Rollenzuweisung zutiefst metaphorisch. Metaphern haben die Eigenschaft, all das zu bedeuten, was die Leser in sie hineinlegen. Metaphern sind bewusst inhaltlich offene Aussagen. Genau deswegen sind sie so bedeutsam in der Auslegung. Was könnte für den Leser, an den sich 2. Mose richtet, hier mitschwingen? Bereits in 4,16 wurde Mose als „Gott" bezeichnet. Dort war eindeutig, dass es um eine Erweiterung des Prophetenverhältnisses auf Aaron ging. In diese Richtung wird auch die Metapher in 7,1 zu deuten sein. Mose wird hier ganz in den göttlichen Bereich verschoben. So werden Gott und Mose dem Pharao gegenüber zu einer Einheit, und Aaron wird ihr Prophet sein. Später wird diese Verortung Moses in der Nähe des Göttlichen immer deutlicher formuliert: sein leuchtendes Gesicht, seine Unnahbarkeit, sein Reden mit Gott von Angesicht zu Angesicht usw. Dieser Vers ist einer der vielen, der das in der Anlage des ganzen Buches entwickelte Bild Moses als Mittler zwischen Gott und Pharao oder später zwischen Gott und Israel direkt aussagt.

In der letzten Gottesrede (6,2-8) ging es um Israel als Gottes Bundesvolk. Jetzt geht es konkret um die Beziehung zwischen Gott und dem ägyptischen Monarchen. Dass sich diese Beziehung in Form eines Konflikts darstellt, wird schon jetzt deutlich. In 7,3-5 werden die Kernworte der Plagenerzählung eingeführt: Verstockung, Zeichen und Wunder, Nichthören, Gotteserkenntnis. Diese Worte umschreiben die Perspektive, von der her 2. Mose die Plagen vor dem Auszug interpretiert. An den entsprechenden Stellen werden diese Stichworte weiter erläutert werden.

Der letzte Text dieses Abschnitts (7,6-13) deutet bereits die schematische Abfolge an, der alle einzelnen Plageerzählungen folgen: Nach dem Redeauftrag Gottes an Mose folgt die Konfrontation des Pharaos. Der Forderung Gottes wird durch eine Zeichenhandlung (später durch eine Plage) Nachdruck verliehen. Der Pharao ist nicht gehorsam, verweigert den Auszug und „verhärtet sein Herz". Dabei verhalten sich Mose und Aaron exakt so, wie sie es von Gott gehört hatten (7,6.10). Der Pharao verhält sich so, wie es Gott vorausgesehen hatte (7,13).

Die Problematik der Situation der Israeliten wird quasi beiläufig nochmals in Erinnerung gerufen: Mose und Aaron sind bereits in ihren Achtzigern, und damit dauert die Unterdrückung der Hebräer auch schon mindestens 80 Jahre (7,7). Die Zeichenhandlung des Stabes wird nun berichtet. Es ist bekannt, dass Schlangen dazu gebracht werden können, sich wie ein Stab zu versteifen. Doch hier wird ein toter Stock zu einer lebendigen Schlange. Zu der metaphorischen Verbindung mit dem Thema Tod und Leben siehe oben zu 4,2-4. Die am Hof angestellten Magier erreichen oberflächlich dasselbe Resultat (7,11), jedoch unterstreicht der Autor den fundamentalen Unterschied der beiden Zeichenwunder: Die Zauberer mussten ihre Zauberkünste bemühen. Dass bei Moses Stab ein göttliches Eingreifen stattfindet, wird auch dadurch deutlich, dass Gott mit dem Vernichten der Stäbe der Zauberer sozusagen „noch eins draufsetzt". Es ist für den Leser klar, dass Gott hier das letzte Wort behält. Klar ist aber auch, dass der Pharao in keinem Fall bereit ist, schnell klein beizugeben.

Mit dieser „Übergangserzählung" endet nun der erste Teil (1,1–7,13) des ersten großen Abschnitts (1,1–15,21) des Buches 2. Mose. Dem Leser wurden die wichtigsten Figuren vorgestellt, die Situation, die jetzt der Lösung zugeführt werden muss, ist klar geschildert, und so kann sich der Autor dem Plagenzyklus zuwenden.

2.1.1.3.4 Anregung zur Bibelarbeit

Zwischen Zuspitzung und Hoffnung hin und her geht der Erzählbogen in diesem Abschnitt. Der Pharao sorgt für den negativen Aspekt, der letztlich in seiner Schärfe alles von Gott Gewollte infrage stellt. Die Situation ist bedrohlich für die Hebräer. Doch die immer wiederkehrenden Gottesreden erhalten die Hoffnung, zumindest für den Leser, der ja auch Einblick in die private Kommunikation zwischen Gott und Mose bekommt. Diese Spannung zwischen dem, was tatsächlich ist, und dem, wie es eigentlich sein sollte, ist eine Grundspannung des menschlichen Lebens.

Es lassen sich einzelne theologische Aspekte in diesem Spannungsfeld hervorheben, die unser Text anspricht.

1. Die eben angesprochene Spannung ist normal. Das, was der Pharao tut, ist ungerecht, Moses macht das Volk „stinkend" und Gott hat „nichts getan" (5,21-23). Und doch passiert es. Wo und wie erfüllt hier Gott sein Versprechen? Dieser Text ist nichts für Menschen, die einer allzu einfachen Theologie folgen, die immer den passenden Segen Gottes in der allgegenwärtigen Handtasche der Verheißungen hat. Sollte dieser Segen ausbleiben, so kommen Einschätzungen, oder eher Anklagen, wie zum Beispiel „Der Glaube war zu klein oder hat ganz gefehlt" oder „Verborgene Sünde war im Spiel". Die Welt ist komplexer. Manchmal zückt Gott eben nicht das „übernatürliche Wunder" und drückt seine Ziele mit Macht und plötzlich durch. Es kommt zum Auszug durch einen langsamen, schmerzhaften und verworrenen Prozess. Nicht immer ist klar, warum gerade dies geschieht und nicht etwas anderes. Oft zeigen sich Gottes Wunder in den einfachen zwischenmenschlichen Taten der Solidarität, des Sichkümmerns um den Einzelnen, wie es am Anfang die vielen Frauen der Kap. 1 und 2 vorgelebt haben. Wir sollten diese kleinen Dinge nicht missachten. Die Ärztin, die Pfleger und Therapeutinnen im Krankenhaus kämpfen um Leben und beschützen Leben. Jeder Mensch, der sich in der Nachfolge Jesu um Gerechtigkeit sorgt, sei es im Geschäftsleben, im Handwerk oder in der Politik, vollbringt Wunder Gottes, die bereits Zeichen von der zukünftigen neuen Schöpfung sind.

2. Eine besonders beachtenswerte Gruppe sind im eben genannten Zusammenhang die hebräischen Vorarbeiter. Wie viele von uns sind sie gefangen in der Zwickmühle zwischen der Sorge um die Schwachen und Untergebenen und der Sorge um die Pflichterfüllung den Vorgesetzten gegenüber. Sie bleiben nicht still, sie nennen das Unrecht beim Namen, sie analysieren die Situation und wenden sich an die Zuständigen. Wenige

von uns haben die Macht eines Pharaos, der per Dekret alles ändern kann. Viele von uns befinden sich in der Lage, Unrecht zu sehen, und einige protestieren sogar dagegen, wenn auch mit einigem Risiko. Eine Lösung bietet uns der Text nicht an. Doch zeigt er, auf welcher Seite wir zu finden sein sollten: bei denen, die nicht die Augen vor den Leidenden verschließen und Machtmissbrauch und Ungerechtigkeit benennen. Im Text sind sie es, die die Frage nach der Gerechtigkeit nicht vergessen lassen (vgl. Brueggemann, 730). Damit wird der Fortgang der Erzählung gesichert und im wirklichen Leben die Sehnsucht nach dem ultimativen göttlichen Eingreifen gefördert. Mit manchem sollte man sich eben einfach nicht abfinden.

3. Gott bleibt in allem der Handelnde, der seine Vorstellungen hat und davon nicht abgeht. Der massive Gegenwind durch den Pharao kann Gott nicht beirren. Sein Plan bleibt: Er hat Mose und Aaron gegen alle Widerstände gesandt und wird sein Ziel, die Herausführung des Volkes aus Ägypten, weiterverfolgen. Dieses Bild von Gott stellt der Autor hier der verzweifelten Situation der Hebräer zur Seite. Gottes Ziele sind uns Christen nicht unbekannt. Jesus hat uns vorgelebt, wie wir in dieser gebrochenen Welt leben sollten. Anstatt in depressiver Abschottung oder wütenden Verurteilungen der jeweils aktuellen Zustände auf das abschließende und absolute Eingreifen Gottes zu warten, ist es unser Auftrag, die Werte des Reiches Gottes schon im Hier und Jetzt und in aller Unvollkommenheit zu leben und damit Hoffnung zu säen.

4. Hoffnung, wie eben beschrieben, nicht nur zu denken oder zu reden, sondern zu leben, können wir nur aus der Beziehung zu Gott heraus. Diese bleibt zumindest von Gott aus stabil, selbst wenn wir an der Gottlosigkeit der Welt und der Ineffektivität unseres Einsatzes verzweifeln. In 2. Mose sind wir schon des Öfteren dem Bund begegnet, den Gott mit den Vätern geschlossen hatte und in den er nun auch das ganze gewordene Volk einbezieht. Es ist ihr Gott, der nun auch für ihre Rechte und ihr Wohlergehen eintritt. Ihre schlimme und sich verschlimmernde Situation negiert nicht ihre Zugehörigkeit zu Gott. Auch die Schreie der Verzweiflung wegen der zu erleidenden Ungerechtigkeit werden in dieser Erzählung nicht als Kleinglaube verurteilt. Gott bleibt schlicht bei seinem

Bund mit Israel und wird auch die damit versprochenen Konsequenzen realisieren – irgendwann. Der Übergang von Gottes großer Bundesrede (6,3-8) ist allerdings erschreckend. Selbst dies kann nicht mehr geglaubt werden. Der Text redet von „nichts mehr hören wollen“, von „ausgelaugt sein“ (6,9) seitens der Israeliten. Gottes (Befreiungs-)Programm, welches durch seinen Namen und seinen Bund vorgegeben ist, stößt auf taube Ohren, auf gebrochene Menschen. Wieder ist es nicht Sünde, sondern einfach die Situation, die den Blick auf die Hoffnung verbaut. Gottes Lösung ist es, voranzugehen und denselben Plan einfach weiterzuverfolgen. Es scheint, dass Mose und Aaron sich damit abgefunden haben, wenig beliebt zu sein und gegen alle Widerstände von verschiedenen Seiten doch einfach das zu tun, was Gott ihnen zu tun gibt. Solche Menschen braucht es auch heute noch, gerade weil die Massen, auch in den Kirchen, sich in Passivität den Umständen ergeben. Hier zeigt sich Nachfolge, nicht blind, nicht ohne Zweifel, aber konsequent.

5. Im letzten Abschnitt unseres Textes zeigt sich ein weiterer Aspekt, der im Hintergrund vieler Konflikte schwebt. Es geht nicht nur um pure politische oder gesellschaftliche Machtinteressen. Oft geht es auch um Rechtfertigungen und (ewige) Geltungsansprüche, um Ideologien. Wer Macht hat, versucht sich zu etablieren, sich unumstürzbar zu machen. Der Pharao hat es sehr wohl verstanden, dass es bei der Bitte Moses und Aarons um mehr geht als um Sonderurlaub für ein religiöses Opferfest. Dieser Gott, den er nicht kennt, greift in seinen Machtbereich ein, und das geht zu weit. Das passt nicht zu seinem Selbstverständnis und seiner quasigöttlichen Position. Die Geschichte mit den Stäben sieht auf den ersten Blick aus wie ein Zauberwettstreit. Es hängt aber viel mehr daran. Es geht um die Macht über Leben und Tod, es geht letztlich um die Frage Pharao oder JHWH. Gott dominiert die Situation – letztlich. Dies wird zum Muster für alles Folgende, und auf dieser Ebene ist die ganze Plagenerzählung zu lesen. Dieser interpretatorische Schritt ist wichtiger als das, was konkret bei den Plagen in Ägypten geschah. Wir brauchen Menschen, die uns, wie unser Autor, die eigentlichen Hintergründe aufzeigen. Wir brauchen dringend Menschen, die den allgegenwärtigen Konsumismus in unserer (Leit-)Kultur aufdecken. Wir brauchen Inter-

pretationen unserer großen Probleme, die uns helfen, unseren Alltag von Gott her zu verstehen. In der Plagenerzählung geht es um das „Erkennen, wer Gott ist". Der Pharao ist dem Autonomiedenken genauso verfallen wie viele Herrscher der späteren Jahrtausende bis heute. Doch letztlich muss sich jeder Herrscher vor Gott verantworten. Dies ist eine überaus mächtige Botschaft, da sie alle menschliche Dominanz infrage stellt. Deswegen ist sie auch so wenig bei den Herrschenden beliebt, egal ob sie sich westlichen Werten verpflichtet fühlen oder anderen. Wenn wir als Kirchen Gottes Werte vertreten wollen, so sollten wir nicht davor zurückscheuen, auch politisch ein Korrektiv zu sein und Ideologien und ihre Konsequenzen zu benennen. Aber wieder geht es dem Text darum, Moses und Aarons Gehorsam zu betonen. All unsere Analyse und Kritik muss in bewusster Nachfolge geschehen.

2.1.2 Gott lässt an den Plagen über Ägypten erkennen, wer er ist (7,14–11,10)

2.1.2.1 Übersetzung

I. Zeichen

7,14 Darauf sagte JHWH zu Mose: Das Herz des Pharaos ist gewichtig; er weigert sich, das Volk zu entlassen.

15 Geh morgen in der Frühe zum Pharao, wenn er zum Fluss hinabsteigt, und begegne ihm am Nilufer. Nimm den Stab, der sich in eine Schlange verwandelt hatte, in deine Hand 16 und sage zu ihm: JHWH, der Gott der Hebräer, hat mich zu dir gesandt mit dem Befehl: Gib mein Volk frei, damit es mir in der Wüste diene! Aber du hast nicht hören wollen – bis jetzt.

17 So spricht JHWH: Daran sollst du erkennen, dass ich JHWH bin: Siehe, ich werde jetzt mit dem Stab, der in meiner Hand ist, auf das Wasser des Nils schlagen, und es wird sich verwandeln in Blut. 18 Die Fische im Nil werden sterben, der Nil wird stinken, sodass die Ägypter sich überwinden müssen, Wasser aus dem Nil zu trinken.

19 JHWH sagte zu Mose: Sprich zu Aaron: Nimm deinen Stab und strecke deine Hand über das Wasser der Ägypter aus, über ihre Flüsse und ihre Kanäle, ihre Tümpel und über alle ihre Wasserspeicher, damit sie zu Blut werden. Es wird Blut in ganz Ägypten sein, selbst in den hölzernen und steinernen Gefäßen.

20 Mose und Aaron taten, wie JHWH befohlen hatte. Er erhob den Stab und schlug das Wasser des Nils vor den Augen des Pharaos und den Augen seiner Beamten und es wurde alles Wasser im Nil in Blut verwandelt. 21 Als die Fische im Nil starben, fing der Nil an zu stinken, sodass die Ägypter kein Wasser aus dem Nil trinken konnten; überall in Ägypten war Blut. 22 Doch die ägyptischen Zauberer taten durch ihre Zauberkünste dasselbe. Deswegen wurde das Herz des Pharaos bestärkt, und er hörte nicht auf sie, wie JHWH es vorausgesagt hatte. 23 Und so wandte der Pharao sich ab, ging in sein Haus und nahm sich das alles nicht zu Herzen.

24 Aber alle Ägypter mussten entlang des Nils nach Trinkwasser graben, da sie das Nilwasser nicht trinken konnten. 25 So vergingen volle sieben Tage, nachdem JHWH den Nil geschlagen hatte.

II. Zeichen

7,26 Dann sagte JHWH zu Mose: Geh zum Pharao und sprich zu ihm: So spricht JHWH: Gib mein Volk frei, damit es mir diene! 27 Solltest du dich weigern, es zu entlassen: Schau, ich werde dein ganzes Land mit Fröschen plagen. 28 Der Nil soll von Fröschen wimmeln. Sie werden heraufsteigen und in dein Haus eindringen, in dein Schlafgemach und auf dein Bett, in die Häuser deiner Beamten und deines Volkes, in deine Backöfen und Teigschüsseln. 29 Ja, an dir selbst werden die Frösche hinaufhüpfen, an deinen Dienern und allen deinen Untertanen.

8,1 So sagte JHWH zu Mose: Befiehl Aaron: Strecke deine Hand mit deinem Stab über die Flüsse, über den Nil und über die Tümpel aus und lass Frösche über Ägypten kommen! 2 Und so streckte Aaron seine Hand über die Wasser Ägyptens aus. Da kamen die Frösche und bedeckten das Land Ägypten. 3 Und die Zauberer taten dasselbe mit ihren Zauberkünsten und ließen Frösche über Ägypten kommen.

4 Da ließ der Pharao Mose und Aaron rufen und sagte: Betet zu JHWH, dass er die Frösche von mir und meinem Volk wegnehme! Ich will dann das Volk entlassen, damit es JHWH opfere. 5 Mose entgegnete dem Pharao: Habe die Ehre <und bestimme>, wann genau ich für dich, für deine Beamten und für dein Volk darum bitten soll. Wann sollen die Frösche von dir und aus deinen Häusern verschwinden und nur noch im Nil übrig bleiben? 6 Er sprach: Morgen! Da sagte er: Es soll nach deinem Wort geschehen, damit du erkennst, dass niemand JHWH, unserem Gott, gleicht. 7 Die Frösche werden von dir, von deinen Häusern, von deinen Beamten und von deinem Volk weichen; nur noch im Nil werden sie übrig bleiben. 8 Als Mose und Aaron vom Pharao weggegangen waren, rief Mose zu JHWH wegen der Frösche, mit denen er den Pharao heimgesucht hatte. 9 Und JHWH handelte gemäß der Bitte Moses. Die Frösche in den Häusern, den Gehöften und auf den Feldern starben. 10 Man schüttete sie zu Haufen zusammen, sodass das Land davon stank.

11 Als der Pharao sah, dass Erleichterung gekommen war, machte er sein Herz gewichtig und hörte nicht auf sie, wie es JHWH vorausgesagt hatte.

III. Zeichen

8,12 Nun sagte JHWH zu Mose: Sprich zu Aaron: Strecke deinen Stab aus und schlage damit in den Staub der Erde; er wird in ganz Ägypten zu Stechmücken werden.

13 Aaron streckte seine Hand mit dem Stab aus und schlug damit in den Staub der Erde. Da kamen Stechmücken über Menschen und Vieh. Der ganze Staub der Erde wurde in ganz Ägypten zu Stechmücken.

14 Die ägyptischen Zauberer machten es mit ihren Zauberkünsten genauso und versuchten Stechmücken hervorzubringen; aber sie konnten es nicht. Die Stechmücken kamen über Mensch und Vieh. 15 Da sagten die Zauberer zum Pharao: Das ist der Finger Gottes!

Das Herz des Pharaos aber blieb bestärkt, und er hörte nicht auf sie, wie es JHWH vorausgesagt hatte.

IV. Zeichen

8,16 Darauf sprach JHWH zu Mose: Tritt morgen in der Frühe vor den Pharao, wenn er zum Nil hinabgeht, und sage zu ihm: So spricht JHWH: Gib mein Volk frei, damit es mir diene! 17 Wenn du dich weigerst, mein Volk zu entlassen, dann lasse ich über dich und deine Beamten, über dein Volk und deine Häuser Ungeziefer kommen, dass die Häuser Ägyptens, selbst der Boden, auf dem sie stehen, voll von Ungeziefer sein werden. 18 Doch werde ich eine Ausnahme machen an jenem Tag mit dem Land Goschen, in dem mein Volk wohnt, sodass es dort kein Ungeziefer gibt, damit du erkennst, dass ich, JHWH, inmitten des Landes bin. 19 Ich werde unterscheiden zwischen meinem Volk und zwischen deinem Volk. Morgen soll dieses Zeichen geschehen.

20 Und so ließ JHWH es geschehen. Es kam Ungeziefer in großer Menge in das Haus des Pharaos, in die Wohnungen seiner Beamten und über ganz Ägypten. Das Land wurde durch das Ungeziefer schwer geschädigt.

21 Da ließ der Pharao Mose und Aaron rufen und sprach: Geht! Schlachtet eurem Gott ein Opfer, aber <hier> im Land! 22 Mose entgegnete: Es wäre nicht korrekt, dies zu tun. Wir werden JHWH, unserem Gott, gerade die Tiere opfern, die zu opfern den Ägyptern ein Anstoß ist. Würden sie uns nicht steinigen, wenn wir Opfer darbrächten, die in den Augen der Ägypter ein Anstoß sind? 23 Wir wollen drei Tagesreisen weit in die Wüste ziehen und dort JHWH, unserem Gott, opfern, wie er uns aufgetragen hat. 24 Der Pharao erwiderte: Ich will euch ziehen lassen; opfert JHWH, eurem Gott, in der Wüste – geht aber nicht zu weit weg. Betet auch für mich!

25 Mose antwortete: Ich gehe von dir hinaus und werde zu JHWH beten. Morgen soll das Ungeziefer vom Pharao, von seinen Beamten und von seinem Volk weichen. Nur möge der Pharao <uns> nicht nochmals täuschen, indem er das Volk nicht ziehen lässt, damit es JHWH opfern kann. 26 Als Mose vom Pharao weggegangen war, betete er zu JHWH. 27 Und JHWH erfüllte die Bitte des Mose und ließ das Ungeziefer vom Pharao, von seinen Beamten und von seinem Volk weichen. Nichts blieb übrig.

28 Der Pharao aber machte auch diesmal sein Herz gewichtig. Er ließ das Volk nicht ziehen.

V. Zeichen

9,1 Nun sprach JHWH zu Mose: Geh zum Pharao und sage ihm: So spricht JHWH, der Gott der Hebräer: Gib mein Volk frei, damit sie mir dienen! 2 Wenn du dich weigerst, sie zu entlassen, und sie weiterhin festhältst, 3 dann *wird die Hand JHWHs kommen über dein Vieh, das auf dem Feld ist, über die Pferde, die Esel, die Kamele, die Rinder und die Schafe. <Es wird> eine sehr schlimme Seuche <sein>. 4 Doch wird JHWH unterscheiden zwischen dem Vieh der Israeliten und dem Vieh der Ägypter. Es wird kein Stück der Israeliten verenden. 5 JHWH bestimmte auch die Zeit und sagte: Morgen wird JHWH dies über das Land kommen lassen.*

6 Am folgenden Tag ließ JHWH es geschehen: Es verendete alles Vieh der Ägypter; vom Vieh der Israeliten aber verendete nicht ein einziges Stück. 7 Der Pharao ließ nachforschen, und <tatsächlich>, vom Vieh der Israeliten war nicht ein einziges Stück gestorben.

Dennoch blieb das Herz des Pharaos gewichtig und er ließ das Volk nicht ziehen.

VI. Zeichen

9,8 Da sprach JHWH zu Mose und Aaron: Nehmt euch zwei Hände voll Ofenruß! Mose soll ihn vor den Augen des Pharaos gen Himmel werfen. 9 Er wird zu feinem Staub über ganz Ägypten werden und zu einer (Pocken-) Infektion, zu aufbrechenden Bläschen an Mensch und Vieh in ganz Ägypten.

10 Da nahmen sie Ofenruß, traten vor den Pharao und Mose warf ihn gen Himmel. Es kam zu der Infektion, die an Mensch und Vieh als Bläschen aufbrach. 11 Die Zauberer konnten wegen der Bläschen Mose nicht entgegentreten; denn die Infektion war genauso an den Zauberern wie an allen Ägyptern ausgebrochen.

12 JHWH aber stärkte das Herz des Pharaos und er hörte nicht auf sie, wie JHWH es Mose vorausgesagt hatte.

VII. Zeichen

9,13 Nun sprach JHWH zu Mose: Tritt morgen früh vor den Pharao hin und sage ihm: So spricht JHWH, der Gott der Hebräer: Gib mein Volk frei, damit es mir diene! 14 Sonst will ich diesmal alle meine Plagen über dein eigenes Selbst, über deine Beamten und über dein Volk kommen lassen, damit du erkennst, dass auf der ganzen Erde niemand ist wie ich. 15 Ich hätte jetzt schon meine Hand ausstrecken und dich und dein Volk durch die Beulenpest schlagen können, dass du von der Erde verschwunden wärst. 16 Und doch

ließ ich dich am Leben, um dir meine Macht zu zeigen und meinen Namen
auf der ganzen Erde verkündigen zu lassen. 17 Doch du spielst dich weiterhin
gegenüber meinem Volk auf und gibst es nicht frei.

18 Deswegen lasse ich morgen um diese Zeit einen sehr schweren Hagel
niedergehen, wie es in Ägypten noch keinen gegeben hat von den Tagen seiner
Gründung bis heute. 19 Schicke also Order und lass dein Vieh und alles, was
du auf dem Feld hast, in Sicherheit bringen. Alle Menschen und alles Vieh,
das auf dem Feld ist und nicht unter Dach gebracht wurde, werden sterben,
wenn der Hagel auf sie niedergeht.

20 Diejenigen der Beamten des Pharaos, die das Wort JHWHs respektier-
ten, brachten ihre Knechte und ihr Vieh in den Häusern in Sicherheit. 21 Wer
sich aber das Wort JHWHs nicht zu Herzen nahm, der ließ seine Knechte und
sein Vieh auf dem Feld.

22 JHWH sprach zu Mose: Strecke deine Hand gen Himmel, damit der
Hagel über ganz Ägypten falle, über Menschen und Tiere und über die Pflan-
zen des Feldes im Land Ägypten. 23 Mose streckte den Stab gen Himmel aus.
Da ließ es JHWH donnern und hageln und Feuer fuhren zur Erde nieder. So
ließ JHWH Hagel über Ägypten niedergehen. 24 Es war ein Hagel, darin es
unaufhörlich blitzte, so furchtbar, wie man ihn in ganz Ägypten noch nie er-
lebt hatte, seit es zu einer Nation geworden ist. 25 Der Hagel erschlug in ganz
Ägypten alles, was auf dem Feld war, Menschen und Tiere, auch alle Pflanzen
des Feldes vernichtete der Hagel und zerschlug alle Bäume auf dem Feld. 26
Nur im Land Goschen, in dem die Israeliten wohnten, fiel kein Hagel.

27 Nun sandte der Pharao hin, ließ Mose und Aaron rufen und sagte zu
ihnen: Diesmal habe ich gesündigt. JHWH ist der Gerechte, ich und mein
Volk, wir sind im Unrecht. 28 Betet zu JHWH, denn der „Gottesdonner“
und der Hagel sind zu viel; und ich will euch wegschicken, ihr braucht nicht
länger zu bleiben.

29 Mose erwiderte: Sobald ich zur Stadt hinausgehe, werde ich meine
Hände vor JHWH ausbreiten. Die Donner werden aufhören und der Hagel
wird nicht mehr fallen, damit du erkennst, dass die Erde JHWH gehört. 30
Aber ich weiß, dass ihr, du und deine Beamten, Gott JHWH nicht fürchtet.

31 Der Flachs und die Gerste wurden zerschlagen, denn die Gerste stand in Ähren und der Flachs in Blüte. 32 Weizen und Emmer aber wurden nicht zerschlagen, weil sie erst viel später reifen.

33 Mose ging vom Pharao weg, hinaus aus der Stadt, und breitete seine Hände vor JHWH aus. Da hörten Donner und Hagel auf; auch der Regen strömte nicht mehr auf die Erde.

34 Als der Pharao sah, dass Regen, Donner und Hagel aufgehört hatten, versündigte er sich weiter und machte sein Herz gewichtig, er und seine Beamten. 35 Das Herz des Pharaos blieb bestärkt und er entließ die Israeliten nicht, wie es JHWH durch Mose vorausgesagt hatte.

VIII. Zeichen

10,1 Darauf sprach JHWH zu Mose: Geh zum Pharao! Ich selbst habe sein Herz und das Herz seiner Beamten gewichtig gemacht, um diese meine Zeichen unter ihnen zu tun, 2 damit du vor den Ohren deiner Kinder und Kindeskinder erzählen kannst, was ich den Ägyptern angetan und welche Zeichen ich unter ihnen getan habe. Ihr sollt erkennen, dass ich JHWH bin.

3 So gingen Mose und Aaron zum Pharao und sagten zu ihm: So spricht JHWH, der Gott der Hebräer: Wie lange weigerst du dich noch, dich vor mir zu demütigen? Entlass mein Volk, damit sie mir dienen! 4 Wenn du dich weigerst, mein Volk ziehen zu lassen, dann schicke ich morgen Heuschrecken über dein Gebiet. 5 Sie werden die Fläche des Landes so bedecken, dass man den Boden nicht mehr sehen kann. Sie werden verzehren, was euch als letzter Rest vom Hagel noch übrig geblieben ist, und alle Bäume des Feldes kahl fressen. 6 Sie werden deine Häuser, die Häuser aller deiner Beamten und die Häuser aller Ägypter füllen, wie es deine Väter und die Väter deiner Väter, seit sie im Land sind, bis heute nicht erlebt haben. Dann kehrte er um und ging vom Pharao weg.

7 Da sprachen die Beamten des Pharaos zu ihm: Wie lange noch soll dieser Mensch uns zum Verderben sein? Gib die Leute frei, damit sie JHWH, ihrem Gott, dienen. Siehst du denn nicht, dass Ägypten zugrunde geht?

8 Man ließ Mose und Aaron zum Pharao holen, und er sprach zu ihnen: Geht und dient JHWH, eurem Gott. Wer von euch soll denn mitziehen? 9 Mose antwortete: Mit unseren Jungen und unseren Alten, mit unseren Söhnen *und Töchtern, mit unseren Schafen und Rindern wollen wir ziehen; denn wir haben ein Fest JHWHs <zu feiern>. 10 Da entgegnete er ihnen: Möge JHWH ebenso <wenig> mit euch sein, wie ich euch mit euren Kindern entlassen werde! Seht: Böses <ist> vor euren Gesichtern! 11 So nicht! Ihr Männer könnt gehen und JHWH dienen. Das war ja euer Wunsch. Hierauf jagte man sie vom Pharao weg.*

12 So sprach JHWH zu Mose: Strecke deine Hand über Ägypten aus, damit die Heuschrecken über Ägypten kommen und alle Pflanzen auf dem Feld fressen, alles, was der Hagel noch übrig gelassen hat. 13 Mose streckte seinen Stab über Ägypten aus. Da ließ JHWH den ganzen Tag und die ganze Nacht einen Ostwind über das Land wehen. Als der Morgen graute, hatte der Ostwind die Heuschrecken herbeigetragen. 14 Die Heuschrecken fielen über ganz Ägypten her und ließen sich im ganzen Gebiet Ägyptens nieder. Nie zuvor hatte es so viele Heuschrecken gegeben, noch wird es künftig so viele geben. 15 So dicht bedeckten sie die Fläche des ganzen Landes, dass es davon schwarz wurde. Sie fraßen alle Pflanzen des Feldes und alle Früchte der Bäume, die der Hagel übrig gelassen hatte. Und es blieb in ganz Ägypten nichts Grünes an den Bäumen und keine Pflanze auf dem Feld blieb übrig.

16 Da ließ der Pharao eiligst Mose und Aaron rufen und sagte: Ich habe mich vor JHWH, eurem Gott, und vor euch versündigt. 17 Vergebt mir dieses eine Mal noch meine Schuld und betet zu JHWH, eurem Gott, damit er von mir wenigstens diesen Tod abwende.

18 Da ging er vom Pharao weg und betete zu JHWH. 19 Daraufhin ließ JHWH den Wind wenden, sodass er stark aus Westen wehte. Dieser nahm die Heuschrecken mit und warf sie in das Schilfmeer. Es blieb nicht eine einzige Heuschrecke in ganz Ägypten übrig.

20 JHWH aber stärkte das Herz des Pharaos, sodass er die Söhne Israels nicht fortschickte.

IX. Zeichen

10,21 Nun sprach JHWH zu Mose: Strecke deine Hand gen Himmel, und es wird eine Finsternis über das ganze Land kommen, dass man die Finsternis greifen kann.

22 Da streckte Mose seine Hand gen Himmel und es wurde unglaublich finster in ganz Ägypten, drei Tage lang. 23 Man konnte einander nicht sehen, und niemand erhob sich von seinem Platz, drei Tage lang. Doch die Wohnorte der Israeliten hatten Licht.

24 Da ließ der Pharao Mose rufen und sprach: Geht und dient JHWH! Nur eure Schafe und Rinder werden hierbleiben; doch eure Frauen und Kinder können mit euch ziehen. 25 Mose aber entgegnete: Selbst wenn du uns Tiere für die Schlacht- und Brandopfer mitgäbest, damit wir sie JHWH, unserem Gott, opfern, 26 so muss doch unser Vieh mit uns ziehen. Nicht ein Huf darf zurückbleiben. Denn wir werden davon nehmen müssen, um JHWH, unserem Gott, zu dienen. Wir können ja noch nicht wissen, womit wir JHWH dienen sollen, bis wir dort angekommen sind.

27 JHWH aber stärkte das Herz des Pharaos und daher wollte er sie nicht ziehen lassen. 28 Vielmehr sagte der Pharao zu ihm: Geh weg von mir! Wage es nicht, mir noch einmal unter die Augen zu treten! An dem Tag, an dem du mir unter die Augen trittst, wirst du sterben. 29 Mose entgegnete: Ganz wie du sagst. Ich werde nicht wieder vor dir erscheinen.

X. Zeichen

11,1 JHWH sagte zu Mose: Noch eine <letzte> Plage werde ich über den Pharao und die Ägypter bringen, dann wird er euch ziehen lassen. Ja, er jagt euch ganz sicher von hier fort. 2 Teile nun dem Volk mit: Jeder soll sich von seinem Nachbarn und jede von ihrer Nachbarin Silber- und Goldsachen geben lassen. 3 JHWH hatte des Volkes Gunst vor den Ägyptern steigen lassen. Sogar Mose stand in Ägypten in hohem Ansehen, bei den Beamten des Pharaos und beim Volk.

4 Mose sagte: So spricht JHWH: Gegen Mitternacht gehe ich durch Ägypten. 5 Dann wird jede Erstgeburt im Land Ägypten sterben, vom Erstgeborenen des Pharaos, der auf dem Thron sitzt, bis zum Erstgeborenen der Sklavin an der Handmühle und auch jede Erstgeburt des Viehs. 6 Dann wird ein großes Trauergeschrei in ganz Ägypten sein, wie es noch nie war und auch nie wieder sein wird. 7 Aber gegen keinen der Israeliten wird ein Hund knurren, weder gegen Menschen noch gegen Vieh, damit ihr erkennt, dass JHWH zwischen Ägypten und Israel unterscheidet.

8 Dann werden alle diese deine Beamten zu mir kommen und sich vor mir zu Boden werfen und flehen: Zieh weg, du und das ganze Volk, das zu dir gehört! Dann werde ich wegziehen. Hierauf verließ er den Pharao wütend.

9 JHWH aber sagte zu Mose: Der Pharao hört nicht auf euch, damit meine Wunder in Ägypten zahlreich werden.

10 Mose und Aaron hatten all diese Wunder vor dem Pharao getan. Doch JHWH hatte das Herz des Pharaos bestärkt, sodass er die Israeliten nicht aus seinem Land ziehen ließ.

2.1.2.2 Vorbemerkungen

Die sogenannte Plagenerzählung wird meines Erachtens zu leichtfertig als Erzählung von Strafgerichten Gottes interpretiert, die den Pharao – und mit ihm sein ganzes Volk – deswegen treffen, weil er die Hebräer nicht ziehen lässt. In gewisser Hinsicht wird diese Interpretation auch durch die Gesamtanlage der Erzählung nahegelegt. In anderen alttestamentlichen Texten, in denen von Plagen die Rede ist, werden diese als Strafgerichte verstanden. In den allermeisten dieser Stellen ist Israel, also das Gottesvolk, oder eine Einzelperson Ziel der Plage, die allerdings auch nicht nur strafen soll, sondern vor allem die Abkehr von widergöttlichem Verhalten motivieren soll (z.B. 1Mo 12,17; 1Kön 8,37; Ps 39,11; 89,33; 91,10; 2Chr 6,28). In 2. Mose jedoch kommt das Wort Plage selbst nur einmal vor (bezogen auf den Tod der Erstgeburt in 11,1, wo es allerdings die anderen Plagen indirekt auch als solche bezeichnet: „eine weitere Plage"). Erstaunlicherweise thematisiert die Plagenerzählung Gottes Absicht mit diesen zehn Katastrophen recht deutlich. Kellenberger 2006 führt den hilfreichen Begriff „Zielaussagen" ein. Er betont zu Recht, dass die Plagenerzählung mehr an Gottes Absichten mit Israel und Ägypten interessiert ist als an einer moralischen Bewertung des Pharaos. Vielleicht wäre es angemessener, anstatt von Plagenerzählung von der „Zeichenerzählung" zu reden. Denn als Zeichen oder Wunder werden diese Katastrophen im Text selbst behandelt. Da sich allerdings der Begriff „Plagenerzählung" für diesen Teil von 2. Mose so gründlich etabliert hat, wird der Begriff auch hier verwendet in der Hoffnung, dass sich die Leserin und der Leser dieses Kommentars bewusst sind, dass die (deutsche) Konnotation Strafgericht für „Plage“ in dieser Erzählung nur sehr wenig mitschwingt.

In diesem Zusammenhang ist es wichtig, kurz auf die Verstockung des Pharaos einzugehen. Wie die Auslegungsgeschichte gezeigt hat, wurde die Plagenerzählung vor allem unter dem Gesichtspunkt der Verantwortung des Pharaos gelesen. Theologische Themen wie „Prädestination“ oder „freier Wille“ dominieren schnell die Diskussion. Der Text jedoch wird hoffnungslos überfrachtet, wenn in ihm ein Paradigma oder auch nur Hinweise für diesen Themenkomplex gesucht werden.

Die gründliche Untersuchung von Kellenberger 2006 weist nach, dass die Begriffe, die in der Plagenerzählung für die Verstockung des Herzens des Pharaos vorkommen, keineswegs durchgängig negative Konnotationen haben. Von den drei Begriffen ist nur einer wirklich negativ (*qschh* im *Hif'il* „verhärten“), und dieser kommt lediglich ein Mal vor (7,3). Dieser Vers steht noch im Vorfeld der Plagenerzählung und damit an hervorgehobener Stelle: JHWH wird das Herz, d.h. den Willen, des Pharaos, „verhärten“. Der Kontext ist die Vorhersage der Reaktion des Königs auf die Aufforderung, Israel ziehen zu lassen. So färbt dieses deutlich negative Verb die Wahrnehmung der gesamten folgenden Erzählung der zehn Katastrophen bzw. Zeichen und Wunder, wie sich der Text ausdrückt. Es ist JHWH, der den König verhärtet. Damit verfolgt er ein bestimmtes und klares Ziel: Er will die Ägypter spüren lassen, dass er mächtig ist. Das Strafgericht in 7,4 bezieht sich vor allem auf das letzte Zeichen, die Tötung der Erstgeborenen (vgl. 12,12).

Die Wurzel *chzq*, „stark sein“, „stärken“ bzw. „bestärken“, „ermutigen“, wird im AT ivor allem positiv gebraucht im Sinne einer Überlegenheit des Starken. Diese Überlegenheit kann natürlich auch negativ genutzt werden. Das Gegenstück zu der Festigung des Herzens ist ein Herz, welches zerfließt, oder, verbunden mit Händen, eine erschlaffte Hand. In unserem Abschnitt sind es z.B. die „starke“ Hand Gottes, die den Pharao zwingt und Israel aus Ägypten herausführt (3,19; 6,1; 13,3.9.14.16; 14,8), das Festhalten des Stabes durch Mose (4,4) oder des Volkes durch den Pharao

(9,2), der starke Wind, der die Heuschrecken wieder wegbläst (10,19), das forcierte Wegschicken der Hebräer durch die Ägypter (12,33).

Bezogen auf des Königs Herz ist es interessant und bedeutsam, dass *chzq* nie seine bewusste Aktion beschreibt; er ermutigt nicht sein eigenes Herz. Entweder Gott selbst „festigt/bestärkt" das Herz des Pharaos oder es wird einfach ohne Subjekt gesagt, dass sein Herz gefestigt wurde (4,21; 7,13.22; 8,15; 9,12.35; 10,20.27; 11,10; 14,17). Die Folge der Ermutigung wird immer genannt: Der Pharao lässt das Volk nicht ziehen. Theologisch schwierig ist nun der Umstand, dass Gott offensichtlich einen Menschen dazu bestärkt, dass er etwas Widergöttliches tut. Dem Text scheint sehr daran gelegen, das zu unterstreichen, was er auch durch viele andere Hinweise kommuniziert, nämlich, dass JHWH, der Gott Israels, diese ganze Situation in all ihrer Komplexität im Griff hat und bewusst und konsequent leitet. Um dies zu betonen, scheint auch das für uns schwer nachvollziehbare Wechselspiel zwischen Eigenverantwortung und Gottes Ermöglichen willkommen zu sein. Dem alttestamentlichen Denken ist unser Konzept eines autonom entscheidenden menschlichen Individuums eher fremd. An vielen Stellen, in Erzählungen, Psalmen und auch in den prophetischen Texten, kommt das Thema des Gott-ausgeliefert-Seins immer wieder zum Ausdruck. Dies zu entwickeln, ist eher Aufgabe der alttestamentlichen Theologie denn des vorliegenden Kommentars.

Eine letzte hebräische Wurzel muss in unserem Zusammenhang noch kurz bedacht werden. *Kbd* drückt ganz allgemein Gewicht und Schwere aus und ist in seiner Verwendungsbreite sehr wenig bestimmt. Im *Hif'il* meint es „schwer machen". Bei den Belegen in unserem Text kann der Pharao selbst das Subjekt des „Schwermachens" sein (8,11.28; 9,34). Sein Herz kann auch „schwer gemacht sein" (ohne genanntes Subjekt; vgl. 7,14; 9,7). Oder Gott hat dessen Herz „schwer gemacht" (10,1). Kellenberger übersetzt freier und bezogen auf die Plagenerzählung „dem Herzen sein Eigengewicht (bzw. Autorität) geben" (Kellenberger 2002, 111) und erklärt: „Es geht um die Absolutsetzung des menschlichen Willens, welcher im Herzen lokalisiert wird" (111-112). Diese „Übersetzung" der mit der Verstockung des Pharaos verbundenen Aussagen macht sehr schön deutlich, wie differenziert der Text dieses zentrale Thema der Plagenerzählung angeht. In seiner Überheblichkeit, wie sie bereits in der ersten Begegnung mit Mose deutlich wird (5,2), setzt der Pharao seine eigenen Interessen und Vorhaben absolut. Gott lässt dies nicht nur geschehen, sondern fördert diese Arroganz sogar (10,1).

Warum nur handelt Gott so? Die Antwort gibt unser Autor vor allem in den oben bereits genannten Zielaussagen. Die erste der Zielaussagen (4,5) formulierte das Erkenntnisthema bezogen auf die Ältesten Israels. Hier waren es die drei Zeichenhandlungen, mit denen Mose und Aaron von Gott ausgestattet wurden, die die Israeliten davon überzeugen sollten, dass es JHWH ist, der Bundesgott der Väter, der Mose gesandt hat. Beim eigenen Volk hatte Gott (zunächst) Erfolg (4,31).

Was JHWH mit den Ägyptern vorhat und welche Ziele er damit verfolgt, war bereits Thema in der Gottesrede in 7,3-5: Gott wird die Ägypter seine Macht spüren lassen und damit zu erkennen geben, wer er ist. Die weiteren Zielaussagen, die Gottes Zeichen an den Ägyptern begründen sollen, kommen dann erst wieder im hinteren Teil der Plagenerzählung und dort recht ungleichmäßig verteilt vor (vgl. aber Riecker, 135-139, der eine gewisse Regelmäßigkeit beobachtet):

7,17	Blut	„Daran sollst du erkennen, dass ich JHWH bin“
8,6	Frösche	„damit du erkennst, dass niemand JHWH, unserem Gott, gleicht“
8,18	Ungeziefer	„damit du erkennst, dass ich, JHWH, inmitten des Landes bin“
9,14	Hagel	„damit du erkennst, dass auf der ganzen Erde niemand ist wie ich“
9,16	Hagel	„um dir meine Macht zu zeigen“, „und meinen Namen auf der ganzen Erde verkündigen zu lassen“
9,29	Hagel	„damit du erkennst, dass die Erde JHWH gehört“

10,1-2	Heuschrecken	„um diese meine Zeichen unter ihnen zu tun", „damit du vor den Ohren deiner Kinder und Kindeskinder erzählen kannst, was ich den Ägyptern angetan und welche Zeichen ich unter ihnen getan habe", „Ihr sollt erkennen, dass ich JHWH bin."
11,7	Erstgeburt	„damit ihr erkennt, dass JHWH zwischen Ägypten und Israel unterscheidet"
11,9	Erstgeburt	„damit meine Wunder in Ägypten zahlreich werden"
14,4	Schilfmeer	„Ägypter sollen erkennen, dass ich JHWH bin."
14,17-18	Schilfmeer	„Ägypter sollen erkennen, dass ich JHWH bin"

Die obige Zusammenstellung der Zielaussagen zeigt überaus deutlich, dass die JHWH-Erkenntnis das Ziel der Zeichen und damit auch das Ziel des Berichtes über sie ist. Vor allem der Pharao und die Ägypter sollen JHWHs Ansprüche erkennen und als berechtigt anerkennen. Insgesamt könnte man die ganze Plagenerzählung als Antwort auf die vom Pharao nicht wörtlich gemeinte Frage in 5,2 verstehen. Nach den Plagen wird ihm Gott durchaus bekannt sein. Dieser Gott, JHWH, hat Ansprüche. Er ist in Ägypten (d.h. im Ausland, von seinem Volk aus gesehen) präsent. Ihm gehört das ganze Land oder die ganze Welt (beides sind Übersetzungsmöglichkeiten). Ihm gleicht bezüglich seiner Macht kein anderer Gott, selbst der quasi-göttliche König einer Weltmacht nicht. Des Weiteren ist es JHWH wichtig, als Gott seines Bundesvolkes zu erscheinen, der sehr wohl sein Volk vor den Katastrophen schützen kann, die er über Ägypten bringt.

Hat diese pädagogische Absicht der Katastrophen Erfolg gezeigt? Es sind gerade die Verstockungsaussagen über den Pharao, zusammen mit der Erzählentwicklung, die hier recht eindeutig sind: Nein, der Pharao hat es nicht verstanden; er wollte es auch nicht verstehen. Hier zeigt sich die Schwere des Herzens, die selbstbewusste Arroganz, die der König den Hebräern und damit auch ihrem Gott entgegenbringt. Selbst der Untergang der ägyptischen Verfolger im Schilfmeer soll ihnen als letztes Zeichen gelten, was natürlich einen längerfristigen Lernerfolg *per se* ausschließt. Hinter den Plagen ein „missionarisches" Ziel zu vermuten, d.h., die Gotteserkenntnis der Ägypter zu fördern, geht dagegen am Text vorbei. Es gibt allerdings mindestens einen Menschen außerhalb Israels, der die Botschaft des Auszugs verstanden hat: Moses Schwiegervater Jitro. In 18,9-12 wird berichtet, wie er darin JHWH erkennt. So wird knapp, aber eindrucksvoll ein Gegenpol zum Pharao geschaffen.

Waren also Gottes Zeichen vergebens? Wenn man mit der Interpretation innerhalb der erzählten Ereignisse bleibt, dann offensichtlich. Es scheint allerdings die Absicht des Autors zu sein, dass seine Leser etwas an den Plagen lernen. Die Leser, für die der Text geschrieben wurde, sind aller Wahrscheinlichkeit nach keine Ägypter, sondern Israeliten. In der Plagenerzählung geht es nur ein Mal direkt, in 10,2, um den Lerneffekt, den die Israeliten zeigen sollen. Interessanterweise ist das Lernziel bei den Israeliten nicht wesentlich anders formuliert als bei den Zielaussagen, die die Ägypter betreffen. Immer geht es um die Erkenntnis JHWHs, der sich hier gegenüber dem mächtigen König Ägyptens profiliert. Die Betonung, die der Text darauf legt, dass selbst die Herzensschwere des Pharaos nicht in seiner eigenen Macht liegt, sondern ebenfalls durch Gott hervorgerufen wurde, weist in dieselbe Richtung. Gott ist der Souverän der Lage. Die Plagenerzählung scheint genau dieses Ziel zu haben: Sie soll unmissverständlich klarmachen, dass hier zwar ein Kampf der Giganten stattfindet, doch eben zwischen ungleichen. JHWH ist unvergleichlich. Letztlich sind die Zielaussagen in der Plagenerzählung als Lobaussagen zu verstehen. Gott erkennen heißt auch, ihn anzuerkennen, und dies ist für den altorientalischen Menschen immer auch ein Gotteslob. Hier wird konkret JHWHs Macht beschrieben, die in verschiedenen Aspekten anhand der Katastrophe (Zeichen) erzählerisch dargestellt wird. Dabei soll aber „nicht erkannt werden, wer oder wie JHWH ist, sondern, daß er es ist, der in dem, was angekündigt wird, handelt und der sich darin als er selbst erweist" (Rendtorff 2001, 178). So soll gemäß 2. Mose JHWH als der Gott bekannt werden, der zugunsten seines Volkes handelt und dabei Erfolg hat, selbst wenn dabei die damalige Weltmacht Ägypten ausgeschaltet werden muss. Die Zielaussagen sind der deutlichste Ausdruck dieser Doxologie. Doch auch die Verstockungsaussagen und die Gesamtanlage der Erzählung dienen demselben Ziel.

Zusammenfassend soll noch einmal darauf hingewiesen werden, welche Schwerpunkte die Plagenerzählung legt. Es geht nicht um eine theologische Reflexion zum Thema Vorherbestimmung oder freier Wille. Auch wird die Frage nicht beantwortet, ob es unfair war, dass JHWH selbst den Pharao in seinem Handeln bestätigt hat. Es geht auch zunächst nicht um die Plagen als unmenschliche Strafen für menschliche Hartnäckigkeit. Vor allem geht es um Gottes Kontrolle und Souveränität in dieser geschichtlich entscheidenden Situation Israels.

2.1.2.3 Struktur

Die Plagenerzählung ist durch ein klares Erzählmuster geprägt, welches mit Variationen bei allen Zeichen angewendet wird. Von den folgenden Elementen wird jeweils eine Auswahl zur Erzählung der jeweiligen Zeichen genutzt.

1. Gott kündigt über Mose das Zeichen an.
2. Warnung an den Pharao
3. Bericht der Plage
4. Bitte des Pharaos um Erleichterung und Versprechen, das Volk ziehen zu lassen
5. Weigerung, das Volk ziehen zu lassen, und Erwähnung der „Verstockung“ des Pharao.

Durch diese strukturelle Ähnlichkeit entstehen neben der literarischen Einheit über alle Einzeltexte hinweg so etwas wie ein Leserhythmus und eine Erwartungshaltung beim Leser. Er weiß ungefähr, was er zu erwarten hat, und kann seine Konzentration mehr auf die Details der Plagen richten. Darüber hinaus schafft der Rhythmus eine Atmosphäre der Intensität und Dringlichkeit und unterstützt damit den Inhalt der Erzählung: Gott warnt vor, und danach handelt er, ohne dass dem etwas entgegenzusetzen wäre. So wird Gott durch sein Reden und Handeln erkennbar. Und genau dies ist ja Gottes erklärte Absicht mit den Zeichen.

Außerdem lädt diese Erzählweise dazu ein, die Plagen miteinander zu vergleichen (Sarna, 38; Hoffmeier 1997, 147).

Zeichen	Warnung	Anweisung	Mittler
I. Blut (7,14-25)	ja	„Begegne“	Aaron
II. Frösche (7,26–8,11)	ja	„Geh zum Pharao“	Aaron
III. Stechmücken (8,12-15)	nein	keine	Aaron
IV. Ungeziefer (8,16-28)	ja	„Tritt morgen vor den Pharao“	Gott
V. Viehseuche (9,1-7)	ja	„Geh zum Pharao“	Gott
VI. Pocken (9,8-12)	nein	keine	Mose
VII. Hagel (9,13-35)	ja	„Tritt morgen vor den Pharao“	Mose
VIII. Heuschrecken (10,1-20)	ja	„Geh zum Pharao“	Mose
IX. Dunkelheit (10,21-29)	nein	keine	Mose
X. Tod der Erstgeborenen (11,1-10; 12,29-32)	ja	keine	Gott

Es werden drei Dreiergruppen deutlich. Vor den Zeichen I, IV und VII wird der Pharao jeweils morgens gewarnt, wobei Mose vor den Pharao treten soll. Auch die Zeichen II, V und VIII erzählen die Warnung an den Pharao, doch ohne Angabe der Tageszeit. Mose und Aaron sollen jeweils zum Pharao hineingehen.

Die Mittler der Plagen sind etwas anders verteilt. Aarons Hand ruft die ersten drei Plagen hervor. Mose streckt seinen Stab bei den Zeichen VI-IX zu Beginn zum Himmel empor, und JHWH selbst führt die Plagen IV, V und X ohne Mittler herbei.

Letztlich können wir also von drei Gruppen reden: Plagen I-III, IV-VI und VII-IX. Dass dies nicht die einzige Möglichkeit ist, in der Abfolge der Plagen ein System zu erkennen, wird an einem Durchgang durch die Forschungsgeschichte zum Text deutlich (Houtman 1993, 17-21). Auch wird durch Ps 78 und 105 klar, dass die Reihenfolge der Plagen in den literarischen Berichten dazu durchaus variieren konnte. Populäre Modelle, die z.B. von einer Steigerung der Härte der Plagen ausgehen oder von einer Anlehnung an den Schöpfungsbericht, lassen sich am Text selbst nicht vollständig überzeugend belegen. Bei den Plagen I-VI ist keine Abstufung der Härte erkennbar. Bei den Plagen VII-X allerdings schon. Die in den Zeichenberichten VII-IX wiederkehrende Phrase „wie es noch nie war und nicht wieder sein wird“ (9,18.24; 10,6.14; 11,6) macht dies deutlich. Auch werden diese Plagen tendenziell umfangreicher erzählt. Der Pharao wird von Plage zu Plage eher bereit, das Volk ziehen zu lassen, doch immer wieder versucht er, die Umstände zu verhandeln. Darauf lässt Gott sich nicht ein. So spitzt sich der Konflikt zunehmend zu, was vor allem durch die Kommentare zu des Königs Verbohrtheit vermittelt wird (7,23; 8,11.15.28; 9,7.12.34-35; 10,20.27; 11,10).

Da die vorherrschende Aufgabe eines Kommentars die Erklärung des Textes ist, möchte ich lediglich ein paar wenige Anmerkungen zur hinter dem Text stehenden Realität machen. Mit der Plagenerzählung verbinden sich viele Fragen zur geschichtlichen Wirklichkeit dieser Ereignisse. Zunächst ist festzustellen, dass diese Plagen nicht in der mythischen Welt angesiedelt wurden, sondern Naturphänomene sind und auch entsprechend geschildert werden. Es gibt verschiedene Versuche, die Plagen mit extremen Umweltphänomenen, die sich aus der geografischen Situation Ägyptens ergeben, zu verbinden (Hoffmeier 1997, 1946-149; Kitchen, 325-328). So ließen sich die Phänomene alle in einem Zeitraum von Juli/August bis Januar/Februar unterbringen. Die zehnte Plage geht in ihrer Selektivität natürlich über das durch eine Krankheit Erklärbare hinaus. Auch wenn die Zeichen I-IX klimatisch und geografisch durchaus plausibel sind, so gilt für jede von ihnen der Kommentar der Zauberer des Königs: „Das ist der Finger Gottes!“ (8,15) – sie alle sind göttliche Zeichen, und als solche werden sie auch im Text interpretiert. Dies ist schließlich die Kernaussage des Textes.

Darüber hinaus wird an eine unterschwellige Kritik der ägyptischen Götterwelt zu denken sein, wenn man bedenkt, dass die Nilflut, die Sonne und der Pharao selbst in der ägyptischen Theologie wichtige Rollen einnehmen. Darüber hinaus sind Frösche, Vieh und Regen/Hagel mit ägyptischen Göttern symbolisch verbunden. Allerdings hinter jeder Plage einen offensichtlichen Angriff auf eine spezielle Gottheit zu sehen, ist nicht möglich. Letztlich sind aber alle Plagen, einzeln und vor allem auch in ihrer Gesamtheit, Zeugnis für die Ohnmacht der ägyptischen Götter und vor allem ihres höchsten irdischen Vertreters, des Pharaos (vgl. Hoffmeier 1997, 149-153). Die Zeichen werden als Zweikampf zwischen JHWH und dem Pharao stilisiert. Der Pharao ist derjenige, der für das

Wohlergehen seines Volkes unmittelbar verantwortlich ist. Dies ist nicht nur die Sicht von 2. Mose, sondern vor allem ein Kernelement ägyptischer Königsideologie. Der König hat dafür zu sorgen, dass Ordnung (*ma'at*) im Land herrscht. Dabei geht es ganz explizit nicht nur um soziale Ordnung, sondern vor allem um die Fruchtbarkeit des Landes und den regelmäßigen Ablauf der Jahreszeiten: Der König ist mythologisch eng verbunden mit Sonne und Mond und der Nilüberschwemmung.

Eines der Insignien des ägyptischen Herrschers über Jahrhunderte hinweg ist der Hirtenstab. Hoffmeier (1997, 154-155) betont von daher die Bedeutung des Stabes des Mose, der immer wieder in der Erzählung vorkommt. Aller Wahrscheinlichkeit war auch Moses Stab ein Hirtenstab, der in seiner symbolischen Konnotation eine Herausforderung der Herrschaft des Pharaos gewesen sein muss. Hier kommt der Führer der Sklavenschicht und behauptet, dass auch der ägyptische Herrscher seinem Gott, JHWH, zu gehorchen hat. Ein Großteil der Zeichen, die den Pharao von der Richtigkeit dieser Hierarchie belehren sollen, werden durch den allgegenwärtigen Hirtenstab des Mose gewirkt. So erhebt JHWH Anspruch auf die Herrschaft Ägyptens.

Es wurde bereits kurz auf die mögliche Verbindung zwischen Schöpfungsbericht und Plagenerzählung hingewiesen. Auch wenn diese Verbindung für die Anordnung der Plagen nichts beiträgt, so wird doch die Qualität der Plagen als „Un-Schöpfung“ offensichtlich. Wasser, das eigentlich Leben spendet, wird zum deutlichsten Signal des Todes: Es wird zu Blut außerhalb eines Körpers. Frösche, die für Fruchtbarkeit stehen, „wimmeln“ in einer Art und Weise, die bedrohlich wird. Vegetation wird zerstört, domestizierte Tiere verenden in großer Zahl. Dunkelheit bedeckt das Land, die Sonne hat keine Kraft. Die beabsichtigte Fruchtbarkeit von Tier und Mensch wird negiert im Tod aller Erstgeborenen. Das, was da der Pharao durch seine Starrköpfigkeit über sein Volk bringt, ist „Un-Schöpfung“. Chaos regiert; „*tohu wabohu*“ ist das, was der Pharao wegen seiner lebensnegierenden Unterdrückung der Hebräer erntet. Für einen Leser, der von 1. Mose her kommt, werden diese Verbindungen offensichtlich.

Vor den letzten beiden interpretatorischen Horizonten wird auch verständlich, wieso der Autor der Plagenerzählung keine Scheu vor Übertreibung und Vereinfachung hat. Wenn Worte wie „alle" und „vollständig" immer wörtlich gemeint wären, so wären die Ägypter mehrere Tode nacheinander gestorben. Hier geht es um große Ereignisse, die jedoch in den Dienst einer Botschaft gestellt werden. Viele der Ungereimtheiten werden auf das Konto der eben beschriebenen Erzählabsichten gehen. Es muss allerdings nochmals betont werden, dass diese Eigenart der Erzählung ihre Qualität nicht schmälert. Der Text wurde nicht geschrieben, um moderne, historistische oder positivistische Leseerwartungen zu erfüllen, sondern um Gotteserkenntnis zu fördern.

2.1.2.4 Auslegung

2.1.2.4.1 Blut (7,14-25)

Die Wunderzeichen, mit denen Mose und Aaron vor dem Pharao und seinen Zauberern erschienen waren, hatten keine Besserung der Situation der Hebräer gebracht. Die Zwangsarbeit der Hebräer tritt aber in der Plagenerzählung komplett in den Hintergrund. Ab jetzt geht es um die Auseinandersetzung zwischen Gott und dem Pharao. Der vorangehende Text schließt mit dem traditionell sogenannten Thema der Verstockung des Herzens des Pharaos (7,13 – zur Vielschichtigkeit dieses Themas siehe oben unter „Vorbemerkungen"). Die eigentliche Plagenerzählung beginnt mit ebendiesem Thema (7,14). Diese Feststellung Gottes liest sich wie eine Überschrift über die Plagen: Wegen seiner Verbohrtheit (hier steht die hebr. Wurzel *kbd*, die Gewicht, Schwere, Bedeutung anzeigt – man könnte auch mit „satter Selbstgefälligkeit" oder „Arroganz" übertragen) wird der ägyptische König JHWHs Volk nicht ziehen lassen.

Das erste Zeichen Gottes trifft die Lebensader Ägyptens. Rotes Nilwasser ist während der Flutzeit keine Seltenheit, da dann besonders viele Erdpartikel mitgeschwemmt werden, die sich allerdings nach einer gewissen Zeit absetzen. Das rote Wasser ist durchaus trinkbar und keinesfalls fischgiftig. Ob hier tatsächlich Blut im Flussbett war oder ob es eine vergleichende Beschreibung der Beschaffenheit des Wassers ist, lässt der Text offen.

Der Kontrast zwischen Leben und Tod, der bereits die Wunderzeichen, die Gott seinen Boten mitgegeben hatte, bestimmt, spielt hier die zentrale Rolle: Das eigentlich lebensspendende Wasser wird zu Blut außerhalb des Körpers, dem Sinnbild vergangenen Lebens, und bringt Tod. Dem Pharao entgleitet bereits bei der ersten Plage die Kontrolle über Ägyptens Schicksal. Die Arroganz des harten Herzens scheint sich tatsächlich nicht allein auf die Hebräer zu beschränken. Auch die Last, die er seinem eigenen Volk aufbürdet (7,24), zeugt von seiner „satten Selbstgefälligkeit". Dem beabsichtigten Druck weicht der Herrscher durch allseitige Ignoranz aus – er macht sein Herz „gewichtig".

Ironischerweise versuchen die Zauberer des Königs die Plage zu simulieren. Durch ihren Erfolg schädigen sie ihre eigenen Leute natürlich noch mehr. Die eigentliche Konsequenz des Erfolgs der Magier ist allerdings die konsequente weitere Verstockung des Pharaos. Als Resümee wird 7,13 wörtlich wiederholt (7,22). Damit wird deutlich gemacht, wie wenig der Pharao gelernt hat. Um nochmals die Plage als Werk Gottes und nicht der Zauberer zu markieren und um ihre Härte anzuzeigen, wird im letzten Vers des Abschnitts auf die Dauer der Plage eingegangen.

2.1.2.4.2 Frösche (7,26–8,11)

Das zweite Zeichen nimmt neben dem neunten (Dunkelheit) wohl am deutlichsten den Schöpfungsbericht auf. Das Verb wimmeln (*schrṣ*) begegnete uns schon beim Bevölkerungswachstum der Israeliten in 1,7. Die Anklänge an 1Mo 1,20-21 sind eindeutig. 1Mo 9,7 ist die Wiederholung des Mehrungsauftrags an die Menschheit: Sie sollen „wimmeln". Bei der Plage allerdings schlägt die Mehrung sozusagen über die Ufer. Wegen ihrer Vermehrungsfähigkeit waren Frösche in Ägypten Fruchtbarkeitssymbole. Wie schon in der ersten Plage bemerkt, ermöglicht der Nil die Fruchtbarkeit Ägyptens. Die Ironie ist hier jedoch, dass der Nil diesmal durch das Zuviel an Fruchtbarkeit Chaos bringt. Chaos wiederum ist im Alten Orient generell mit dem Tod verbunden. Erneut wäre es eigentlich des Königs Aufgabe, für Ordnung und das Zurückdrängen von Chaos zu sorgen.

Die Hofzauberer nehmen wieder den Wettbewerb auf und addieren ihre Frösche denen hinzu, die Mose und Aaron schon losgelassen haben. Das Schmunzeln des Lesers in Anbetracht dieses Aktivismus dürfte sicher sein. Mit 8,4-9 kommt ein neuer Aspekt zum Grundschema der Plagenerzählung hinzu. Vom Ende der ersten Plage erfahren wir nur zwischen den Zeilen (nach sieben Tagen). Jetzt allerdings scheint der Pharao zum Einlenken bereit (8,4), worauf Mose dem Pharao anbietet, die Plage von Ägypten abzuwenden (8,5). In der Erklärung zu diesem Zugeständnis wird das für die Plagenerzählung so wichtige Thema der Erkenntnis Gottes angeschnitten (8,6). Es geht um die Unvergleichlichkeit und Konkurrenzlosigkeit JHWHs. JHWH, der Gott Moses und der Hebräer, hat die Fäden in der Hand, was stillschweigend bedeutet, dass sie dem König bereits entglitten sind.

Doch am Ende steht ernüchtert die Notiz zur voraussagbaren Arroganz des Königs (8,11). Das Volk ziehen zu lassen, ist noch nicht am Horizont der Erzählung zu sehen.

2.1.2.4.3 Stechmücken (8,12-15)

Der Bericht zu Plage drei ist knapp gehalten und beschleunigt durch seine Kürze den Fortgang der Gesamterzählung. Dadurch wird die rhythmische Abfolge der Plagen betont. „Gottes Finger“ (8,15) liegt schwer und unbeugsam auf Ägypten. Es fehlen, wie schon im Abschnitt zur Struktur beobachtet, einzelne Elemente des üblichen Erzählmusters. JHWH lässt die Plage ohne Ankündigung geschehen, und so fehlt auch die Aufforderung zum Entlassen des Volkes. In der Realität wird all dies geschehen sein, doch der Leser muss diese Details ergänzen. Diese Art von Leerstellen in Erzählungen haben zum Ziel, den Leser verstärkt in die Geschichte mit hineinzunehmen. Dem Leser bleibt es auch überlassen, sich die Konsequenzen der Stechmücken für das Volk auszumalen. Die Stechmücken saugen Blut, verursachen Juckreiz, übertragen Krankheiten und wurden kulturell offenbar als unrein angesehen (vgl. 3Mo 11,20-25). Eine zusätzliche Information schien dem Autor jedoch wichtig gewesen zu sein:

Die Hofzauberer steigen mit dieser Plage aus ihrem Wettbewerb aus und ziehen auch die inhaltliche Konsequenz. Sie legen dem Pharao nahe, dass hier tatsächlich JHWHs Hand im Spiel ist. Zwischen den Zeilen ist klar, dass sie damit dem Pharao anraten, auf die Wünsche und Bedingungen der Israeliten einzugehen. Doch im Schlusssatz offenbart sich die erneut gesteigerte Arroganz des Königs. Nicht nur JHWH und seine Repräsentanten ignoriert er in seiner Selbstsicherheit, sondern auch seine eigenen Beamten (8,15). Die Hauptaussage dieses Abschnitts ist eindeutig das Aufzeigen des übersteigerten Selbstvertrauens des Pharaos in seine eigene Macht. Dies meint das Bestärken des Herzens. Es wird deutlich, wie sich der Konflikt literarisch immer noch weiter zuspitzt, obwohl die Situation schon verfahren genug ist.

2.1.2.4.4 Ungeziefer (8,16-28)

Mit dieser Plage beginnt die zweite Dreiergruppe. Wieder soll Mose dem Pharao frühmorgens begegnen und den Druck auf ihn erhöhen. Das Ungeziefer ist nicht näher bestimmt, doch offensichtlich sind es verschiedene Insektenarten, die Pflanzen oder auch organische Produkte anfressen, so könnte man zumindest 8,20b verstehen. Oft wird mit Stechfliegen übersetzt. Das hebräische Wort lässt sich aber nicht so eng eingrenzen.

Die Plage wird deutlich breiter erzählt als die vorangehende. Besondere Betonung erfährt die Nennung der Personengruppen, die von der Plage betroffen werden. Unterschiedslos alle Ägypter müssen leiden. Keine soziale Schicht ist ausgenommen (8,17.20). Doch macht Gott einen Unterschied zwischen den Hebräern und den Ägyptern, sodass seine Bindung zu seinem Bundesvolk auch in den Plagen deutlich wird (8,18-19). Damit verbunden ist das Erkenntnismotiv: Gott gibt sich zu erkennen als der Gott der Hebräer, der durchaus Macht hat, seine eigenen Leute von den Plagen auszunehmen.

Dann wird das Erstaunliche erzählt: Der König lenkt ein (8,21). Doch der Kompromiss, den er vorschlägt, ist für Israel natürlich nicht annehmbar. Mose bleibt in seiner Argumentation konsequent bei der Halbwahrheit des Opferfestes. In seiner Rede (8,22-23) geht er rhetorisch geschickt auf die Empfindlichkeiten der Ägypter ein; sie würden dieses hebräische

Opferfest als anstößig empfinden. „Anstößig" ist alles, was gemessen an Konventionen, Normen oder Gewohnheiten als seltsam, fremd, abnormal, widerlich, bedrohlich oder gefährlich gilt. Jede Kultur hat Handlungen, Worte und Einstellungen definiert, die in diesen Bereich gehören, und reagiert normalerweise sehr heftig auf solche Normverletzung. Das „Steinigen", welches hier als Konsequenz von Mose angeführt wird, scheint etwas fehl am Platze, da Ägypten ausgesprochen arm an Steinen ist. Wahrscheinlich aber orientiert sich der Autor an der israelitischen Standardvollzugsform der Todesstrafe, die für solche Verbrechen gegen die Sittlichkeit und bei religiösen Verfehlungen dem Leser bekannt war (19,13; 3Mo 20,2.27; 24,15-16; 5Mo 21,18-21; 22,22-24). Was genau an den hebräischen Opferpraktiken so anstößig für die Ägypter ist, benennt der Text nicht, und die vielen Erklärungsversuche der Auslegungsgeschichte können nicht wirklich überzeugen.

Mose will also nach wie vor mit dem Volk in die Wüste. Der König hingegen versucht um jeden Preis, diese Hebräer unter seiner Kontrolle zu behalten: „… geht nicht zu weit weg" (8,24). Die Zweifel, die Mose dann beim Hinausgehen äußert (8,25), nehmen bewusst das vorweg, was schon von vornherein zu erwarten war: Klar, dass der Pharao auch diesmal wortbrüchig werden würde (8,27). Das negative Bild des Pharaos wird so noch um einen weiteren Aspekt erweitert.

Dass die Plage von Gott komplett und mit Ankündigung zurückgenommen wird, dient der Beschreibung Gottes, der wie immer die Situation unter Kontrolle hat – ganz im Gegensatz zum König. Der jedoch denkt immer noch („auch diesmal" verweist wohl auf das Ende der vorherigen Katastrophe) hoch von sich selbst: Wieder ist von der Gewichtigkeit seines Willens (Herzens) die Rede (8,28). „Der Pharao gibt seinem Herzen mehr Gewicht als den vorausgegangenen Ereignissen" (Kellenberger 2006, 127).

2.1.2.4.5 Viehseuche (9,1-7)

Das fünfte Zeichen betrifft das gesamte Vieh der Ägypter. Damit erfährt das Land einen schweren ökonomischen Schlag. So geht natürlich dem letztlich Verantwortlichen für die Wirtschaft des Landes, dem Pharao, jegliche Autorität verlustig. Langsam wird die Arroganz des Pharaos unheimlich. Doch Fehler einzugestehen, war noch nie die vorherrschende Eigenschaft von Tyrannen.

Dieser Bericht ist wieder sehr knapp gehalten. Es gibt nur den einleitenden Monolog Gottes und auch die sonstigen Standardelemente des Erzählmusters sind nur schwach ausgeprägt. Der Schwerpunkt liegt in der erneuten Unterscheidung Gottes zwischen seinem eigenen Volk und den Ägyptern (9,4-7). Dies war bereits durch Gott angekündigt worden, und der Pharao lässt sich diesen Fakt nochmals nachträglich bestätigen. Nichtsdestotrotz bleibt er hartnäckig bei seiner Weigerung, wieder ausgedrückt als selbstbewusstes Bedeutsammachen seiner selbst (9,7; vgl. Kommentar zu 8,28).

9,6 ist als Übertreibung im Dienste der Erzählung zu werten. „Alles Vieh“ muss in der Realität ein guter Teil des Viehs gewesen sein, da in allen noch folgenden Plagen wieder Vieh betroffen ist und der Pharao am Ende durchaus noch Pferde zum Verfolgen der geflohenen Israeliten zur Verfügung hat. „Alles Vieh der Ägypter“ steht also in bewusst konstruiertem Gegensatz zu „nicht ein einziges Stück der Israeliten“.

2.1.2.4.6 Pocken (9,8-12)

Die den zweiten Block abschließende sechste Plage ist noch kürzer berichtet als die vorhergehende. Nachdem die Viehseuche gewütet hatte, kommt nun eine gefürchtete Infektionskrankheit, die alle, Mensch und Tier, befällt. Gemäß den beschriebenen Symptomen gehen einige Ausleger von einer Pockenepidemie aus (Houtman 1993, 76). Pocken sind eine gefährliche Virusinfektion, doch ist der Krankheitsverlauf keineswegs immer tödlich. Der Ofenruß, den Mose zeichenhaft vor dem König in die Luft wirbelt, hat zu vielen Erklärungen Anlass gegeben. Möglicherweise wird hier metaphorisch an die Öfen der Ziegelherstellung gedacht, obwohl sicher die meisten Ziegel an der Sonne getrocknet wurden. So käme dann die Zwangsarbeit der Hebräer wieder auf die Ägypter zurück. Andere denken an die Beschaffenheit der Beulen, die durch den schwarzen Ruß symbolisiert wird. Am überzeugendsten ist meines Erachtens eine symbolische Verbindung des Rußes zum kultisch verstandenen Thema Reinheit/

Unreinheit. Ruß gehört wohl zu diversen ägyptischen Reinigungsriten (vgl. auch Hiob 2,8; hier allerdings „Asche"). Doch in dieser Situation bringt der Ruß die Hautinfektion mit sich und reinigt nicht. Man könnte auch an die symbolische Nähe zu den allgemeinen altorientalischen Trauerriten denken, in denen Asche über das Haupt geworfen wurde. Die offensichtliche Nähe der Erkrankten zum Tod ist abstoßend und deutet wiederum auf die bereits oben genannte Umkehrung der Schöpfung in der Plagenerzählung (vgl. oben zu 7,14-25).

Wegen der erzählerischen Kürze dieses Abschnitts bekommt die Erwähnung der Hofzauberer ein besonderes Gewicht. Sie werden zum herausragenden Beispiel dafür, dass niemand der Plage entfliehen konnte: Selbst die Spezialisten für Beschwörungsriten im Krankheitsfall sind betroffen.

2.1.2.4.7 Hagel (9,13-35)

Der in Ägypten bis zu diesem Zeitpunkt nie da gewesene große Hagel ist die erste Katastrophe der letzten Dreiergruppe. Nach den vorangehenden sehr knapp erzählten Plagen holt der Autor jetzt viel weiter aus. Besonders die einleitende Gottesrede zur Erklärung und Vorwarnung ist umfangreich. Das Thema dieser Gottesrede ist, wie in allen Zielaussagen der Plagenerzählung, der Machterweis Gottes. Gott blickt nach vorne („alle meine Plagen" 9,14) und zurück („hätte jetzt schon …" 9,15). In dieser Allgemeinheit lässt sich diese Gottesrede als zusammenfassender Kommentar verstehen. Dass dies an dieser Stelle (Beginn des dritten Plagenzyklus) geschieht, ist aufgrund der oben unter Struktur gemachten Beobachtung sinnvoll, sodass es jetzt innerhalb der Plagenerzählung zu einer Steigerung der Schwere der Katastrophen kommt. Für den Leser bahnt sich langsam ein Höhepunkt an.

Dass sich der Konflikt langsam zuspitzt, wird auch darin deutlich, dass Gott mit seiner Warnung einen möglichen Ausweg andeutet (sich rechtzeitig unterzustellen; 9,19). Diese Option spaltet nun das Volk der Ägypter in solche, die Mose und damit JHWH ernst nehmen (9,20) – also offensichtlich eine Lektion aus den vorangehenden Katastrophen gelernt haben –, und jene, die sich wie der Pharao arrogant dieser Einsicht verweigern (9,21).

Der Bericht der eigentlichen Katastrophe legt Wert auf deren Ausmaß und Auswirkung. Ein Gewitter ist normaler Begleiter eines Hagelschlags, und so hat die Schilderung der Blitze (des Feuers) keine tiefere Bedeutung. Dasselbe gilt auch für die Auflistung der Schäden (9,24-25.31-32). Diese erzählerische Breite soll wohl den Kontrast zum vom Hagel verschonten Goschen betonen (9,26). Dies wiederum unterstreicht die Macht Gottes, der sehr wohl sein Volk von der Naturgewalt ausnehmen kann.

Der Hagel scheint tatsächlich auch den Pharao beeindruckt zu haben, sodass er ein Auszugsangebot ohne Konditionen unterbreitet, damit der „Gottesdonner", also ein enormer Donner (absoluter Superlativ), aufhört (9,28). Damit einher geht ein erstes Schuldeingeständnis seitens des Königs (9,27). Hier geht es allerdings nicht um moralische Zerknirschtheit, die kurz vor der Buße kommt, sondern eher um die Sprache eines Rechtsstreits. Dass dies nur Fassade ist, allein durch den äußeren Druck motiviert (9,28), wird später klar (9,30.34-35), tut aber der Bedeutung dieser Worte innerhalb der Plagenerzählung keinen Abbruch. Der Leser „hört" aus des Pharaos Mund, dass jener im Unrecht ist und JHWH sehr wohl im Recht, sowohl mit seiner Forderung, die Hebräer ziehen zu lassen, als auch mit dem Druck, den er durch die Plagen ausübt. Dieses Bekenntnis des Königs ist ein weiterer Baustein, diesmal nicht nur zwischen den Zeilen formuliert, in der Hauptzielrichtung, die die Plagenerzählung verfolgt. Hinzu kommt eine weitere Zielaussage in 9,29, die das Aufhören der Plage zum Anlass nimmt festzustellen, dass JHWH die Erde (oder das Land) gehört. JHWHs Macht ist ungebrochen, erweist sich kontinuierlich – und doch erscheinen Moses Zweifel an der Echtheit der königlichen Gottesfurcht (9,30) als nur zu verständlich. Der Schluss zu diesem Plagenbericht erklärt schon fast lapidar das, was über die gesamte Erzählung hin mittlerweile zum Refrain geworden ist: Der Pharao verharrt in seinem überheblichen Selbstbewusstsein und „entließ die Israeliten nicht".

2.1.2.4.8 Heuschrecken (10,1-20)

Wie schon in der Einleitung zur vorangehenden Katastrophe nutzt der Autor die Gelegenheit, einen allgemeinen Kommentar einzuflechten, der eben nicht nur diesem einen neuen Zeichen gilt. Diesmal werden an die Zielaussage bezüglich des verstockten Herzens des Pharaos (und seiner Beamten, 10,1) zwei weitere Zielaussagen geknüpft, die auf Israel selbst abzielen (10,2). Dieser Vers ist einer der wenigen Verse in 2. Mose, in denen der Leser direkt angesprochen wird, und daher besonders bedeutsam. 10,1 ist in seiner Aussage sehr deutlich und daher auch radikal: Es ist JHWH selbst – das „ich" ist grammatisch sehr betont –, der das Herz des Pharaos „gewichtig" gemacht hat. Gott also bestärkt die Leitung Ägyptens in ihrem „Eigengewicht und ihrer Autorität" (Kellenberger 2006, 110), damit er seine Zeichen unter ihnen tun kann. Diese Aussage wirkt schon fast anstößig. Doch wie bereits begründet, geht es in der Plagenerzählung vor allem um Gottes Macht und die göttliche Kontrolle der Situation. Außerdem geht es Gott (und dem Autor) nicht um ein Anhäufen der Katastrophen, damit Gott am Ende möglichst groß dasteht. Wie die zwei folgenden Zielaussagen die erste begründen, ist das eigentliche Ziel die Verdeutlichung von Gottes Macht und Autorität für die Israeliten. Sie, die Leser, sind jetzt die Zielgruppe der Erkenntnis Gottes, und zwar nicht nur die Generation, die das alles hautnah miterlebt hat, sondern eben ganz bewusst und deutlich deren Nachfahren. Sie, die den Auszug nur aus Erzählungen kennen, sollen an den Zeichen erkennen, wie ihr Gott, JHWH, ist. Darauf hin ist die Erzählung konzipiert; diesem kommunikativen Ziel werden alle anderen Aspekte untergeordnet. Die Psalmen 78 und 105 sind poetische Zeugnisse der Überzeugung, dass Gott sich mittels der Plagen erkennen lässt.

Gleich im nächsten Vers formulieren Mose und Aaron die Haltung, die gegenüber JHWH die einzig angemessene sein kann, als „sich demütigen" (10,3). Konkret sieht das für den Pharao so aus, dass er endlich die Hebräer ziehen lässt. Da er dies bislang nicht getan hat, trifft ihn und sein Volk eine weitere Katastrophe: eine bis dahin nicht da gewesene Heuschreckenplage. Wiederum wird ein Kernbereich der ägyptischen Wirtschaft getroffen. Das Land ist durch die regelmäßigen Nilüberflutungen sehr fruchtbar.

Dem Pharao obliegt es, diese Fruchtbarkeit zu sichern. Beim Hagel bereits waren große Teile der Flachs- und Gerstenernte zunichtegemacht worden (9,31), jetzt werden wahrscheinlich auch Weizen und Emmer, die vorher ausdrücklich als unbetroffen genannt waren (9,32), zerstört.

Wieder stellen sich die Hofbeamten gegen ihren König (10,7), diesmal schon vor der eigentlichen Plage. Sie haben anscheinend mehr Verantwortungsgefühl für ihr Volk als der Pharao. Daraufhin beginnt eine erneute Verhandlung über die Bedingungen des Opferfestes der Israeliten (10,8-11). Die Situation spitzt sich offenbar zu, und es wird deutlich, dass der König nach wie vor keineswegs bereit ist, das gesamte Volk ziehen zu lassen. Ironischerweise erwähnt jener in seiner Rede drohend, dass die Israeliten große Probleme bekommen werden (10,10b) – als ob er nicht mittlerweile derjenige ist, der schon jetzt große Probleme hat.

Die Heuschrecken treffen ein, und der Pharao lenkt ein (10,16-17). Erneut gibt er zu, dass er sich versündigt hat, weil er die Israeliten bislang nicht hat ziehen lassen. Die Bitte um Vergebung und um Fürbitte schließt implizit sicherlich das Versprechen ein, dass er nun endlich die Hebräer entlässt. Doch auch dieser Abschnitt endet, wie er enden muss: Gott ermutigt den Pharao in seiner Arroganz und so kommt es zu einer weiteren Katastrophe. Mehr muss gar nicht mehr erzählt werden. Es gibt kein weiteres Gespräch mit Mose, keinen Bericht darüber, warum sich der Pharao wieder anders entschieden hat. Die Notiz in 10,20 genügt; der Leser füllt den Rest gedanklich auf.

2.1.2.4.9 Dunkelheit (10,21-29)

Die neunte Katastrophe, und damit die letzte vor dem Tod der Erstgeburt, erscheint nicht besonders markant. Niemand ist ernsthaft bedroht, nur weil es für drei Tage dunkel ist. Doch wenn man bedenkt, dass einer der Hauptkulte Ägyptens dem Sonnengott Re galt, wird die metaphorische Qualität der Plage deutlich. Der Pharao selbst ist der wichtigste Repräsentant von Re. Bedenkt man erneut die Verbindungen zur biblischen Schöpfungserzählung, so ist die „Unschöpfung“ nun am Tag eins angelangt. Finsternis ist Chaos und im Chaos gibt es keine Lebensgrundlage. Damit war die Finsternis in diesem kulturellen Kontext durchaus bedrohlich. Wieder wird das Volk der Hebräer von der Katastrophe ausgespart. Auch wenn dies jetzt nicht weiter kommentiert wird, ist dem Leser sofort klar, dass sich auch hierin die mächtige Hand Gottes zeigt.

Für den Text ist die Ursache der Dunkelheit offensichtlich unerheblich. Viele Ausleger vermuten einen Sandsturm, der durchaus die Kraft hätte, das Land für einen längeren Zeitraum zu verdunkeln (Houtman 1993, 121).

Der Erzählstruktur folgend, gibt es keine Warnung an den König (wie bei der dritten und sechsten Plage), lediglich eine kurze Notiz, was kommen wird (10,21). Das Ereignis wird dann knapp, aber deutlich berichtet (10,22-23). Der folgende Dialog zwischen dem Pharao und Mose ist allerdings umfangreicher ausgeführt und daher für den Autor wichtiger als dessen Umstände. Wieder erscheint der Pharao bereit, die Hebräer ziehen zu lassen, doch immer noch versucht er, sie unter seiner Kontrolle zu halten und die Konditionen zu diktieren. Laut Gottes Plan soll sein Volk mit vollen Händen Ägypten verlassen. Die Hebräer hatten offensichtlich das Recht, eigenes Vieh zu halten, und dies war auch ihre Lebensgrundlage für ein Leben außerhalb Ägyptens. Wenn sie ihr Vieh zurückgelassen hätten, so wären sie auch selbst zurückgekehrt. Das scheint die Rechnung des Pharaos gewesen zu sein. Selbstverständlich lässt sich Mose darauf nicht ein, worauf sich der Konflikt zwischen den beiden zuspitzt und der Pharao Mose mit einer deutlichen Warnung entlässt. Dieser reagiert in gewohnter und immer wieder bewiesener Ruhe und Höflichkeit, aber auch mit einem wissenden, hintergründigen Satz (10,29). Er selbst wird nicht mehr vor den König treten. Dies wird auch daran liegen, dass er mit seinem Volk auszieht, doch das weiß nur er – und für den Leser schwingt es zwischen den Zeilen mit.

Für den Leser ist es wieder die Aussage über Gottes Verantwortung an der „Ermutigung“ des Pharaos, hart zu bleiben, die für den Gesamteindruck der Plagenerzählung am wichtigsten ist. Der Pharao versucht, die Situation im Griff zu haben, doch JHWH selbst hat den Pharao im Griff. Dies ist die starke Hand, unter der der Pharao dann letztlich unfreiwillig die Israeliten ziehen lässt.

Bereits mit dieser neunten Plage sollte dem Leser klar geworden sein, dass es hier darum geht, die Macht und unbedingte Souveränität JHWHs, des Bundesgottes Israels, zu zeigen. Doch es kommt noch zu einem letzten Höhepunkt im Kampf zwischen JHWH und dem Pharao.

2.1.2.4.10 Ankündigung des 10. Zeichens: Tod der Erstgeborenen (11,1-10)

Die letzte der Katastrophen wird an dieser Stelle lediglich vorbereitet. Berichtet wird darüber erst in 12,29-32. Aus einer rein literarischen Perspektive bilden das neunte Zeichen und die Ankündigung des letzten eine Einheit.

Der letzte Satz von Kap. 10 legt nahe, dass nun die Konversation zwischen dem Pharao und Mose beendet ist, vor allem, wenn nun in 11,1 eine Gottesrede an Mose anschließt. Doch scheint die Moserede von 11,4-8a an den Pharao gerichtet zu sein. An deren Ende lässt Mose dann zornentbrannt den Pharao in seinem Palast zurück (11,8b).

Der Text überlässt es Gott, die letzte der schrecklichen Plagen einzuleiten (11,1-2). Interessanterweise nennt Gott hier nicht einmal den Inhalt dieser Plage, sondern sagt schlicht voraus, dass dies die letzte sein wird. Deren Konsequenz ist das Bedeutende: Der König wird das Volk ziehen lassen, ja er wird es sogar fortjagen. Nun also wird sich der Erfolg der Bemühungen von Mose und Aaron zugunsten ihres Volkes einstellen. Eine weitere Botschaft hat Gott denn auch noch, und zwar an seine eigenen Leute. Diese sollen nicht vergessen, sich von den Ägyptern beschenken zu lassen. Der Text selbst versucht, eine Erklärung für die Großzügigkeit der Ägypter zu geben (11,3): Die Hebräer, inklusive Mose, standen bei ihren „Gastgebern" bis in die höchsten Ränge hinein in hohem Ansehen. Warum? Auch darüber ließe sich lediglich spekulieren. So endet der kurze Einschub zur Situation der Hebräer, der letztlich eine Wiederholung derselben Voraussage in 3,21-22 ist. Wie dort bereits bemerkt, hat dieses Thema vor allem eine strukturierende Funktion in der Gesamterzählung. Hier wird der Übergang in die entscheidende Schlussphase der Plagenerzählung markiert. Dadurch, dass diese Episode bereits auf die Zeit nach der letzten Plage weist, wird für den Leser deutlich, dass es jetzt wirklich zum großen Finale des Konflikts zwischen Gott und dem Pharao kommen wird.

Nun wendet sich Mose wieder dem Pharao zu. Jetzt erst werden die einzelnen Ereignisse der Plage vorausgesagt (11,4-7). Ohne Unterschied werden alle Erstgeborenen der Ägypter, sowohl bei den Menschen als auch beim Vieh, in einer Nacht sterben. Dass der Thronfolger dabei ist, ist insofern wichtig, da er gemäß ägyptischer Kultur der zweitwichtigste Mann im Land war. Die Sklavin an der Handmühle steht symbolisch für die Ärmsten der Armen ganz unten in der sozialen Hierarchie. Wieder wird betont hervorgehoben, dass Gott auch hier zwischen den Israeliten und den Ägyptern unterscheiden wird. Die Konsequenz des Tötens der Erstgeborenen wird das Einlenken der königlichen Beamten sein, die nun – entweder autonom oder im Auftrag des Königs – die Israeliten wegschicken werden. Der letzte Satz Moses ist auffällig in der ersten Person Singular formuliert. Damit knüpft er wahrscheinlich an 10,29 an. So kommt ein wenig Ironie ins Spiel: Des Pharaos Vorstellung war ja, dass er Mose aus dem Palast schickt, damit jener mit seinen Auszugsforderungen aufhört. Doch Moses Bestätigung dem Pharao gegenüber lenkt den Blick auf den Auszug der Hebräer, wobei er natürlich mitgehen wird. Deswegen wird er nicht mehr vor das Angesicht des Pharaos treten.

Dass ausgerechnet die Erstgeborenen betroffen sind, war für den Autor Anlass für die Parallele zwischen der Bezeichnung Israels als dem Erstgeborenen JHWHs und den Erstgeborenen der Ägypter (vgl. oben zu 4,22-23). Damit bereitet auch das Motiv der Erstgeburt mit der Anknüpfung an die Gottesrede in Kap 3–4 auf den bevorstehenden Höhepunkt der Erzählung vor.

Der Schlusssatz zur Ankündigung der letzten Plage (11,9-10) liest sich fast wie ein Kontrapunkt zum eben vollzogenen Erzählfortschritt: Wird der Pharao also selbst jetzt nicht das Volk der Israeliten entlassen? Aber gerade dazu sollte es doch jetzt kommen! Liest man die zwei Sätze allerdings als Abschluss der ganzen Plagenerzählung, so wirken sie eher als Zusammenfassung des tragenden Hauptthemas der Erzählung: Gott ist für alles verantwortlich. Er hat seine eigenen Ziele mit den Wundern/

Zeichen und mit der Verhärtung des Herzens des Pharaos. Gott erlaubt dem Pharao einen unbeugsamen und arroganten Willen.

2.1.2.5 Anregung zur Bibelarbeit

An dieser Stelle soll keine Anleitung zur Kontextualisierung einzelner Teile der Plagenerzählung gegeben werden. Es soll vielmehr die Gesamterzählung im Mittelpunkt stehen, die mittels einzelner Themenschwerpunkte zu ihrer möglichen Bedeutung für den heutigen Leser befragt werden soll. Am Ende dieses Abschnitts finden sich mögliche Fragen für ein Bibelgespräch.

Zunächst zur bereits angesprochenen pädagogischen Absicht der Plagenerzählung. Die der eigentlichen Auszugsgeneration folgenden Generationen sollen erkennen, wie Gott für die unterdrückten Israeliten gehandelt hat und auch in ihrer jeweiligen Gegenwart das Unrecht der Unterdrückung nicht auf sich beruhen lässt, sondern gegen das ganze System inklusive seiner ideologischen Wurzeln vorgeht. Der Text eignet sich als Anleitung, die immer wiederkehrenden widergöttlichen Muster zu erkennen, die in jeder Tyrannei angelegt sind – sie werden hier durch die Plagen aufgedeckt. Im Bericht zu einer bestimmten Plage lässt sich immer der eine oder andere Aspekt von menschlicher Überheblichkeit Gott gegenüber herausarbeiten.

Diese Analyse der anmaßenden Arroganz vieler Systeme, seien sie politisch oder ideologisch, wird selbstverständlich auch motivieren, etwas dagegen zu tun. In der Plagenerzählung ist das Volk allerdings auffällig passiv und die gesamte Handlung wird betont von Gott selbst getragen. So ist es Gott, der hier handelt, und nicht eine Gewalt anmaßende Gruppe von ein paar politisierten, radikalen Hebräern. Es sind auch nicht die großen charismatischen Leiter wie Mose oder Aaron, die die Lage in der Hand haben und die Ereignisse vorantreiben. Auf Gottes Eingreifen zu warten und zu hoffen, ist ein zentraler Aspekt der alttestamentlichen Frömmigkeit. Ebenso wie die Rachepsalmen ist die Plagenerzählung ein Ausdruck des Vertrauens auf den für den Unterdrückten handelnden Gott. Die Psalmen kanalisieren den Wunsch nach Vergeltung in das persönliche oder gemeinschaftliche Gebet und gerade nicht in die aktiv vollzogene rächende Gewalt (vgl. Zenger 1996). Die Plagenerzählung verdeutlicht narrativ, wie Gott durch Naturgewalten Zeichen der Hoffnung für sein Volk setzt. Ein Gott, für den die damalige Weltmacht Ägypten lediglich ein Spielball ist, der hat alles Recht auf das unbedingte Vertrauen seiner Anhänger – auch in Fragen der konkreten sozialen Not. Hier wird ein Grundstein für das alttestamentliche Gottesbild gelegt. Es ist an dieser Stelle nicht der hinnehmende und mitleidende Gott, wie wir ihn aus anderen biblischen Texten kennen. Es ist der Gott, der sich in seiner unbegrenzten Macht auf die Seite der Schwachen und Leidenden stellt.

Ein wenn auch eher hintergründiger Aspekt menschlicher Aktivität gegen das Schicksal der Unterdrückung ist das Gebet Moses, welches vor allem zum Aufhören der Plagen führt. Es geht an dieser Stelle nicht um eine Theologie zur Wirksamkeit und Macht des Gebets; das gäbe der Text nicht her. Vielmehr verstärkt das Gebet die klare Einbeziehung des göttlichen Bereichs in die Interpretation der Ereignisse, die den Leser den Blick über die konkret vorfindliche Wirklichkeit heben lässt. Auch die Gottesreden, die viele der Plagen erklärend begleiten, weisen auf den göttlichen Aspekt des großen Konflikts hin. Dass Mose allerdings sein Gebet öffentlich ankündigt oder sogar dazu vom Pharao aufgefordert wird, macht deutlich, wie sehr dieser Aspekt schon auf der Ebene der historischen Ereignisse eine große Rolle gespielt hat. Sicher wurde im Alten Orient nicht auf moderne, aufgeklärte Weise das Göttliche vom Profanen getrennt. Eine solche Trennung kennen diese Weltanschauungen nicht. Allerdings lässt sich anhand dieser Betonung der Erzählung durchaus ein Beispiel für die Möglichkeiten des öffentlichen Gebets der heutigen christlichen Gemeinde sehen. So ist mir eine Kirche bekannt, die in regelmäßigen Abständen die Rektoren der Schulen der Stadt anruft und nachfragt, wofür die Kirche beten solle. Diese Art von öffentlich bekanntem Gebet macht deutlich, dass wir Christen auf Gott als letzten Lenker der Dinge vertrauen. Ein Signal, welches in einer orientierungslosen Zeit sicherlich einige Bedeutung entwickeln könnte.

Letztlich ist das Gottesbild, welches in der Plagenerzählung dominiert, auch eine Grundlage für den eschatologischen Entwurf Israels und damit auch der Kirche: jetzt unterdrückt, aber am Ende befreit. Das gilt auch im großen Entwurf der Geschichte Gottes mit der Menschheit. Gott bleibt nicht indifferent und betrachtet das Leiden seines Volkes, d.h. derer, die ihn anbeten, nicht in unbewegter, stoischer Geduld. Er handelt bereits jetzt und wird dies weiterhin tun (vgl. Lk 6,21.25). Dies ist keine platte betäubende Botschaft, die die Schmerzen der aktuellen Not übertünchen soll. Hoffnung soll zum Handeln führen, soll uns dazu fähig machen, in der Gebrochenheit und Unvollkommenheit der jetzigen Welt Gottes Werte und seine Ideen zum Menschsein vorwegzunehmen (vgl. Joh 14,12). Der Pharao versucht, genau das Gegenteil durchzusetzen, und scheitert. Er scheitert aber nicht wegen seiner Hartnäckigkeit, sondern wegen seiner widergöttlichen Absichten.

Das Motiv der Verstockung thematisiert Souveränität und Emanzipation in einer sehr vielschichtigen Art und Weise. Der Pharao fürchtet nicht nur die konkreten und recht praktischen Konsequenzen, die ein Weggehen der Hebräer für Ägypten hätte, sondern vor allem den Verlust seiner königlichen Legitimation. JHWH, der Gott der Hebräer, macht durch die Plagen Ansprüche auf Ägypten geltend, die eigentlich nur dem Pharao, dem dynastischen König und irdischen Vertreter der ägyptischen Götter, zustehen. Dass er sich dagegen wehrt und sein Herz stark macht, ist eigentlich nur konsequent. Er ist auf seine Souveränität bedacht. Dies ist an sich ein allgemeines Phänomen bei Menschen, die sich an ein gewisses Maß an Macht gewöhnt haben. Nun aber sind in der Plagenerzählung die Subjekte der Bestärkung des Herzens sowohl der Pharao als auch JHWH. Durch diese Form der Erzählung wird sichergestellt, dass JHWH selbst in dem Bereich die Fäden in der Hand hält, der an sich keinem Außenstehenden zugänglich ist, dem Bereich der Selbstmotivation. Gott „gehört“ also nicht bloß das Land Ägypten, nicht bloß die ganze Erde, sondern auch der Wille eines der mächtigsten Männer der damaligen Zeit. In allem wirkt Gott. Sich von ihm zu emanzipieren, ist Illusion, und somit bleibt er von Anfang bis Ende der Erzählung souverän. Dies ist eine Botschaft, die vor allem in Situationen der Unterdrückung und der Not immer wieder an Aktualität gewinnt. Diese Botschaft von Gottes Macht ist aber immer auch ein notwendiges Korrektiv gegenüber den Mächtigen der Welt und allen, die ihre vielleicht auch noch so geringe Macht missbrauchen. Wenn Jesus der Herr ist, dann ist Cäsar es eben nicht. Vielleicht müssen wir uns der politischen Auswirkungen unserer Glaubensüberzeugungen wieder ganz neu bewusst werden.

Doch dieser Gott ist kein ferner Herrscher, der kaltblütig die Fäden zieht. Das Bild Gottes ist ein ausgewogenes: Der Unvergleichbarkeit bezüglich seiner Macht wird seine Loyalität zu den Ausgebeuteten und Unterdrückten, zu seinem Bundesvolk, zur Seite gestellt. Diese Doppelvision verbietet die platte Ineinssetzung von Gott mit Macht. Gottes Macht hat die Loyalität zum Menschen als Grundlage und Motivation. Es ist diese zielbewusste Macht Gottes, die den Pharao verärgert, der seine Macht in ganz anderen Kategorien versteht. Ihm geht es zunächst und vor allem um seinen eigenen Machterhalt und ökonomischen Gewinn. Gottes Anspruch auf die ganze Erde, wie er in der Plagenerzählung regelmäßig formuliert wird, findet gerade nicht im romantisch motivierten Gotteslob, das sich an der Schöpfung entzündet, unsere berechtigte Antwort, sondern vor allem in der Analyse und Hinterfragung von ähnlichen Ansprüchen anderer, die meinen, diese Welt zu kontrollieren. Diese „anderen" können politische Reichsideen sein, die es mit ihrem Dominanzstreben auch noch heute gibt, aber auch und vor allem ist es die Ideologie vom freien Markt, der einen allumfassenden Machtanspruch entwickelt hat. Dem (Welt-)Markt gehören diese Welt und ihre Menschen eben nicht. Diesen falschen Anspruch im konkreten und lokalen Fall zu erkennen und zu hinterfragen, ist die Aufgabe derer, die mit Ernst und Überzeugung meinen, dass die Welt Gottes ist. Wir müssen Alternativen entwickeln und damit Wege des Zusammenlebens aufzeigen, die nicht die Unterdrückungsstrukturen des Ägyptens der Plagenerzählung wiederholen. Damit schließen sich natürlich auch Modelle wie Marxismus oder Sozialismus als Alternativen aus. Es geht um Modelle, die das biblische Menschen- und Weltbild als Grundlage haben und immer nur Gott als die höchste Instanz akzeptieren. Alle anderen Instanzen mögen praktisch und kulturell notwendig sein, aber sie sind immer nur relativ und müssen sich gegenüber dem „Besitzer“ dieser Welt, gegenüber JHWH, verantworten. Angst oder Fatalismus gegenüber den aktuellen Mächten und der „totale Rückzug“ in das stille Kämmerlein passen gerade nicht zu dem Gottesbild, welches die Plagenerzählung dominiert.

Immer mal wieder klang in der Auslegung das Begriffspaar „Schöpfung – Un-Schöpfung“ an. Die Plagen repräsentieren das Chaos. Dieses Chaos ist die Konsequenz von Selbstanmaßung und damit von Machtmissbrauch. Der Pharao hat als König die gottgegebene Aufgabe, für Ordnung und Friede zu sorgen und mit seiner Macht gegen das Chaos zu kämpfen. Diese Begründung des Königtums ist sowohl eine ägyptische Idee, der wir im Begriff der Aufrechterhaltung der *ma'at*, der Ordnung, begegnen, und genauso auch die Zielaussage des alttestamentlichen Schöpfungsberichts mit dem Menschen in seiner Rolle als Verwalter der Schöpfung (1Mo 1,26-28). Gott hat die Macht, die Schöpfung zu zerstören, das Chaos herbeizuführen, wenn der Mensch seine Rolle nicht wahrnimmt oder grob missbraucht. Doch wie oben bereits zum Thema „Macht Gottes“ bemerkt, bringt Gott nicht das Chaos mit einer zerstörerischen Absicht, sondern mit dem Ziel der Wiederherstellung der guten Schöpfung. Gottes Gericht wird in diesem Sinne auch von Paulus verstanden, wenn er davon spricht, dass er die Menschen „dahingibt“, sich in selbstzerstörerischen Praktiken aufzureiben (Röm 1,20-23).

Ein Gott, der auch durch Unheil, durch Dunkelheit und Leiden wirkt, ist ein Skandal für eine religiöse Kultur, die nur die guten Dinge mit Gott verbindet. Diese Einschränkung passt weder zum Gottesbild des Alten Testaments (vgl. nur Jes 45,7; 1Sam 2,7) noch, wenn wir ehrlich sind, zu unserer eigenen Erfahrung. Oft lässt sich die Welt nicht in Schwarz und Weiß einteilen. Von der Plagenerzählung her ist auf jeden Fall jeglicher platter Dualismus abzulehnen, der die Welt sauber zwischen Gott und Teufel aufteilt. Luther hat diese Frage nach dem Gott, der sowohl Leben als auch Tod schafft, sehr umgetrieben und hat wegweisende Worte zum sogenannten *deus absconditus*, dem verborgenen Gott, gefunden:

„Der gerechte Gott beklagt nicht den Tod seines Volkes, den er in ihm wirkt, sondern er beklagt den Tod, den er im Volk vorfindet und den er zu beseitigen sich bemüht. Denn darauf geht der gepredigte Gott aus, dass die Sünde und der Tod beseitigt und wir gerettet werden (…). Dagegen der in seiner Majestät verborgene Gott beklagt weder den Tod, noch hebt er ihn auf, sondern wirkt Leben, Tod und alles in allem. Denn da hat er sich nicht durch sein Wort ‚definiert', sondern hat die Freiheit seiner selbst über alles behalten" (WA 18,685, 18ff, zitiert nach Lohse, 184).

Der Vernunft verschließt sich solches Handeln Gottes, dem Glauben aber ist diese Tiefe Gottes zumutbar. Gott kann durchaus berechtigt als sehr bedrohlich wahrgenommen werden. Laut Luther wird sich diese Spannung erst in der neuen Schöpfung auflösen.

Ein weiterer Aspekt der Plagenerzählung drängt sich mindestens einem christlichen Leser auf. Israel als „Erstgeborener Gottes" wird heftig verteidigt und befreit, wogegen Jesus als Gottes Sohn ausgeliefert, dem Spott und dem Tod preisgegeben wird. Dies ist ein Kontrast, der Jesus und sein Opfer in seiner Bedeutung noch mehr unterstreicht. Vor dem Hintergrund der Plagenerzählung bekommt das Gleichnis der Weinbergpächter in Mt 21,33-46 eine ganz neue Qualität. Hier schickt der Chef seinen Sohn in Todesgefahr, und jener kommt darin um. Gott hätte sehr wohl seinen Sohn Jesus, wie auch damals seinen erstgeborenen Sohn Israel (2Mo 4,22), vor dem sicheren Tod retten können. Doch er tat es nicht. Die wenig in der Gemeinde ausgelegte Episode nach dem Gleichnis, die Frage nach dem verworfenen Eckstein, zeigt, dass Gott trotzdem Gerechtigkeit sehr ernst nimmt und seinen Sohn später einmal rechtfertigen wird. Die Plagenerzählung erschöpft ganz sicher nicht die Bedeutung des Gleichnisses, doch wirft sie ein zweites Licht auf deren Bedeutung und den Gott, der hier als Weinbergbesitzer vorgestellt wird. Dieser hat sehr wohl die Macht, seinen Sohn zu „rechtfertigen". In der neutestamentlichen Theologie beginnt diese „Rechtfertigung" mit der Auferstehung Jesu und findet ihre Vollendung in der neuen Schöpfung.

Es sollte deutlich geworden sein, dass man die Erzählung für sich sprechen lassen muss. Unsere moderne abstrakte Redeweise ist in vielen Bezügen weniger wirksam, wenn wir versuchen, den großen Konflikt zwischen Macht und Anspruch der selbstanmaßenden Autoritäten und Macht und Anspruch Gottes zu formulieren (Brueggemann, 755). Die Spannung zwischen Leben und Tod ist in der Plagenerzählung sehr wirkungsvoll und in vielen Nuancen beschrieben, ohne die Spannung platt aufzulösen.

Mögliche Fragen für ein Bibelgespräch:

- Wenn Sie die Liste der einzelnen Plagen betrachten, welche Entwicklung können Sie feststellen? (Vgl. die Tabelle S. 146.)
- Wie fassen Sie in Ihren eigenen Worten die Absicht Gottes mit den Plagen zusammen? (Vgl. die Tabelle S. 142.)
- Inwiefern erscheinen der Pharao und Gott als ebenbürtige Gegner in der Erzählung? Wenn Sie die Perspektive der Israeliten einnähmen, welche Antwort würden Sie geben?
- Wenn Sie den Schöpfungsbericht und die Plagenerzählung miteinander vergleichen, was fällt Ihnen auf? Inwiefern kann man hier eine Verbindung zur Argumentation des Paulus in Röm 1,20-32 sehen?
- Inwiefern haben Sie Schwierigkeiten mit der Vorstellung, dass Gott auch Unheil wirkt und gar den Pharao in seiner Arroganz bestärkt? Woran könnte es liegen, dass wir heute ein solches Gottesbild eher als anstößig empfinden?
- Israel wird in der Erzählung als „Erstgeborener Gottes“ bezeichnet (4,22). Wie verstehen Sie die Reaktion des „Vaters“ auf die Unterdrückung und Ausbeutung seines „Sohnes“?

– Wer ergreift letztlich die Initiative zum Auszug der Israeliten aus Ägypten? Wo sehen Sie Raum für einen menschlichen Beitrag in dieser Befreiungsaktion? Wenn Sie an andere mögliche „Befreiungen“ denken, wie sehen Sie das Verhältnis zwischen göttlicher und menschlicher Initiative? Kennen Sie Beispiele aus der Geschichte?

2.1.3 Israel zieht aus, wird gerettet und verarbeitet das Erlebnis in einem Lied (12,1–15,21)

Auch wenn die letzte Katastrophe, das entscheidende Zeichen, bislang noch nicht berichtet wurde, beginnt mit 2Mo 12 ein neuer Abschnitt des Buches. Das hervorstechende Merkmal dieses Abschnitts ist die literarische Verzahnung von erzählenden Teilen und Texten mit eindeutig regulativem Charakter. So wird mit dem großen und epochemachenden Ereignis des eigentlichen Auszugs gleich seine kultische Vergegenwärtigung begründet. Für einen in moderner westlicher Literatur verwurzelten Leser ist diese Strategie mindestens erstaunlich. Am Höhepunkt des Plots, der Erzählentwicklung, verlangsamt der Autor seinen Erzählfluss, kommt es zu Wiederholungen und am Ende gar zu einem Gedicht, welches inhaltlich weit über dessen Anlass hinausgeht. Wenn man sich allerdings in Erinnerung ruft, dass in 2. Mose literarisch die Grundlage für Israels Identität als Volk gelegt wird, so ist es wenig verwunderlich, dass es sein zentrales Gründungsereignis, den Auszug, in seinen jährlichen Festkalender eingebaut hat und der Autor diese Feste gleich am Bericht des Ereignisses begründet.

Es werden zwei jüdische Feste mit dem Auszug verknüpft: Passah (das Fest des Vorbeiziehens; 14. Abib, später Nisan genannt) und Mazzoth (das Fest der ungesäuerten Brote; 15.-21. Abib). Beide Feste sind eng miteinander verbunden und symbolisieren in ihren Gebräuchen einige Aspekte des Auszugs. Ebenfalls mit dem Auszug, vor allem mit der zehnten Katastrophe, verbindet sich die rituelle Verpflichtung der Auslösung der Erstgeburt. Diese Rituale strukturieren den Text. In der folgenden Tabelle werden die Elemente dieses Abschnitts mit dem sie jeweils dominierenden Grundgenre dargestellt.

12,1-14	Passahfest	Instruktion
12,15-20	Mazzoth-Fest	Instruktion
12,21-28	Passahfest	Instruktion/Erzählung
12,29-41	Tod der Erstgeburt (Plage 10)	Erzählung
12,42-51	Passahfest	Instruktion
13,1-2	Auslösung der Erstgeburt	Instruktion
13,3-10	Mazzoth-Fest	Instruktion
13,11-16	Auslösung der Erstgeburt	Instruktion
13,17–14,31	Untergang der Ägypter	Erzählung
15,1-21	Siegeslieder	Poesie

Es ist auffällig, dass vor allem die ersten Teile der Instruktion (12,1-28) stärker erzählerischen Charakter haben, da ihre Instruktionen für den Fortgang der Erzählung wichtig sind. Doch bereits 12,2 weist darauf hin, dass nicht einfach ein „Dialog“ zwischen Mose und dem Volk berichtet wird, sondern die Leser in ihrer eigenen historischen Situation angesprochen werden, die ja eindeutig nicht die der Auszugsgeneration ist. Diese Perspektive wird spätestens durch 12,14.17.20.25-27 deutlich. Später ist dann die Trennung zwischen Anweisung und Erzählung klarer.

Ein wichtiger Aspekt ist, dass, wie bereits in der Erzählung durch die Frage-Antwort-Szenarien zwischen Kindern und Eltern angelegt, hier neben das fühl- und erfahrbare Ritual die mündliche Erklärung tritt. Die Rituale müssen mit Inhalt gefüllt werden, damit sie bedeutungsschwer werden und so das Leben der Einzelnen tatsächlich betreffen können.

Das Siegeslied des Mose (15,2-18) ist einer der Höhepunkte des Buches. In diesem wird der Untergang der ägyptischen Armee poetisch zusammengefasst und vor allem in seiner Bedeutung für den Leser aktualisiert. Das Gedicht ist ein geschichtlicher Lobpsalm, der allein die Taten JHWHs fokussiert und sie in einem größeren, mythologischen Rahmen interpretiert. Der einzige andere Handelnde im Lied ist der Pharao (der „Feind“), doch lediglich, um sein komplettes Versagen zu dokumentieren (15,9). Mose kommt nicht vor (nur im erzählerischen Rahmen) und Israel ist letztlich nur passiver Empfänger des verheißenen Landes (15,13-17). In diesem Gedicht wird, wie schon in den instruktiven Teilen vorher, die Brücke für den Leser geschlagen, für den der Auszug lediglich Geschichte ist. Die Landnahme Palästinas ist für die Israeliten des Auszugs Zukunft, doch für den Leser Vergangenheit. So werden die Leser eingeladen, an der Freude der Rettung Israels aus ihrer eigenen Perspektive teilzuhaben (Watts 1992, 51). Mit diesem Blick zurück und der Ausrichtung nach vorne steht das Siegeslied am Schluss der Auszugserzählung und am Beginn der weiteren erzählerischen Entwicklung des Buches.

2.1.3.1 Ein Blick in die Zukunft: Bestimmungen zum Passahfest (12,1-28)

2.1.3.1.1 Übersetzung

12,1 Darauf sprach JHWH zu Mose und Aaron in Ägypten:

2 Dieser Monat soll für euch der Anfangsmonat sein; es sei für euch der erste Monat des Jahres. 3 Sprich zur ganzen Gemeinde Israels: Am Zehnten dieses Monats besorge sich jeder ein Stück Kleinvieh für seine Familie, ein Stück Kleinvieh für jeden Haushalt. 4 Wenn aber der Haushalt zu klein ist für ein ganzes Tier, so nehme er eins zusammen mit seinem nächsten Nachbarn. Entsprechend der Anzahl der Personen, je nachdem, was jeder essen kann, sollt ihr das Tier aussuchen. 5 Ein Stück fehlerloses, männliches und einjähriges Kleinvieh müsst ihr auswählen. Von den Schafen oder den Ziegen sollt ihr es nehmen. 6 Bis zum vierzehnten Tag dieses Monats sollt ihr es aufbewahren. Dann soll es die Versammlung der ganzen Gemeinde Israels gegen Abend schlachten. 7 Von dem Blut aber sollen sie nehmen und an die beiden Türpfosten und an die Oberschwelle der Häuser streichen, in denen sie es verzehren.

8 Das Fleisch sollen sie noch in derselben Nacht verzehren, am Feuer gebraten; mit ungesäuertem Brot und bitteren Kräutern sollen sie es essen. 9 Ihr dürft nichts davon roh oder in Wasser gekocht, sondern nur am Feuer gebraten essen – komplett mit Kopf, Schenkeln und den Eingeweiden. 10 Ihr dürft nichts davon bis zum nächsten Morgen übrig lassen. Was davon bis zum Morgen übrig bleibt, sollt ihr im Feuer verbrennen. 11 So sollt ihr es essen: eure Hüften gegürtet, eure Schuhe an euren Füßen und euren Stab in euren Händen. Ihr sollt es in Eile essen. <Das ist das> Passah für JHWH.

12 Ich werde in dieser Nacht durch Ägypten ziehen und alle Erstgeburt in Ägypten töten, Menschen und Tiere. Über alle Götter Ägyptens will ich Gericht halten. Ich bin JHWH. 13 Das Blut an den Häusern, in denen ihr seid, soll ein Schutzzeichen für euch sein. Wenn ich das Blut sehe, dann werde ich an euch vorübergehen. Euch soll keine Plage treffen, wenn ich Ägypten schlage. 14 Dieser Tag soll euch ein Gedenktag sein und ihr sollt ihn für JHWH festlich feiern. Für alle Generationen sollt ihr ihn feiern als eine ewige Einrichtung.

15 Sieben Tage sollt ihr Mazzoth essen. Gleich am ersten Tag sollt ihr den Sauerteig aus euren Häusern entfernen; denn jeder, der etwas mit Sauerteig isst, soll aus Israel ausgerottet werden – <dies gilt> vom ersten bis zum siebten Tag. 16 Am ersten Tag soll eine heilige Festversammlung sein; ebenso soll am siebten Tag eine heilige Festversammlung sein. An diesen beiden <Tagen> soll keine Arbeit verrichtet werden. Lediglich was ein jeder zur Nahrung braucht, darf von euch zubereitet werden. 17 Begeht das <Fest der> Mazzoth. Denn an ebendiesem Tag habe ich eure Militärverbände aus Ägypten hinausgeführt. Feiert also diesen Tag in allen Generationen als ewige Einrichtung. 18 Am vierzehnten Tag des ersten Monats gegen Abend sollt ihr Mazzoth essen bis zum Abend des einundzwanzigsten Tages des Monats. 19 Sieben Tage darf kein Sauerteig in euren Häusern gefunden werden, denn jeder, der Gesäuertes isst, soll aus der Gemeinde Israels ausgerottet werden, sei er nun ein Fremder oder ein Einheimischer. 20 Nichts Gesäuertes dürft ihr essen. Überall, wo ihr wohnt, sollt ihr Mazzoth essen.

21 Mose rief nun alle Ältesten Israels <zu sich> und sprach zu ihnen: Geht und besorgt euch Schafe für eure Familien und schlachtet das Passah. 22 Nehmt ein Ysopbüschel, taucht ihn in die Schale mit Blut und streicht von dem Blut in der Schale an die Oberschwelle und an die beiden Türpfosten. Niemand von euch darf bis zum Morgen zur Tür seines Hauses hinausgehen. 23 Wenn JHWH vorübergeht, um Ägypten zu schlagen, und das Blut an der Oberschwelle und an den beiden Türpfosten sieht, wird JHWH an jener Tür vorübergehen und den Verderber nicht in eure Häuser eintreten lassen, um euch zu schlagen.

24 Ihr sollt diese Anordnungen als ein Gesetz beachten, das für euch und eure Kinder für ewig gilt. 25 Und so, wenn ihr in das Land kommt, das JHWH euch geben wird, wie er verheißen hat, sollt ihr diesen Brauch beachten.

26 Fragen euch dann eure Kinder: Was habt ihr da für einen Brauch?, 27 dann sollt ihr sagen: Das ist das Passahopfer für JHWH, der in Ägypten an den Häusern der Israeliten vorüberging, als er die Ägypter schlug, unsere Häuser aber verschonte.

Da verneigte sich das Volk und warf sich nieder. 28 Die Israeliten gingen und taten, was JHWH Mose und Aaron befohlen hatte. So machten sie es.

2.1.3.1.2 Struktur

Wie bereits beschrieben, besteht dieser Abschnitt aus drei Teilen. 12,1-14 gibt Anweisungen zum Schlachten und Verzehr des Passahmahles. Daran schließt sich 12,15-20 an, wo das Mazzoth-Fest (Fest der ungesäuerten Brote) geregelt wird. 12,21-23 gehen auf das Blutritual zur Nacht des Passah ein (eigentlich eine Erweiterung zu 12,6). Den Abschluss bildet eine (erneute) Aufforderung, sich an dieses Ereignis jährlich festlich zu erinnern.

Wie bereits beobachtet, legt sich der Text nicht fest, wer hier nun konkret angesprochen wird. Diese Anweisungen waren wichtig für die Israeliten, welche sich auf den Auszug vorbereiteten, nur werden diese sie mündlich erfahren haben. Ebenso wichtig sind sie für die, die sich jeden Frühling an dieses Ereignis erinnern. Der Abschluss jedes Teils macht deutlich, dass hier vor allem die Leser in ihrer Gegenwart angesprochen werden sollen und damit der Text weit darüber hinausgeht, lediglich Bericht zu sein. Es geht um die Sinnfüllung der Rituale.

2.1.3.1.3 Auslegung

Dass hier der Monat Abib als Anfangsmonat des Jahres definiert wird (12,2), macht die herausragende Stellung des Auszugs aus Ägypten deutlich. Der jüdische Festkalender beginnt mit dem Gründungsereignis eines zum Volk gewordenen und befreiten Israel. Der Auszug soll das gesamte Leben jedes Israeliten bestimmen (5Mo 16,3).

Wie bei allen Bräuchen und Riten bleibt auch beim Passah viel Raum für die Interpretation seiner symbolischen Aspekte. Die jüdische Literatur ist voll von verschiedenen Erklärungen für einzelne Details des Passahfestes (vgl. hier vor allem Jacob 1997 und Houtman 1993 jeweils zur Stelle). Hinzu kommt dann später die Vielzahl der christlichen Interpretationen, die das Passah mit dem Tod Jesu verknüpfen; eine Idee, die bereits im Neuen Testament angelegt ist (Houtman 2000, 145-146). Auf den letztgenannten Bereich einzugehen, würde die Anlage des Kommentars sprengen, der ja zum Ziel hat, den Text an sich zu erklären. So sollen hier lediglich einzelne Aspekte genannt werden.

Verschiedene Aspekte des Passahopfers haben eine konzeptionelle Nähe zu den späteren Reinheits- und Opfervorschriften. Das Tier komplett zu grillen, d.h., ohne vorher Kopf, Beine und Eingeweide zu entfernen, könnte damit zusammenhängen, dass das aus kultischen Gründen nicht verzehrbare Fett (3Mo 3,17) ins Feuer fällt und verbrennt. So ist das Passahlamm auch klar von einem Brandopfer unterschieden (1,8-9). Die Bestimmung zur Qualität des Tieres (12,5) weist ebenfalls auf die späteren Opfervorschriften hin. Da es sich hier ja um Anweisungen vor allem für die Leser handelt, ergibt es auch nur Sinn, das Passahopfer in Bezug auf die allgemeinen Opferbestimmungen Israels zu beschreiben. Möglich ist auch, dass durch das Grillen des ganzen Tieres die Zeit des Zerlegens des Tieres wegfällt, was die Eile der Nacht unterstreichen würde. Letztlich scheint aber der Grund gewesen zu sein, dass das Tier komplett und ohne Reste verzehrt werden soll (12,10) – da braucht man es gar nicht erst zerteilen. Ein Kochen verbietet sich dadurch automatisch, da ein ganzes Tier nicht in einen Topf passt. Jacob geht mit Raschbam davon aus, dass auch das Verbot, es roh zu essen (12,9), eher ein Verbot ist, es zu schmoren (Jacob, 314). Die Bitterkräuter sind eventuell ein Verweis auf die bitteren Leiden Israels in Ägypten (1,14), die zwar jetzt zu Ende sind, aber nicht vergessen werden sollen.

Neben dem Verbot des Übriglassens soll auch die Kleidung (12,11) die Aufbruchstimmung ausdrücken. Es geht um die sehnsüchtige Erwartung der kommenden Errettung am nächsten Tag. Weiterhin schwingt in dem schwer zu übersetzenden Wort *chippāzôn* (hier mit „Eile" übersetzt) auch die Bedeutung „erschütternd, angstvoll" mit. Das grausame Sterben, welches zu dieser Stunde um die Israeliten herum einsetzte, wird sie nicht kaltgelassen haben, und auch dieser Aspekt des Passah soll erinnert werden (vgl. Jacob, 318-319).

Für die eigentliche erste Passahnacht ist aber vor allem das Blutritual bedeutsam. Das Bestreichen des Hauseingangs mit dem Blut des Opfertieres soll in erster Linie ein Zeichen für die Israeliten selbst sein (12,13). JHWH kann sehr wohl zwischen seinem Volk und den Ägyptern unterscheiden, wie er bei den anderen Katastrophen bereits bewiesen hatte. Es ist also nicht an einen Abwehrzauber zu denken. Jacob (337-338) legt über eine Parallele zu Hes 45,19 nahe, dass es hier eher um eine Art Weihehandlung am Haus geht. Damit würde das Haus eines Israeliten in dieser Nacht zu einer Art heiligem Raum werden, in dem die Gemeinschaft in Gottesfurcht und -vertrauen geschützt ist.

Das sich an das Passah anschließende Mazzoth-Fest (12,15-20), das Fest der ungesäuerten Brote, soll ebenfalls die Erinnerung an den Auszug aufrechterhalten. Auch hier steht die Eile im Vordergrund, unter der der Aufbruch stattfand. Die Eile ist aber eher Ausdruck der Erwartungshaltung gegenüber der kommenden Errettung als tatsächliche Zeitnot während der Vorbereitung. Die Israeliten hatten durchaus eine angemessene Vorbereitungszeit von mindestens vier Tagen.

Der zentrale Punkt des Mazzoth-Festes ist aber der bewusste Verzicht auf das Normale. Brot gehört zu den Grundnahrungsmitteln der Israeliten, und es gibt nur zwei Optionen: es mit Sauerteig zu backen oder ohne. Da jeden Tag frisch Brot gebacken wurde, sind es also sieben Tage der konstanten Erinnerung an diese einmalige Zeit der Befreiung. Sauerteig ist hier in keiner Weise mit Fäulnis, Bosheit, Sündhaftigkeit oder Unreinheit verbunden. Die Stellen im Neuen Testament, wo von dem zu vermeidenden Sauerteig die Rede ist (Mt 16,6.11; Mk 8,15; Lk 12,1; 1Kor 5,6-8; Gal 5,9), basieren auf einer ganz anderen Konnotation, die hier in 2. Mose nicht mitschwingt. Auch wenn Paulus in 1. Korinther direkt auf das Passahfest und damit auch auf das Mazzoth-Fest Bezug nimmt, so redet er nicht von der Unreinheit des Sauerteiges, sondern von der Unreinheit des Althergebrachten, des Gewöhnlichen, was für seine korinthischen Leser die Abkehr von den heidnischen Lebensformen bedeutet.

Die beiden erwähnten Festversammlungen (12,16) sind natürlich eine Bestimmung eher für die nachfolgenden Generationen denn für die Auszugsgeneration. Hier kommt der gesamtgemeinschaftliche Aspekt zu dem im näheren Familienverband (evtl. erweitert um Nachbarn) gefeierten Passahmahl hinzu. Dass hierbei dann auch an die Ausländer in Israel gedacht wird (12,19), ist ein üblicher Gedankengang für diverse rituelle Regelungen (12,48-49; 20,10; 23,12; 3Mo 16,29; 17,8 ...). Es scheint, dass die Ausländer, da sie nun einmal zusammen mit den Israeliten wohnten, auch entsprechende Pflichten (und, wie später zu sehen sein wird, auch Rechte) haben. Damit wird die Einheit der Gruppe gewahrt und auch verhindert, dass die Fremden in dem Maße von den Israeliten ausgegrenzt und ausgebeutet werden, wie sie es selbst in Ägypten erlebt hatten (22,20; 23,9).

Nun kehrt der Text nochmals kurz zum Blutritual zurück (12,21-23). Dieser zweite Teil (nach 12,6) füllt einige Details auf; es wird aber nichts wesentlich Neues ausgesagt. Der „Verderber" (12,23) oder „Zerstörende" ist niemand anderes als JHWH selbst, wie in allen vorherigen Katastrophen er selbst es war, der sie ausgeführt hat. Das war ja gerade der Punkt der Plagenerzählung: Gott handelt an Ägypten und will an diesem Handeln erkannt werden. Möglicherweise passt dies nicht so ganz zu dem einen oder anderen modernen Gottesbild, doch wie bereits im Zusammenhang der Plagenerzählung erwähnt, ist Gott im Alten Testament immer auch jemand Bedrohliches.

Den Abschluss bildet die deutliche Anweisung, „diese Anordnungen" in Zukunft erinnernd zu wiederholen (12,24-28). Liest man spätere Texte zum Passahfest und zum Mazzoth-Fest, so wird deutlich, dass es hier um das eigentliche Passahmahl geht und das Sichfernhalten von allem Gesäuerten. Das Blutritual wurde lediglich in der damaligen Nacht benötigt und später nicht weiter praktiziert, weder in der biblischen Zeit noch im späteren Judentum. Die Moserede ist mit 27a zu Ende, und es folgt einer der seltenen Sätze im ersten Teil von 2. Mose, in denen Israel zum Subjekt wird: Das Volk verneigt sich und wirft sich nieder, was hier wahrscheinlich einen Akt der Anbetung bezeichnet. 12,28 ist eine Erfüllungsnotiz, wie wir ihr ab jetzt immer wieder in 2. Mose begegnen. Diese Art Bericht impliziert für die Leser, dass er sich in die Reihen derer einfügen soll, die hier so treu das tun, was JHWH, ihr Gott, befohlen hat.

2.1.3.1.4 Anregung zur Bibelarbeit

Für jüdische Leser ist der besprochene Abschnitt sofort und ohne viel Anstrengung lesbar, bedeutsam und ungemindert wichtig. Auch feiern sie seit vielen Generationen dieses Fest in ihrem Jahreskalender und erfüllen somit die Absicht des Textes. Es ist jedoch auffällig, wie wenig Erklärung der Gehalt des Festes bedarf. Es werden kaum Interpretationen der einzelnen Details des Festes angeboten. Allein der Vollzug, sozusagen das Nacherleben der geschichtlichen Situation, genügt, damit die Feiernden „sinnvoll" feiern. Das ist in der christlichen Tradition auch so gewesen. Das Abendmahl als Erinnerungsfest ist biblisch genauso wenig interpretiert wie die Taufe, der Grundritus der Christen. Wir, vor allem die Protestanten, halten diese Offenheit anscheinend nur schlecht aus, sonst hätten sich an diesen einfachen Riten nicht ganze Kirchen zerstritten. Vielleicht sollten wir uns erneut darauf konzentrieren, wo und wie uns das Abendmahl in Gottes Geschichte mit der Menschheit integriert. Der innere Zusammenhang zwischen Passahmahl und dem christlichen Abendmahl wird schon durch die Ursprungsgeschichte des Letzteren am Passahabend vor Jesu Kreuzigung und Auferstehung klar. Die symbolische Kraft beider erinnerten Ereignisse geht in dieselbe Richtung: Beide haben eine identitätsformende Bedeutung für die Geschichte des Volkes Gottes und reden von grundlegender Rettungserfahrung und Gottes Sieg über die widergöttlichen Chaosmächte von Tod und Sklaverei.

Bei beiden Ritualen geht es um die Erinnerung von Geschichte, von Gottes Geschichte mit jedem Einzelnen und mit uns als Volk Gottes. Beide Rituale sollen verbinden: mit Gott; miteinander; mit Gottes Geschichte mit uns Menschen.

So sollten auch all unsere Festkalenderhöhepunkte durch die immer wieder erzählte und damit bewusste Gesamterzählung von Gottes Erlösung begleitet sein. Das ist genau das, worauf die hypothetische Frage des Kindes in 12,26 abzielt: Es soll Gottes Geschichte mit den Vätern erzählt werden. Die Gründungsstunde Israels soll Revue passieren und die feiernde Familie so an die Vergangenheit anbinden. Das zu erzählen ist wichtig, sonst könnten die Riten schnell ins Abergläubische abrutschen.

Doch es braucht mehr als die Worte, es braucht die Handlung. Das zumindest scheint Gottes Sicht der Dinge zu sein, der ja diese Regelungen hier aufstellt. Vielleicht könnte die Bibelstudiengruppe an ein oder zwei christlichen Festen dieses Wechselverhältnis von (wenig) erklärendem Wort und (mehr) symbolischer Handlung neu entdecken und eine entsprechende Feier gemeinsam feiern: zur Ehre Gottes und zur Ausrichtung der Menschen.

2.1.3.2 Beginn des Auszugs (12,29-41)

2.1.3.2.1 Übersetzung

12,29 Es geschah um Mitternacht, dass JHWH alle Erstgeburt in Ägypten schlug, vom Erstgeborenen des Pharaos, der auf dem Thron saß, bis zum Erstgeborenen des Gefangenen im Gefängnis, und jede Erstgeburt des Viehs. 30 Da erhob sich der Pharao in der Nacht, er und alle seine Beamten und alle Ägypter. Es war ein großes Geschrei in Ägypten, denn es gab kein Haus, in dem nicht ein Toter war.

31 Er ließ noch in der Nacht Mose und Aaron rufen und sprach: Macht euch auf! Zieht weg aus meinem Volk, ihr und die Israeliten! Geht und dient JHWH, wie ihr es wünscht! 32 Nehmt auch euer Kleinvieh und eure Rinder mit, wie ihr gesagt habt. Geht! Doch segnet auch mich! 33 Auch die Ägypter drängten das Volk, so schnell wie möglich aus dem Land wegzuziehen. Denn sie sagten: Wir sind sonst alle des Todes!

34 So nahm das Volk seinen Teig, bevor er durchsäuert war, und sie trugen ihre Backschüsseln in ihre Kleidung eingewickelt auf den Schultern.

35 Die Israeliten hatten nach den Worten Moses gehandelt und von den Ägyptern Silber- und Goldsachen und Kleidung erbeten. 36 JHWH hatte dafür die Ägypter günstig gegenüber dem Volk gestimmt, sodass sie ihre Bitten erfüllten. So plünderten sie die Ägypter.

37 Die Israeliten brachen nun von Raamses nach Sukkot auf, sechshunderttausend Mann zu Fuß, ohne Frauen und Kinder zu rechnen. 38 Auch viele andere Leute zogen mit ihnen sowie Schafe und Rinder, eine große Menge Vieh.

39 Aus dem Teig, den sie aus Ägypten mitgenommen hatten, backten sie Fladen aus ungesäuertem Teig, denn er war nicht gesäuert, als sie von den Ägyptern hinausgejagt worden waren, und konnten nicht länger warten und sich mit Proviant versorgen.

40 Der Aufenthalt der Israeliten in Ägypten war vierhundertdreißig Jahre. 41 Nach Ende der vierhundertdreißig Jahre, an ebendiesem Tag, zogen alle Militärverbände JHWHs aus Ägypten fort.

2.1.3.2.2 Struktur

In diesem erzählenden Teil, eingeschoben zwischen die Anweisungen zu den Festen Passah und Mazzoth, wird nun die letzte, zehnte Plage oder Katastrophe endlich berichtet. Der Bericht ist knapp, sogar knapper als der Bericht mancher der vorangehenden Plagen. Trotzdem werden hier mehrere Erzählfäden zum Abschluss gebracht: zunächst natürlich die Vorhersage des zehnten Schlages (11,5 und 12,12); dann aber auch die gesamte Plagenerzählung an sich, über der 4,22-23 als Überschrift stand; die versuchten Verhandlungsversuche seitens des Pharaos (8,4-5.21-25; 10,8-11), der die Israeliten nun vollständig und mit Hab und Gut ziehen lässt; die Vorhersage, dass für das Durchsäuern des täglichen Brotteiges nicht genügend Zeit sei (12,8ff); die vorhergesagte „Plünderung der Ägypter" (3,21-22; 11,2-3); die Mehrung des Volkes (Kap. 1), welche nun zahlenmäßig greifbar und dadurch noch unterstrichen wird. Es wird sogar indirekt an Jakob zurückgedacht, wenn die Jahre des Aufenthaltes der Hebräer in Ägypten genannt werden. Es ist nicht zu übersehen, dass hier auch literarisch ein Abschnitt zu Ende geht.

Zur inneren Struktur des Abschnitts ist nicht viel zu sagen, da lediglich eine Abfolge von verschiedenen aufeinanderfolgenden Ereignissen erzählt wird.

2.1.3.2.3 Auslegung

Es ist ein Satz, der den letzten und entscheidenden Gottesschlag gegen Ägypten berichtet (12,29). Die viermalige Wiederholung des Wortes „Erstgeborener" hämmert dem Leser die traurige Konsequenz geradezu ins Bewusstsein. Die Reaktion der Ägypter ist verständlich und so auch der Ruf des Pharaos nach Mose und Aaron, die er eigentlich nicht mehr hatte sehen wollen. Es gibt keine Verhandlungen mehr. Die bedingungslose Kapitulation der Ägypter vor JHWH zu beschreiben, ist dem Text jetzt am wichtigsten. Dazu wird auch die erzählerische Kürze eingespannt. Jetzt geht alles schnell. Außerdem dürfen die Sieger die Bedingungen stellen: „... wie ihr es wünscht“ (12,31); sie erhalten alle möglichen Geschenke (12,35-36); nehmen noch eine Menge anderer Leute mit, die wohl auch Grund genug hatten, das Land zu verlassen (12,38). Gewissermaßen der Höhepunkt dieser Liste ist die letzte Bitte des Pharaos: „Doch segnet auch mich!“ (12,32). Hier wird deutlich, wer eigentlich für Wohlergehen und Wohlstand verantwortlich ist: JHWH. Selbst der Pharao sieht ein, dass er selbst – entgegen der ägyptischen Königsideologie – des Segens bedarf und ihn nicht (mehr) geben kann. Für den Leser ist klar: Bei Israel sind Leben und Wohlstand im Überfluss, wogegen bei den Ägyptern Tod, Zerstörung und Chaos herrschen. Wenn er irgendetwas im Laufe seiner Lektüre gelernt hat, dann, dass dies alles an JHWH gelegen ist. Sich diesem Gott zu beugen und ihm loyal zu sein, ist die einzig logische und sinnvolle Konsequenz. Er hat sich schon jetzt als würdiger König Israels erwiesen.

Der Rest des Textes sieht das Volk schon auf dem Weg. Hier ist also das erste Ziel der langen Geschichte erreicht: Israel ist frei und nutzt seine Freiheit. Die zweifache Betonung des ungesäuerten Teiges stellt vor allem den literarischen Bezug zu den Anweisungen für das Mazzoth-Fest her, die diesen Bericht umgeben (12,15-20; 13,3-10). Damit wird natürlich auch wieder der Bogen zum Jetzt des Lesers geschlagen.

Die große Zahl der Ausziehenden (600 000 Männer) erstaunt etwas (vgl. auch 38,26). Hochgerechnet wäre die Gesamtzahl über 2 Millionen Menschen. Dies wäre nicht nur eine logistische Herausforderung, sondern würde auch nicht sonderlich gut zu anderen biblischen Angaben und zur archäologisch wahrscheinlichen Besiedelung Kanaans im 1. Jahrtausend passen. Es gibt mehrere Versuche, diese anscheinend nicht ganz wörtlich zu verstehenden Zahlen zu erklären. Eine ganze Reihe von Möglichkeiten ergibt sich aus den verschiedenen Bedeutungen des hebräischen Wortes *'elef*. Es kann tausend, Offizier, Team oder Familienverband bedeuten. Die verschiedenen Lösungsvorschläge hat Kitchen 2008, 345-347 knapp zusammengefasst. Er tendiert zu einer Gesamtzahl von ca. 20 000 bis 22 000 Israeliten, die ausgezogen sind. Hinzu kommen dann noch die vielen Nichtisraeliten (12,38). Das bedeutet, dass unter den ca. 50 000 bis 70 000 Menschen, die am Ende der Eisenzeit IA in Kanaan wohnten, ein Drittel bis knapp die Hälfte Israeliten waren. Es ist allerdings durchaus möglich, dass sich das archäologische Bild der eisenzeitlichen Bevölkerungsstruktur Kanaans mit neuen Funden ändert. Dann werden sicherlich neue Theorien zu den hohen Zahlen des 2. Mose auf den Markt kommen. Grundlegend wichtig scheint mir allerdings das Selbstverständnis der auszulegenden Texte zu sein, das eher nicht im journalistischen Bereich zu suchen ist.

2.1.3.2.4 Anregung zur Bibelarbeit

Dieser kurze Bericht ist eine Triumphgeschichte. Allerdings wird jetzt, ganz im Gegensatz zur Plagenerzählung, nicht die Niederlage des Verlierers betont, sondern bewusst auf die positiven Seiten für den Sieger geschaut. Diese Perspektive ist gesund, und an ihr können wir sogar zu einer neuen Sichtweise der Plagenerzählung gelangen: Letztlich ging es auch in dem minutiösen Aufzeigen des Versagens des Pharaos nicht in erster Linie darum, ihn schlechtzumachen, sondern darum, die Größe des Gottes Israels möglichst deutlich herauszustellen. Der Pharao bildet literarisch die Folie, auf der Gottes Größe besonders gut sichtbar wird. Hier, am Höhepunkt der bisherigen Erzählentwicklung, ist diese Folie gar nicht mehr so wichtig – man sieht die Größe Gottes positiv in seinem Handeln für Israel. Die ganzen Erzählstränge, die dafür in diesem Bericht gebündelt werden, wurden oben erwähnt.

Auch heute ist Gottes Größe und Macht noch dieselbe. Doch von ihr in triumphalistischen Bildern zu sprechen, fällt m.E. berechtigterweise einigen Menschen eher schwer. Hier sollte man ganz genau hinschauen, was die Metaphern des Krieges und der Gewalt in unseren Lobpreisliedern, Gebeten und Predigten in Menschen auslösen, die bereits in realen Kriegen gekämpft haben, unter diversen Arten von Gewalt gelitten haben und oft nicht als Sieger hervorgegangen sind. Vielleicht sollten wir auf dem Hintergrund unserer eigenen Geschichte eher zu anderen Möglichkeiten greifen, Gottes unbeugsame Macht zu formulieren. Gottes Macht war auch beim Auszug Israels aus Ägypten nicht blinde, abrechnende Macht, sondern sie hatte befreienden Charakter – für die unterdrückten Hebräer. So wird Gott seine Macht immer einsetzen: für den Schwachen.

2.1.3.3 Ein Blick in die Zukunft: Bestimmungen zu den Festen Passah und Mazzoth und zur Erstgeburt (12,42–13,16)

2.1.3.3.1 Übersetzung

12,42 Es war eine Nacht der Wache zur Ehre JHWHs, als er sie aus Ägypten
herausführte. Das ist die Nacht, die von den Israeliten als Nacht der Wache <zur
Ehre> JHWHs in allen Generationen gefeiert werden muss. 43 JHWH sprach
zu Mose und Aaron: Dies ist das Gesetz für das Passah: Kein Fremder darf
davon essen. 44 Aber jeder für Geld gekaufte Sklave darf davon essen, wenn du
ihn beschnitten hast. 45 Ein Ausländer und <ausländischer> Tagelöhner darf
davon nicht essen. 46 Es muss in einem einzigen Haus gegessen werden. Von dem
Fleisch darfst du nichts aus dem Haus hinausbringen; keinen Knochen dürft ihr
an ihm zerbrechen. 47 Die ganze Gemeinde Israels soll es so halten. 48 Wenn
ein Fremder bei dir wohnt und das Passah zu Ehren JHWHs feiern will, müssen
bei ihm alle männlichen Angehörigen beschnitten werden. Dann erst darf er
herbeikommen, um es zu halten; er soll wie ein Einheimischer gelten. Ein Un-
beschnittener aber darf nicht davon essen. 49 Dieses Gesetz gilt gleichermaßen
für den Einheimischen wie für den Ausländer, der sich bei euch aufhält. 50 Die
Israeliten taten, was JHWH Mose und Aaron befohlen hatte. So machten sie es.

51 An ebendiesem Tag führte JHWH die Israeliten, geordnet nach ihren
Militärverbänden, aus Ägypten heraus.

13,1 JHWH sprach zu Mose: 2 Heilige mir jede Erstgeburt! Alles, was in
Israel bei Menschen und Vieh zuerst den Mutterschoß öffnet, gehört mir.

3 Mose sagte zum Volk: Denkt an diesen Tag, an dem ihr aus Ägypten, aus
dem Haus der Sklaverei, weggezogen seid, denn JHWH hat euch mit starker
Hand von dort herausgeführt. Darum darf nichts Gesäuertes gegessen werden.
4 Heute, im Monat Abib, seid ihr ausgezogen. 5 Wenn dich JHWH in das
Land der Kanaaniter und Hetiter, der Amoriter, Hiwiter und Jebusiter führt,

das er dir zu geben den Vätern geschworen hat, ein Land, das von Milch und Honig fließt, sollst du diesen Brauch in diesem Monat beibehalten: 6 Sieben Tage lang sollst du Mazzoth essen. Am siebten Tag soll ein Fest zu Ehren JHWHs sein. 7 Nur Mazzoth sollen an diesen sieben Tagen gegessen werden und es darf nichts Gesäuertes bei dir gefunden werden. Auch in deinem ganzen Gebiet darf man bei dir keinen Sauerteig finden. 8 Du sollst deinem Sohn diesen Tag so erklären: Dies geschieht dessentwegen, was JHWH bei meinem Auszug aus Ägypten an mir getan hat. 9 Es soll dir wie ein Zeichen auf deiner Hand werden und wie ein Erinnerungszeichen auf deiner Stirn, damit die Weisung JHWHs in deinem Mund ist. Denn mit starker Hand hat dich JHWH aus Ägypten herausgeführt. 10 Darum sollst du diese Regel Jahr für Jahr zur bestimmten Zeit beachten.

11 Wenn dich JHWH in das Land der Kanaaniter geführt und es dir gegeben hat, wie er es dir und deinen Vätern versprochen hat, 12 dann sollst du alles, was den Mutterschoß öffnet, JHWH heiligen. Auch jeder Erstlingswurf des Viehs, der dir zuteilwird, gehört JHWH, soweit er männlich ist. 13 Jeden Erstlingswurf von einem Esel sollst du mit einem Schaf auslösen. Wenn du es aber nicht auslösen willst, sollst du ihm das Genick brechen. Jede menschliche Erstgeburt unter deinen Söhnen musst du auslösen. 14 Wenn in Zukunft dich dein Sohn fragt: Was bedeutet dies?, so sollst du ihm sagen: Mit starker Hand hat uns JHWH aus Ägypten, aus dem Haus der Knechtschaft, herausgeführt. 15 Denn es geschah, als der Pharao sich hartnäckig weigerte, uns ziehen zu lassen, tötete JHWH alle Erstgeburt in Ägypten, die Erstgeburt der Menschen wie die Erstgeburt des Viehs. Darum opfere ich JHWH alles, was den Mutterschoß durchbricht, soweit es männlich ist, und jede Erstgeburt unter meinen Söhnen löse ich aus. 16 Es soll dir wie ein Zeichen auf deiner Hand werden und wie ein Erinnerungszeichen auf deiner Stirn, denn mit starker Hand hat dich JHWH aus Ägypten herausgeführt.

2.1.3.3.2 Struktur

12,42 steht als Überschrift für die nun folgenden Anweisungen, die erneut die beiden Feste Passah und Mazzoth betreffen. Der erste Abschnitt verhandelt die Frage, wer genau am Passahmahl teilnehmen darf (12,43-51). Am Tod der ägyptischen Erstgeborenen knüpft dann direkt der Brauch an, dass in Israel jede Erstgeburt Gott „gehört“, d.h. geopfert werden muss oder, falls das nicht geht, dass etwas an ihrer Stelle geopfert werden muss (13,2.11-16). In diesem letzten Teil eingebettet wird dann noch ein letztes Mal auf das Fest der Mazzoth eingegangen (13,3-10).

Warum nur wird dies alles jetzt noch einmal besprochen? Bezüglich des Mazzoth-Festes wurde ja bereits in 12,19 von den Ausländern gesprochen. Dies wird hier nochmals auf das Passah angewendet. Was dann zum Mazzoth-Fest geschrieben wurde, ist letztlich reine Wiederholung von Kap. 12. Wiederholungen sind der hebräischen Literatur nicht Zeugen schlechten Stils. Wiederholungen sollen betonen, prägen und laden zum Vergleichen ein. Vor allem in hauptsächlich oralen Kulturen spielen Wiederholungen eine wichtige Rolle, damit die Hörer unterscheiden können zwischen Wesentlichem und weniger Wesentlichem. So schaffen Wiederholungen (hörbare) Struktur.

2.1.3.3.3 Auslegung

Im ersten Abschnitt (12,43-51) geht es um die Bedingung des Beschnittenseins für alle (männlichen) Teilnehmer am Fest. Beschneidung ist hier der Ausdruck der Volkszugehörigkeit. Wenn Nichtisraeliten sich voll in die israelitische Kultur und damit auch Religion integrieren möchten, sollen sie sich beschneiden lassen und dürfen dann das Passahfest mitfeiern. So wird vor allem dem Wunsch nach Integration Ausdruck verliehen. Nach Möglichkeit sollen alle, die eine engere Beziehung zu einer israelitischen Familie haben, ebenfalls an diesem Fest teilnehmen, welches wie kein anderes an das grundlegende historische Ereignis Israels erinnert.

Die einleitende Bestimmung zur Erstgeburt (13,1-2) ist klar und eindeutig. Der Ritus, der hier angesprochen wird, ist ein symbolischer Akt, der die Loyalität zu JHWH, dem Bundesgott, verdeutlichen soll. In einer agrarischen Gesellschaft gehört der erste Teil der Ernte normalerweise dem Landverpächter, der hiermit seinen Pachtzins erhält. Diese Zahlung ist Ausdruck der Besitzverhältnisse. Auf Gott bezogen drückt also der Israelit seine Abhängigkeit Gott gegenüber aus – besonders durch die Heiligung der menschlichen Erstgeburt. Die junge Familie erinnert sich so ihrer Bezogenheit auf Gott.

Narrativ ist der Anlass für die Bestimmung an dieser Stelle eindeutig der Tod der ägyptischen Erstgeburt. Durch diese literarische und inhaltliche Verknüpfung kommt allerdings auch noch ein weiterer Aspekt zum Ritus hinzu: Wenn Israel JHWH gegenüber loyal ist, so sind sie es nicht dem Pharao gegenüber. Es ist ja gerade ein Aspekt des Auszugsgeschehens, dass Gott Herr über Israel ist, nicht der Pharao. Dies muss sich selbstverständlich auch in Israels politischer und religiöser Loyalität widerspiegeln.

Die nun folgende Erklärung zum Mazzoth-Fest (13,3-10) will ganz bewusst die Gegenwart des Lesers, der im Land der Verheißung wohnt, mit der Vergangenheit des Auszugs aus der Sklaverei verbinden. In der festlichen Erinnerung und rituellen Vergegenwärtigung wird die identitätsstiftende Vergangenheit für die jeweilige Gegenwart bedeutsam (vgl. Brueggemann 1994, 786). Die Tradition soll erklärt und somit mit Bedeutung gefüllt werden. Die Erwähnung der Weisung (Thora) in 13,9 ist hier zentral, da es nicht um ein beliebiges „Gesetz" geht, sondern um die literarische Einheit regulativer und narrativer Texte. Die Bestimmungen der ersten fünf Bücher der Bibel ergeben ohne die ebenfalls dort erzählten Ereignisse keinen Sinn.

Nun wird auch der Ritus der Heiligung und Auslösung der Erstgeburt mit dem Wohnen in Kanaan verknüpft (13,11-16). V. 11 beginnt wie V. 5 und nimmt das Land der Verheißung in Blick. Die Landgabe ist quasi Gottes Vorleistung. Somit wird die Einforderung der Erstgeburt in den Bereich der Dankbarkeit gestellt. Das Opfer (oder die Auslösung) der Erstgeburt ist Ausdruck der Dankbarkeit und Loyalität gegenüber dem Geber des Landes, also der allgemeinen Lebensgrundlage. Dass kein Kinderopfer verlangt wird, ist einleuchtend, wenn man die Vorgeschichte von Kap. 1 kennt. Es gibt viele Religionsgeschichtler, die hier noch ein Überbleibsel aus einer Zeit vermuten, in der auch in Israel Kinder geopfert wurden. Die Texte gehen allerdings nicht auf so etwas ein. Es wird ganz selbstverständlich davon ausgegangen, dass die menschliche Erstgeburt durch ein Opfertier substituiert wird (13,13b.15b). Dass dasselbe auch für den Esel gilt (13,13a), hat zu vielen Erklärungsversuchen geführt. Möglicherweise ist der Esel als Tier, welches nicht in einer großen Herde gehalten wird, eine längere Lebensdauer hat und als Lasttier enger mit dem Halter zusammen arbeitet, mit mehr Individualität ausgezeichnet als jene Herdentiere des Kleinviehs. So wird auch ein Eselfohlen durch ein (anonymes) Schaf ersetzt (vgl. Jacob, 386-387).

In der Mustererklärung zum Erstlingsopfer (13,14-16) wird nochmals explizit die Anknüpfung an die letzte Katastrophe genannt, die den Israeliten den Auszug aus Ägypten ermöglichte. Dieses Opfer soll, wie auch die Feste Mazzoth und Passah, zum Erinnerungszeichen an den Auszug werden (13,16). Stirn und Hand stehen nach jüdischer Auffassung für die auf sich selbst gerichtete Erinnerung (Hand) und die für andere sichtbare Erinnerung (Stirn; vgl. Jacob, 383). Darüber hinaus wird an Gottes Hand erinnert, die wiederum eine Metapher für Gottes Macht und ausführenden Willen ist.

2.1.3.3.4 Anregung zur Bibelarbeit

Für den heutigen westlichen Leser erscheinen die in unserem Abschnitt beschriebenen Rituale als Ausdruck einer fremden Kultur. Allein diese Reaktion zeigt, wie kultur- und situationsgebunden Rituale sind. Für die Situation der Israeliten in Kanaan waren Ausländer und Sklaven, Landnutzung und Herdentiere der Alltag. So sprechen diese Anordnungen sehr konkret und direkt in den Kontext hinein. So sollten Rituale sein – unmittelbar relevant und einleuchtend.

Da es hier um die Erinnerung des Gründungsereignisses Israels geht, ist es durchaus sinnvoll, dass es dabei auch um Ausländer geht. Die Zielrichtung des Einbeziehens in die Volksgemeinschaft könnte dabei für heutige christliche Gemeinden ein wichtiges Signal sein. Das neutestamentliche Gottesvolk hat ja keine ethnischen Grenzen, und so sollten wir auch unsere Rituale entsprechend gestalten. Im Falle des Passahfestes geht es gerade nicht um moralische Selbsterforschung als Vorbedingung für die Teilnahme, sondern um den (offensichtlichen) Willen, sich in das Gottesvolk integrieren zu lassen. So definiert die Teilnahme am Fest, wo man sich in dieser Welt einordnen möchte (Brueggemann 1994, 784).

Vor allem das Abendmahl von diesem Gesichtspunkt her zu denken, wäre möglicherweise ein ergiebiger Diskussionsgegenstand in einem Bibelgespräch zu diesen Texten.

Die Feste und Rituale sollen Erinnerungszeichen sein und damit die geschichtliche Bedingtheit und Bezogenheit der Existenz des Gottesvolkes betonen. Dieser Aspekt könnte in einer Kultur, die wie unsere von dem Jetzt des Konsums durchtränkt ist, ein wichtiges Korrektiv sein. Wer sich an seine Wurzeln erinnert und damit sein Leben in einem Horizont sieht, welcher über die Lebensdauer eines gerade gekauften Produktes hinausgeht, lebt sein Leben anders. Auch als Christen sind wir Teil einer großen Geschichte, die uns definiert und damit Orientierung in manchen wechselnden Umständen geben kann. Damit wäre auch ein wichtiger Kontrapunkt zu einigen Einstellungen der Postmoderne gegeben, die von einer totalen Unbestimmtheit unserer Existenz ausgehen. Der postmoderne Verzicht auf Geschichten und Geschichte, die uns Orientierung geben könnten, fordert von uns immer wieder neue Entscheidungen ab: Wir haben keinen Rahmen mehr, an dem wir unsere Ziele ausrichten können. Je und je muss sich jeder Einzelne bewusst für einen Lebensentwurf, für eine Identität, für ein Lebensziel entscheiden. Dabei sind wir komplett allein gelassen mit der Entscheidung – alles ist gleich gültig. Als Christen sollten wir in unseren Gemeinden die große Geschichte Gottes durch Feste, Lesungen und Rituale feiern und uns dadurch immer wieder vergegenwärtigen. Dadurch werden wir sie als unsere erkennen und uns darin wohlfühlen, unserer Identität gewiss werden und unser Handeln daran ausrichten können. Dann können wir auch anderen Orientierung anbieten.

2.1.3.4 Abschluss des Auszugs (13,17–14,31)

2.1.3.4.1 Übersetzung

13,17 Als der Pharao das Volk ziehen ließ, führte Gott sie nicht den Weg durch das Land der Philister, obwohl dies der nächste gewesen wäre. Gott sagte: Das Volk könnte es bereuen, wenn es Kämpfe sähe, und deshalb nach Ägypten zurückkehren wollen. 18 Darum ließ Gott das Volk einen Umweg machen, Richtung Wüste und Schilfmeer. Geordnet zogen die Israeliten aus Ägypten.

19 Mose nahm die Gebeine Josefs mit sich. Denn dieser hatte die Israeliten ausdrücklich schwören lassen: Gott wird sich euer ganz sicher annehmen, dann nehmt meine Gebeine von hier mit euch!

20 So brachen sie von Sukkoth auf und lagerten in Etam am Rand der Wüste. 21 JHWH zog vor ihnen her, bei Tag in einer Wolkensäule, um sie den Weg zu führen, bei Nacht in einer Feuersäule, um ihnen zu leuchten, damit sie bei Tag und Nacht wandern konnten. 22 Die Wolkensäule wich weder bei Tag noch die Feuersäule bei Nacht von der Spitze des Volkes.

14,1 JHWH sprach zu Mose: 2 Weise die Israeliten an, umzukehren und sich vor Pi-Hachirot zwischen Migdol und dem Meer zu lagern. Gegenüber von Baal-Zefon sollt ihr euch am Meer lagern. 3 Der Pharao wird von den Israeliten denken: Sie haben sich im Land verirrt, die Wüste hat sie eingeschlossen. 4 Ich werde das Herz des Pharaos ermutigen, sodass er ihnen nachsetzt. Dann will ich am Pharao und an seinem ganzen Heer meine Macht beweisen. Die Ägypter sollen erfahren, dass ich JHWH bin. Und so machten sie es.

5 Als dem König von Ägypten gemeldet wurde, dass das Volk geflohen sei, schlug der Wille des Pharaos und seiner Beamten um, gegen das Volk. Sie sagten: Was haben wir da gemacht, dass wir die Israeliten aus unserem Dienst haben ziehen lassen? 6 So ließ er seinen Streitwagen anspannen und nahm sein Heer mit sich. 7 Er nahm sechshundert ausgesuchte Streitwagen und alle anderen Streitwagen der Ägypter, besetzt mit seinen Offizieren.

8 JHWH ermutigte das Herz des Pharaos, des Königs von Ägypten, sodass er hinter den Israeliten herjagte, während sie mit zuversichtlich erhobener Hand auszogen. 9 So jagten die Ägypter ihnen nach und erreichten sie, als sie am Meer bei Pi-Hachirot gegenüber von Baal-Zefon lagerten, alle Pferde des Pharaos, alle seine Wagen und Reiter und sein Heer.

10 Als der Pharao herankam, schauten die Israeliten auf und sahen, dass die Ägypter ihnen nachgezogen waren. Da erschraken die Israeliten sehr und schrien laut zu JHWH. 11 Und sie sagten zu Mose: Gab es in Ägypten etwa keine Gräber, dass du uns weggebracht hast, um in der Wüste zu sterben? Was hast du uns damit angetan, als du uns aus Ägypten herausgeführt hast? 12 Haben wir dir das nicht schon in Ägypten gesagt: Lass uns in Ruhe! Wir wollen den Ägyptern dienen! Denn es wäre besser für uns, in Ägypten Zwangsarbeiter zu sein, als in der Wüste zu sterben.

13 Mose aber sprach zum Volk: Fürchtet euch nicht! Bleibt hier und seht die Hilfe JHWHs, die er euch heute bringen wird. Denn so wie ihr heute die Ägypter seht, sollt ihr sie in Ewigkeit nicht wiedersehen. 14 JHWH wird für euch streiten, ihr aber könnt still sein.

15 JHWH sprach zu Mose: Warum schreist du zu mir? Befiehl den Israeliten aufzubrechen. 16 Du aber erhebe deinen Stab und strecke deine Hand über das Meer aus, um es zu spalten. Die Israeliten sollen mitten durch das Meer auf trockenem Boden gehen können. 17 Ich aber werde das Herz des Pharaos ermutigen, sodass er ihnen folgen wird. Ich will dann meine Macht am Pharao und an seinem ganzen Heer, an seinen Wagen und Reitern beweisen. 18 Die Ägypter sollen erfahren, dass ich JHWH bin, wenn ich meine Macht am Pharao, an seinen Wagen und Reitern beweise.

19 Da verließ der Engel Gottes, der dem Heer der Israeliten vorauszog, seinen Platz und trat hinter sie, das heißt, dass die Wolkensäule von ihrem Platz aufbrach und sich hinter sie stellte. 20 So kam sie zwischen dem Heer der Ägypter und dem Lager der Israeliten zu stehen. Die Wolke blieb dunkel und die Nacht verging, ohne dass sich die Heere während der ganzen Nacht einander nähern konnten. 21 Währenddessen hatte Mose seine Hand über das Meer ausgestreckt. JHWH ließ die ganze Nacht das Meer vor einem starken Ostwind zurückweichen und legte das Meer trocken. Die Wasser spalteten sich, 22 und die Israeliten zogen auf trockenem Boden mitten durch das Meer, während die Wasser rechts und links wie eine Mauer standen. 23 Die Ägypter aber jagten ihnen nach, und alle Pferde des Pharaos, seine Wagen und Reiter zogen hinter ihnen mitten in das Meer.

24 Zur Zeit der Morgenwache schaute JHWH in der Feuer- und Wolkensäule auf das Heer der Ägypter und brachte das Heer der Ägypter in Verwirrung. 25 Er ließ die Räder ihrer Wagen abfallen, sodass sie nur mühsam vorankamen. Da riefen die Ägypter: Lasst uns vor den Israeliten fliehen, denn JHWH kämpft für sie gegen die Ägypter! 26 Nun sprach JHWH zu Mose: Strecke deine Hand über das Meer aus, damit die Wasser auf die Ägypter, auf ihre Wagen und Reiter hereinbrechen! 27 So streckte Mose seine Hand über das Meer aus, worauf die Wasser bei Tagesanbruch an ihren alten Ort zurück-

kehrten, während die Ägypter ihnen entgegenflohen. So schüttelte JHWH die Ägypter mitten in das Meer. 28 Die Wasser kehrten zurück und bedeckten die Wagen und Reiter des ganzen Heeres des Pharaos, die hinter ihnen in das Meer gezogen waren. Nicht einer von ihnen blieb am Leben.

29 Die Israeliten dagegen waren auf trockenem Boden durch das Meer hindurchgegangen, während die Wasser wie eine Mauer zu ihrer Rechten und Linken standen. 30 So rettete JHWH an diesem Tag die Israeliten aus der Gewalt der Ägypter. Die Israeliten sahen die Ägypter tot am Meeresufer liegen.

31 Als die Israeliten die mächtige Hand sahen, mit der JHWH an den Ägyptern gewirkt hatte, fürchtete das Volk JHWH und glaubte JHWH und Mose, seinem Diener.

2.1.3.4.2 Struktur

Dieser rein narrative Text berichtet von den ersten Ereignissen nach dem eigentlichen Auszug der Hebräer aus der ägyptischen Zwangsarbeit. Eingeleitet wird die Erzählung durch eine knappe Reisenotiz (13,17-22). Hier werden bereits einige Elemente der Wüstenwanderungserzählung (15,22–18,27) eingeführt: die geordnete Art und Weise des Reisens, Notizen zur Route und die Wolken- und Feuersäule.

Die nun folgende detaillierte Erzählung beginnt mit einem Einblick in eine private Konversation zwischen JHWH und Mose (14,1-4), die dem Leser einerseits die kommende Verwicklung der Ereignisse andeutet, aber auch bereits ein wenig die Spannung nimmt, da das Ergebnis nur ein Sieg Gottes sein kann.

Der Rest des Berichts vom Zug durch das Schilfmeer blendet zwischen den Perspektiven der Hebräer und Ägypter hin und her. Dadurch wird ein Spannungsbogen erzeugt, da auf der Ebene der erzählten Ereignisse die eine Partei von den Absichten der anderen nichts weiß. Erst hier gewinnt die innerhalb der Erzählung bisher sehr passive literarische Figur „Israel" an Gestalt und Profil. Die Hebräer als Gruppe „erlitten" bislang nur: Sie erlitten die Zwangsarbeit, von den meisten der Plagen waren sie verschont, und an und mit ihnen geschah der Auszug. Erst jetzt verleiht der Autor dem Volk wörtliche Rede und einen eigenen Willen. Es wird sich zeigen, dass dieser erste Eindruck Israels kein guter ist und sich auch im Rahmen der Wüstenwanderungserzählung nicht grundlegend bessert.

Die Erzählung kommt mit einer knappen Zusammenfassung zum Schluss (14,29-31). Diese wenigen Sätze betonen vor allem die Rettung Israels und nicht so sehr den Untergang der ägyptischen Truppen, obwohl das eine untrennbar mit dem anderen einhergeht. Im Gegensatz dazu betonen die beiden in Kap. 15 folgenden Siegeslieder eher den Untergang der Ägypter.

2.1.3.4.3 Auslegung

Die Route des Auszugs ist von Gott weise vorausgeplant (13,17). Die Nordroute entlang der Mittelmeerküste würde unweigerlich durch das Gebiet der Philister führen. Diese würden die Israeliten sicher nicht unbehelligt durchziehen lassen. Interessanterweise wird hier bereits ein Thema angeschnitten, welches für die Erzählung der Wüstenwanderung zum tragenden Thema wird: der Wunsch Israels, nach Ägypten zurückzukehren. Was Gott hier noch zu vermeiden sucht, wird später zur Dauerbelastung der Beziehung zwischen Gott und Israel. Doch diese Beobachtung erschließt sich erst beim späteren Weiterlesen. Für den Leser dominiert zunächst noch Gottes weise Voraussicht.

Es wird kurz noch erzählt, dass Mose die sterblichen Überreste Josefs mit auf den Weg nimmt (13,19). Durch diese Notiz wird die Zeit Israels in Ägypten nun unwiderruflich beendet. Selbst Josefs uralte Einschätzung der Dinge hat sich bewahrheitet, und nun gibt es nichts mehr, was die Israeliten in Ägypten halten könnte. Dies war zumindest Gottes Absicht für das Volk.

Zur eigentlichen geografischen Route wurde bereits viel geschrieben und spekuliert. Ich verweise hier lediglich auf die gute Zusammenfassung durch Kitchen (348-357). Er weist nach, dass die biblischen Angaben durchaus mit den geografischen Gegebenheiten in Zusammenhang gebracht werden können. Für die eigentliche Auslegung des Textes ist eine weiterführende Beschäftigung mit der Route nicht entscheidend.

Das Thema der Wolken- und Feuersäule wird lediglich kurz eingeführt (13,21-22). Gottes Gegenwart mittels dieser Erscheinungen ist ein wichtiges Element in der späteren Wüstenerzählung. Die Wolkenmetapher spielt in 2. Mose an manchen Stellen eine herausgehobene Rolle. Die „Wolke" steht sowohl für Flüchtigkeit als auch für Großartigkeit und Undurchdringlichkeit. In 2. Mose scheint der Autor alle drei Aspekte mit seiner Darstellung der Gotteserscheinungen verknüpft zu haben: Alle Theophanien sind sowohl sichtbar als auch undurchdringlich, sind überwältigend großartig und zeitlich sehr flüchtig. Mit der Wolkenmetapher sind einige Themen standardmäßig verbunden: Die Wolke führt, kommt herab, spricht, leuchtet, schützt und bestätigt die Autorität der Leiter. So verbindet das Wolkenthema verschiedene Texte innerhalb des zweiten Teils des Buches. In 13,21-22 beginnen diese Verknüpfungen, und in 40,34-38 schließt sich die Kette. Am Anfang der Wanderung geht es vor allem um Gottes Schutz und Führung, die beide Gottes Gegenwart beim Volk charakterisieren.

In der knappen Gottesrede 14,1-4 wird, wie oben bereits angedeutet, der Leser auf das nun Folgende vorbereitet. Es wird eine göttliche Einschätzung der Gedankengänge des Pharaos gegeben (14,3) und dann durch die Verstockungserklärung (14,4a) deutlich gemacht, dass genau dies Gottes Absichten entspricht. Wie bereits zuvor in der Plagenerzählung wird die Verstockungsaussage mit einer Zielaussage zur Erkenntnis Gottes verknüpft (14,4b). Dass dieser erneute Machterweis Gottes höchstens in der damaligen konkreten Situation als pädagogisches Mittel für die Ägypter gedacht war, dürfte klar sein. Hier soll vor allem der israelitische Leser in Kanaan in dieser – sozusagen eine lange Kette abschließenden – Lektion Gottes Größe und Macht erkennen. Die bald folgenden Lieder geben daher Zeugnis vom tatsächlichen Lernerfolg.

Die Israeliten innerhalb des Berichts tun genau das, was Gott von ihnen verlangt (14,4c). Der Gehorsam (bzw. als Gegenpol der Ungehorsam des Volkes) ist ein weiteres Thema, welches sich ab jetzt durch das ganze Buch zieht. Bereits am Ende unseres Textes in 14,31 wird dieses Thema („glauben") aufgenommen.

Die nichts ahnenden Israeliten werden also verfolgt (14,8), eingeholt (14,9) und geraten deswegen vor Angst fast in Panik (14,10). Die nun folgende sarkastische Anklage Moses (14,11-12) ist einleuchtend und verständlich. Es ist die erste Anklage in einer ganzen Reihe von ähnlichen

Anklagen, die die guten Absichten Moses und damit auch seine Autorität untergraben sollen. Zu den späteren sogenannten Murrerzählungen an gegebener Stelle mehr (15,22-26; 16; 17,1-7.8-16; 4Mo 11–21). Doch wird hier bereits die Grundtendenz Israels deutlich: zurück zu den angeblich wunderbaren Bedingungen in Ägypten. Es scheint, als ob sie Ägypten gar nicht genug erwähnen können. Gott muss regelrecht gegen diese Tendenz ankämpfen und forciert seine Route Richtung verheißenes Land. Für den Leser beginnt sich ein gewisses Bild seiner Vorfahren zu formen, noch in den Anfängen, dann aber immer konkreter. Möglicherweise fühlt er sich auch ertappt und durch seine Identifikation mit den ausziehenden Vätern kritisiert. Sollte er eventuell hier etwas lernen, was doch eigentlich schon die Ägypter hätten lernen sollen?

Moses beruhigende Rede (14,13-14) ist offensichtlich auch mehr für den Leser gedacht als für die eigentlich bedrohten Israeliten: In seiner Aussage ist die Voraussage des Sieges Gottes eher wenig konkret. Dem fünfmaligen „Ägypten“ stellt Mose nun ein zweimaliges „JHWH“ entgegen: Es genügt, auf JHWHs Hilfe zu warten; JHWH wird kämpfen und gewinnen. Aus dieser Perspektive ist der Gegner bereits erledigt (Jacob, 412), weil Gott handelt und nicht passiv schweigt.

Die Zurechtweisung Gottes in 14,15 kommt anscheinend etwas ungerechtfertigt, zumal ja soeben Moses ermutigende Rede zu lesen war. Möglicherweise ist daran gedacht, dass Mose nun anhebt, für das Volk zu beten. Dies kann er sich sparen, jetzt ist Eile geboten. Oder Gott zielt über Mose hinweg direkt auf Israels Ausdruck des Unglaubens ab. Auch das ist möglich. Das Volk soll also losziehen – nur wohin? Wieder, wie schon bei einigen der Plagen, kommt Moses Stab als Mittel zur Geltung (14,16). Dass Gott durch die Vermittlung Moses seine Wunder tut, wird ab jetzt immer wichtiger, da er sich dadurch auf dessen Seite stellt und seine Führungsposition bestätigt und festigt. Auch dies ist ein Element der späteren Murrerzählungen innerhalb der Berichte von der Wüstenwanderung.

Die nun folgenden Ereignisse am Schilfmeer werden ohne größere Umschweife berichtet. Die Betonung der Erzählung liegt auf der Aktivität Gottes, der ganz für Israel handelt und so seine Macht zugunsten der

Verfolgten zeigt. Dies ist ja auch die klare erzählerische Absicht, die in 14,17-18 indirekt mitformuliert wird. Das Chaos unter den Ägyptern spiegelt noch ein letztes Mal das Versagen des Pharaos, der es wieder nicht schafft, durch Ordnung und Besonnenheit zum Erfolg zu führen. Hier findet er im so gefürchteten Chaos sein Ende. Dies ist die Absicht der ganzen Inszenierung Gottes (14,4.17-18): JHWH, Israels Bundesgott, ist mächtiger als der damals mächtigste Mann der Welt. Dies galt es zu beweisen, und so wurde es bewiesen. Selbst die ägyptischen Truppen haben es in ihren letzten Augenblicken eingesehen und ausgesprochen (14,25). Gott regelt alle Aspekte des Dramas, und so wird durch die Ereignisse wie auch durch deren Bericht klar, dass Gott unangefochten herrscht. Aber auch hier geht es nicht um die pure Macht oder gar ein selbstbezogenes Sich-beweisen-Müssen, sondern Gott setzt seine Macht für Israels Freiheit ein, die nun abschließend geregelt ist – zumindest äußerlich, denn innerlich zieht es die Israeliten ja immer noch gen Ägypten, zu ihrer Vorstellung des Gelobten Landes.

Der Text stellt uns den Untergang der Ägypter als außerordentliches Wirken Gottes vor. Es war ein Ereignis wie die Schöpfung, wo Wasser vom Land geschieden wurde, um Leben zu ermöglichen, und wo die vorherige Allgegenwart des Wassers als bedrohliches Chaos empfunden wurde. Wieder kommen hier Themen der Schöpfungserzählung im 2. Mose zur Geltung. Israels Volkwerdung ist sozusagen ein Schöpfungsakt Gottes. Hier wird Leben geschaffen, geschützt und gegen den Tod (und gegen Unterdrückung und Willkür) verteidigt. Israel soll eine Gemeinschaft sein, die diese Schöpfungswerte in sich trägt, sie feiert und propagiert. So spiegeln sie ihren Bundesgott, den Schöpfer des Himmels und der Erde, für ihre Umwelt wider. Seinen Beitrag dazu bringt der Text, indem er erzählt und feiert, Perspektiven zurechtrückt und Linien aufzeigt, die nicht nur die Vergangenheit erklären sollen, sondern auch die Gegenwart des Lesers. Dieser Leser wird nun in 14,31 indirekt auf seinen Glauben angesprochen: Er soll sich in das Volk einreihen, welches dort am anderen Ufer steht, voller Ehrfurcht gegenüber dem eben Geschehenen und voller Vertrauen dem Gott gegenüber, dessen Macht sie dadurch gesehen haben.

2.1.3.4.4 Anregung zur Bibelarbeit

Diese Erzählung erschreckt genauso, wie sie Freude auslöst. Gottes Handeln bringt beides hervor, sowohl Tod als auch Leben. Sie will nicht groß erklären, sie will vielmehr Gottes Macht bezeugen und Glauben wecken. Gott selbst soll groß gemacht werden. Es geht darum, dass Israel sich von seinen Loyalitäten dem Pharao gegenüber komplett lösen und sich stattdessen ganz an JHWH halten soll. Dieser Gott hält die Fäden in der Hand, und er tut es zugunsten seines Volkes. „Fürchte dich nicht" (14,13) ist der Ruf zum Vertrauen angesichts der Feinde. Das allerdings bedingt zuerst einen Wechsel der Perspektive. Glaube bedeutet, die Welt mit ihren Gefahren und Bedrohungen aus der Perspektive des lebensbejahenden Willens Gottes neu zu denken, neu einzuordnen und daher Loyalitäten neu zu definieren. So gestaltet Glaube um, zuerst im eigenen Denken und dann auch im näheren und weiteren Umfeld. Dass Gott gesiegt hat, damals am Schilfmeer und damals am Kreuz, muss bekannt und gefeiert werden. Dadurch kann es zur Basis unseres Glaubens und Vertrauens auf Gott werden.

Für das Bibelgespräch bietet sich an, den großen Bogen von 4,31 zu 14,31 zu schlagen. Die Erzählung kommt hier mit dem Thema Glauben zu einem Zwischenziel. Die Teilnehmer könnten die erzählten Momente des Zweifels sammeln und den Antworten Gottes darauf zuordnen. Der Schritt zu eigenen Erlebnissen dürfte nicht schwerfallen. Allerdings ist auch die Möglichkeit von (bislang) ungelösten Momenten des fehlenden oder schwachen Vertrauens einzuräumen und ernst zu nehmen.

Das Thema des Sieges Gottes ist selbstverständlich dominant. Doch könnte eine rundum positive Wahrnehmung dessen durch die explizite physische Gewalt, welche geschildert wird, getrübt werden. Vergleiche dazu die Anmerkungen zum folgenden Schilfmeerlied. Hier gilt es aber zu betonen, dass der Bericht des Auszugs und damit des gewaltsamen Untergangs der Ägypter nicht von der Schadenfreude über ihre Niederlage lebt, sondern von der Freude über die eigene Rettung in größter Not. Dass hierbei die Initiative und somit auch alle Ehre Gott gebührt, macht die berühmte Zusage aus 14,14 explizit. Für die heutige Rezeption dieses Gedankens wäre zu differenzieren zwischen dem berechtigten stillen Warten und bangen Hoffen auf göttliche Rettung einerseits und einem beherzten Sicheinsetzen gegen das Böse andererseits. Kap. 14 bietet zunächst nur einen Bericht zu einer historisch einmaligen Situation. Inwiefern hier auch Paradigmatisches formuliert wird – Ideen, die als Muster gelten können –, bleibt Sache der Auslegung. Bewährt hat sich in diesen Fällen der Blick in andere Texte des Kanons. So kann man zu einem differenzierten Bild kommen. Bereits im Horizont des 2. Mose scheint es auf ein spannungsvolles Nebeneinander der beiden genannten Extreme hinauszulaufen, welches von jedem neu in seiner spezifischen Situation auszuwerten ist. Die Erzählung verdeutlicht: Es gibt eine berechtigte Hoffnung auf das rettende Eingreifen Gottes. Dies ist durch die Gesamtanlage der Auszugserzählung klar dargestellt. Die Art und Weise der Erzählung legt immer wieder nahe, dass es hier (auch) um die grundsätzliche Auseinandersetzung Gottes mit allem Lebensbedrohlichen geht.

2.1.3.5 Befreiungslieder (15,1-21)

2.1.3.5.1 Übersetzung

15,1 Damals sang Mose mit den Israeliten zu Ehren JHWHs dieses Lied. Sie sangen:

Singen will ich JHWH,
denn er ist hoch erhaben,
Pferd und Reiter:
er stürzte sie ins Meer.
2 Meine Stärke ist Jah und mein Lied,
er wurde mir zum Retter.
Dieser ist mein Gott, ihn will ich preisen,
der Gott meines Vaters, ihn will ich erheben.
3 JHWH ist ein Krieger,
JHWH ist sein Name!
4 Des Pharaos Wagen und seine Streitmacht warf er ins Meer,
seine besten Streiter versanken im Schilfmeer.

5 Die Fluten bedeckten sie;
sie fuhren in die Tiefe wie ein Stein.
6 Deine Rechte, JHWH, verherrlicht sich durch Kraft,
deine Rechte, JHWH, zerschmettert den Feind.
7 Mit deiner Hoheit Fülle warfst du nieder, die sich gegen dich erhoben.
Du entfesseltest deines Zornes Glut, er fraß sie wie Stroh.
8 Vor dem Wind deiner Nase türmten sich die Wasser,
stellte das Fließende sich auf wie ein Wall,
erstarrten die Abgründe mitten im Meer.
9 So sprach der Feind: Ich jage nach,
ich hole ein, werde Beute verteilen!
Meine Gier werde ich stillen, werde zücken mein Schwert,
zerstören wird sie meine Hand!
10 Du bliesest mit deinem Atem,
da bedeckte sie das Meer;
sie versanken wie Blei in den gewaltigen Wassern.
11 Wer ist wie du unter den Göttern, JHWH?
Wer ist wie du, mächtig in Heiligkeit,
gefürchtet in Lobesliedern, Wunder vollbringend!
12 Deine Rechte hast du ausgestreckt,
da verschlang sie die Erde.
13 Du führtest in deiner Güte das Volk, das du befreitest,
du führtest es machtvoll zu deiner heiligen Wohnung.
14 Die Völker hörten es und zitterten,
Angstschmerz befiel die Bewohner von Philistia.
15 Damals erschraken die Fürsten Edoms,
Angst erfasste die Mächtigen Moabs.
Es verzagten alle Bewohner Kanaans.
16 Furcht und Schrecken kam über sie,
vor der Kraft deines Armes erstarrten sie wie Stein,
bis dein Volk weitergezogen, JHWH,
bis das Volk weitergezogen, das du erworben hast.
17 Du bringst sie und pflanzt sie ein
auf den Berg, der dein Erbbesitz ist,

an die Stätte, die du, JHWH, zur Wohnung dir gemacht hast,
das Heiligtum, JHWH, das deine Hände gebaut.
18 JHWH ist König, immer und ewig!
19 Als die Pferde des Pharaos, seine Wagen und Reiter in das Meer hinein-
kamen und JHWH die Wasser des Meeres auf sie zurückfluten ließ, nachdem
die Israeliten auf trockenem Boden mitten durch das Meer gezogen waren, 20
da nahm die Prophetin Mirjam, die Schwester Aarons, die Pauke zur Hand
und alle Frauen zogen mit Pauken und im Reigen hinter ihr her. 21 Mirjam
sang ihnen vor: Singt JHWH, denn er ist hoch erhaben: Pferd und Reiter
warf er ins Meer!

2.1.3.5.2 Struktur

Das Buch 2. Mose fügt an dieser Stelle eine poetische Reflexion ein, die sich vor allem an dem eben erzählten Untergang des ägyptischen Heeres entzündet. Das Gedicht geht inhaltlich allerdings weit über dieses Ereignis hinaus und blickt zum Horizont der Landnahme.

Das Gedicht ist unter dem Namen „Lied des Mose“ oder „Schilfmeerlied“ bekannt (15,1-18). Manche sehen in 15,21 ein zweites Lied, das Lied der Miriam. Doch letztlich ist 15,21 lediglich die Wiederholung der ersten Zeile des Moseliedes. So kann man davon ausgehen, dass Miriam und die anderen Frauen einfach das Moselied wiederholten. Verbunden werden die beiden mit einer kurzen erzählerischen Notiz zu dem Ereignis am Schilfmeer und einer Einleitung zum Lobpreis der Frauen (15,19-20).

Das Moselied lässt sich gut in fünf Strophen aufteilen:

I.	1-3	Einleitung und Gottesname
II.	4-6	Untergang des Pharaos durch Gottes Hand
III.	7-11	Gottes Macht *versus* Pharaos Absichten
IV.	12-16	Landnahme in Kanaan
V.	17-18	Zion und das Heiligtum

Zunächst spricht die erste Person Singular (ich) von Gott in der dritten Person. Dies ändert sich in der zweiten Strophe. Gott wird ab jetzt direkt angeredet und der Dichter tritt komplett in den Hintergrund (es wird nur noch vom „Volk“ geredet). Das Thema der ersten drei Strophen ist der

Sieg Gottes bzw. die Niederlage des Pharaos am Schilfmeer. Strophe III greift zu einem interessanten Stilmittel, indem sie die „Mauern des Meeres“ stehen lässt und die Überheblichkeit der Gedankenwelt des Pharaos einblendet (15,9). Erst danach wird erneut der Untergang des Königs und damit auch der Untergang seiner Überheblichkeit beschrieben (15,10-11).

Die Strophen IV und V handeln, vom Standpunkt der Rahmenerzählung aus, von der Zukunft des Gottesvolks. Die Wortfelder des „Sieges“ am *jam suf* (Schilfmeer) finden sich ab 12 nicht mehr. Die Wortfelder „leiten“ (12-13), „Furcht der Völker“ (14-16), „festmachen“ (17-18) dominieren in diesem zweiten großen Teil des Liedes. Themen sind die Wüstenwanderung (zusammen mit der Landnahme) und das Heiligtum. Beides sind klare Brücken zur Gegenwart des Lesers, der somit noch mehr in das Lob Gottes hineingezogen wird.

Formale Paralleltexte finden sich in den Siegestanzliedern von Ri 5; 11,34; 1Sam 18,6; Jer 31,4. Im Gegensatz zu diesen Siegesliedern fällt auf, dass in Ex 15 keine menschlichen Helden besungen werden und dass hier Männer das Lied anstimmen und nicht Frauen. Es wird also, wie in der narrativen Erzählung des Auszugs, die Betonung auf das alleinige Wirken Gottes und die korrespondierende Passivität des Volkes gelegt (Fischer, 37).

2.1.3.5.3 Auslegung

Mose steht hier an der Seite der Söhne Israels, und gemeinsam stimmen sie ein Loblied auf JHWH und seine große Errettung an (15,1a). Diese Eintracht zwischen Mose und Volk ist später kaum noch zu beobachten. Mose wird immer mehr zum Gegenüber des Volkes.

Die ersten drei Strophen nehmen direkt Bezug auf den Untergang des ägyptischen Heeres (1b.4-5.10). Dieses Ereignis ist der Anlass des Gedichts und wird poetisch und theologisch gedeutet. Hieran zeigt sich die Macht und Größe Gottes, wie sie in den lobenden Versen direkt beschrieben wird (3.6.7.11). Die Konzentration auf Gott selbst beginnt bereits in Strophe I mit den verschiedenen Gottesbezeichnungen, Jah, Gott (El, Elohe) und JHWH. Der Höhepunkt ist in 3b: JHWH ist sein Name.

Dies war der Name, wie er in 2Mo 3 diskutiert wurde, und genau so hat sich Gott erwiesen.

Die folgenden zwei Strophen (II und III) leben von der Gegenüberstellung zwischen Pharao und JHWH. Der König selbst, Kriegswagen, die königliche Streitmacht, die besten Soldaten des Königs (4) und das selbstsichere, überzogene „ich" mit seiner Gier, seinem Schwert und seiner „Hand" (9) stehen auf der einen Seite. Auf der anderen stehen die „Rechte" Gottes (6), seine Hoheit, sein Zorn, sein Atemhauch, oder „Wind seiner Nase", der direkt den Wind aus 14,21 aufnimmt (7-8). Gott kontrolliert die Wassermassen (5.8.10), der Pharao geht darin unter wie ein Stein, wie Blei (5.10c). Als Resümee wird in V. 11 die Erhabenheit Gottes über alle Götter, inklusive der ägyptischen und ihres Repräsentanten, besungen. Der Ausdruck „gefürchtet in Lobesliedern" verweist auf die Ehrfurcht ge-bietenden Taten Gottes, die im Lied erinnert werden und wofür Gott gerühmt wird.

Die vierte Strophe springt anachronistisch in die Zukunft, schildert die Wüstenwanderung und damit implizit die Landnahme Israels in Kanaan. Derselbe Gott, der mit der Weltmacht Ägypten am Schilfmeer fertigwurde, würde sein Volk auch durch das Völkermeer der kleinen Völker Kanaans sicher führen. So wie die Wasser des Schilfmeeres erstarrten (8), erstarrten auch die Völker (16), von denen hier drei exemplarisch genannt werden. Machtvoll führte JHWH sein Volk Richtung Kanaan, und so lief ihm sein Ruf voraus. Hier geht es mehr um den Weg, obwohl das Ziel („Gottes Wohnung") auch genannt wird (13).

In der fünften Strophe wird das eigentliche Ziel des Auszugs und der Wüstenwanderung poetisch beschrieben. Es kann kaum Zweifel bestehen, dass hier der Tempelberg und der Tempel in Jerusalem gemeint sind. Der Sinai ist hier ausgeblendet, da ja bereits die anderen Stationen der Wanderung zum verheißenen Land passiert wurden. Das Ziel des Auszugs ist auf jeden Fall ein sicherer Ort in der Gegenwart des allmächtigen Gottes. Der Auszug hat ein Ziel, welches mit dem bloßen Verlassen Ägyptens noch lange nicht erreicht ist. So ist der Auszug zwar der grundlegende Beginn, doch das Ziel ist ein Leben in der Sicherheit eines eigenen Territoriums mit dem Zentrum des Heiligtums ihres mächtigen Königs.

Der krönende Höhepunkt des Liedes ist das Bekenntnis Gottes als König (18). Hier wird das ausgesprochen, was vorher immer schon zwischen den Zeilen anklang. Gott erweist sich im Buch 2. Mose als würdiger und verlässlicher König seines Volkes. In der altorientalischen Weltanschauung gilt der König als der Vertreter des göttlichen Segens, der sich durch Schutz, Ordnung und Wohlstand zeigt. Dieses königliche Bild Gottes wird sich im Laufe des Buches immer weiter konkretisieren. Außenpolitisch nimmt JHWH es mit den Ägyptern und Midianitern auf. Innenpolitisch sorgt er mit seinen weisen Gesetzen und Regelungen für Ordnung und Gerechtigkeit innerhalb der Volksgemeinschaft. Der Wohlstand ist noch in den Anfängen begriffen, doch zeigt die aufwendige Konstruktion des Zeltheiligtums bereits, wie es dem Volk materiell geht. Zu diesem letzten Bereich gehört auch Gottes Versorgung des Volkes durch Wasser, Manna und Wachteln, wo nichts dergleichen zu erwarten war.

Für das Lied des Mose lässt sich also eine zentrale Bedeutung für das Buch 2. Mose festhalten. Das Thema des Auszugs ist nun abgeschlossen und theologisch reflektiert worden. Gleichzeitig werden grundlegende Teile der Erzählentwicklung vorweggenommen und damit die Wahrnehmung alles nun Folgenden bestimmt. Das Schilfmeerlied bietet sich also als hermeneutischer Schlüssel für 2. Mose an. Es markiert den Übergang des Volkes in eine neue Phase der Existenz (Fischer 1996, 37). Diese neue Existenz liegt begründet in der Rettungstat Gottes und bestimmt die „theokratische" Grundanlage der politischen und religiösen Identität Israels. Das poetische Genre ist für diese kommunikativen Zwecke aufgrund seiner metaphorischen Offenheit, Emotionalität und Memorabilität sehr angemessen.

In 5,2 fragt der König nach der Identität JHWHs, dem Volk wird in 6,7 (10,2) vorausgesagt, dass sie JHWH erkennen werden, und Kap. 15 spiegelt diese Erkenntnis. Ab jetzt wird das entstehende Bild Gottes immer detaillierter und für den intendierten Leser situationsabhängig konkreter.

2.1.3.5.4 Anregung zur Bibelarbeit

Im Gesamtzusammenhang der Herausführung Israels aus Ägypten (12,1–15,21) spielen die Siegeslieder eine zentrale Rolle in der Wahrnehmung der (fernen) historischen Ereignisse für den Leser. Wie die Bestimmungen zu den Festen (12,1–13,6) betont auch 15,1-21 die Erinnerung an das zentrale Ereignis des Auszugs. Das Passahfest zusammen mit dem Mazzoth-Fest markiert für die späteren Generationen Israels eine heilige Zeit, in der der Gott des Auszugs gefeiert wird. Das Moselied mit seiner Betonung des Tempels (15,13.17) weist in Ergänzung dazu auf den heiligen Ort, in dem gefeiert wird. So zeigt 2. Mose den Rahmen auf, in dem sich das Wunder der Errettung, welches sich in der Vergangenheit ereignet hat, für den Leser vergegenwärtigen kann (vgl. Steins). Die damalige Errettung hat durch alle Zeiten hin Bedeutung, da sie das Volk Israel konstituiert. So wurde Israel letztlich zum Volk Gottes und damit zu einem Volk, das nicht von einem Pharao bestimmt wird, sondern sich von seiner Nähe zu Gott zu bestimmen hat. Diese Nähe zu Gott ist für Israel das immer wieder gefährdete zentrale Element des Gerettetseins, wie sich im weiteren Verlauf des 2. Mose zeigen wird.

Darüber hinaus lenkt das Moselied mit seiner ausschließlichen Konzentration auf das Handeln und damit auf die Größe Gottes die Aufmerksamkeit auf die Konstante, die auch für die Leser Rettung möglich macht: JHWH selbst. Er ist und bleibt derselbe Gott, und daher ist auch Ähnliches von ihm zu erwarten.

Aus moderner Sicht kann das Gedicht durch seine Beschreibung Gottes als Kriegsherr, dessen Macht sich durch militärische Gewalt ausdrückt, anstößig wirken. Zunächst gilt es, sich den biblischen Texten zu stellen und sie auch in ihrer Sprache der Gewalt ernst zu nehmen. Vorschnell diese Sprache zu vergeistigen und auf einen Kampf zwischen Gott und Satan oder Gott und der Ungerechtigkeit zu verweisen, domestiziert den Text in eine unanstößige Harmlosigkeit. Das soll nicht heißen, dass es unmöglich ist, das Bild des Kampfes auch für den geistlichen Bereich zu verstehen. Vielleicht aber sollte man gleichwohl anerkennen, dass die Sprache der Gewalt durchaus hilfreich sein kann, Gefühle und Realitäten in einer Welt, die durch Ungerechtigkeit und Gewalt geprägt ist, auszudrücken. Es handelt sich ja hier um das Lied von Menschen, die gerade eben einem unsäglichen Zustand entronnen sind. Sie feiern ihren Befreier, auch wenn er, um ihre Befreiung durchzusetzen, Gewalt angewendet hat.

Hinzu kommen noch zwei weitere Aspekte. Zunächst sind solche Metaphern immer auch kulturell bedingte Ausdrücke. In bestimmten Kulturen und Zeiten sind militärische Bilder durchaus angemessen für die Beschreibung dieser Realitäten. In anderen Zeiten und Kontexten, vor allem im Blick auf unser deutsches geschichtliches Erbe des letzten Jahrhunderts, ist es möglicherweise notwendig, andere Metaphern für den Sieg Gottes zu finden, damit nicht eine triumphalistische Sprache den eigentlichen Sinn unserer Worte verdeckt oder gar ins Gegenteil verkehrt. Es ist also eine gewisse Sensibilität angebracht.

Als letzten Aspekt soll noch auf den kultischen Sitz im Leben hingewiesen werden. Das Schilfmeerlied feiert Gottes Macht mit Worten, lässt alleine Gott als Handelnden gelten. Das Volk Israel selbst beobachtet lediglich und stellt am Ende verwundert fest, dass es gerettet ist. Durch diese Anlage des Liedes ermutigt es in keiner Weise menschliche Gewalt. Das Lied lässt sich möglicherweise als Ausdruck einer Weltsicht verstehen, wie sie auch und vor allem in den sogenannten Rachepsalmen beschrieben wird. Im Klagegebet wird dort die persönliche Rache an Gott abgetreten. Die Rachepsalmen sind gerade das auf Gott hoffende Verzichten auf die eigene Durchsetzung von Gerechtigkeit. Dort findet die Not des Beters relevanten Ausdruck in der Klage. Hier, im Schilfmeerlied, findet die Freude des Beters über hergestellte Gerechtigkeit ihren Ausdruck im Loblied.

Für ein Bibelgespräch wäre es noch möglich, auf die sowohl zurückblickenden als auch auf die nach vorne blickenden Aspekte des Liedes hinzuweisen. Unsere Erinnerung an Jesu Leben, Tod und Auferstehung, welches ein historischer Fakt in der Vergangenheit ist, hat genauso Implikationen für unsere Gegenwart und Zukunft wie die Rettung Israels am Schilfmeer.

2.2 Israel wird von Gott in der Wüste geleitet, geschützt und versorgt (15,22–18,27)

Die in diesem Kommentar gewählte Gliederung des Buches 2. Mose ist ein Kompromiss. So wurde das Schilfmeerlied, welches als poetischer Text hervorsticht, als Abschluss des Auszugs gewählt. Allerdings ist Israel schon seit 13,17 unterwegs. Also ließe sich der Beginn der Wüstenerzählung mit guten Gründen bereits dort ansetzen. Würde man die ganzen Abschnitte, die mit dem eigentlichen Auszug und dem Untergang der ägyptischen Armee enden, mit hinzunehmen, so ergäbe sich eine interessante Struktur der Wüstenerzählung:

A	Militärische Bedrohung (Ägypten; 13,17–15,21)
B	Versorgungsproblem (kein Trinkwasser; 15,22-27)
C	Versorgungsproblem (kein Brot; 16,1-36)
B'	Versorgungsproblem (gar kein Wasser; 17,1-7)
A'	Militärische Bedrohung (Amalekiter; 17,8-16)

Allerdings steht dabei der erste Block (A) mit seiner Länge in keinerlei Entsprechung zum letzten Abschnitt (A'). Das ließe sich durchaus durch die Bedeutung des Auszugs für die israelitische Geschichte erklären. Die anderen Abschnitte sind eindeutig aufeinander bezogen, und somit muss der durch sie entstehende Kontext in die Auslegung der Einzeltexte besonders hineingenommen werden.

Der letzte Abschnitt der Wüstenerzählung vor der Ankunft des Volkes am Sinai (18,1-27) ist thematisch anders geprägt. Im ersten Teil der Wüstenerzählung geht es um Bedrohungen von außen. In diesem letzten Teil hingegen wird eine mögliche Bedrohung des Volkes von innen diskutiert und bereits vor Ausbruch eines Konflikts gelöst.

Was die Teile der Wüstenerzählung allerdings alle eint, ist die Infragestellung der Autorität und Fähigkeiten Moses. Bereits in 14,11-12 wurden seitens des Volkes ernsthafte Zweifel ob Moses guter Absichten geäußert. Dies wird in 15,24; 16,2-3 und 17,2-3 berichtet. Die Schlüsselworte sind „murren" (*lwn*) und „prüfen" (*nsh*). So nennt man diese drei Abschnitte auch Murrerzählungen oder Rebellionstexte. Erzählungen nach demselben Muster finden sich auch in 4Mo 11–21 (vgl. Kupfer). 2Mo 18 lässt sich ebenfalls thematisch hier einordnen, da sich die von Jitro vorgeschlagene Strukturreform für Moses Autorität einsetzt und seine Führungsqualitäten stärkt. So blieb die Rebellion in diesem Fall aus.

Die gesamte Wüstenerzählung beschreibt Gottes Bewahrung vor inneren und äußeren Gefahren. Immer ist es Mose, der in seiner Position gestärkt aus den Konflikten hervorgeht, da sich JHWH vorbehaltlos hinter ihn stellt und nur durch ihn die Errettung herbeiführt, nicht an ihm vorbei. Beim Schilfmeer streckte Mose seinen Stab aus; in Mara warf Mose ein Holz ins Wasser; bei Refidim kommen sowohl Wachteln als auch Manna erst nach seiner Vorhersage; das Wasser kommt nach Moses Schlagen aus dem Felsen; die Amalekiter verlieren nur, weil Mose die Hände hochhält, und des Volkes Gerichtssystem wird stabilisiert, weil er die Zwischeninstanzen einführt. Gott gibt Mose jeweils die Mittel zur Lösung des Problems, doch immer ist der Kanal der Rettung Mose selbst. Dies ist eine wichtige Beobachtung, um die Gesamtzielrichtung dieses großen Abschnitts in den Blick zu bekommen. Alle diese Einzeltexte sind offensichtlich ausgewählt und an dieser Stelle gruppiert, um die historischen Ereignisse um dieses eine Thema herum zusammenzufassen. So sollten Details, die aus unserer Sicht historisch deplatziert erscheinen, eher der zusammenfassenden und zusammenstellenden thematischen Absicht des Autors in Rechnung gestellt werden, als dass komplizierte Erklärungsversuche, sowohl ausgleichende biblizistische als auch radikale historisch-kritische, versucht werden.

Im Ganzen der Erzählungen wird deutlich, wie typisch die Beziehungen zwischen Gott und Volk, Gott und Leitung und Leitung und Volk bereits in dieser ersten Zeit Israels als Volk abgelaufen sind. Auf dem Hintergrund dieses komplexen Beziehungsgeflechtes bekommt der dann folgende Bundesschluss zwischen Gott und Israel, zusammen mit den dort formulierten Idealen, einen durchaus realistischen Rahmen. Gott schließt seinen Bund mit einem rebellischen und unzufriedenen Volk, welches Schwierigkeiten hat, die Dinge aus Gottes Perspektive wahrzunehmen. Er nimmt sie trotzdem als königliches Priestertum und heiliges Volk in die Pflicht und legt ihnen seine Ideale vor. Diese bewusste Abkehr von der Idee eines frommen und gehorsamen „Ur-Israel" wird später durch die Erzählung des Goldenen Kalbes in allen Details untermauert. Es fehlt jede verklärende Beschreibung einer als glorreich interpretierten Urvergangenheit. Israel ist von Anfang an so, wie es der Leser aller Wahrscheinlichkeit nach aus eigener Erfahrung kennt.

2.2.1 Mara und Elim (15,22-27)

2.2.1.1 Übersetzung

15,22 Daraufhin ließ Mose Israel vom Schilfmeer aufbrechen. So zogen sie
in die Wüste Schur und wanderten drei Tage in der Wüste und fanden kein
Wasser. 23 Da kamen sie nach Mara, und auch das Wasser von Mara konnten
sie nicht trinken, da es bitter war. Darum heißt es auch Mara (bitter). 24 So
murrte das Volk gegen Mose und sie sagten: Was sollen wir trinken? 25 Der
schrie zu JHWH, und JHWH zeigte ihm ein Holz. Als er es in das Wasser
warf, wurde das Wasser trinkbar.

Dort legte er <auch> Vorschriften und Ordnungen für es fest, und dort
prüfte er es. 26 Und er sagte: Wenn du auf die Stimme JHWHs, deines
Gottes, hörst und tust, was in seinen Augen richtig ist, wenn du achtest seine Gebote und hältst alle seine Vorschriften, dann werde ich dir keine der Krankheiten schicken, die ich den Ägyptern geschickt hatte, denn ich bin JHWH, der dich heilt.

27 Hierauf kamen sie nach Elim. Dort waren zwölf Wasserquellen und siebzig Palmen. Dort lagerten sie am Wasser.

2.2.1.2 Struktur

Diese kurze Erzählung besteht aus drei mehr oder weniger verbundenen Szenen. 15,22-25a ist die erste der Murrerzählungen: In denkbar knapper und gedrängter Weise wird beschrieben, wie Gott durch Mose das Volk mit notwendigem Wasser versorgt. 15,25b-26 mit seiner Rede zu Geboten und Gehorsam scheint recht unvermittelt damit verbunden zu sein. Einen positiven Abschluss bietet 15,27: Nun sind Wasser und Schatten in symbolischer Fülle vorhanden. Welches Thema diesen Abschnitt eint, gilt es im Anschluss an die Auslegung zu beantworten.

2.2.1.3 Auslegung

Nach dem Siegeslied sollte es nun voller Kraft und Motivation Richtung Kanaan gehen, wo doch schon im Schilfmeerlied die Siege Gottes auf dem Weg in das Land besungen wurden. Dies könnte die Erwartungshaltung des Lesers (und auch des reisenden Volkes) sein, die nun allerdings gleich ernüchtert wird. Verglichen mit dem Rest der Anlage der Erzählung nimmt die Schilderung des Problems erstaunlich viel Platz ein (15,22b-23), wobei dann noch eine Namenserklärung eingeschoben wird. Wasser ist lebensnotwendig, und so verwundert die Frustration des Volkes eigentlich nicht sonderlich. Auch wenn das Element des Murrens nicht sehr stark ausgeprägt ist (14,24), ist es doch weit mehr als der Ausdruck einer gewissen Unzufriedenheit: Es ist Rebellion, eine offene Konfrontation und Anklage. Mose nimmt sich des Problems an, indem er sich an JHWH wendet. Dessen Antwort löst das Problem für das Volk und bestätigt die Abhängigkeit des Volkes von Mose (15,25a).

Die nun genannten Vorschriften und Ordnungen, eigentlich im Singular, aber hier wahrscheinlich kollektiv zu verstehen, kommen recht unvermittelt (15,25b). Eine mögliche Beziehung könnte durch das Erwähnen des Prüfens hergestellt werden, welches ja zum Erzählmuster eines Rebellionstextes gehört. Die rabbinische Auslegung sieht einen Berührungspunkt in der Idee, dass das Studium der Thora genauso lebenswichtig sei wie Wasser, der Verzicht auf beides führe nach drei Tagen zum Tod (Houtman 1993, 310). Auch möglich ist die Verknüpfung über die Krankheiten, welche in 15,26 erwähnt werden, mit den Konsequenzen, die das Trinken des bitteren Wassers gehabt hätte. Offensichtlich interpretiert der Text durch die Nebeneinanderstellung beider Aspekte Israels Reaktion auf das nicht trinkbare Wasser als Ungehorsam Gott gegenüber – worin sonst sollte hier die Prüfung bestanden haben (15,25b)? Wenn Israel bestehen will, in der Wüste und auch später, so müssen sie Gott und seinen Geboten gegenüber gehorsam sein. So wurde in der obigen Übersetzung auch die hebräische Wendung hörend hören (eine sog. *figura etymologica*) in V. 26 als hören und tun (gehorchen) wiedergegeben. Diese Grundeinstellung des Glaubens gehört von Anfang an zum Gottesvolk, dann werden auch weiterhin solche Probleme von JHWH selbst gelöst werden.

Bedenken wir die thematische Gesamtanlage der Wüstenerzählung, muss es auch nicht verwundern, dass bereits in 15,25-26, lange vor dem Gesetzesempfang am Sinai, von Geboten und Vorschriften die Rede ist. Diese chronologische Spannung wird in Kauf genommen.

Die nächste Reisestation in Elim (15,27) bedeutet für Israel genau das Gegenteil von Mara. Es ist so, als ob Gott hier sein „heilendes" und versorgendes Sichkümmern zeigen möchte. Die Zahlen sind wohl symbolisch zu verstehen, auch wenn es natürlich genau so gewesen sein kann. Dann wären allerdings die 70 Palmen recht dürftig für so viele Menschen. Zwölf ist die Zahl der Stämme und 70 die Zahl der Ältesten (24,1). Es war also genug für alle da – das ist die Absicht dieses Verses. Hier erleben die Israeliten die Segnungen eines den Geboten gehorsamen Lebens.

2.2.1.4 Anregung zur Bibelarbeit

Ägypten ist das Land der Krankheiten. Die sollten die Israeliten hinter sich lassen und nun Gottes Heilung in Anspruch nehmen. Dass ein Aufenthalt in der Unwirtlichkeit der Wüste für ausgebeutete Zwangsarbeiter nicht einfach sein würde, war abzusehen. Die Vergänglichkeit, der das Volk ausgesetzt war, ist offensichtlich. Einfach ist es nicht, aber man sollte mit Gottes Gegenwart und seinem guten Willen rechnen. So gibt Gott auch das, was nötig ist. Gottes Treue ist also ebenso offensichtlich.

Was vielleicht besonders protestantische Leser erstaunen wird, ist die klare Bedingtheit der göttlichen Heilung. Hier geht es aber nicht darum, dass Gott nicht heilen wird, wenn man sich nicht korrekt verhält.

Es geht vielmehr um das Ausbrechen aus „ungesunden" Verhaltensweisen und Umständen, welches Heilung nach sich zieht. Wer sich gegen Gott stellt, bringt aufgrund der Ersatzwerte, die er dann anstelle der göttlichen Werte akzeptiert, deren ungute Konsequenzen auf sich. So geschah es den Ägyptern unter der Leitung ihres Königs. Gehorsam gegenüber Gottes Vorstellungen vom Leben zieht sozusagen in Konsequenz Heilung nach sich, da man sich bewusst in den Raum des Lebens stellt und in der Nähe des Lebensgebers sein Dasein gestaltet.

Vielleicht wäre in einem Bibelgespräch interessant, sich über Brueggemanns Anmerkung zu diesem Text zu unterhalten: „Speziell der Konsumismus zerstört die Menschlichkeit unter uns, zusammen mit den Werten der Familie und Gemeinschaft. Wenn der Konsumismus Krankheitsbilder, wie z.B. in unangemessenen Beziehungen missbrauchte Menschen, produziert, dann gibt es innerhalb dieses Systems keine Hoffnung auf Heilung. Heilung erfordert das Ausscheren aus diesem System, damit wir eine neue Art von Beziehungen leben können, wie sie die Thora nahelegt. Wie die Israeliten, welche sich die ägyptischen Fleischtöpfe herbeisehnen, so können wir unablässig versucht sein, das anzunehmen, was uns das krankmachende System anbietet. Gottes Gebot lädt dazu ein, autorisiert und fordert einen tief gehenden und bewussten Bruch mit Ägypten, damit Heilung stattfinden kann. Es gibt keine billige, einfache Heiligung, aber es gibt Heilung. Die, die sich auf JHWHs Ordnungen einlassen und diesen Bruch vollziehen, werden sich in einer Oase, überfließend von gutem Wasser, wiederfinden" (Brueggemann, 809, Übersetzung S.K.).

2.2.2 Wüste Sin: das Manna und der Sabbat (16)

2.2.2.1 Übersetzung

16,1 Sodann brach die versammelte Mannschaft der Israeliten von Elim auf und kam in die Wüste Sin, die zwischen Elim und dem Sinai liegt, am fünfzehnten Tag des zweiten Monats nach dem Auszug aus Ägypten.

2 Da murrte die Versammlung der Israeliten gegen Mose und Aaron in der Wüste. 3 Die Israeliten sagten zu ihnen: Wären wir doch durch die Hand JHWHs in Ägypten gestorben, als wir an unseren Fleischtöpfen saßen und genug zu essen hatten! Doch ihr habt uns in diese Wüste geführt, um diese Kultgemeinschaft durch Hunger zu töten.

4 Da sprach JHWH zu Mose: Seht, ich will euch Brot vom Himmel regnen lassen. Das Volk soll dann täglich hinausgehen, aber nur für den täglichen Bedarf sammeln. Damit will ich es prüfen, ob es nach meiner Weisung leben will oder nicht. 5 Wenn sie aber am sechsten Tag das, was sie gesammelt haben, zubereiten, wird es sich als doppelt so viel erweisen, wie sie sonst tagtäglich sammeln.

6 Mose und Aaron sprachen zur versammelten Mannschaft der Israeliten: Am Abend werdet ihr erkennen, dass JHWH es ist, der euch aus Ägypten herausgeführt hat. 7 Und morgen früh werdet ihr JHWHs Herrlichkeit sehen, der euer Murren gegen ihn gehört hat. Wer aber sind wir, dass ihr gegen uns murrt? 8 Mose fuhr fort: Daran, dass JHWH euch heute Abend Fleisch zu essen gibt und morgen früh Brot zum Sattwerden, werdet ihr erkennen, dass JHWH euer Murren gegen ihn gehört hat. Doch wer sind wir? Nicht gegen uns richtet sich euer Murren, sondern gegen JHWH.

9 Darauf sagte Mose zu Aaron: Teile der Versammlung der Israeliten mit: Tretet vor JHWH, denn er hat euer Murren gehört!

10 Als Aaron der Versammlung der Israeliten dies mitgeteilt hatte und sie sich zur Wüste hinwandten, erschien die Herrlichkeit JHWHs in einer Wolke. 11 JHWH sprach zu Mose: 12 Ich habe das Murren der Israeliten gehört. Sage ihnen: Heute Abend werdet ihr Fleisch essen und morgen früh euch mit Brot sättigen. So werdet ihr erkennen, dass ich, JHWH, euer Gott bin.

13 Und tatsächlich: Am Abend kam ein Schwarm Wachteln und bedeckte das Lager. Am Morgen aber war Tau rings um das Lager. 14 Als der Tau verdunstete, siehe, da lag auf dem Boden der Wüste etwas Feines, wie Flocken, fein wie Reif auf der Erde. 15 Als die Israeliten dies sahen, sagte einer zum anderen: Was ist das? Denn sie wussten nicht, was es war. Da sagte Mose ihnen: Das ist das Brot, das JHWH euch zu essen gibt.

16 Diese Sache befiehlt euch JHWH: Jeder von euch sammle davon gemäß seinem Bedarf, ein Omer pro Kopf, nach der Anzahl eurer Personen <in

der Familie>. Jeder hole davon für so viele, wie in seinem Zelt sind. 17 Die Israeliten machten es so und sammelten, einer viel, der andere wenig. 18 Als sie aber mit dem Omer maßen, hatte der, der viel gesammelt hatte, keinen Überfluss, und wer wenig gesammelt hatte, keinen Mangel. Jeder hatte gesammelt, soviel er essen konnte.

19 Weiter sprach Mose zu ihnen: Niemand hebe etwas davon bis zum nächsten Morgen auf! 20 Sie aber hörten nicht auf Mose, sondern einige hoben etwas bis zum Morgen auf. Da war es voll Würmer und faulte und Mose wurde über sie zornig. 21 So sammelten sie es Morgen für Morgen auf, jeder nach seinem Bedarf. Sobald aber die Sonne zu brennen begann, zerschmolz es.

22 Am sechsten Tag sammelten sie doppelt so viel Brot, zwei Omer für jeden. Da kamen die Vorsteher der Versammlung und meldeten dies Mose. 23 Er sagte zu ihnen: Das ist, was JHWH gemeint hat: Der Ruhetag, der heilige Sabbat JHWHs, ist morgen. Was ihr backen wollt, das backt, und was ihr kochen wollt, das kocht. Alles, was übrig bleibt, legt euch zurück, um es für morgen aufzubewahren. 24 Sie legten es bis zum folgenden Morgen zurück, wie es Mose angeordnet hatte. Es faulte nicht, noch bildeten sich Würmer darin. 25 Mose sprach: Esst es heute, denn heute ist JHWHs Sabbat; heute werdet ihr draußen nichts finden.

26 Sechs Tage sollt ihr es auflesen, am siebten Tag ist Sabbat; da gibt es nichts.

27 Als dennoch am siebten Tag einige vom Volk hinausgingen, um zu sammeln, fanden sie nichts. 28 Da sagte JHWH zu Mose: Wie lange wollt ihr euch weigern, meine Befehle und Weisungen zu befolgen? 29 Seht doch, JHWH hat euch den Sabbat gegeben, und deswegen gibt er euch am sechsten Tag Brot für zwei Tage. Jeder bleibe daheim; niemand verlasse seinen Ort am siebten Tag. 30 Also ruhte das Volk am siebten Tag.

31 Das Haus Israel nannte es Man. Es war weiß wie Koriandersamen und schmeckte wie Honigkuchen. 32 Mose sprach: Dies ist das Wort, welches JHWH befiehlt: Bewahrt ein volles Omer davon für eure künftigen Generationen auf, damit sie das Brot sehen, mit dem ich euch in der Wüste ernährt habe, als ich euch aus Ägypten herausgeführt hatte. 33 So befahl Mose Aaron: Nimm einen Behälter, schütte ein Omer Man hinein und stelle ihn *vor JHWH, damit es für die künftigen Generationen aufbewahrt werde. 34 Wie also JHWH Mose befohlen hatte, nahm Aaron einen Behälter und stellte das Man zur Aufbewahrung vor das Zeugnis <des Bundes>.*

35 Die Israeliten aßen das Man vierzig Jahre lang, bis sie in bewohntes Gebiet kamen, bis sie die Grenze Kanaans erreichten. 36 Ein Omer ist ein zehntel Efa.

2.2.2.2 Struktur

Dieses Kapitel behandelt eine weitere Notlage der Israeliten während ihrer Wüstenwanderung und verbindet damit eine erste Reflexion zum Sabbat. Nach der eigentlichen Murrerzählung (16,1-15) wird die Aufnahme des Brotes seitens der Israeliten beschrieben (16,16-30). Den Abschluss bildet 16,30-36 mit einer Anweisung zur Erinnerungskultur Israels.

Besonders die Murrerzählung ist nun wesentlich mehr ausformuliert, und ihre Standardelemente sind (fast) alle vorhanden:

- Der Murrvorwurf wird geäußert (2-3).
- Die Notsituation wird geschildert (3).
- (Moses Reaktion auf den Angriff wird nicht berichtet.)
- Gott kommuniziert (allein) Mose die Lösung (und gibt zusätzlich die Anweisungen zum Manna; 4-5.10-12).
- Mose teilt dem Volk die Anweisungen mit (6-9).
- Als Konsequenz regnet es Wachteln und Manna (13-15).

In dieser Erzählform wird deutlich, dass neben dem Lösen der Notsituation vor allem Moses Autorität gestützt werden soll. Teil 2 und Teil 3 dieses Abschnitts folgen der Logik des Ereignisses.

2.2.2.3 Auslegung

Nun wird also eine weitere Episode in die Reihe der Wüstenerzählung eingefügt, die passend zum Thema der Autorität Moses und des Kümmerns Gottes um sein Volk ausgesucht wurde. Diesmal sind es nicht ganz allgemein die Gebote JHWHs, die die Verbindung zum Kontext des Lesers herstellen, sondern ein ganz konkretes Gebot, das Sabbatgebot. Wenn es nur um die Lösung der Notsituation gegangen wäre, hätte der Text mit 16,15 aufhören können.

Dieser erste Teil wird erneut durch eine Reisenotiz eingeleitet (16,1) und geht dann sofort auf den Angriff des Volkes gegen ihre Leiter über (16,2-3). Die Vision des Volkes ist zurückgewandt und glorifiziert die Situation in Ägypten. Dieser Wunsch nach Rückkehr wurde oben zu 13,17 und 14,11-12 bereits als Grundtendenz des Volkes angesprochen. Gott redet daraufhin mit Mose und weiht ihn in das ein, was er mit seinem Volk vorhat und warum (16,4-5). Es geht Gott vor allem um die Prüfung ihrer Loyalität. Durch die Sabbatregelung soll dies geschehen.

Das Volk klagt direkt Mose und Aaron an, weil sie greifbar sind. Diese jedoch verweisen (zu Recht) auf Gott, den das Volk eigentlich mit seinen Vorwürfen kritisiert (16,6-7.8b). Der hat sie aus Ägypten herausgeführt, nicht Mose oder Aaron, und er wird sich auch verantwortlich zeigen für die Versorgung des Volkes in der Wüste. Zunächst ging es von Gottes Seite her nur um das Man (woraus später „Manna“ wurde). Das Fleisch erwähnt Mose eher eigenständig (16,8a). Doch Gott stellt sich dann auch dazu (16,12-13). Auch wenn Mose für dieses Wunder nicht symbolisch handeln muss, stellt sich Gott ganz bewusst hinter Mose, da er nur ihm (und Aaron) die Lösung vorhersagt und sie die damit verknüpften Anweisungen weitergeben müssen.

Das Manna selbst wird beschrieben (16,14), und viele Erklärungsversuche naturalistischer Art zu dessen Identität wurden vorgeschlagen. Letztlich gehen diese alle am Text vorbei, da dieser vor allem auf JHWHs (wunderbare) Versorgung abzielt und die mit dem Akt des Sammelns verbundenen Konsequenzen für die Arbeitswoche Israels. Manna ist ein lautmalerischer Name: *mān hû'* (16,15) bedeutet einfach „Was ist das?“. Es ist also eigentlich das Fehlen eines Namens für das Unbekannte. Mose selbst füllt dann diese Lücke mit Inhalt: „Dieses Brot kommt von Gott, damit ihr hier am Leben bleibt.“

Zusammen mit dem seltsamen Brot kommen zwei Bedingungen: Erstens sollen die Israeliten nur für ihren jeweiligen Tagesbedarf sammeln (16,16-21) und zweitens sollen sie am siebten Tag nichts sammeln (16,22-30). Neben die göttlichen Anweisungen stellt der Autor jeweils die Erfahrungen, die das Volk mit dem Manna macht. Bezüglich beider Anweisungen erweist sich das Volk erst durch die Erfahrung als lernbereit, das bloße Wort Gottes hat nicht denselben Erfolg. Das wird in der Erzählung jeweils kurz kommentiert (16,20b und 28-29). Durch diese Einschübe vermittelt der Autor dem Leser seine Interpretation des Verhaltens der Israeliten. Gottes „Wie lange noch …?" (16,28) legt nahe, dass Israel eher langsam lernt – vielleicht so langsam, dass selbst der Leser sich durch diese Erzählung in seinen eigenen Einstellungen ertappt fühlt oder seine Gesellschaft gemeint weiß. Etwas überraschend kommt dann das Ende dieses Abschnitts (16,30): Hat Israel es tatsächlich schon jetzt gelernt?

Aber anscheinend ist dem Autor tatsächlich daran gelegen, nicht zu sehr Israels Anfälligkeit für Ungehorsam zu betonen. Das Ende des Kapitels (16,31-36) erwähnt überhaupt nichts von den Schwierigkeiten Israels, sondern konzentriert sich allein auf die Erinnerung an das wunderbare Brot, mit dem Gott sein Volk in der Wüste ernährt hat. Das Ausblenden jeglicher bleibenden Konsequenzen für Israels Rebellionen ist besonders auffällig, wenn man die Murrerzählungen aus 4. Mose zum Vergleich heranzieht. Dort kommt es durchaus zu Strafhandlungen Gottes an seinem störrischen Volk. „Diesseits von Sinai" bleibt das Versagen bei den Prüfungen (15,25; 16,4) folgenlos.

Den Schluss bilden zwei knappe Notizen. Die erste weiß schon von der Dauer der gesamten Wüstenwanderung Israels (16,35). Die letzte aktualisiert anscheinend eine ältere Maßeinheit für den Leser (16,36).

2.2.2.4 Anregung zur Bibelarbeit

Nicht zu hamstern, wenn man in der Wüste nicht weiß, was der nächste Tag bringt, fordert schon einiges Vertrauen. Allerdings wird hier vorgelebt, was unserer heutigen westlichen Kultur verloren gegangen ist: damit zufrieden zu sein, was genügt. Manche haben damals versucht, sich durch das Aufbewahren ein gewisses Sicherheitspolster anzuschaffen, welches sie nicht nur über andere gesetzt, sondern vor allem ein wenig unabhängig von Gottes Versorgung gemacht hätte. Habgier und Angst treiben viele Menschen in ihrem Alltag an. Hier werden Perspektiven zurechtgerückt. Eine Reflexion zu der Frage, wie viel genug ist, wird manchen brennenden Diskussionspunkt der heutigen Zeit berühren. Hier kann der Fokus des Textes auf die Gottgegebenheit unserer Ressourcen einen wichtigen Zielpunkt beisteuern, zumal sich die Frage nach dem anderen und seinem Genug ebenfalls aufdrängen wird. Der wundersame Ausgleich des Mannamessens ist heute wohl nicht so offensichtlich und deutlich und legt nahe, sich über einen bewussten, menschlich initiierten Ausgleich Gedanken zu machen – nicht nur auf der Ebene des Sozialstaats, sondern auch im unmittelbaren zwischenmenschlichen Kontext.

Doch das Manna ist für die Extremsituationen des Lebens. Wie der Text selbst sagt: Dieses spezielle Brot ist für die Wüste, bis bewohnbares, bebaubares Land erreicht wird. In der Wüste gibt es nicht die Gefahr der Selbstzufriedenheit und eingebildeten Unabhängigkeit, wie es sie im fruchtbaren Land gibt. In der Wüste geht es ums Überleben, und da durfte und musste Israel auf seinen Gott hoffen und vertrauen. Wie eben bereits angedeutet, sollte man bei der Suche nach der Anwendung von biblischen Erzählungen eher davon ausgehen, dass hier eine bestimmte Situation erzählt wird, die nicht einfach eins zu eins für heute übertragbar ist. Es kann also nicht angehen, von dieser Erzählung abzuleiten, dass uns unser Lebensunterhalt ohne unseren eigenen Einsatz in den Schoß fiele und wir ihn nur aufsammeln müssten. Der Einsatz des Sammelnden wird in 16,4 deutlich gefordert und gehört zur Prüfung des Gottvertrauens.

Durch die Erzählung zieht sich als roter Faden der Sabbat als ein Tag, der die Natur des Manna noch unterstreicht: Gott versorgt Israel auch am Sabbat. Wie das Manna, so ist auch der Sabbat etwas Gegebenes, gegeben ohne Unterschied und Aufrechnung (Dohmen 2015, 390f). Den Sabbat zu achten, wird zum Ausdruck des Vertrauens auf diesen Gott. Er wird dafür sorgen, dass die fehlende Arbeitsleistung dieses Tages nicht zu Mangel führt. Das dadurch geforderte praktische Vertrauen wird zu einem der Grundmerkmale Israels und des späteren Judentums.

Die Israeliten haben Gottes Versorgung in der Wüste exemplarisch am Manna und durch den Sabbat entdeckt. Es ist zwar beides in gewissem Sinne ein Wunder, doch wird hier das Entdecken des Gegebenen betont. So ließen sich in einem Gespräch zum Text persönliche Erlebnisse und „Entdeckungen" sammeln. Sicherlich wird es zu einer Fülle von gesammelten „Selbstverständlichkeiten" kommen, die im Licht des Textes nun als gottgegeben wahrgenommen und gefeiert werden.

2.2.3 Refidim, Massa und Meriba (17,1-7)

2.2.3.1 Übersetzung

17,1 Die Versammlung der Israeliten brach von der Wüste Sin nach ihrer Ordnung gemäß den Worten JHWHs auf und lagerte schließlich in Refidim. Hier gab es kein Trinkwasser für das Volk.

2 Da klagte das Volk Mose an und sie sprachen: Gib uns Wasser zum Trinken! Mose entgegnete ihnen: Was klagt ihr mich an? Was prüft ihr JHWH?
3 Aber das Volk dürstete nach Wasser. Darum murrte es weiter gegen Mose und sprach: Wozu hast du uns aus Ägypten herausgeführt? Etwa, um mich, meine Kinder und mein Vieh durch Durst umzubringen? 4 Da schrie Mose
zu JHWH: Was soll ich mit diesem Volk machen? Es fehlt nur wenig und sie steinigen mich.

5 JHWH antwortete Mose: Geh dem Volk voraus und nimm einige der Ältesten Israels mit dir; nimm deinen Stab, mit dem du den Nil geschlagen hast, in deine Hand und geh! 6 Siehe, dort vor dir auf dem Felsen am Horeb werde
ich stehen. Wenn du dann auf den Felsen schlägst, wird Wasser aus ihm fließen und das Volk kann trinken. Das tat Mose in Gegenwart der Ältesten Israels.

7 Er nannte den Ort Massa und Meriba (Probe und Streit), weil die Israeliten dort angeklagt und JHWH geprüft hatten, indem sie sagten: Ist JHWH in unserer Mitte oder nicht?

2.2.3.2 Struktur

Die dritte Murrerzählung ist ganz ähnlich wie die beiden anderen aufgebaut. Wieder ist es das Volk, das seinen Ärger bei Mose ablädt, ihm übelste Unterstellungen bezüglich seiner Absichten macht und damit eigentlich JHWH selbst angreift (17,2-3). Hier wird allerdings wieder berichtet, wie sich Mose an Gott wendet (17,4). Erneut bestätigt Gott Moses Leitungsautorität und sein eigenes Vermögen, das Volk zu versorgen. Damit folgt dieser Text genau dem Erzählmuster, wie es oben angegeben wurde.

2.2.3.3 Auslegung

Unter Gottes Führung zieht das Volk nun weiter und kommt wieder an einen Ort ohne Wasser (17,1). Wieder konzentriert sich der Unmut des Volkes auf Mose, der natürlich kein Wasser produzieren kann (17,2a). Die Reaktion Moses ist erstaunlich: Er stellt sich mit JHWH sozusagen auf ein und dieselbe Stufe. Beide rhetorischen Fragen, die er in Erwiderung auf die Anklage bringt, sind ganz parallel formuliert (17,2b). Ihn anzuklagen ergibt jetzt genauso wenig Sinn wie in den anderen Situationen zuvor. Gott ist der Verantwortliche, Mose führt nur aus. Gott allerdings prüfen zu wollen, d.h., von ihm etwas einzufordern, ist genauso sinnlos.

Als dann immer noch kein Wasser da war, unterstellt das Volk Mose üble Absichten. Wieder konzentriert sich die Wut allein auf ihn (17,3). Mose wendet sich in seiner Not schließlich an Gott, doch nicht um Wasser für das Volk zu erbitten, sondern um seine eigene Haut zu retten (17,4). Gott reagiert dann auf beide Nöte, indem er Mose erneut als Leiter bestätigt und ihn ein weiteres Wunder ausführen lässt (17,5-6). Betont wird hier vor allem die Gegenwart der verantwortlichen Israeliten, wahrscheinlich der Sippenoberhäupter.

Den Abschluss bildet eine interpretierende Notiz des Autors (17,7), der damit versucht, die Brücke für seinen Leser von der Vergangenheit in dessen Gegenwart zu schlagen. So wird hier nicht vor allem die lebenserhaltende Gabe Gottes gefeiert, sondern die problematische Einstellung des Volkes thematisiert. Israels Unglaube ist unerwartet und unangemessen. Wie kann dieses Volk vor Kurzem Gottes Versorgung so handgreiflich erlebt und nun bereits wieder alles vergessen haben? Wie bereits gesagt, hat es für Israel keine Konsequenzen, doch das Volk kommt dabei in der Darstellung des Buches nicht gut weg.

2.2.3.4 Anregung zur Bibelarbeit

Es ist der letzte Vers, der die Erzählung deutet. Würde er fehlen, so hätten wir das typische Modell vieler sogenannter Zeugnisse, welche in unseren Gemeinden gegeben werden. Es gibt eine Not, man beklagt sich bei Gott, er greift ein und löst das Problem. Happy End. Der letzte Vers lässt die ganze Erzählung in einem anderen Licht erscheinen. Durch diese abschließende und bleibende Bewertung Israels kommt es zu einer „Kritik des religiösen Utilitarismus" (Brueggemann, 819). Gott lässt sich nicht daran bewerten, ob er unsere Rettungserwartung erfüllt. Für die Israeliten war es damals anscheinend ein Signal für Gottes Gegenwart, wenn es ihnen gut ging. Gottes Segen einzufordern, um ihn damit zu testen, auf die Probe zu stellen, ist ein sehr gefährliches Unterfangen, denn es zeigt die unangemessene Einstellung des Prüfenden. Gott ist nicht nur gut, wenn er mir Gutes tut, auch wenn er es immer wieder tut.

Für das Gespräch zum Text sollten die Teilnehmer diesen eben genannten Punkt selbst herausarbeiten. Es bietet sich an, konkret nach dem Beitrag von V. 7 für die Wahrnehmung dieser Episode zu fragen. Zur Vertiefung könnte man den Begriff „religiöser Utilitarismus" erklären und nach Beispielen aus der Lebenswelt der Teilnehmer fragen. Dabei gilt es, darauf zu achten, dass nicht über andere Christen oder andere religiöse Menschen hergezogen wird, sondern diese Tendenz als Möglichkeit oder Realität im eigenen Leben beobachtet wird.

2.2.4 Gegen die Amalekiter (17,8-16)

2.2.4.1 Übersetzung

17,8 Hierauf kamen die Amalekiter, um mit den Israeliten in Refidim zu kämpfen.

9 Da sagte Mose zu Josua: Wähle Männer von uns aus und zieh aus zum Kampf mit den Amalekitern! Morgen werde ich mich mit dem Gottesstab in der Hand auf den Gipfel des Hügels stellen. 10 Josua tat, wie es Mose ihm gesagt hatte, und zog in den Kampf gegen die Amalekiter. Mose aber stieg mit Aaron und Hur auf den Gipfel des Hügels. 11 Solange Mose seine Hand erhob, waren die Israeliten die Stärkeren; wenn er aber seine Hand sinken ließ, waren die Amalekiter die Stärkeren. 12 Als aber nun dem Mose die Hände schwer wurden, nahmen sie einen Stein, legten ihn unter Mose, und er setzte sich darauf. Aaron und Hur stützten seine Hände, der eine auf dieser, der andere auf der anderen Seite. So blieben seine Hände bis zum Sonnenuntergang fest. 13 Und Josua besiegte die Amalekiter und ihr Kriegsvolk mit der Schärfe des Schwertes.

14 Danach sprach JHWH zu Mose: Schreibe dies als Erinnerung in ein Dokument und verkünde Josua, dass ich die Erinnerung an die Amalekiter völlig unter dem Himmel austilgen werde. 15 Mose aber baute einen Altar und nannte seinen Namen: Jahwe, mein Feldzeichen. 16 Er sagte: Hand am Thron Jahs: Krieg JHWHs mit Amalek von Generation zu Generation!

2.2.4.2 Struktur

Diese kurze Erzählung beginnt mit einer knappen Einleitung (17,8), um dann die Umstände des Sieges Israels zu erzählen (17,9-13). Die Betonung der Geschichte ist wiederum die Abhängigkeit des Schicksals des Volkes von Mose. Der Kampf an sich ist lediglich ein Aufhänger für diese Aussage. Auffällig ist, dass im ersten Teil keine Gottesrede berichtet wird, die Mose wie bis jetzt immer darüber informierte, wie das Problem zu lösen ist. Dies scheint für den Autor nicht wichtig gewesen zu sein – wieder ein Zeichen, dass es dem Text vor allem um Mose ging.

Den Abschluss bildet eine Anweisung Gottes zur Erinnerung an diesen Kampf. Daraufhin besiegelt Mose mit einem speziellen Altar die ewige Feindschaft zwischen Israel und den Amalekitern. So wird auch in diesem Abschnitt der Wüstenerzählung eine Verbindung zur Gegenwart des Lesers hergestellt.

2.2.4.3 Auslegung

In dieser Episode geht es nun nicht um ein Versorgungsproblem in der Wüste, sondern um eine Gefahr von außen. Die Amalekiter stammen genealogisch gesehen von Esaus Sohn Elifaz in Edom ab (1Mo 36,12). Später, vor allem während der Richterzeit, erweisen sie sich als hartnäckige Feinde Israels (Ri 6; 7; 10; 1Sam 30). Saul soll sie eigentlich mit dem Bann belegen, das heißt vollständig ausrotten (1Sam 14; 15; 18). Sie scheinen in der biblischen Literatur zum paradigmatischen Feind Israels geworden zu sein. In 4Mo 14 werden sie zum Werkzeug, mit dem Gott sein eigenes Volk straft. Dieser Halbnomadenstamm greift Israel also mitten auf der Sinaihalbinsel an. Ihre Beweggründe nennt der Text nicht. Diese Leerstelle hat viele Ausleger dazu motiviert, in der Geschichte der jeweiligen Urväter zu suchen oder den Amalekitern eine gewisse Boshaftigkeit zu unterstellen.

Der Fokus des Textes geht allerdings in eine andere Richtung. Gleich zu Beginn legt Mose seine eigenartige Strategie dar (17,9). Josua, der im Übrigen überhaupt nicht richtig in die Erzählung eingeführt und eventuell also als dem Leser bekannt vorausgesetzt wird, folgt dem Plan und zieht in die Schlacht. Mose steht auf dem Hügel und hebt mit beiden Händen seinen Stab hoch (17,10). Nirgendwo steht, dass er gebetet oder auch nur einen Auftrag von Gott für diese Strategie bekommen hat. Allerdings bietet der Stab eine Stichwortverbindung zum Meerwunder (14,16). Anscheinend steht auch hier die Vermittlung der Hilfe Gottes im Hintergrund der Geste. Das Ausschlaggebende für den Erfolg Israels in der Schlacht ist nicht allein das Hochhalten der Hände Moses, was nach einer gewissen Zeit zum Problem wird. Daher braucht es auch die beiden Hilfen Aaron und Hur, die als praktische Lösung für Moses Schwäche dienen, und die militärische Führung Josuas. So gewinnt Israel gegen Amalek (17,11-13). Die Kernabsicht der Erzählung ist also offensichtlich, dass sich das Schicksal Israels nicht an der militärischen Strategie oder Überlegenheit entscheidet, sondern im Zusammenwirken von Mose und Josua unter dem Verweis auf Gottes Macht mittels des Stabes.

Den Abschluss des Textes bildet eine Gottesrede (17,14), welche eine interessante Strategie offenbart. Mose soll dieses Ereignis aufschreiben (auf eine Rolle, eine Tontafel, ein Pergament oder Ähnliches) und offiziell an Josua zur weiteren Tradition übergeben, damit es später erinnert wird, dass JHWH jede Erinnerung an Amalek auslöschen wird. Dieser Text dekonstruiert sich quasi selbst. Gerade durch diesen Auftrag erinnern wir uns sogar heute noch an die Amalekiter! Allerdings ist es offensichtlich, dass es Gott um das physische Auslöschen dieses Volksstammes ging. Das ist ein hartes Gericht, doch scheint dieser konkreten Situation eine allgemeinere Idee zugeordnet worden zu sein. Amalek oder die Amalekiter werden paradigmatisch zu einem symbolischen Gegner Israels, der sich der Erfüllung von Gottes Wegen mit Israel entgegenstellt. Die Amalekiter werden also zu muster- und dauerhaften Feinden Israels stilisiert. Diese symbolische Überhöhung Amaleks wird wahrscheinlich auch durch die Betonung der dreifachen Erinnerungselemente betont. Die Feindschaft zwischen Gott und Amalek soll verschriftlicht werden (17,14a). Sie soll wörtlich an Josua (und damit wohl an spätere Verantwortliche) tradiert werden (17,14b). Letztlich weiht Mose selbst noch einen Erinnerungsaltar (17,15-16). Dieser letzte Vers ist etwas schwieriger zu übersetzen. Die ungefähre Bedeutung dürfte erkennbar sein: JHWH wird auf ewig im Krieg mit Amalek sein. Die Hand am Thron könnte Hinweis auf einen Schwur sein. Der Thron Jahs, Jah ist eine öfter in poetischen Texten benutzte Kurzform des Namens JHWH, ist möglicherweise der eben gebaute Altar.

2.2.4.4 Anregung zur Bibelarbeit

Diese Geschichte hat zwei grundlegende Aspekte: die Abhängigkeit Israels von Mose und die fast schon ideologische Feindschaft zwischen Israel und Amalek.

Moses Heben der Hände hat eine lange Wirkungsgeschichte entfaltet, die bis heute sehr lebendig weitergeht. Bereits ganz früh in der jüdischen Schriftauslegung wird Moses Handlung als Gebet verstanden. Diese Interpretation ist so etabliert, dass viele gar nicht wahrnehmen, dass überhaupt nicht von Gebet gesprochen wird. Wie in vielen der oft recht knapp erzählten alttestamentlichen Geschichten liegt es nahe, die Leerstellen aufzufüllen. Das ist an sich auch kein Problem, doch sollte man große Vorsicht walten lassen, wenn man weitreichende theologische, ekklesiologische und spirituelle Konzepte mit diesen Texten begründen will. Dieser Abschnitt will nichts über ausdauerndes Gebet lehren. Hier wird die Abhängigkeit Israels vom Zusammenspiel vieler Handlungsträger gemeinsam unter göttlichem Vorzeichen (Stab) betont, wie dies auch in den vorangehenden Texten die Hauptintention war. Es lässt sich daher auch keine „Theologie der Autorität des geistlichen Leiters“ (Ältester, Apostel, Pastor …) ableiten. Der Verweis auf Gott mittels des Stabes und das Zusammenspiel der menschlichen Protagonisten führen zum Ziel.

Der zweite Aspekt, die Festschreibung der Feindschaft zwischen Israel und Amalek, hat ebenfalls eine interessante Wirkungsgeschichte ausgelöst. Bereits innerbiblisch lässt sich nachvollziehen, wie unterschiedlich diese kurze und radikale Aussage aufgenommen wurde. 5Mo 25,16-19 begründet das göttliche Gericht über Amalek moralisch und nutzt die Erinnerung an Amalek als konkretes Negativbeispiel für die vorangehenden Gesetze – nämlich die Schwachen zu schützen. 1Sam 15 bringt 2Mo 17 und 5Mo 25 mit dem Untergang Sauls zusammen: Saul verspielt seine königliche Karriere unter anderem dadurch, dass er den Bannfluch an Amalek nicht komplett vollstreckt. Er hatte sich Vieh zur Beute genommen (1Sam 15). Samuel ist radikaler und hat keine Probleme damit, Agag, den König Amaleks, eigenhändig zu zerstückeln (1Sam 15,32-33). Die Situation ist dann erstaunlicherweise bei David eine ganz andere. Er kann sehr wohl und offensichtlich ungestraft seine Kriegsbeute von Amalek ganz praktisch politisch einsetzen (1Sam 30,18-31). Das Thema der Ausrottung Amaleks scheint also unterschiedlich aufgenommen und eher symbolisch als konkret verstanden worden zu sein. Am Beispiel dieser Wirkungsgeschichte sollte man erkennen, wie wichtig eine vorsichtige und den deutlich offenbaren biblischen Prinzipien verpflichtete Exegese ist. Gerade, wenn es um Leben und Tod geht, hier sogar von einer ganzen Menschengruppe mit all ihren Nachfahren, sollte man sich vor besonders radikalen Konsequenzen der eigenen Auslegung hüten.

Heute braucht man nicht besonders lange zu suchen, um aktuelle Beispiele für ähnlich ideologisierende Bibelauslegung zu finden. So manches moderne Empire und manch moderner internationaler Krieg wurde mit biblischen Texten gerechtfertigt. Diese Begründung ist oft eine vorgeschobene, denn eigentlich geht es um handfeste machtpolitische und ökonomische Interessen. Aber auch vorgeschobene Begründungen bringen die alten Texte in Misskredit und fördern ungesunde Allianzen von Christen mit geradezu widergöttlichen Lösungsmustern heutiger Politiker. Nur sind es mittlerweile nicht mehr so sehr die großen Entscheider, die sich möglicherweise mit der Bibel rechtfertigen wollen, sondern weitverbreitete Verschwörungsmythen, die mit einer ähnlichen Argumentation arbeiten. Wenn man diese Dinge in einem Bibelgespräch anschneidet, sollte man darauf achten, dass die Diskussion nicht in einem Streit über Tagespolitik endet. Es sollte vielmehr um die großen Linien und um historische Entwicklungen gehen. Darüber hinaus sollten vor allem die Verantwortung und Möglichkeiten der christlichen Kirchen reflektiert werden, in solchen Situationen die Werte des Reiches Gottes zur Geltung zu bringen. Die christliche Kirche hat durchaus einen kritisierenden und korrektiven Auftrag gegenüber der Politik – und vor allem gegenüber angstgetriebenen Allerklärungsversuchen. Dies war zumindest eine der Hauptfunktionen der alttestamentlichen Propheten, in deren Fußstapfen wir als Christen treten (vgl. Apg 2,17f; 5,27-29; 16,20f; Kol 2,14-23; 1Tim 2).

2.2.5 Jitro und die Strukturreform (18)

2.2.5.1 Übersetzung

18,1 Jitro, der Priester der Midianiter, der Schwiegervater des Mose, hörte alles, was Gott an Mose und an seinem Volk Israel getan und dass JHWH die Israeliten aus Ägypten herausgeführt hatte. 2 Da nahm Jitro, der Schwiegervater des Mose, Zippora, die Frau des Mose, die dieser zurückgeschickt hatte, 3 und ihre beiden Söhne. Von diesen hieß der eine Gerschom (er hatte gesagt: Ich bin ein Gast in einem fremden Land geworden), 4 der andere hieß Elieser (er hatte gesagt: Der Gott meines Vaters war meine Hilfe, er hat mich vor des Pharaos Schwert gerettet).

5 Es kam also Jitro, der Schwiegervater des Mose, <zusammen> mit dessen Söhnen und seiner Frau zu Mose in die Wüste, wo jener am Berg Gottes lagerte. 6 Er ließ Mose sagen: Ich, dein Schwiegervater Jitro, komme zu dir mit deiner Frau und mit ihren beiden Söhnen. 7 Da ging Mose seinem Schwiegervater entgegen, verbeugte sich vor ihm und küsste ihn. Dann erkundigten sie sich gegenseitig nach ihrem Wohlergehen und traten ins Zelt.

8 Mose erzählte seinem Schwiegervater alles, was JHWH dem Pharao und den Ägyptern der Israeliten wegen getan hatte, alle Schwierigkeiten, die sie auf dem Weg getroffen hatten, und wie JHWH sie gerettet hatte. 9 Da freute sich Jitro über all das Gute, das JHWH an Israel getan hatte, indem er sie aus der Hand der Ägypter befreite. 10 Dann sagte Jitro: Gepriesen sei JHWH, der euch aus der Hand der Ägypter und aus der Hand des Pharaos befreit und das Volk unter der Hand der Ägypter herausgeholt hat! 11 Nun habe ich erkannt, dass JHWH größer ist als alle Götter, weil sie arrogant an ihnen gehandelt hatten.

12 Dann brachte Jitro, der Schwiegervater des Mose, Gott ein Brandopfer und Schlachtopfer dar. Aaron und alle Ältesten Israels kamen, um mit dem Schwiegervater des Mose vor Gott ein Mahl zu halten.

13 Am anderen Morgen setzte sich Mose, um dem Volk Recht zu sprechen. Die Leute standen vor Mose vom Morgen bis zum Abend.

14 Als Moses Schwiegervater all das sah, was dieser mit dem Volk zu tun hatte, sagte er: Was soll das, was du mit dem Volk tust? Warum sitzt du hier allein, während das ganze Volk vom Morgen bis zum Abend vor dir steht? 15

Mose antwortete seinem Schwiegervater: Die Leute kommen zu mir, um Gott zu befragen. 16 Wenn sie eine Sache haben, kommen sie zu mir, damit ich richte zwischen ihnen und ihnen die Rechtssprüche und Vorschriften Gottes verkünde.

17 Da entgegnete der Schwiegervater des Mose: Es ist nicht gut, wie du das machst. 18 So reibst du dich ganz und gar auf, sowohl dich als auch diese deine Leute. Die Sache ist zu schwer für dich. Du wirst das nicht allein bewältigen. 19 Nun höre auf meine Stimme, ich will dir Rat geben und Gott wird mit dir sein. Vertritt du das Volk vor Gott und bring du ihre Angelegenheiten vor Gott. 20 Lehre sie die Vorschriften und Weisungen und zeige ihnen den Weg, den sie gehen, und die Taten, die sie tun sollen. 21 Wähle aus dem ganzen Volk tüchtige, gottesfürchtige und vertrauenswürdige Männer aus, die Korruption verabscheuen. Setze sie ein als Vorsteher über tausend, über hundert, über fünfzig und über zehn. 22 Sie sollen dem Volk jederzeit Recht sprechen. Nur die großen Fälle sollen sie dir vorbringen; alle kleineren Fälle aber sollen sie selbst entscheiden. Entlaste dich! Lass sie mit dir die Last tragen! 23 Wenn du dies tust und Gott dich anweist, kannst du dabei bestehen, und auch dieses ganze Volk wird in Frieden nach Hause gehen.

24 Mose hörte auf den Rat seines Schwiegervaters und machte es so, wie der es vorgeschlagen hatte. 25 Mose wählte aus ganz Israel tüchtige Männer aus und machte sie zu Vorstehern über das Volk, über tausend, über hundert, über fünfzig und über zehn. 26 Diese sprachen jederzeit dem Volk Recht. Alle schwierigen Fälle sollten sie vor Mose bringen, die leichteren aber selbst entscheiden.

27 Hierauf ließ Mose seinen Schwiegervater ziehen, und dieser ging wieder in seine Heimat.

2.2.5.2 Struktur

Der Abschluss der vorsinaitischen Wüstenerzählung (Kap. 18) gehört nicht mehr zu der großen Stufenstruktur, wie wir sie weiter oben beobachtet haben. Vielmehr fungiert er als zusammenfassender Abschluss und Übergang zur nun folgenden Erzählung des Bundesschlusses.

Der detaillierte Bericht der Ankunft Jitros (18,1-12) lässt dem Leser Zeit für eine abschließende Bewertung der vergangenen Erlebnisse (18,8). Aus theologischer Perspektive hat sich JHWH, der Gott Israels, als zuverlässiger Versorger und Beschützer in größten Schwierigkeiten erwiesen. Es gibt nun noch ein anderes Modell, wie Nichtisraeliten sich Gottes Handeln in der Geschichte zu Herzen nehmen können: Der anerkennende und sich mitfreuende Jitro wird zum Gegenpol des ignoranten und arroganten Pharaos. Ebenso wird er zum Gegenpol der feindseligen Amalekiter (Houtman 1993, 395-396). Das gemeinsame Fest der Midianiter und Israeliten zur Ehre JHWHs markiert die Erkenntnis als Höhepunkt: Diese Gemeinschaft ist das, was von Gott intendiert war, als er von seiner Zielabsicht der Gotteserkenntnis sprach (vgl. die Berufungsgeschichte und die Plagenerzählung).

Recht lose daran anknüpfend, wird in 18,13-27 Jitros Ratschlag bezüglich der Organisation der Rechtsprechung in Israel erzählt. Diese Passage ist einfach aufgebaut, indem zunächst das Problem dargestellt wird (18,13-16), welches in Jitros Kritik und Ratschlag aufgenommen wird (18,17-23), und dann schließlich Moses Umsetzung erzählt wird (18,24-27). In diesem Teil wird ganz bewusst nach vorne auf die weitere Komposition des 2. Mose geblickt. Eines der zentralen Themen in Kap. 19–40 sind die Regelungen Gottes für sein Volk, die einen unmittelbaren Bezug zur Gerichtsbarkeit in Israel haben. Bereits in dieser kurzen Episode werden einige Grundprinzipien deutlich, die später die ganze Rechtsprechung Israels mitbestimmen. Das Volk bedarf der Auslegung des Willens Gottes, damit sie ihr Zusammenleben gestalten und organisieren können. Dazu braucht es zwangsläufig Instanzen, die gewisse persönliche Qualitäten mitbringen müssen. Auch wird Moses Verantwortungsbereich geteilt und damit Mose in seiner Macht teilweise relativiert. Das bedeutet nicht, dass die Strukturreform seine Autorität vermindert, sondern ganz im Gegenteil: Durch die neue, weise Ordnung werden seine Führungsqualitäten gestärkt, und er kann sich auf seine eigentliche Aufgabe als Offenbarungsmittler zwischen Gott und Israel konzentrieren. 18,19 ist der zentrale Vers, da dort bereits Mose in seinem Hinauf- und Hinabsteigen zwischen Gott und dem Volk gesehen wird, welches einen großen Teil der

Handlung der weiteren Erzählung in 2. Mose ausmacht. Nun wurde das Volk (und Mose) also für den bald kommenden Empfang der göttlichen Weisungen vorbereitet.

Mit dem Ende des Kapitels wird die Episode um Jitro abgeschlossen und jener kehrt zurück in seine Heimat. So formiert und durch so manche Erfahrung mit sich selbst und Gott reicher, kommt dann in Kap. 19 das Volk der Israeliten am Gottesberg, dem Sinai, an.

2.2.5.3 Auslegung

Jitro wurde in 3,1 namentlich und bereits am Ende von Kap. 2 als gastfreundlicher und umsichtiger Mann eingeführt. Dass er ein nicht israelitischer Priester ist, scheint nicht zu stören. Er kommt mit Moses Kernfamilie, die anscheinend während der Ereignisse des Auszugs bei ihm Zuflucht gesucht hatte, zu einem Besuch ins israelitische Lager (18,2). Dass die Namen seiner Söhne hier so breit erklärt werden (18,3-4), kann kein Zufall sein. In der Tat passen beide Namen gut zur bisherigen israelitischen Identität: Sie waren Ausländer in Ägypten und sind jetzt ohne eigenes Territorium im Niemandsland der Wüste unterwegs. Des Weiteren sind sie es, die sehr wohl bezeugen können, wie Gott ihnen zur Hilfe wurde – ja, sie haben ihre ganze Existenz dem Einsatz Gottes für sie zu verdanken.

Nun wird der Leser Zeuge einer bislang im Buch vergeblich zu suchenden Reaktion auf das Handeln Gottes an und mit Israel. Jitro ist begeistert und lobt Gott aufgrund dessen wunderbarer Taten (18,10). Der zentrale Vers in dieser kurzen, aber inhaltsschweren Rede ist 18,11 mit dem Stichwort „erkennen". Wie bereits oben zu 5,2 erwähnt, war es eine der Hauptabsichten Gottes, den Pharao (und mit ihm zusammen Israel) zur Gotteserkenntnis zu bringen. Wie die mit den Zielaussagen verbundenen Verstockungsaussagen der Plagenerzählung nahelegen, hat der Pharao Gott nicht erkannt. Oder wenn er ihn eventuell während einer der Plagen „erkannt" hat, dann hat diese Erkenntnis nicht sein weiteres Handeln bestimmt, weswegen er ja letztlich auch samt seiner

Arroganz im Schilfmeer untergegangen ist. Hier trifft nun der Leser jemanden, dem der Bericht von Gottes großen Taten genügt, dass er JHWH erkennt und ihn dann auch entsprechend als Gott durch ein Opfer anerkennt (18,12). So soll auch die Erkenntnis des Lesers in Anbetung umgesetzt werden, denn auch er erfährt durch die Erzählung von Gottes großen Taten.

Der Bericht zu Moses großer Strukturreform an dieser Stelle der Erzählung hängt natürlich wesentlich an der Person des Jitro (18,13-27). Allerdings ist die Verbindung zwischen dem Feiern des Auszugs und der Ordnung von Gerechtigkeit durchaus eine theologisch bedeutsame Nebeneinanderstellung. Das eine blickt zurück zu der Errettung aus dem Chaos und das andere nach vorne in eine Zukunft, die von Gerechtigkeit und geordneter Gemeinschaft geprägt sein soll.

Von Mose wird berichtet, wie er als hingebungsvoller, aber überarbeiteter Leiter seinem Tagesgeschäft nachgeht. Interessanterweise wird das Volk so dargestellt, dass sie ihre sozialen Konflikte nicht selbstständig lösen, sondern ganz bewusst Gottes Weisung über Moses Vermittlung suchen (18,15-16). Dies ist bei alle dem, was bislang über die Israeliten geschrieben wurde, doch einigermaßen erstaunlich. Möglicherweise will der Autor ganz bewusst dem Leser hier ein Idealbild Israels vorstellen, welches nach wie vor erstrebenswert ist.

Nun kommt es zu einer erneuten Kritik an Mose (18,14.18). Diesmal allerdings wird sie nicht in einer negativen Weise vorgebracht, wie es vorher durch die unzufriedenen Israeliten der Fall gewesen war. Jitro hat anscheinend das Recht, Mose zu korrigieren und ihm einen Verbesserungsvorschlag zu unterbreiten (18,19-23). Der Vorschlag besteht aus der Einführung von Instanzen in der Rechtsprechung und dem Lehren des ganzen Volkes in Gottes Wertmaßstäben, sodass sie weitgehend selbst zurechtkommen. Je nach Kompliziertheit des Falles muss eine höhere Instanz in Anspruch genommen werden. Wichtig ist die persönliche Integrität dieser neuen Richter (18,21). Am Ende hat jeder Israelit vier Ansprechpartner, bevor er zu Mose selbst kommen soll. Die Zielidee der ganzen Reform ist die Wahrung des inneren Friedens. Mose allein könnte dies trotz all seiner göttlichen Autorisierung und Befähigung nicht leisten. Zu den Implikationen, die diese Neuordnung für die weitere Lektüre von 2. Mose hat, siehe oben die Anmerkungen unter „Struktur".

Mose setzt den Rat seines weisen Schwiegervaters um und zeigt damit seine Größe als Leiter dadurch, dass er seine Verantwortung mit anderen teilt (18,24-26).

2.2.5.4 Anregung zur Bibelarbeit

In diesem Kapitel lassen sich drei Aspekte hervorheben, die in einem Bibelgespräch bearbeitet werden können.

Zunächst ist es kein weiter Schritt, die durch die Namen der Söhne Moses umrissene Identität des Gottesvolkes auch für die christliche Kirche anzunehmen. Das ist aufgrund der strukturellen Bedeutung von Kap. 18 als Zusammenfassung sicher keine Überinterpretation. Christen sind ebenso wie Israel in der Wüste landlos und gelten durch ihre Loyalität Jesus gegenüber in vielen Kontexten als Ausländer. Es dürfte nicht schwierig sein, hierfür neutestamentliche Parallelaussagen zu finden. Vielleicht sollte man vorsichtig sein, allzu schnell auf die Polarität Kirche/Welt zurückzugreifen, da „Welt" in diesem Zusammenhang oft sehr individuell gefüllt wird und nicht unbedingt biblisch. „Eliezer" erinnert uns daran, dass die Gemeinschaft des Glaubens weder „unabhängig noch verworfen" ist (Brueggemann 1994, 825). Gottes Hilfe ist die Basis aller menschlichen Existenz, aber in einer ganz besonderen Art und Weise auch der Existenz der Kirche. Sie kann aus eigener Kraft nicht bestehen und tut gut, sich dessen demütig bewusst zu bleiben. Gottes Hilfe heißt aber auch, dass er sich kümmert und eben nicht vergisst. Dies darf auch die Kirche in ihrer Bedeutung für Gott ehren.

Was durch Jitros Gotteserkenntnis ausgedrückt wird, ist letztlich nichts anderes als ein (kleines) Beispiel für Israels Berufung und die damit verbundene Funktion in dieser Welt. Der Übergang in 1Mo 11–12 von der wachsenden, aber gottlosen Völkerwelt hin zu der Konzentration Gottes auf den Urvater Israels (Abraham) ist getragen von Gottes Mission für diese Welt. Hier beginnt Israel zu erleben, wie es aussehen kann, wenn durch sie Gotteserkenntnis und -begegnung bei Nichtjuden stattfindet. Es kommt zu Gemeinschaft und gegenseitiger Wertschätzung. Dies ist immer noch Gottes Ziel in dieser seiner Welt. Mittlerweile, seit Jesus, hat die christliche Gemeinde diese wichtige Rolle mit aufgenommen und versucht, das bewusste Überschreiten kultureller und ethnischer Grenzen zu leben. Der Modus des „Evangeliums“ war beim Heiden, also nicht israelitischen, Jitro die einfache Erzählung von Gottes großen Rettungstaten im Kontext einer guten und offenen Beziehung. Vielleicht könnte dies ein wichtiger Impuls für eine neue Perspektive der Ortsgemeinde bezüglich Gottes Mission in dieser Welt sein.

Die Vision des Auszugs, also die Existenz des Bundesvolkes Gottes in Freiheit, wird hier zusammengeführt mit dem Leben als Volk, welches einer sozialen Führung bedarf, damit nicht das Chaos ausbricht. Diese Führung muss sich den Umständen anpassen, damit sie effizient ihre Funktion erfüllen kann. Es steht jeder Führungspersönlichkeit gut an, eigene Grenzen zu erkennen und guten Rat anzunehmen, damit dem Wohl der ganzen Gemeinschaft gedient ist. Mose, der durch die ganze Auszugserfahrung und die Wüstenwanderung hindurch immer wieder von Gott, seinem Auftraggeber in seiner Führungsrolle, bekräftigt wurde, muss sich der berechtigten Kritik stellen und von seiner Macht abgeben. Das tut ihm selbst und dem Volk gut. Letzte Autorität bleibt in dem ganzen Prozess Gott selbst. Er ist derjenige, an den sich das Volk wendet, wenn sie Schwierigkeiten haben; er ist derjenige, der die Grundlagen für die Rechtsprechung festlegt und durch Moses Mittlerschaft weitergibt. Doch darüber hinaus braucht es integre Menschen, die in Verantwortung vor Gott dessen Bestimmungen für den konkreten Alltag anpassen und anwenden, damit die Intention Gottes zur Erfüllung in der Gesellschaft kommt. Wie bei den späteren Gesetzessammlungen offensichtlich zu sehen ist, hat Gott nicht für jeden Fall ein spezielles Gesetz parat. Er scheint sich bewusst darauf einzulassen, dass es Menschen gibt, die sich in seinen Wertvorstellungen unterweisen lassen und dann ihnen entsprechend, aber doch recht frei entscheiden. Dies hat sich auch für die Christen nicht geändert, die gerne für jede Entscheidung eine Anweisung vom Himmel hätten. Gott gab kluge Köpfe und Weisheit, damit wir Menschen unser Zusammenleben positiv gestalten können. Diese Verantwortung nimmt er uns nicht ab. Wir brauchen nicht immer einen Mose, der uns Gottes konkrete Entscheidungen vermittelt.

2.3 Gott offenbart sich am Sinai und schlägt einen Bund vor, der geschlossen wird (19,1–24,18)

Wie in der Einleitung beschrieben, lässt sich in Kap. 19–24 die theologische Mitte des Buches erkennen. Die Besonderheit und Zentralität der Ereignisse wird durch die aufwendig erzählte Vorbereitung des Volkes auf die Gotteserscheinung (Theophanie) in 19,1-25 deutlich. Gottes Nähe bei seinem Volk bedarf einiger Regelungen, nicht nur in der singulären Sondersituation am Sinai, sondern, noch viel wichtiger, auch in der Zeit über den Sinai hinaus. Die bleibende Gegenwart Gottes bei seinem Volk ist Dreh- und Angelpunkt für alle Bestimmungen und Gesetze, die nun aufgelistet werden. Der Dekalog, d.h. die Zehn Gebote (20,1-17), ist ein erster noch sehr allgemein gehaltener Ausdruck der Bedingungen für das Sein des Gottesvolkes. Im sogenannten Bundesbuch (20,22–23,33) geht es dann um speziellere, lebenspraktische Regelungen, die genau dieselben Wertvorstellungen Gottes für den Alltag konkretisieren. Diese muss sein Volk annehmen und leben, um seiner Sonderposition vor Gott gerecht zu werden. Abschließend kommt es zum Höhepunkt des Bundesmahls der Repräsentanten Israels mit Gott auf dem Berg Sinai.

19,1–24,18	**Sinai-Offenbarung und Bundesschluss**
19,1-25	Gotteserscheinung
20,1-21	Dekalog
20,22–23,33	Bundesbuch
24,1-18	Bundesschluss und Bundesmahl

Eine theologisch sehr wichtige Beobachtung für die Auslegung der Gebotsteile dieses Abschnitts ist der Fakt ihrer Einbettung in eine Rahmenerzählung. Kap. 19 und 24 bilden den narrativen Anschluss an die Gesamterzählung des Buches und darüber hinaus an die gesamte Thora. Leider wird diese Einbettung oft in der Auslegung ignoriert. So geschieht es, dass die Gesetze – ganz parallel zu den heutigen Gesetzessammlungen – abstrakt und für sich genommen stehen. Eine Auslegung der Gesetze als abstrakte und kontextlose ewig gültige Prinzipien, wie z.B. die sogenannten „Menschenrechte“, wird dem biblischen Text nicht gerecht und kann zu theologisch und praktisch schwerwiegenden Konsequenzen führen. Gottes Regelungen für Israel sind bezogen auf den Auszug und auf die göttliche Erwählung Israels. Dies macht allerdings allein der narrative Kontext deutlich. Dieser Perspektive möchte die folgende Auslegung versuchen gerecht zu werden (vgl. auch die Einleitung, Thema „Gesetz“).

2.3.1 Gotteserscheinung am Sinai (19,1-25)

2.3.1.1 Übersetzung

*19,1 Im dritten Monat nach dem Auszug der Israeliten aus Ägypten, genau
an jenem Tag, erreichten sie die Wüste Sinai. 2 Sie waren von Refidim auf-
gebrochen und kamen in die Wüste Sinai und lagerten in der Wüste. Israel
lagerte dort dem Berg gegenüber.*

*3 Mose aber stieg zu Gott hinauf. Da rief ihm JHWH vom Berg zu: So
rede zum Haus Jakobs und verkünde den Söhnen Israels: 4 Ihr habt gesehen,
was ich den Ägyptern getan habe, wie ich euch auf Adlerflügeln getragen und
euch zu mir gebracht habe. 5 Wenn ihr nun wirklich auf meine Stimme hören
und meinen Bund halten werdet, dann werdet ihr unter allen Völkern mein
besonderes Eigentum sein, obwohl mir die ganze Erde gehört. 6 Ihr sollt für
mich ein priesterliches Königreich und ein heiliges Volk sein. Dies sind die
Worte, die du den Israeliten mitteilen sollst.*

*7 So ging Mose hin, rief die Ältesten des Volkes und legte ihnen alle diese
Worte vor, die JHWH ihm befohlen hatte. 8 Da antwortete das ganze Volk
einmütig: Alles, was JHWH befohlen hat, wollen wir tun! Und Mose brachte
JHWH die Antwort des Volkes.*

*9 Und JHWH sprach zu Mose: Siehe, ich werde in einer dichten Wolke
zu dir kommen, damit auch das Volk es hört, wenn ich mit dir rede, und
dir für immer glaubt. Mose überbrachte JHWH die Antwort des Volkes. 10
JHWH sagte zu Mose: Geh zum Volk und heilige sie heute und morgen, lass
sie ihre Kleider waschen 11 und sich für den dritten Tag bereithalten. Denn*

am dritten Tag wird JHWH vor des ganzen Volkes Augen auf den Berg Sinai
herabkommen. 12 Du aber ziehe rings um das Volk eine Grenze und befiel:
Hütet euch, auf den Berg zu steigen oder auch nur seinen Fuß zu berühren!
Jeder, der den Berg berührt, muss unbedingt sterben. 13 Keine Hand darf
<den Berg> berühren; er soll gesteinigt oder gestürzt werden, sei es Vieh oder
Mensch, er darf nicht am Leben bleiben. Erst wenn das Widderhorn ertönt,
dürfen sie den Berg hinaufsteigen.

14 Mose ging vom Berg zum Volk herab und heiligte das Volk und sie wuschen ihre Kleider. 15 Und Mose gebot dem Volk: Haltet euch für den dritten
Tag bereit! Nähert euch keiner Frau!

16 Am dritten Tag, als es Morgen wurde, waren Donner und Blitze, eine
schwere Wolke war über dem Berg und es ertönte ein sehr lautes Horn, sodass
das ganze Volk, das im Lager war, erschrak. 17 Da führte Mose das Volk aus
dem Lager hin zu Gott. Sie stellten sich am Fuß des Berges auf. 18 Der Berg
Sinai war ganz in Rauch gehüllt, weil JHWH im Feuer auf ihn herabgekommen war. Der Rauch stieg auf wie der Rauch eines Schmelzofens. Der ganze
Berg bebte. 19 Der Hörnerschall wurde immer stärker. Mose redete und Gott
antwortete ihm mit <seiner> Stimme.

20 So stieg JHWH herab auf den Berg Sinai, auf den Gipfel des Berges.
Dann rief JHWH Mose auf den Gipfel des Berges und Mose stieg hinauf.
21 JHWH sprach zu Mose: Steig hinab und ermahne das Volk, dass es nicht
zu JHWH durchbreche, um <ihn> zu sehen. Dann würden viele von ihnen
sterben. 22 Auch die Priester, die sich sonst JHWH nähern, sollen sich heiligen, damit JHWH nicht gegen sie losbricht. 23 Da sprach Mose zu JHWH:
Das Volk kann doch nicht auf den Berg Sinai hinaufsteigen, denn du selbst
hast uns ermahnt: Grenze den Berg ab und heilige ihn. 24 JHWH sagte ihm:
Steig hinab und dann steig mit Aaron wieder herauf! Die Priester aber und
das Volk sollen nicht durchbrechen, um zu JHWH hinaufzusteigen. Er würde
sonst gegen sie losbrechen. 25 So stieg Mose zum Volk hinab und redete zu
ihnen.

2.3.1.2 Struktur

Dieses Kapitel ist geprägt von verschiedenen wörtlichen Reden (Gott, Mose, Volk), die in eine Erzählung eingebettet sind. Das Thema der Rahmenerzählung ist die Vorbereitung des Volkes auf die Gotteserscheinung. Doch die Reden gehen darüber hinaus und werfen einen Blick zurück und auch voraus. Besonders die erste Gottesrede (19,3-6) ist programmatisch zu nennen und damit sehr bedeutsam für die Wahrnehmung aller weiteren Texte in 2. Mose.

Die Struktur des Kapitels ist eher schwierig zu erfassen, besonders ab V. 7. 19,1-2 bietet eine geografische und chronologische Einordnung der Ereignisse. Die bereits erwähnte programmatische Gottesrede in 19,3-6 schließt sich an. Danach wird das ständige Auf- und Absteigen Moses beschrieben, welches den Leser fast verwirrt. Der erzählerische Höhepunkt wird sicher mit der Theophanie erreicht (19,18-19). Die V. 20-25 rekapitulieren das große Ereignis nochmals in anderen Worten und bringen keinen weiteren Erzählfortschritt.

2.3.1.3 Auslegung

Die ausführliche Notiz zu Ort und Datum des großen Ereignisses (19,1-2) markiert eine deutliche Zäsur und somit den Beginn von etwas ganz Neuem, einer neuen Zeitrechnung, einer Epoche in Israels Geschichte. Nun ist das Volk also am Ziel seiner Reise angekommen („erreichen", „kommen", „lagern" [2x]), zumindest an dem Ziel, was sie immer dem Pharao genannt hatten: „Lass mein Volk ziehen, damit es mir dient!" (5,1; 7,16.26; 8,16; 9,1.13; 10,3). Dass es später noch zum eigentlichen Ziel weitergeht, nach Kanaan, wird hier zunächst nicht thematisiert. Jetzt geht es erst einmal um die Gottesbegegnung.

Wo genau der Gottesberg ist, ist Gegenstand bereits jahrhundertealter Diskussionen. Für die Auslegung des Textes trägt eine diesbezügliche Entscheidung allerdings nichts bei. Wie Dohmen (2004, 52-54) beschreibt, ist die Zwischenposition der Sinaihalbinsel nicht nur geografisch gegeben, sondern durchaus auch theologisch als „Brücke zwischen Ägypten (Exodus) und Kanaan (Landnahme)“ bedeutsam. In dieser Zwischenzeit kommt Gott „herab“ und etabliert seine fortdauernde Beziehung mit den Söhnen Jakobs. Seit 1,5 wurde Israel nicht mehr so genannt, sodass diese erneute Erwähnung (19,3) noch zusätzlich den nun einsetzenden Neuanfang unterstreicht.

Wie oben bemerkt, ist die nun folgende Gottesrede (19,4-6) zentral für den Leseprozess. 19,4 rekapituliert den Auszug und die Wüstenwanderung und endet mit der Präsenz des Volkes bei Gott. Die Metapher der Adlerflügel ist wohl auf die Stärke und Schnelligkeit des Tieres aus. Jegliche Schwerfälligkeit fehlt in diesem Bild.

Darauf wird nun der in Kap. 24 erfolgende Bundesschluss vorweggenommen und dann die Position und Funktion Israels als Gottesvolk bestimmt (19,5-6). Die Rede vom „Bund“ greift ganz klar auf den bereits vorher in 6,4-5 genannten und letztlich von 1Mo 17 herkommenden Väterbund zurück, der bereits dort als „ewiger Bund“ bestimmt wird. Israel tritt also nun als Volk ganz bewusst in den bereits bestehenden Väterbund hinein. Es gibt kein neues Verhältnis zwischen Gott und seinem Volk. Das Volk war schon in Abraham am Horizont, und Abraham ist immer noch der Vater Israels. Man kann in Kap. 19–24 eine „Bundeserweiterung“ erkennen, bei der es darum geht, die nun zu einem großen Volk gewordenen Nachkommen Abrahams ganz bewusst mit in diese alte Beziehung hineinzunehmen (siehe Einleitung, Thema „Bund“). Gegenüber dem Bund Gottes mit den Vätern ändert sich nicht viel für Israel: Sie waren schon immer Gottes Bundesvolk, nur wird ihnen jetzt erst so richtig bewusst gemacht, dass dies auch Konsequenzen für ihren Alltag mit sich bringt. Dies wird auch durch die vorangestellte Bedingung ausgedrückt. Die priesterliche Sonderstellung Israels gilt also nicht generell, sondern insofern es seine Gottesbeziehung durch seinen Gehorsam Gottes Geboten gegenüber lebt, „dann und nur dann entsteht eine – normalerweise Priestern vorbehaltene – besondere Gottesnähe bzw. einzigartige Gottesbegegnung“ (Dohmen 2004, 63).

Das „besondere Eigentum“ (19,5) redet von der herausgehobenen Position Israels in Gottes Absichten. Diese wird allerdings ganz bewusst im Horizont der gesamten Völkergemeinschaft genannt. Wie sich durch die Näherbestimmung in 19,6 nahelegt, geht es eben gerade nicht nur um einen besonderen Status, sondern vor allem um eine Funktion, einen Auftrag, der mit der Rolle kommt. Israel als „priesterliches Königreich" zu benennen bedeutet, dass sie als ganzes Volk einen priesterlichen Auftrag gegenüber den anderen Völkern haben. Der Begriff „heilige Nation" unterstreicht nochmals den priesterlichen Aspekt, da Heiligkeit eine der Grundvoraussetzungen des Priesteramtes ist. Der institutionelle Priester ist vor allem Mittler zwischen Gott und Mensch und repräsentiert somit auch die Glaubensgemeinschaft vor Gott. Wenn man dann das Heiligtum als Bild des wiederhergestellten Kosmos versteht (siehe weiter unten zu Kap. 25–31), dann wird deutlich, wie Israel nun dazu bestimmt ist, als Priester vor Gott zum Wohle der gesamten Menschheit zu handeln. Hiermit wird ein ideales Bild von Israel entworfen. Dass die Realität Israels anders aussieht, weiß der Leser nicht nur aus eigener Erfahrung, sondern bereits aus der vorangehenden Wüstenerzählung. Auch wenn der Leser jetzt denken könnte, dass dieser Neubeginn am Sinai alles verändert, wird ihn die Realität ganz sicher beim Lesen von Kap. 32–34 einholen.

Inwiefern bestimmt nun dieses Idealbild Israels den weiteren Leseprozess? Da Israel hier klar in Status, Funktion und Auftrag umrissen wird, ordnet der Leser automatisch alle nun folgenden Gesetze und Regelungen in diese Perspektive ein. Die Einzelheiten, die in der Gesetzessammlung verhandelt werden und die dem modernen Leser häufig langweilig erscheinen, sind also Beispiel für die Werte, die das soziale Leben dieses königlich-priesterlichen Gottesvolkes bestimmen sollen. In der göttlichen Perspektive zu Israels Identität müssen globaler Auftrag und täglicher Alltag einander entsprechen. Sonst wird das Volk seiner Rolle nicht gerecht.

Durch diese Perspektive lässt sich die Erzählung des Bundesschlusses (Kap. 24) parallel dazu auch als Priesterweihe des ganzen Volkes verstehen. Das sich anschließende Mahl wäre dann die Erfüllung der königlich-priesterlichen Intimität am Hof des göttlichen Königs. Die Bestimmungen von Kap. 25–31 beschreiben den Kultus mit einem speziellen

Augenmerk auf das Priesteramt und bieten so ein Modell für die königlich-priesterliche Funktion ganz Israels (Davies,138-163).

Mose kehrt daraufhin zum Volk zurück und legt ihnen Gottes Ansprüche vor (19,7). Die Ältesten erinnern an die Zielgruppe der Botschaft, die Mose bezüglich des Auszugs zu vermitteln hatte (3,15-18). In einem eindrücklichen und klaren Satz akzeptieren die Israeliten Gottes Bestimmung und ihre neue Identität (19,8). Für den Leser geschieht dies bereits, bevor das Volk irgendwelche Details zu dieser neuen Verbindung zu Gott gehört hat. Doch derselbe Satz der Zustimmung wird noch zweimal wortwörtlich wiederholt, nachdem Dekalog und Bundesbuch von Mose vermittelt wurden (24,3.7). Zunächst also drückt das Volk seine Bereitschaft aus, die Bedingung, die in 19,4b-6 vorangestellt wurde, anzunehmen und nun auf die kommenden Details zu warten.

Mose wird von nun an als in seiner Mittlerrolle zwischen Gott und Volk aufgehend beschrieben. Der Leser selbst bedarf des Mittlers nicht, er „hört" die JHWH-Worte direkt. Diese erzählerische Insider-Perspektive war schon in den vorangehenden Texten präsent, doch wird dies nun in dem ganzen Hin und Her zwischen Gott und Volk verstärkt deutlich. In dieser direkten „Begleitung" Moses wird er natürlich gegenüber dem historischen Volk des Auszugs herausgehoben, da er ja offensichtlich nicht des Mittlers bedarf. Dass dennoch die Erzählung auf Moses Verantwortung und Zwischenposition in dieser Weise eingeht, passt zu dem bereits zu beobachtenden Bild von Mose, das sich seit Kap. 3 entwickelt. Mose geht ganz in seiner Rolle auf und wird als Einzelperson mit eigenen Ansichten und Regungen immer mehr ausgeblendet. Das schmälert allerdings nicht seine Bedeutung für Israel, sondern im Gegenteil, es hebt seine Bedeutung in dieser speziellen Rolle besonders hervor. Für Israel selbst hängt alles an Mose.

Dies wird in dem nun folgenden JHWH-Wort aufgenommen (19,9). Um Mose in seiner Mittlerrolle zu bestätigen, wird Gott nun für das Volk sichtbar und hörbar zu ihm reden. Das Volk soll ihm „für immer glauben", d.h. seiner Vermittlung Vertrauen schenken. Das „für immer" nimmt ganz bewusst den Leser mit hinein, der ja auch – allerdings nicht hörbar, sondern schriftlich – von Moses Mittlerschaft abhängig ist. So gewinnt alles, was von Mose her kommt, eine fast absolute Autorität, ohne jedoch Mose selbst zu überhöhen. Mose gibt treu nur das weiter, was er selbst empfangen hat, und steht damit bewusst immer auf einer anderen Stufe als JHWH.

Nachdem nun das Volk seine Zustimmung zu dem Plan Gottes geäußert hat, beginnen die praktischen Vorkehrungen, die das Volk noch vor dem großen Ereignis der Theophanie zu treffen hat (19,10-15). Gottes Gegenwart ist zwar durchaus erwünscht und gerade das Ziel des Auszugs und der ganzen Reise, doch sie ist vor allem auch gefährlich. Das Volk muss sich heiligen. Was diese Heiligung bedeutet, lässt sich am bestem vom Kontext her verstehen. Konkret soll sich das Volk vorbereiten, indem es seine Kleider wäscht, den Berg meidet und die Männer sich keiner Frau nähern (19,10.12-13.15). Diese Handlungen sind weder im Sinne einer moralischen Reinheit zu verstehen, noch sind sie spezielle religiöse Rituale. Letztlich geht es um die Abgrenzung von Zeit und Ort. Die Gottesbegegnung soll als getrennt vom Alltag wahrgenommen und gelebt werden. Zeitlich liegt genau ein voller Tag der Vorbereitung zwischen der Ankündigung und der Theophanie („am dritten Tag"). Damit ist jegliche Überlappung der „normalen" Tage mit den besonderen Tagen ausgeschlossen. Der Berg wird sozusagen zum Tabu erklärt, und weder Tier noch Mensch dürfen sich nähern. Damit ist der eigentliche Ort der Theophanie abgegrenzt und als Begegnungs- und Offenbarungsort, wie auch der Tag der Theophanie, aus der Normalität des Lagers herausgenommen. Hiermit wird aber nicht ein auf alle Zeiten heiliger Ort etabliert, denn es wird ja explizit darauf hingewiesen, dass der Berg nach dem Erklingen der Hörner wieder betreten werden kann (19,13). Moses Anweisung, dass sich die Männer einer Frau nicht nähern sollen (19,15), ist als Erläuterung des ganzen Vorgangs gemeint. Im Alten Testament wird „sich einer Frau nähern" nicht als umschreibendes Stilmittel für sexuellen Verkehr genutzt, was natürlich nicht bedeutet, dass es hier nicht doch so sein kann. Trotzdem legt der Text hier keine grundlegende moralische Abwertung der Sexualität nahe, als ob sie in einem heiligen Raum und einer heiligen Zeit nichts zu suchen habe. Vielmehr geht es darum, dass die Gottesbegegnung nicht von menschlicher Liebe überdeckt werden soll. So ist hier also gerade nicht an eine Missachtung der Frau gedacht. Es wäre sogar eher an eine Parallelisierung von ihr mit dem Sinai zu denken, da ja die eigene Frau für jeden anderen tabu ist. In dieser ganz speziellen Situation geht es Mose um einen bewussten Umgang mit dem Heiligen; sich von einer Frau fernzuhalten, ist Vorbild und Vorbereitung für die Haltung bezüglich der Begegnung mit Gott (vgl. Dohmen 2004, 68-69, der Jacob, 546 aufnimmt). Alles in allem hat das Abgrenzen den Sinn, die Begegnung zwischen Volk und Gott zu ermöglichen.

Am Morgen dann steigt JHWH auf den Berg herab, und das Volk wird Zeuge gewaltiger Ereignisse (19,16-19). Worte werden wohl nie das beschreiben können, was dort tatsächlich geschah, und daher wurden auch nur drei Verse dafür verwendet. Wichtiger als das, was zu sehen und in diesem Moment zu hören war, sind offensichtlich die Worte JHWHs, die Mose dem Volk (und die Erzählung dem Leser) vermittelt. Es geht also nicht um das Beeindrucken, sondern um die Wortoffenbarung, die das Sinai-Ereignis dominiert. Dies wird auch durch den zusammenfassenden Vers 19,19 unterstrichen: Mose und JHWH reden miteinander. Es ist also nicht Lärm, sondern echte Konversation, die mit der Theophanie einhergeht.

Die abschließenden Bemerkungen (19,20-25) scheinen die Grundprinzipien für die Begegnung Israels mit ihrem Gott nochmals neu zu formulieren. Es geht nun etwas spezieller um den Gipfel des Berges (19,20), dem eine intensivere Stufe der Heiligkeit zuerkannt wird. Dass hier nun die Priester erwähnt werden, bevor sie überhaupt institutionell eingeführt werden (2Mo 28–29 und 3Mo 8–9), lässt sich evtl. dadurch erklären, dass „Priester“ ein allgemein bekanntes Konzept war. Auf jeden Fall ergibt es rückblickend Sinn, da ja dem Leser das Konzept eines Priesters, der für gewöhnlich „sich JHWH nähert“ (19,22), durchaus bekannt ist. Später findet dieser Raum der gestuften Heiligkeit, wie er hier am Berg zu sehen ist, seine Entsprechung im Zeltheiligtum.

2.3.1.4 Anregung zur Bibelarbeit

In Kap. 19 geht es um die Identität und Gottesbegegnung des Volkes. Beide Aspekte sind einander zugeordnet. Israel als das Gottesvolk lässt sich ganz bewusst auf das ein, was es sein soll: „Werde, was du bist!" Es geht um die Definition einer ganz besonderen Stellung und Rolle, die Israel in die Nähe Gottes führen soll. Gottes Erwählung geht allem voraus (Abraham), ebenso seine Errettung aus der Zwangsarbeit in Ägypten. Beides begründet eine einzigartige Beziehung, die allerdings ihre Konsequenzen hat. Die Bedingung, die 19,5 nennt, hat nichts mit der sogenannten und den Israeliten und späteren Juden oft vorschnell untergeschobenen „Werkgerechtigkeit" zu tun. Es geht darum, dass sich die besondere Beziehung zwischen Gott und Israel nur realisieren kann, wenn Israel den Kontakt zu Gott hält („Gottes Stimme hören") und den „Vertrag" (Bund) mit ihm ehrt. Dies sind nun einmal die Voraussetzungen, ohne die keine stabile Beziehung entstehen kann. In diesem selben Spannungsfeld zwischen der bedingungslosen Annahme durch Gott und dem bewussten Sich-in-die-Gottesbeziehung-Hineinstellen steht auch jeder Christ. Gott nimmt jeden an, wie er ist, aber er erwartet, dass er nicht so bleibt, wie er ist. Das ist keine Werkgerechtigkeit, sondern berechtigter Anspruch des Gottes, dem wir in Ehrfurcht begegnen.

Die Identität Israels wird im Kontext der *„missio dei"* (Gottes großer Plan mit dieser Welt) gesehen. Wie oben beschrieben, wird Israel in die vermittelnde Pflicht genommen. Sie sollen Priester sein und so die Interessen Gottes vor aller Welt vertreten und für alle Welt vor Gott einstehen. Genau in diesen Auftrag sieht sich auch die christliche Kirche mit hineingenommen (1Petr 2,9). Berufung und Erwählung haben sowohl im Alten wie auch im Neuen Testament niemals Selbstzweck, sie sind immer funktionell, d.h. Gott beruft zu etwas. Immer beruft Gott dazu, die Hände nicht in den Schoß zu legen, sondern Gottes Wertvorstellungen in aller Welt zum Ausdruck zu verhelfen – eine sehr anspruchsvolle Aufgabe. In der Bibelstudiengruppe lassen sich sicherlich sehr schnell Beispiele dafür sammeln, wie Einzelne, oder auch die Ortsgemeinde, diese Mittlerrolle zwischen Gott und Welt übernommen haben – oder auch, wo eine Chance verpasst wurde. Folgende Fragen könnten einen echten Veränderungsprozess anstoßen:

- Hat jemand schon einmal mehr an Sie „geglaubt“, als Sie es selbst taten? Wie haben Sie darauf reagiert?
- Sie haben sicher schon einmal eine Aufgabe bekommen, die Sie keinesfalls übernehmen wollten, und dann ist doch etwas Gutes daraus geworden. Welche Schlüsse haben Sie daraus gezogen?
- Wo beobachten wir Gottes Wirken in unserem Umfeld? Vielleicht auch ganz unabhängig von uns …
- Was könnte Gott damit beabsichtigen, dass Sie als Gruppe genau jetzt, in dieser Zeit, an diesem Ort sind?

Bereits die erste nähere Begegnung zwischen Gott und Volk bedarf der Regelung und der Vorbereitung. Gott zu begegnen, ist keine triviale Sache und darf es auch nicht sein. Am Sinai war es eine ganz besondere, ja einmalige Begegnung. Doch es soll ja eine Begegnung sein, die das ganze weitere Sein Israels bestimmt. Gott will sich zeigen, will sich offenbaren und damit zugänglich werden. Das ist ein besonderes Ereignis, und daher muss es aus dem Alltag herausgelöst werden.

Außergewöhnliches finden wir in der Regel interessant und anziehend. Wenn die Bibelstudiengruppe von dieser überwältigenden direkten Begegnung mit Gott liest, so könnte die Idee aufkommen, dass Gott immer so speziell mit uns reden müsste. Klar, das kann er – und manchmal tut er es auch. Doch eigentlich sollten Gottesbegegnungen zu unserer Normalität werden, zu unserem Alltag. Es wäre angebracht, über das Verhältnis von speziellen Momenten mit Gott und dem Alltagsbeisein Gottes zu sprechen. In der späteren jüdischen Auslegung ist die Thora, d.h. die Weisung Gottes, als „mitziehender Sinai“ bekannt. Gottes Nähe kann sich im bewussten Mithineinnehmen seiner Weisung in unseren Alltag erweisen. Der Sinai ist nicht ein religiös-existenzialistisch verstandenes „Bergerlebnis“, welches einen lediglich wohlig berührt, sondern eine erschreckende Gottesbegegnung, die Konsequenzen im Alltag fordert. Wer so ein Erlebnis hatte, der kehrt nicht zur gewohnten Routine zurück. Gottesbegegnungen verändern.

2.3.2 Dekalog (20,1-21)

2.3.2.1 Übersetzung

20,1 Da sprach Gott alle diese Worte:

2 Ich bin JHWH, dein Gott, der dich herausgeführt hat aus Ägypten, dem Sklavenhaus.

3 Du sollst keine anderen Götter in Bezug auf mein Angesicht haben.

4 Du sollst dir kein Kultbild machen und kein Abbild von dem, was oben im Himmel, unten auf der Erde oder im Wasser unter der Erde ist. 5 Du sollst dich nicht vor diesen Bildern niederwerfen und dich auch nicht verleiten lassen, sie zu verehren. Denn ich, JHWH, dein Gott, bin ein eifersüchtiger Gott, der die Schuld der Väter untersucht an den Kindern und an der dritten und vierten <Generation> derer, die mich hassen, 6 der aber Gnade erweist an tausend <Generationen> derer, die mich lieben und meine Gebote halten.

7 Du sollst den Namen JHWHs, deines Gottes, nicht zu Nichtigem gebrauchen; denn JHWH lässt den nicht ungestraft, der seinen Namen zu Nichtigem gebraucht.

8 Denke an den Sabbattag, um ihn zu heiligen. 9 Sechs Tage kannst du arbeiten und alle deine Arbeit tun. 10 Aber der siebte Tag ist ein Sabbat für JHWH, deinen Gott. Du sollst keine Arbeit tun, weder du selbst noch dein Sohn noch deine Tochter noch dein Sklave noch deine Sklavin, noch dein Vieh noch der Fremde, der sich in deinen Toren aufhält. 11 Denn in sechs Tagen machte JHWH den Himmel, die Erde und das Meer und alles, was in ihnen ist; am siebten Tag ruhte er. Deswegen hat JHWH den Sabbattag gesegnet und ihn geheiligt.

12 Ehre deinen Vater und deine Mutter, damit du lange lebst auf dem Erdboden, den JHWH, dein Gott, dir gibt.

13 Du sollst nicht morden.

14 Du sollst nicht ehebrechen.

15 Du sollst nicht stehlen.

16 Du sollst nicht als falscher Zeuge gegen deinen Nächsten aussagen.

17 Du sollst nicht das Haus deines Nächsten begehren. Du sollst nicht die Frau deines Nächsten begehren, noch seinen Sklaven, noch seine Sklavin, noch sein Rind, noch seinen Esel, noch irgendetwas, was deinem Nächsten gehört.

18 Das Volk nahm den Donner und die Blitze, den Hörnerschall und den rauchenden Berg wahr. Sie nahmen <es> wahr und bebten und blieben in der Ferne stehen. 19 Sie sprachen zu Mose: Rede du mit uns, und wir wollen hören. Gott aber soll nicht mit uns reden, damit wir nicht sterben. 20 Mose antwortete dem Volk: Fürchtet euch nicht! Denn Gott ist gekommen, um euch zu prüfen und damit seine Furcht euch gegenwärtig sei, damit ihr nicht sündigt. 21 So blieb das Volk in der Ferne stehen; Mose ging in die dunkle Wolke, dorthin, wo Gott war.

2.3.2.2 Struktur

Die Zehn Gebote stehen ohne einen eindeutigen narrativen Anschluss an der Spitze der Gesetzessammlung von 2. Mose. Es wird nicht klar, zu wem Gott diese Worte spricht. Möglicherweise will diese Offenheit dem Leser die Freiheit lassen, den Text direkt und ohne großen Umweg für sich selbst zu hören. In diesem Sinne ist es der einzige Text, den Gott ohne Mittler an das Volk am Sinai richtet. Dass die „Zehn Worte“ (34,28) von Gott selbst niedergeschrieben wurden (Ex 24,12; 31,18; 32,15; 5Mo 5,22) und in der Bundeslade deponiert werden sollen (5Mo 10,1-5), ist Hinweis auf deren herausgehobene Bedeutung.

Der Dekalog fungiert als programmatischer Prolog für die nachfolgenden Gesetze und Ordnungen, durch deren Beachtung die Einmaligkeit und Zugehörigkeit des Volkes zu JHWH, dem Bundesgott, gewahrt werden. In diesem Sinne ist er letztlich eine bewusst allgemein gehaltene Aufzählung von Geboten und Verboten, die die göttlichen Werte näher bestimmen, auf die sich das Bundesverhältnis von Gott mit dem Volk Israel gründen soll. Zusammen mit dem Bundesbuch werden Israel hier die Bedingungen für eine dauerhafte Verbindung zu Gott vorgelegt.

Bezüglich der literarischen Form lässt sich wohl am besten von einer Gebots- bzw. Verbotsreihe sprechen, die ohne Fallschilderung und

Rechtsfolgebestimmungen auskommt und damit in ihrer Absicht weniger für die konkrete Rechtsprechung geeignet ist, als vielmehr für die Prävention. Es werden Grundwerte veranschaulicht, die einerseits auf den reinen Tatvorgang reduziert (2Mo 20,13.14.15) oder andererseits in aller Breite ausgeführt und erklärt (V. 4.9-11) werden können. Diese formelle Offenheit macht es zudem leicht, dass der Dekalog als Grundlage für Lehre, Predigt und Ermutigung dienen kann, was auch getan wurde, wie es die äußerst umfangreiche Wirkungsgeschichte zu diesem Text beweist. Die Breite der Anwendungsmöglichkeiten wird durch seine Funktion als programmatischer Prolog und damit als Basis des Bundes von JHWH mit Israel geradezu gefordert.

So sucht er auch inhaltlich, viele Lebensbereiche abzudecken. Die Grundsatzbestimmung (20,2-6) wird in 20,7-17 entfaltet. Schon rein inhaltlich zerfällt 20,7-17 in zwei Teile: das „Gottesrecht“ (religiös; 20,7-11) und das „Menschenrecht“ (sozial; 20,12-17). Die feinere Einteilung ist nicht ganz so eindeutig wie eine grobe Zweiteilung. Zunächst fallen die beiden positiv formulierten Gebote (20,8-11 [Sabbat] und 20,12 [Eltern]) auf. 20,7 und 20,13-17 sind dagegen Verbote (Kratz, 211-212):

20,2-6	Grundsatzbestimmung (Fremdgötter-, Bilderverbot)	
„Gottesgebote“		
20,7	Gottesname	Verbot
20,8-11	Sabbat	Gebot
„Sozialgebote“		
20,12	Eltern	Gebot
20,13-17	Morden, Ehebrechen, Stehlen, falsches Zeugnis, Begehren	Verbot
20,22-26	Altargesetz (Kultort) – Bilderverbot	

Die Zehnzahl der „Worte“ wird öfter durch eine gewisse Zahlensymbolik zu deuten versucht, doch scheint sie nur deswegen eine so herausragende Beachtung gefunden zu haben, weil diesem Abschnitt der Name „Zehnwort“ zugewiesen wird (34,28; 5Mo 4,13; 10,4). Dass diese Reihe einen Namen bekommt, ist an sich allerdings etwas Besonderes (Childs, 397). Sonst wird nur das Bundesbuch (2Mo 22,22–23,33) als solches innerbiblisch mit einem eigenen Namen versehen (24,7). So betont also auch die Form des Dekalogs seine herausgehobene Stellung. Der als Formel ausgebildete Prolog mit der Selbstvorstellung JHWHs, die konsequente Vermeidung aller Details, die normalerweise Gesetze begleiten, und die Bezeichnung als „Zehnwort" findet man in dieser Kombination nicht mehr im Alten Testament.

Der Dekalog ist eine strukturierte Einheit, die offensichtlich bewusst komponiert wurde, um einzelne Inhalte zu betonen und in den rechten Kontext zu setzen. Bei alledem ist seine Struktur jedoch nicht starr, wie die teilweise freie Aufnahme des Dekalogs in 5. Mose zeigt. Darüber hinaus gibt es eine Vielzahl von Versuchen, diese Gebotsreihe mit der Zahl Zehn übereinzubringen. Zählt man die Imperative, so sind es 13 – oder 14, wenn man, wie die jüdische Tradition, die Selbstvorstellung Gottes hinzuzählt. Die hier angenommene Unterteilung trennt zwischen dem Fremdgötterverbot und dem Bilderverbot, welches die röm-kath. Tradition im ersten Gebot zusammennimmt. Luther übergeht Letzteres in seinem Kleinen Katechismus. Die Aufteilung der Worte auf zwei „Tafeln" ist historisch noch vielfältiger und kann hier nicht weiter behandelt werden.

hellenistisch jüdische, altkirchliche, orthodoxe, reformierte und anglikanische Tradition	katholische und lutherische Tradition	rabbinisch jüdische Tradition und Talmud
1. Fremdgötterverbot	1. Fremdgötterverbot + Bilderverbot	1. Selbstvorstellung Gottes
2. Bilderverbot	2. Namensmissbrauchsverbot	2. Fremdgötterverbot + Bilderverbot
3. Namensmissbrauchsverbot	3. Sabbatgebot	3. Namensmissbrauchsverbot
4. Sabbatgebot	4. Elterngebot	4. Sabbatgebot
5. Elterngebot	5. Tötungsverbot	5. Elterngebot
6. Tötungsverbot	6. Ehebruchsverbot	6. Tötungsverbot
7. Ehebruchsverbot	7. Diebstahlsverbot	7. Ehebruchsverbot
8. Diebstahlsverbot	8. Falschzeugnisverbot	8. Diebstahlsverbot

9. Falschzeugnisverbot	9. Begehrensverbot (Frau)	9. Falschzeugnisverbot
10. Begehrensverbot	10. Begehrensverbot (Güter)	10. Begehrensverbot

2.3.2.3 Auslegung

Die eben angesprochene bewusste Konzeption des Dekalogs wird bei der Betrachtung seines Inhalts besonders deutlich: Es werden einige der wichtigen Bereiche der Beziehung zu Gott und dem Mitmenschen ausgewählt und für jeden eine oder zwei prägnant formulierte Anweisungen gegeben. Diese inhaltliche Breite wird außerdem durch die Zehnzahl der Gebote bzw. Verbote betont. So verwundert es nicht, dass der Dekalog einen wesentlich weiteren Bereich des Lebens umfasst, als dies andere Gebotsreihen des Alten Testaments tun. Dennoch geht er nicht auf jeden Lebensbereich ein, noch werden Details geregelt.

Durch den vorgeschalteten historischen Prolog (20,2) und die ersten beiden Gebote (Fremdgötterverbot 20,3; Bilderverbot 20,4-6) stellt JHWH sich und sein Wesen vor. Eigentlich dürfte dieser Satz ja für einen Leser von 2. Mose überflüssig sein, doch ergibt er durchaus Sinn, wenn man davon ausgeht, dass der Dekalog über die konkrete Sinai-Situation hinaus Geltung beansprucht und auf die Allgemeinheit derer abzielt, die sich auf den Exodus als Gründungserlebnis zurückführen. Zunächst geht es um den Geltungsbereich der folgenden Reihe. Die Selbstbezeichnung Gottes als „Ich bin JHWH, dein Gott“ geht den Geboten voran, um deutlich zu machen, dass hier ein ganz bestimmtes Volk als Adressat angesprochen wird (Schmidt & Delkurt). Wieder sehen wir hier einen Hinweis dafür, dass mit dem Dekalog kein zeitloses und unpersönliches Natur- oder Grundlagenrecht vorliegt, das Geltung für die ganze Menschheit beanspruchen würde (Dohmen 2004, 103). Israel hatte eine Beziehung zu dem „einen Gott“, hatte bereits Geschichte mit ihm erlebt. Die Erinnerung an die Befreiung aus Ägypten verweist auf den Schutz und Beistand Gottes. Israel verdankt dem Auszug aus Ägypten seine Existenz und Freiheit: „Gott gibt, bevor er fordert“ (Boecker, 185). So ist die Voraussetzung des Dekalogs das erwählende und errettende Handeln Gottes. Die Gemeinschaft wird nicht erst durch die Gebote geschaffen, sie wollen vielmehr das bereits bestehende Gottesverhältnis in der Praxis des Alltags ordnen und bewahren.

Dem Gottesverhältnis Israels, welches vom Auszug her bestimmt ist (20,2), wird nun mit dem **Fremdgötterverbot** eine Konsequenz an die Seite gestellt (20,3). Das Bundesvolk hat ausschließlich einen einzigen Gott anzubeten. Gottes Gegenwart (sein Angesicht!) ist für Israel nur möglich, wenn sie keinen anderen Gott neben JHWH stellen, anbeten oder ernst nehmen. Wahrscheinlich ist hier noch nicht direkt an einen (philosophischen) Monotheismus gedacht, der die Existenz anderer Götter komplett ausschließt. Unzweifelhaft geht es aber um Monolatrie, d.h. die Alleinverehrung nur eines Gottes.

Gottes Alleinverehrungsanspruch hat natürlich zur Konsequenz, dass jegliche **Kultbilder** und Götzenbilder ausgeschlossen sind (20,4-6). Dabei geht es nicht um ein generelles Kunstverbot; selbst für den kultischen Raum sind künstlerische Darstellungen erlaubt. Der Nachsatz macht deutlich, dass es allein um Verehrung geht. Der Platz von Kultbildern im allgemeinen altorientalischen Weltbild ist der der Verfügbarmachung von Göttern. Wer das Bild des Gottes hat, hat auch Einfluss auf ihn und kann dessen göttliche Macht für sich einsetzen. JHWH entzieht sich dieser Einflussnahme ganz bewusst, wie er es ja bereits in der Diskussion um seinen Namen in Kap. 3 getan hat. Außerdem wäre eine Möglichkeit, JHWH bildlich darzustellen, ohne dass dieses Kultbild anderen kanaanäischen Kultbildern sehr ähneln würde, kaum denkbar. Der Begründungssatz (20,5b-6) geht von JHWHs Charakter aus: Er ist eifersüchtig, d.h., er wird keine Konkurrenz dulden. Israels Aufmerksamkeit hat ihm ungeteilt zu gehören. Mit dem nun folgenden doppelten Ausblick in die zukünftigen Generationen wird deutlich, dass die menschliche Einstellung zu Gott weitreichende Konsequenzen haben wird. 20,5b-6 sind parallel zu 34,6-7 formuliert. Dies ist bedeutsam, da sowohl vor dem „Fall Israels“ (Kap. 32) als auch danach dasselbe Missverhältnis zwischen Fluch und Segen formuliert wird. Drei oder vier Generationen wohnen in Israel in einer Großfamilie zusammen, tausend Generationen ist eindeutig eine runde Zahl, die einen sehr langen Zeitraum meint. Es ist dieses Missverhältnis, welches JHWH als einen gnädigen und sehr geduldigen Gott charakterisiert, der Bundesbruch dennoch sehr ernst nimmt. Schuld wird nicht biologisch oder sonst wie weitergegeben; Schuld hinterlässt aber generationsübergreifende Spuren (vgl. unten zu 34,7). Fluch und Segen sind Kernelemente eines jeden altorientalischen Vertragsschlusses. Sie stehen hier am Übergang der Grundsatzerklärung zu den Einzelgeboten.

Gottes Gnade und sein Ausschließlichkeitsanspruch werden in den folgenden Geboten und Verboten entfaltet. Nun wird die erste Person des ersten Teils des Dekalogs verlassen, und es wird in der dritten Person von Gott geredet. Das ergibt gerade auch für das **Namensmissbrauchsverbot** (20,7) Sinn, denn ein einfaches „mein Name" würde nicht denselben Eindruck hinterlassen wie die Rede von „JHWH" (Dohmen 2004, 113). So wird der Ausschließlichkeitsanspruch JHWHs für den Alltag konkretisiert. Gott ernst zu nehmen, fängt bei der Rede über ihn an. Der Gottesname, der immer schon mehr als eine Bezeichnung war, wird als heilig bezeichnet, von allem Profanen abgesondert. Missbrauch liegt dann vor, wenn der Gottesname zu Schall und Rauch verkommt, nichtssagend und bedeutungslos wird, egal ob dabei geflucht, ein Meineid geleistet oder einfach so dahingeredet wird. Obwohl es also um Gott geht, geht es nicht zuerst um den Gottesdienst, sondern ganz bewusst um den Alltag – auch den Alltag derer, die sich nach Gott nennen (Israel). Wenn sie sich in Gottes Namen unwürdig verhalten, so färbt dies auch auf Gott selbst ab. Hieran zeigt sich auch, dass dieses Verbot nicht darauf aus ist, Gott zu schützen, sondern den Menschen, der sich selbst (oder auch andere!) durch einen leichtfertigen Umgang mit dem Gottesnamen gefährdet (Dohmen 2004, 115).

Die Praxis eines Ruhetags im konsequenten Siebentagesrhythmus findet in parallelen Kulturen des alten Vorderen Orients wohl keine Entsprechung, ist also eine israelitische Besonderheit (Kratz, 213). Das **Sabbatgebot** (20,8-11) entspricht dem vorangehenden Gebot insofern, dass auch hier etwas ausgesondert wird. Diesmal ist es eine heilige, eine abgesonderte Zeit. Auch hier ist das Nichtarbeiten nicht direkt mit dem

Kult verbunden, obwohl dieser Tag, parallel zu anderen Festen, eine Zeit ist, die auf Gott bezogen und ihm gewidmet ist, weil sie ihm gehört; daher auch die Beziehung zu Gottes eigenem Ruhen im „6 + 1"-Rhythmus der Schöpfung. Nicht nur geistliche Beschaulichkeit ist am Sabbat zu pflegen, sondern es geht gerade darum, bewusst nicht zu arbeiten, zur Ruhe zu kommen. Die umfangreiche Aufzählung in 20,10 mag verwundern, verdeutlicht aber doch einen wichtigen Aspekt der israelitischen Gesellschaft. Das Verhältnis von Arbeit zu Nichtarbeit wird hier allein zeitlich bestimmt, nicht sozial. Im altorientalischen Denken sind Arbeit und Nichtarbeit auf Sklaven und Herren verteilt. Dies ist in Israel anders. Arbeit wird somit nicht als Fluch der Götter gewertet, dem man so gut als möglich entfliehen muss, sondern als etwas Normales, von dem man aber ab und an, und vor allem regelmäßig, ruhen muss. Der Sabbat wird an dieser Stelle mit dem Tagesrhythmus der Schöpfungswoche (1Mo 1,1–2,4) begründet. Dort ist es allerdings nicht die Erschöpfung, die Gott „ruhen" lässt, sondern „Ruhe" ist Ausdruck von Gottes erfolgreichem Handeln, welches das anfängliche Chaos und die Gestaltlosigkeit der Welt überwunden hat. Der siebte Tag porträtiert JHWH als den inthronisierten König, der nun über eine geordnete Welt regiert. Im Dekalog definiert Gott den letzten Schöpfungstag als den Tag, an dem der Fokus der Menschen ganz auf ihm, dem Schöpfer selbst, liegen soll und an dem die Menschen all dies tun sollen, was dieser wunderbaren Schöpfung entspricht: Wir geben uns Freiraum für Kreativität; Freiraum dafür, das Leben zu feiern; Freiraum für Genießen und Begegnung – kurz: Freiraum für all das, was unser Menschsein regeneriert, sodass wir wieder ganz Menschen sein können. Von diesem Bezug her wird das Sabbatgebot nicht nur als Negation verstanden, sondern positiv gefüllt.

Die weiteren Gebote regeln das zwischenmenschliche Miteinander. Konkreter Adressat ist der Einzelne als Glied der Gemeinschaft, das persönliche und verantwortliche „Du". Die Gebote bzw. Verbote nehmen keinerlei Rücksicht auf persönliche Lebensumstände, sind also bewusst allgemein-grundsätzlich gehalten.

Dass die verantwortliche Einzelperson allerdings unauslösbar Teil der Gemeinschaft ist, wird bereits im **Elterngebot** deutlich (20,12). Im Nachsatz zum eigentlichen Gebot, Vater und Mutter zu ehren, wird ein langes Leben verheißen, welches den Adressaten unvermeidlich in die Generationenfolge stellt. Das bedeutet, dass auch er einmal älter wird, Kinder hat und von ihnen geehrt werden will. Damit wird die innere Struktur des Volkes angesprochen, die als Kernzelle die Familie hat und so lange stabil sein wird, wie die Familien stabil sind. Der Gegenpol zum Elterngebot ist das Verbot, die Eltern zu verfluchen – mit Todesfolge (21,17). Der Bezug zu Gott wird dadurch hergestellt, dass die Gottesbeziehung Israels in der Familie gelebt und damit auch dort weitergegeben wird. Dies geschieht durch Gebet und Feste, die, wie bereits am Beispiel des Passah- und Mazzoth-Festes gesehen, im familiären Rahmen Erinnerung an Gottes Taten weitergeben (12,26; 13,14). Es geht also um positive Beziehungen, die auf der familiären, menschlichen Ebene Gottes Werten Ausdruck verleihen.

Nun folgen die kurzen Verbote, die in ihrer Knappheit ebenso stark wirken wie die vorangehenden, die mehr begründet werden. Das **Mordverbot** (20,13) ist kein allgemeines Tötungsverbot. Es geht um das absichtliche, also vorsätzliche Töten eines anderen Menschen. Die Absicht des Verbots ist eindeutig der Schutz des Lebens. In seiner Kürze fordert es aber geradezu den Diskurs über die hier gezogene Grenze heraus. Was genau bedeutet vorsätzliches Töten? Fällt die Situation eines Krieges darunter? Wie steht es mit staatlich legitimierter Gewalt? Wie ist das medizinische Nicht-mehr-Helfen einzuordnen? Von 20,13 her können in diesen Fällen keine Antworten gefunden werden. Es muss sich eine umfassendere ethische Bewertung der einzelnen Fälle anschließen.

Beim **Ehebruchverbot** (20,14) steht erneut die gesellschaftliche Stabilität im Hintergrund. Je nachdem, wie die Institution Ehe in Israel (in verschiedenen Epochen) definiert wurde (Monogamie, Bigamie, Polygamie), ergeben sich sehr unterschiedliche Szenarien, was einen Ehebruch konstituiert und was nicht. Sicher geht es aber um den Schutz der Familie in allen Bezügen. Denn Ehebruch berührt das Recht der Familie auf Versorgung, den sozialen Status der Ehefrau und auch die Erbfolge (vgl. Dohmen 2004, 123-124).

Das **Diebstahlverbot** (20,15) hat vor allem den Schutz des Eigentums zum Ziel (im Gegensatz zu Menschenraub, vgl. 21,16). Hier wird, gemäß der Gesamtanlage des Dekalogs, ganz allgemein von Diebstahl gesprochen. Dies gilt für alle Israeliten, und wie die entsprechenden Gesetze aus dem Bundesbuch nahelegen (22,1-3.7-14), gilt es für alle Israeliten ohne Unterschied ihres sozialen Standes. Dies ist bei anderen Kulturen des Alten Orients ganz anders geregelt. Dort hängt die Beurteilung von Vermögensdelikten vor allem davon ab, bei wem gestohlen wurde. Je ärmer der Bestohlene, desto weniger Konsequenzen drohen dort dem Dieb.

Das **Verbot der Falschaussage** (20,16) will den Wert der Aufrichtigkeit schützen. Zusammen mit dem folgenden Vers wird der „Nächste" vier Mal genannt, was bereits die Zielrichtung dieses Abschnitts ausdrückt. Der Nächste ist der Mitmensch, mit dem ich eine persönliche, wie auch immer geartete Beziehung habe. Mit einer falschen Aussage werden normalerweise eigene Vorteile verfolgt, die auf Kosten des Beschuldigten gehen, vor allem was sein Recht und seine Würde angeht, aber auch materielle Konsequenzen haben kann. Häufig wird hier allgemein vom Verbot des Lügens gesprochen, was den Fokus auf den Kontrast Wahrheit/Lüge lenkt. Im Dekalog geht es vielmehr um die Person, die mit ihrer Falschaussage den Schaden des anderen und den eigenen Profit bezweckt.

Das **Verbot des Begehrens** (20,17) zielt ebenfalls auf den direkten Umgang mit dem Nächsten ab. Die beiden Sätze beginnen jeweils mit demselben Verb und gehören daher unmittelbar zusammen. Wieder, wie beim vorangehenden Verbot, geht es um eine Einstellung, die allerdings hier noch nicht zur Tat kommt. Es geht dabei nicht darum, die Begierde als an sich moralisch verwerflich zu diskreditieren, sondern es geht um den Wunsch der unrechtmäßigen Aneignung. Dabei ist es unerheblich, ob die Mittel, die einer zum Erfüllen seines Begehrens einsetzen würde, legal sind oder nicht. Es wird hier etwas angesprochen, das außerhalb des gerichtlich Erfassbaren ist. Die Würde und der Besitz des Mitmenschen sind zu achten. Damit wird eine der Grundlagen einer funktionierenden und solidarischen Gesellschaft gelegt.

Die Einzelgebote des Dekalogs wollen und können keine erschöpfende Regelung in allen erdenklichen menschlichen Lebensbereichen bieten. Das Zehnwort formuliert einen Rahmen, eine Grundordnung, innerhalb derer die Existenz als Gottesvolk zu gestalten ist. Es geht um Grundwerte, Einstellungen und Tabus, die dem „Bekenntnis zu JHWH“ entsprechen und das Denken und Handeln der Israeliten für alle Lebensbereiche und zu jeder Zeit bestimmen sollen. Somit will der Dekalog die Einmaligkeit des Volkes und dessen Zugehörigkeit zu Gott wahren.

Der nun folgende Bericht über die Reaktionen des Volkes (20,18-21) passt nicht sonderlich gut zum Dekalog (wie der Übergang von 19,25 auf 20,1; siehe oben). Es scheint so, als habe das Volk lediglich die Theophanie ohne verstehbare Worte wahrgenommen. Sie haben sogar Angst davor, dass Gott möglicherweise direkt mit ihnen sprechen wollte, und schieben lieber Mose als Mittler vor. Dies ist ein weiterer Baustein in der Darstellung Moses als dem großen Mittler zwischen Gott und Volk. Dies wird auch in der Aufnahme der Elemente aus 14,31 „... fürchtete das Volk JHWH und glaubte JHWH und Mose, seinem Diener“ in 19,9 und 20,20 deutlich. Gott redet auch deswegen mit Mose, damit dessen Autorität beim Volk weiter etabliert wird. Das Prüfen von 20,20 bezieht sich am ehesten auf die Akzeptanz von Moses Rolle durch das Volk. JHWH wollte genau dies vom Volk: Es soll akzeptieren, dass er allein mit Mose redet, dieser dann seine Worte an es weitergibt und es dabei in sicherer Distanz zum Berg verbleibt. Mit der Bitte in 20,19 hat das Volk diese „Prüfung“ wohl bestanden, was auch den positiven Ton von Moses Reaktion in 20,20 begründet. Der Schlusssatz (20,21) berichtet noch einmal, dass alles so bleibt wie gehabt und gewünscht.

2.3.2.4 Anregung zur Bibelarbeit

Der Dekalog hat wohl eine der umfangreichsten Wirkungsgeschichten der Texte des Alten Testaments entfaltet. Das zeugt natürlich von seiner herausragenden Qualität und Bedeutung. Was man in einem Bibelgespräch zu diesem zentralen Text bearbeitet, hängt wohl vor allem von den Fragen und Interessen der Teilnehmer ab. Es wird wohl immer so sein, dass uns der Text herausfordert und auch infrage stellt. Daher ist es auch wichtig, den Anspruch des Textes an seine Leser zu verdeutlichen und darauf zu achten, dass jeder den Text für sich liest und nicht für seinen „Nächsten" oder ganz von der sicheren Warte aus für die heutige „schlimme Gesellschaft".

Möglicherweise wären folgende Perspektiven für eine ergiebige Lektüre eine Hilfe. Zunächst spiegelt der Dekalog selbstverständlich den Charakter, die Werte und Interessen dessen wider, der ihn formuliert – also Gott selbst. So könnte man den Eigenschaften Gottes nachspüren, welche aus dem Text herausgeschält werden. Fruchtbar wäre sicherlich auch ein Blick in die Evangelien, um zu sehen, wie Jesus diese im Dekalog beschriebenen Werte lebt und bei seinen Zeitgenossen einfordert. Dabei gilt es, die im Text selbst formulierte Zielvorgabe im Blick zu behalten, dass von Gott sowohl Bereitschaft zum Strafen als auch ein besonders deutliches Übergewicht der Gnade ausgesagt wird (20,5-6).

Eine weitere Perspektive lässt sich darin erkennen, dass Gesetze nur dann gegeben werden, wenn Anlass dazu besteht. So braucht Gott nur vom Kultbild oder vom Töten zu reden, wenn er die Gefahr sieht, dass das Volk eine Tendenz zu Kultbildern hat oder sich Einzelne bewusst über das Leben anderer stellen. So sagt der Dekalog auch eine Menge über unsere menschliche Befindlichkeit aus. Diesem Realismus nachzugehen, dürfte zu einer demütigen Selbsterkenntnis führen.

Letztlich ließe sich noch über eine ideale Gesellschaft nachdenken, wie sie der Dekalog vorstellt. Damit dies nicht beim Träumen bleibt, wäre darüber nachzudenken, in welchen konkreten Bereichen die real existierende Kirche der Teilnehmenden einen Auftrag Gottes für einen Impuls in ihrem unmittelbaren Lebenskontext empfangen haben könnte. Es geht hier zunächst um die Gemeinde als Gruppe und nicht um den Einzelnen. Damit wäre die Gemeinde auf der Spur Israels, welches die Rolle des Priestertums in dieser Welt empfangen hat (19,5-6; vgl. 1Petr 2,9). Die christliche Gemeinde hat eine gottgegebene Funktion und Rolle in ihrer jeweiligen Umgebung. Diese Funktion gilt es zu entdecken und zu leben.

2.3.3 Bundesbuch (20,22–23,33)

2.3.3.1 Übersetzung

20,22 Und JHWH sagte zu Mose: So sprich zu den Israeliten: Ihr selbst habt gesehen, dass ich vom Himmel mit euch gesprochen habe. 23 Ihr sollt euch neben mir keine silbernen Götter machen, und goldene Götter sollt ihr euch nicht machen!

24 Du sollst mir einen Altar aus Erde machen und darauf deine Brandopfer und deine Gemeinschaftsopfer schlachten, dein Kleinvieh und deine Rinder. Denn an jedem Ort, wo ich meinen Namen ausrufen werde, will ich zu dir kommen und dich segnen. 25 Wenn du mir aber einen Altar aus Steinen errichten willst, so sollst du ihn nicht aus zurechtgehauenen Steinen bauen. Denn wenn du dein Werkzeug darüberschwingst, entheiligst du ihn. 26 Du sollst nicht über Stufen zu meinem Altar hinaufsteigen, damit du deine Blöße nicht bei ihm aufdeckst.

21,1 Dies sind nun die Rechtsbestimmungen, die du ihnen vorlegen sollst:

2 Wenn du einen hebräischen Sklaven kaufst, soll er sechs Jahre dienen, im siebten Jahr soll er aber ohne Bezahlung frei werden. 3 Ist er allein gekommen, soll er auch allein gehen. Wenn er Ehemann einer Frau war, dann soll seine Frau mit ihm gehen. 4 Hat aber sein Herr ihm eine Frau gegeben und diese ihm Söhne und Töchter geboren, dann soll die Frau mit ihren Kindern ihrem Herrn gehören; er aber kann allein gehen. 5 Wenn der Sklave aber sagt: Ich habe meinen Herrn, meine Frau und meine Kinder lieb, ich will nicht gehen, 6 dann soll ihn sein Herr vor „Gott" bringen und ihn an die Tür oder an den Türpfosten stellen. Dort soll ihm sein Herr das Ohr mit einem Pfriem durchstechen. Er soll für immer sein Sklave sein.

7 Wenn jemand seine Tochter als Sklavin verkauft, so soll sie nicht wie die Sklaven entlassen werden. 8 Wenn sie aber ihrem Herrn missfällt, sodass er sie nicht <als Ehefrau> bestimmt, dann lasse er sie loskaufen. Doch sie an ein fremdes Volk zu verkaufen, hat er keine Macht, da er seiner Verpflichtung ihr gegenüber nicht nachkäme. 9 Bestimmt er sie für seinen Sohn <zur Frau>, dann soll er sie nach dem Recht der Töchter behandeln. 10 Wenn er sich noch *eine weitere nimmt, so darf er sie in Nahrung, Kleidung und Beischlaf nicht vernachlässigen. 11 Wenn er ihr aber diese drei Dinge nicht gewährt, muss er sie ohne Bezahlung freilassen.*

12 Wer einen anderen schlägt, sodass er stirbt, muss unbedingt getötet werden. 13 Wenn er es nicht vorsätzlich getan hat, sondern Gott hat es seiner Hand widerfahren lassen, will ich dir einen Ort bestimmen, wohin er fliehen kann. 14 Wenn aber jemand absichtlich, mit Hinterlist seinen Nächsten ermordet, so sollst du ihn <selbst> von meinem Altar wegholen, damit er sterbe. 15 Wer seinen Vater oder seine Mutter schlägt, muss unbedingt getötet werden. 16 Wer einen Menschen raubt, egal ob er ihn verkauft oder ob er ihn bei sich behält, muss unbedingt getötet werden. 17 Wer seinen Vater oder seine Mutter verflucht, muss unbedingt getötet werden.

18 Wenn Männer in Streit geraten, und es schlägt einer seinen Nächsten mit einem Stein oder mit der Faust, sodass dieser zwar nicht stirbt, aber bettlägerig wird, 19 falls dieser wieder aufstehen und draußen an einem Stock umhergehen kann, bleibt der andere, der ihn geschlagen hat, straflos. Doch muss er ihn für den Arbeitsausfall entschädigen und die Heilkosten bezahlen. 20 Wenn jemand seinen Sklaven oder seine Sklavin mit einem Stock schlägt, dass sie unter seiner Hand sterben, so muss dies unbedingt vergolten werden. 21 Bleibt der Betreffende aber noch einen oder zwei Tage auf den Füßen, so soll ihn keine Strafe treffen, weil er oder sie sein eigenes Vermögen ist.

22 Wenn Männer miteinander raufen und dabei eine schwangere Frau stoßen, sodass sie eine Fehlgeburt hat, aber kein weiterer Schaden entsteht, muss unbedingt eine Geldbuße gezahlt werden, die ihm der Ehemann der Frau bestimmt, und er muss <sie> durch die Richter geben. 23 Wenn aber weiterer Schaden entstanden ist, dann gilt: Lebens-Ersatz für Leben, 24 Augen-Ersatz für Auge, Zahnes-Ersatz für Zahn, Hand-Ersatz für Hand, Fußes-Ersatz für Fuß, 25 Brandwunde-Ersatz für Brandwunde, Wunde-Ersatz für Wunde, Strieme-Ersatz für Strieme. 26 Wenn jemand seinem Sklaven oder seiner Sklavin ins Auge schlägt und es zerstört, so muss er sie freilassen als Entschädigung für das Auge. 27 Wenn er seinem Sklaven oder seiner Sklavin einen Zahn ausschlägt, so muss er sie freilassen als Entschädigung für den Zahn.

28 Wenn ein Rind einen Mann oder eine Frau so stößt, sodass die Person stirbt, muss das Rind unbedingt gesteinigt werden; sein Fleisch darf nicht gegessen werden. Der Eigentümer des Rindes bleibt jedoch straffrei. 29 War aber das Rind schon früher stößig und man hatte den Besitzer vorher gewarnt, er aber hat es trotzdem nicht gehütet, sodass es einen Mann oder eine Frau töten konnte, so muss das Rind gesteinigt werden, und auch sein Besitzer muss sterben. 30 Wird ihm allerdings eine Geldbuße auferlegt, so muss er als Lösegeld für sein Leben so viel zahlen, wie es ihm auferlegt wurde. 31 Auch, wenn es einen Sohn oder eine Tochter stößt, muss nach dieser Rechtsvorschrift verfahren werden. 32 Stößt das Rind einen Sklaven oder eine Sklavin, muss er dessen Herrn dreißig Schekel Silber bezahlen; das Rind aber muss gesteinigt werden.

33 Wenn jemand eine Zisterne öffnet oder wenn jemand eine Zisterne gräbt und sie nicht zudeckt, und es fällt ein Rind oder ein Esel hinein, 34 so muss der Besitzer der Zisterne Ersatz leisten; er muss den Eigentümer <des Tieres> mit Geld abfinden, das tote Tier aber gehört ihm. 35 Wenn das Rind eines Mannes das Rind eines anderen stößt, sodass es verendet, so sollen sie das lebende Rind verkaufen und den Erlös unter sich teilen; auch das tote <Tier> sollen sie aufteilen. 36 War es allerdings bekannt, dass das Rind schon früher stößig war, und hat sein Eigentümer es nicht gehütet, so muss er für das Rind ein anderes Rind erstatten, das tote Tier aber gehört ihm.

21,37 Wenn jemand ein Rind oder ein Kleinvieh stiehlt und es schlachtet oder verkauft, muss er fünf Rinder für ein Rind und vier Stück Kleinvieh für ein Kleinvieh als Ersatz geben.

22,1 Wenn ein Dieb beim Einbruch ertappt und so geschlagen wird, dass er stirbt, so entsteht seinetwegen keine Blutschuld. 2 War aber die Sonne dabei bereits aufgegangen, so entsteht seinetwegen eine Blutschuld. <Ein Dieb> muss <generell> Ersatz leisten. Ist ihm dies nicht möglich, so soll er wegen seines Diebstahls verkauft werden. 3 Wird das Gestohlene, sei es ein Rind, ein Esel oder ein Kleinvieh, noch lebend bei ihm vorgefunden, muss er doppelten Ersatz zahlen.

*4 Wenn jemand ein Feld oder einen Weinberg abweiden lässt und lässt sein
Vieh frei laufen, sodass es das Feld eines anderen abweidet, muss er vom Besten
seines Feldes und vom Besten seines Weinbergs ersetzen. 5 Wenn sich ein Feuer
ausbreitet und das Gestrüpp erfasst und dann Getreidegarben oder das noch
stehende Getreide oder das Feld verbrennt, dann muss der, der das Feuer gelegt
hat, unbedingt Ersatz leisten.*

*6 Wenn jemand einem anderen Geld oder Gegenstände zur Aufbewahrung
gibt, und es wird aus dem Haus des Betreffenden gestohlen, so muss der Dieb,
wenn er entdeckt wird, doppelten Ersatz leisten. 7 Wenn der Dieb aber nicht
gefunden wird, muss der Besitzer des Hauses vor „Gott“ erscheinen, um zu
bezeugen, dass er sich nicht an dem Eigentum des anderen vergriffen hat. 8
Bei jedem Eigentumsdelikt, handle es sich um ein Rind oder um einen Esel
oder ein Stück Kleinvieh, um ein Kleidungsstück oder um sonst etwas, das
abhandengekommen ist, von dem er sagt, dass dieses es sei, soll die Angelegen-
heit der beiden vor die Richter gebracht werden. Wen die Richter für schul-
dig sprechen, muss dem anderen doppelten Ersatz erstatten. 9 Wenn jemand
einem anderen einen Esel oder ein Rind oder ein Stück Kleinvieh oder sonst
ein Stück Vieh zur Verwahrung gibt, und es stirbt oder bricht sich etwas oder
wird weggetrieben, ohne dass jemand es gesehen hat, 10 dann soll ein JHWH-
Schwur zwischen beiden sein, ob der eine nicht seine Hand an das Eigentum
des anderen gelegt hat. Der Eigentümer soll es <so> annehmen, und jener
braucht keinen Ersatz zu leisten. 11 Wenn er es aber tatsächlich von ihm gestohlen hat, muss er dem Eigentümer Ersatz leisten. 12 Wenn es <von einem
wilden Tier> gerissen wurde, so bringe er es als Beweis herbei, dann braucht
er das Zerrissene nicht zu ersetzen. 13 Wenn einer <es> vom anderen geliehen
hat, und es bricht sich etwas oder kommt um, so muss er, wenn der Eigentümer nicht anwesend war, unbedingt Ersatz leisten. 14 War der Eigentümer
allerdings zugegen, braucht er keinen Ersatz zu leisten. Wenn es gemietet war,
so ist es mit dem Mietpreis abgegolten.*

*15 Wenn jemand eine Jungfrau, die nicht verlobt war, verführt und mit
ihr schläft, muss er den Brautpreis entrichten und sie unbedingt zur Frau
nehmen. 16 Wenn sich aber ihr Vater weigert, sie ihm zu geben, muss er Geld
zahlen entsprechend dem üblichen Preis für Jungfrauen.*

17 Jemanden, der Magie treibt, darfst du nicht am Leben lassen. 18 Jeder, der mit einem Tier schläft, muss unbedingt sterben. 19 Wer Göttern opfert, außer JHWH allein, soll mit dem Bann belegt werden.

20 Einen Ausländer darfst du nicht ausnutzen und bedrücken und nicht ausbeuten, denn Ausländer seid ihr in Ägypten gewesen. 21 Eine Witwe oder Waise sollt ihr nicht ausbeuten. 22 Wenn du sie ausbeutest, und sie ruft zu mir, dann werde ich ganz sicher ihr Schreien erhören. 23 Dann wird mein Zorn entbrennen und ich werde euch durch das Schwert schlagen, sodass eure Frauen zu Witwen und eure Kinder zu Waisen werden. 24 Wenn du einem Armen aus meinem Volk, der neben dir wohnt, Geld leihst, dann sei nicht wie ein Geldverleiher! Lege ihm keinen Zins auf! 25 Wenn du den Mantel deines Nächsten als Pfand nimmst, so gib ihn bis zum Sonnenuntergang wieder zurück. 26 Denn es ist seine einzige Decke, die Hülle für seine Haut. Wo hinein soll er sich legen? Und es wird sein, wenn er zu mir schreit, werde ich ihn hören, denn ich bin barmherzig.

27 Gott sollst du nicht lästern und einen Fürsten deines Volkes nicht verfluchen. 28 <Mit der Abgabe> von der Fülle und deinem Überfluss sollst du nicht zögern und die Erstgeborenen deiner Söhne sollst du mir geben. 29 So sollst du es mit deinem Rind und mit deinem Kleinvieh tun: Sieben Tage soll es bei seiner Mutter bleiben, erst am achten Tag sollst du es mir darbringen. 30 Heilige Menschen sollt ihr mir sein: Fleisch, von einem Raubtier gerissenen, dürft ihr nicht essen, sondern müsst es den Hunden vorwerfen.

23,1 Du sollst weder falsche Aussagen aufnehmen noch deine Hand einem Kriminellen anbieten, indem du falsches Zeugnis gibst. 2 Du sollst dich nicht den vielen zugunsten des Bösen anschließen, und bei einem Prozess sollst du nicht aussagen, um der Mehrheit willen <das Recht> zu beugen. 3 Auch einen Schwachen darfst du in seinem Prozess nicht begünstigen.

4 Wenn du dem Rind oder Esel deines Feindes, die sich verirrt haben, begegnest, sollst du sie ihm unbedingt wieder zurückbringen. 5 Wenn du den Esel des dich Hassenden unter der Last zusammenbrechen siehst, und du wür-

dest es <am liebsten> lassen, sie für ihn zu entfernen, dann sollst du sie unbedingt mit ihm zusammen entfernen.

6 Beuge nicht das Recht deines Armen in seinem Prozess. 7 Von einer falschen Sache halte dich fern, und einen Schuldlosen oder einen Gerechten sollst du nicht töten, denn ich spreche einen Gottlosen niemals gerecht. 8 Ein Bestechungsgeschenk darfst du nicht annehmen, denn Bestechungsgeschenke machen Sehende blind und verdrehen die Sache der Gerechten.

9 Einen Ausländer sollst du nicht unterdrücken, denn ihr kennt ja das Leben eines Ausländers, da ihr selbst Ausländer in Ägypten gewesen seid.

10 Sechs Jahre sollst du auf deinem Land säen und seinen Ertrag ernten, 11 aber im siebten Jahr sollst du es brach liegen lassen und nicht bearbeiten, damit die Armen deines Volkes sich davon ernähren können. Was diese übrig lassen, mögen die Tiere des Feldes fressen. Ebenso sollst du mit deinem Weinberg und mit deinen Ölbäumen handeln. 12 Sechs Tage sollst du deine Arbeit verrichten, am siebten Tag aber sollst du ausruhen, damit auch dein Rind und dein Esel ausruhen können und aufatmen kann der Sohn deiner Sklavin und der Ausländer.

23, 13 Auf alles, was ich euch gesagt habe, sollt ihr hören und den Namen fremder Götter sollt ihr nicht anrufen, noch soll er aus deinem Mund gehört werden.

14 Dreimal im Jahr sollst du mir ein Fest feiern. 15 Das Fest der Mazzoth sollst du halten: Sieben Tage lang sollst du Mazzoth essen, wie ich es dir befohlen habe, zur festgesetzten Zeit des Monats Abib; denn in ihm bist du aus Ägypten ausgezogen. Man soll aber nicht mit leeren Händen vor meinem Angesicht erscheinen. 16 Ferner das Fest der Ernte, der Erstlinge des Ertrags deiner Arbeit, dessen, was du auf dem Feld gesät hast, und schließlich das Fest des Einsammelns am Ende des Jahres, wenn du deine Früchte vom Feld eingeholt hast. 17 Dreimal im Jahr sollen alle Männer vor den Herrn JHWH erscheinen.

18 Du sollst das Blut meines Schlachtopfers nicht zusammen mit Gesäuertem opfern, und das Fett von meinem Festopfer soll nicht bis zum Morgen liegen bleiben. 19 Die besten der Erstlingsfrüchte deines Ackers sollst du zum Haus JHWHs, deines Gottes, bringen. Ein Zicklein sollst du nicht in der Milch seiner Mutter kochen.

20 Siehe, ich sende einen Boten vor dir her, damit er dich auf dem Weg be-
hüte und dich an den Ort führe, den ich vorbereitet habe. 21 Nimm dich
in Acht vor ihm, und höre auf seine Stimme. Sei nicht widerspenstig gegen
ihn, denn er würde eure Übertretungen nicht ertragen, weil mein Name in
ihm ist. 22 Aber wenn du wahrhaftig auf seine Stimme hörst und alles tust,
was ich euch befehle, dann werde ich deine Feinde befeinden und deine Be-
dränger bedrängen, 23 denn mein Bote wird vor dir hergehen und dich zu
den Amoritern, Hetitern, Perisitern, Kanaanitern, Hiwitern und Jebusitern
führen, und ich werde sie ausrotten. 24 Du sollst dich nicht beugen vor ihren
Göttern und ihnen nicht dienen und ihre Werke nicht nachmachen. Sondern
du sollst ihre Götter zerstören und ihre Gedenksteine zertrümmern. 25 Ihr
sollt JHWH, eurem Gott, dienen, damit ich dein Brot und dein Wasser segne
und die Krankheiten aus deiner Mitte entfernen werde. 26 Keine Frau in
deinem Land wird eine Fehlgeburt haben oder kinderlos sein, und die Zahl
deiner Tage werde ich vollmachen. 27 Meinen Schrecken werde ich vor dir
hersenden, und alle Völker, zu denen du kommen wirst, werde ich verwirren
und alle deine Feinde vor dir flüchten lassen. 28 Panik werde ich vor dir her-
senden. Sie wird die Hiwiter, Kanaaniter und Hetiter vor dir vertreiben. 29
Ich werde sie aber nicht in einem einzigen Jahr vertreiben, damit das Land
nicht zur Wüste würde und die wilden Tiere gegen dich überhandnähmen. 30
Nach und nach will ich sie vor dir vertreiben, bis du so fruchtbar geworden
bist, das Land in Besitz zu nehmen. 31 Ich werde deine Grenzen festsetzen
vom Schilfmeer bis zum Meer der Philister und von der Wüste bis zum Strom,
denn ich werde die Bewohner des Landes in deine Hand geben und du wirst
sie vor dir vertreiben. 32 Du sollst mit ihnen und mit ihren Göttern keinen
Bund schließen. 33 Sie sollen nicht in deinem Land wohnen, damit sie dich
nicht zur Sünde gegen mich verleiten. Wenn du ihren Göttern dientest, so
würden sie dir zum Fallstrick werden.

2.3.3.2 Struktur

Die nun an Mose kommunizierte Gesetzessammlung formuliert das aus, wie die Gemeinschaft derer, die Gott lieben (20,6), ihren Alltag gestalten kann. Ist der Dekalog bewusst auf knappe und mehr oder weniger abstrakte Prinzipien, Werte und Einstellungen aus, so werden diese nun beispielhaft für den Alltag eines Israeliten im ausgehenden zweiten Jahrtausend konkretisiert und damit kontextualisiert.

Bei der Auslegung muss man im Bewusstsein halten, dass es sich hier um verschriftlichte, mündliche Kommunikation handelt, der Text also aller Wahrscheinlichkeit nach zum Vorlesen und damit Hören gestaltet wurde. Besonders beim Betrachten der Struktur des Bundesbuches ist dies zu beachten. Im Ganzen ist das Bundesbuch ganz im altorientalischen Stil eine Liste von Gesetzen zu verschiedenen Themen. Diese Liste weist mehrere Gruppierungen ähnlicher Formulierungen und zu ähnlichen Themenbereichen auf, die mehr oder weniger lose miteinander verbunden sind.

Die folgende Auflistung der Themen lässt eine gewisse logische Abfolge erkennen.

20,22-26	**Altargesetz (Kultort) – Bilderverbot**
21,1	*Überschrift*
	Erster Teil: Schutz von Gütern
21,2-11	Sklavenfreilassung
21,12-17	Todeswürdige Verbrechen
21,18-32	Körperverletzung
21,33-36	Fahrlässigkeit
21,37–22,3	Diebstahl
22,4-5	Fahrlässigkeit
22,6-16	Umgang mit Anvertrautem
	Zweiter Teil: Schutz von Werten
22,17-19	Todeswürdige Verbrechen
22,20-26	Soziale Pflichten
22,27-30	Regelungen zum Kult
23,1-12	Soziale Pflichten
23,13-19	**Festkalender (Kultzeit) – Fremdgötterverbot**
23,20-33	Epilog: Anweisungen zur Gegenwart Gottes auf dem Weg

Auffällig ist vor allem die (in der obigen Tabelle fett gedruckte) Rahmung des Bundesbuches. Nach dem Übergang vom Dekalog her wird das Bilderverbot aus jenem wiederholt und daran das Altargesetz geknüpft (20,22-26). Es geht also um den Ort des israelitischen Kultes. Vor dem Epilog (23,20-33), der bereits ganz im Horizont der fortgesetzten Wüstenwanderung steht, wird nochmals an die drei großen Feste Israels erinnert (23,13-17): das Mazzoth-Fest und die beiden Erntefeste (Getreide und später Obst). Diese wenigen Verse können und wollen nicht mehr als eine Erinnerung an die heiligen Zeiten Israels sein. Wieder wird ein Gebot aus dem Dekalog vorangestellt, diesmal das Fremdgötterverbot. Durch diese Zitate zeigt sich schon die allgemeine Zielrichtung des Bundesbuches: Es geht um die Anwendung der Dekalogvorschriften im konkreten Alltag Israels. Was sich zwischen diesen beiden Rahmenstücken befindet, will entsprechend verstanden werden. Wer also den Dekalog verstehen will, der hat im Bundesbuch eine Art Modellauslegung der großen Werte des Gottesreiches.

Eine weitere logische Abfolge der einzelnen Vorschriften des Bundesbuchs lässt sich nicht eindeutig bestimmen, wie schon die vielen verschiedenen Vorschläge dazu in der Fachliteratur nahelegen. Es gibt diverse Zweiergruppen, die zwar dasselbe grundlegende Thema verhandeln, aber durch anderes Material voneinander getrennt sind. Die Struktur kleinerer Einheiten werde ich in der Auslegung zur Stelle beachten. Jedoch lassen sich zwei große Teile definieren, welche eine Unterscheidung der einzelnen Gebote zu Gütern und zu Werthaltungen hervorhebt. Diese Aufteilung legt sich zunächst inhaltlich nahe, wird aber bei genauerem Hinsehen auch durch die Art der Formulierung der einzelnen Bestimmungen unterstützt.

2.3.3.3 Auslegung

Das Bundesbuch beginnt mit der erzählerischen Notiz, dass Mose von Gott den Mittlerauftrag für das nun Folgende erhält (20,22). Den Beginn macht das **Altargesetz** (20,22-26), welches an das Bilderverbot aus dem Dekalog anknüpft. Es ist konkret das Verbot des Kultbildes, welches hier als Kunstschmiedearbeit genauer beschrieben wird. Das Thema ist der Kultort, also der Ort, an dem JHWH angebetet werden soll. Zentral ist dabei der Gedanke, dass die Initiative für den Kultort von Gott selbst auszugehen hat, und zwar gebunden an dessen Selbstoffenbarung (20,24b). Das eigentlich Wichtige dieses Ortes ist die Wortoffenbarung, die hier die Gegenwart Gottes markiert, und eben nicht ein besonders aufwendig konstruierter Tempel mit vielen Kultobjekten, die die Gegenwart der Gottheit sicherstellen sollen und mit dieser Gegenwart den Segen der betreffenden Götter. Für das altorientalische Weltbild sind (Tier-)Opfer die normale und unausweichliche Art der Gottesverehrung. So ist es nur zu erwarten, dass Israel auch seinem Gott Opfer darbringen wird. Das Brand- und das Gemeinschaftsopfer stehen im Alten Testament öfter zusammen und verdeutlichen die ganze Hingabe des Opfernden an Gott und die harmonische Gemeinschaft, die durch die Gottesbeziehung ermöglicht wird (Houtman 1997, 53-54). Dafür bedarf es eines Altars und der soll in diesem Fall so einfach wie möglich gestaltet sein (20,24a). Erde genügt, wenn es aber denn unbedingt Stein sein soll, dann auf jeden Fall ohne Verzierungen, die sonst allzu sehr in die Nähe der verbotenen Kultbildnisse geraten könnten.

Nacktheit beim Gottesdienst (20,26) ist ebenso wie Kultbilder zu vermeiden, da sonst die Gefahr der Nähe zu den diversen kanaanäischen Kulten zu groß wäre. Es geht also nicht um einen wählerischen Gott, der asketische Vorstellungen hätte, sondern um den Schutz der Israeliten vor den Versuchungen der sie umgebenden Gottesdienste.

Mit 21,1 bekommt nun die große Sammlung der nachfolgenden Vorschriften eine *Überschrift*. Es sind „Rechtsbestimmungen“, also konkrete Vorschläge für die juristischen Entscheidungen, die in Israel anfallen. Manche gehen allerdings weit über die konkrete Gerichtspraxis hinaus und sprechen wie der Dekalog von Einstellungen und Werten, die ein solidarisches Zusammenleben erst ermöglichen. Es ist hervorzuheben, dass sie ganz genauso wie der Dekalog Gottesworte sind, also kein Autoritäts- oder Bedeutungsgefälle zwischen diesen beiden Sammlungen besteht.

An die Erfahrung Israels in Ägypten anknüpfend, werden nun Regelungen zur **Sklavenfreilassung** verhandelt (21,2-11). Es wird auf zwei Fälle eingegangen: Zunächst geht es um einen männlichen Sklaven (21,2-

6) und dann um eine weibliche Sklavin (21,7-11). Sklaven sind ein häufiges Thema in altorientalischen Gesetzessammlungen. Wichtig ist es, dass man nicht die Sklaverei der griechisch-römischen Antike oder des 17.-19. Jahrhunderts n.Chr. in alttestamentliche Texte hineinliest. Sklaven gehörten zum Alltag des Alten Orients und sind vor allem als Schuldsklaven zu verstehen, die durch ihre Arbeitsleistung ihre Schulden abgleichen oder die von ihren Eltern als Arbeitskräfte (bzw. als Ehefrauen) abgegeben wurden. In diesem Gesetz geht es nicht um ausländische Sklaven, sondern bewusst um hebräische Mitbürger, die in die missliche Lage kamen, ihre Arbeitskraft nicht mehr für sich selbst einsetzen zu können, sondern zum Abbezahlen ihrer Schulden.

Ganz im Geiste des zuvor erlebten (oder durch das bisherige Lesen des Buches erinnerten) Auszugs der Hebräer aus Ägypten wird gleich am Anfang bestimmt, dass die maximale Dauer des Sklavenstatus sechs Jahre ist. Der „6 + 1“-Rhythmus begegnete ja bereits im Kontext des Sabbats (Kap. 16; 20,8-11). Hier wird er auch für die größeren Perioden der Arbeitswelt angesetzt, womit auch dieser eigentlich „profane“ Bereich an die Heiligkeitsansprüche Gottes gebunden wird. Der breit erklärte Gegenfall (21,5-6), dass der Sklave eben nicht gehen will, zeigt, wie ernst das Recht auf Selbstbestimmung auch bei Sklaven genommen wird. Hier geht es um die Würde eines jeden Teils des Gottesvolkes, die auch durch wirtschaftlichen Misserfolg nicht geschmälert werden darf. Der Chef des Sklaven hat also auch gegenüber seinem Sklaven klare Pflichten, wie dies auch in dem gleich anschließenden Fall der Sklavin deutlich wird. Der in 21,6 beschriebene Ritus scheint dazu gedacht zu sein, die feste Verbindung zwischen den beiden symbolisch zu markieren (der Pfosten gehört dem Haus des Herrn und das Ohr steht für Gehorsam). Das Treten vor „Gott“ meint hier ein spezielles Gericht (vgl. auch 22,7-8). Letztlich sind menschliche Zeugen bzw. Richter wahrscheinlich („vor Gott treten“ wird in 5Mo 19,17 in einem ähnlichen juristischen Kontext erklärt mit „vor Priester und Richter“). Möglicherweise führt der quasireligiöse Charakter eines Schwures dazu, dass die Richter oder das Gericht hier „Elohim“ (*'ĕlōhîm*, Gott) genannt werden (Jacob, 630-631).

Die (noch nicht heiratsfähige) Tochter, die einem anderen Israeliten „verkauft" wurde – offensichtlich mit der Intention, dass sie dessen Ehefrau wird –, darf nicht einfach nach sechs Jahren in die Recht- und Mittellosigkeit entlassen werden (21,7). Dies wäre nämlich die Situation einer alleinstehenden Frau – eine Katastrophe in dieser Gesellschaft. Der Herr hat vielmehr deutliche Sorgfaltspflichten zu erfüllen (21,8-11). Er kann sie in eine andere Familie verkaufen (21,8), damit wäre ihr Unterhalt gesichert. Doch eben nicht ins Ausland, wo sie als hebräische Frau wahrscheinlich ausgebeutet werden würde. Oder der Sohn nimmt sie als Frau, und damit gehört sie ganz normal zur Familie, wie eine (Schwieger-) Tochter (21,9). Bi- oder Polygamie scheint gesellschaftsfähig gewesen zu sein, doch dann darf sie gegenüber anderen Frauen in keiner Weise benachteiligt werden (21,10), weder materiell noch sexuell, was möglicherweise auf die Chance auf Nachwuchs anspielt, der ebenfalls zur Unterhaltssicherung im Alter Bedeutung hat. Die letzte Bestimmung (21,11) kommt quasi einer Scheidung gleich, doch mindestens hat die Frau jetzt die Möglichkeit, sich aktiv eine bessere Familie zu suchen.

Nun folgen Bestimmungen zu sechs **todeswürdigen Verbrechen** (21,12-17). Diese haben eindeutig das Ziel des Lebensschutzes. Die Formulierung der Rechtsfolge „er muss unbedingt sterben", ohne weitere Erläuterungen zur Vollstreckung des Urteils, zeigt an, dass hier vor allem die Schwere des Verbrechens und damit die Bedeutung des menschlichen Lebens ausgedrückt werden sollen (Dohmen 2004, 163). Den Anfang der Reihe macht der eindeutige Mord (21,12). Sollte der Tatbestand des Vorsatzes nicht so eindeutig sein, kann Asyl gewährt werden (21,13), wobei dabei auch Zweifel entstehen können (21,14). Körperverletzung gegenüber Verwandten, d.h. in dem Raum, der besonders auf Vertrauen und Rücksichtnahme aufbaut, ist besonders verwerflich (21,15). Menschenraub ist eindeutig vorsätzlich und reißt einen Menschen aus seinem Sozialgefüge, was in fast jeder Kultur einem Sterben gleichkommt, dabei sind die (ökonomischen) Umstände unerheblich (21,16). Das Verfluchen der Eltern (21,17) ist ebenfalls eindeutig vorsätzlich und hat den Tod der Eltern zum Ziel, wenn es ihn auch nicht direkt herbeiführt. Menschliches

Leben muss geschützt werden, und zwar bereits im Vorfeld im Falle von dessen Gefährdung. Sühnung nach erfolgtem Mord oder Totschlag ist letztlich nicht ausreichend.

Der jetzt anschließende größere Abschnitt behandelt Fälle der **Körperverletzung** (21,18-32). Dabei werden ausgehend von einer Fallschilderung (Körperverletzung ohne Todesfolge; 21,18) verschiedene Szenarien durchgespielt. Hierbei geht es um das Problem der **Schadensersatzleistungen**. Je nach den Umständen, etwa der Intention des Täters und dem tatsächlich entstandenen Schaden, sind die Ansprüche differenziert. Zu diesem Thema ist ein Blick in andere Sammlungen aus dem Alten Orient aufschlussreich, die dasselbe Thema behandeln. Dort ist nämlich der soziale Status der geschädigten Person das Hauptkriterium, an dem die Schadensersatzansprüche festgelegt werden. Im Fall des Bundesbuches sind es die tatsächlichen Konsequenzen für den Geschädigten, die den Ausschlag geben (Arbeitsausfall und Krankenkosten; 21,19). Dies wird besonders in 21,20 deutlich, wo auch der Totschlag eines Sklaven als todeswürdiges Kapitalverbrechen gewertet wird. Wenn allerdings keine direkte Kausalität nachgewiesen werden kann, so muss im Falle eines Sklaven auch kein Schadensersatz geleistet werden (21,21). Nun folgen Beispiele eines Schadensersatzkatalogs, und zwar unter der Prämisse der Angemessenheit. 21,22 bildet mit seinem konstruierten, komplizierten Fall den Einstieg, der auf den folgenden Katalog abzielt. Das Prinzip der Talion, d.h. der Entsprechung oder „Vergeltung von Gleichem mit Gleichem“, ist durch diesen Beispielfall eindeutig als Schadensersatz zu verstehen. Es geht nicht darum, demjenigen, der einen Zahn ausgeschlagen hat, auch einen auszuschlagen. Es geht darum, die Konsequenzen, die dem Geschädigten entstehen, aufzufangen, und zwar in einem angemessenen Umfang. So ist hier also an Reparationszahlungen zu denken, die nicht konkret in ihrer Höhe festgelegt wurden, da diese Werte sicherlich im Laufe der Zeit geschwankt haben. Dass die Talion hier als Versuch einer Wiedergutmachung gemeint ist, macht der nachgeschobene Fall 21,26-27 deutlich, wo die Schadensersatzleistung in der gewährten Freiheit für den geschädigten Sklaven besteht. Die Betonung dieser Bestimmungen liegt, insbesondere kommuniziert durch den Rhythmus der Reihe in V. 24, in der Entsprechung von Tat und juristischer Konsequenz ohne Ansehen des sozialen Status sowohl des Schädigers als auch des Geschädigten. Diesbezüglich wurde dagegen im kulturellen Umfeld Israels größter Wert auf Ausdifferenzierung gelegt, sodass z.B. der Schaden an einem freien Menschen mehr „kostet" als an einem Abhängigen.

Das „stößige Rind" (21,28-32) ist ein Standardfall in der altorientalischen Rechtsprechung. Hier geht es beispielhaft um mittelbare Verursachung von Schaden. Wer nur mittelbar etwas verschuldet (21,28), ohne dass die Gefahr vorher erkennbar gewesen wäre (Gegenfall: 21,29), der darf auch nur mittelbar bestraft werden. Hier darf der Besitzer des stößigen Rindes keinen Profit aus dem Schaden des anderen schlagen. 21,30 geht darauf ein, dass es „lediglich" grobe Fahrlässigkeit war und somit die Chance der Abwehr der Todesstrafe für den Besitzer des Rindes besteht. Abschließend werden noch zwei andere soziale Gruppen genannt: Kinder (21,31) und Sklaven (21,32). Für die (verunglückten) Kinder muss die Geldbuße ausgehandelt werden, im Falle des Sklaven wird eine Summe von 30 Schekel Silber festgelegt. Es scheint so, dass die Auslösung gängige Praxis war (Dohmen 2004, 167).

Nicht weit entfernt vom Fall des stößigen Rindes sind die weiteren Fälle von **Fahrlässigkeit**, die sich jetzt anschließen (21,33-36), aber nicht mehr unter die Rubrik der Körperverletzung fallen. Die Prinzipien des Schadensersatzes sind dieselben wie zuvor: Es geht um Angemessenheit. Dies wird dadurch deutlich, dass verschiedene Fälle konstruiert werden, die alle unterschiedliche Begründungen für den angemessenen Schadensersatz bieten.

Im Blick auf **Diebstahl** (21,37–22,3) geht es um Überkompensation, da Diebstahl immer vorsätzlich ist. Auch hier wird der entstandene Schaden veranschlagt, um Angemessenheit in der Wiedergutmachung zu erlangen. Die Überkompensation hat selbstverständlich einen Abschreckungswert, zumal sie unausweichlich ist: Selbst wenn der Dieb mittellos sein sollte, muss er durch seine Arbeitskraft seine Strafe abbezahlen (22,2b). Die mit dem Erwischen des Diebes möglichen Konsequenzen werden hier erwähnt, obwohl sie eher zu den oben bereits verhandelten Körperverletzungsfällen gehören würden (22,1-2b).

Wie eine Klammer legen sich die Regelungen zur **Fahrlässigkeit** um die zum Diebstahl (22,4-5). Ein neuer Aspekt kommt hier nicht hinzu.

Auch die weiteren Beispielfälle zum Thema **Verwahrung** drehen sich um den Aspekt der Wiedergutmachung (22,6-16). Der Schwerpunkt scheint hier besonders auf Fällen zu liegen, wo die Schuldfrage nicht einfach zu klären ist. Im Ganzen wird jedoch die Hochachtung vor dem persönlichen Besitz des anderen deutlich. Diese Rechtssätze sind vom Interesse am Schutz des Geschädigten getragen. Dies gilt vielleicht in besonderem Maße für den letzten Fall der Verführung eines (nicht verlobten) Mädchens (22,15-16). Hier geht es um den Schutz der betroffenen Frau, die nun als Ehefrau angenommen werden muss, und zwar zu den Konditionen ihrer Herkunftsfamilie. Diese Ehe ist keine Option des Verführers, sie wird ihm zur Pflicht. Dabei bleibt allerdings das Veto des Vaters möglich, damit niemand eine Frau durch eine Verführung oder Vergewaltigung in eine Ehe zwingen kann.

Nun folgt eine weitere Aufzählung von **todeswürdigen Verbrechen** (22,17-19, vgl. 21,12-17). Es stellt sich die Frage, warum diese drei Anweisungen hier jetzt nachgereicht werden. Dohmen 2004, 169 vermutet, dass es ab hier im Bundesbuch nicht mehr um den Schutz von Gütern wie Leben, Besitz, körperlicher Integrität usw. geht, sondern um Wertvorstellungen. Diese Beobachtung ergibt Sinn, wenn man den Grundton der folgenden Bestimmungen vergleicht. Die Eröffnung mit 22,17-19, den Vorboten von Magie, Sodomie und Fremdgötterverehrung, definiert also unverletzbare Grundwerte Israels, wie sie ihrer Verbindung mit Gott entsprechen. Magie ist der Versuch, Einfluss und Macht über Geister, Dämonen und Götter zu erlangen. Sie gehört damit unmittelbar zum animistischen Fundament aller altorientalischen Religionen. Dass der alttestamentliche Gott sich dieses Zugriffs entzieht (22,17), wundert nicht, wenn man an die bisherige Geschichte Israels und das Gottesbild, welches sich dort abzeichnet, zurückdenkt. Sodomie gehört in einen ganz anderen Bereich (22,18). Mit diesem Verbot deutet sich das später in 3. Mose weiter ausgeführte Konzept von Reinheit und Unreinheit an. Beim Geschlechtsverkehr zwischen Mensch und Tier geht es um eine unzulässige Vermischung zweier deutlich zu trennenden Bereiche der Schöpfung, und zwar in Form einer unüberbietbaren Intensität. Möglich ist auch, dass Sodomie zu altorientalischen religiösen Praktiken gehörte, die Israel zu meiden hatte. Das abschließende Verbot, anderen, fremden Göttern zu opfern (22,19), legt tatsächlich eine religiöse Orientierung aller drei Bestimmungen nahe. Es geht bei allen drei Verboten um die Treue zum Bundesgott JHWH, und zwar im Vertrauen auf seine positive Einstellung dem Einzelnen gegenüber. Gottes Wohlwollen muss nicht durch Magie manipuliert werden, es ergibt sich vielmehr durch das Ernstnehmen der göttlichen Schöpfungsordnung, die dem Chaos entgegensteht. Dazu gehört auch das Ausklammern von allen anderen religiösen Loyalitäten, die JHWH an den Rand stellen würden. Diese Einstellung JHWH gegenüber bestimmt nun die im Folgenden durch Beispiele erläuterten Grundwerte. Von der Gottesbeziehung her lassen sich also die sozialen Grundwerte Israels ableiten, oder zumindest sind sie auf diese Beziehung bezogen (Dohmen 2004, 172).

Der Ausländer rahmt gewissermaßen die Einzelbestimmungen dieses großen zweiten Teils des Bundesbuches (22,20 und 23,[9.]12). Fing der erste Teil mit Sklavenbestimmungen an, die zwar lediglich indirekt, aber im Gesamtzusammenhang von 2. Mose deutlich mit Israels Erfahrung in Ägypten verknüpft werden, so fängt nun dieser Teil der **sozialen Pflichten** mit demselben Gedankengang an: Die Israeliten waren Ausländer in Ägypten, und von daher sollen sie auch die Ausländer in ihrer eigenen Mitte entsprechend zuvorkommend behandeln (22,20). Es wird deutlich, wie das Bundesbuch immer wieder vom Erleben des anderen her argumentiert. Diese Grundeinstellung, die bedingt, dass man sich in den anderen hineinversetzt und das eigene Leben im Bewusstsein der Würde des anderen gestaltet, durchtränkt die nun folgenden Bestimmungen noch viel stärker als den ersten Teil des Bundesbuches. Daran wird erkennbar, dass es eine Art verpflichtende Solidarität (Limbeck) im Gottesvolk geben muss, da es nur so eine stabile und Gottes Werte vertretende Gemeinschaft denken und leben kann.

Vom Ausländer aus geht es zu weiteren sozialen Gruppen, die bereits im Alten Orient notorisch benachteiligt waren: die Witwen und Waisen (22,21-23) und die Armen (22,24-26). Bedeutsam ist hier die Art und Weise, wie die Aufforderung in 22,21 motiviert wird. Offensichtlich sind die Möglichkeiten, Witwen oder Waisen zu unterdrücken, so subtil, dass ein menschliches Gericht wenig richten kann. So wird JHWH als letzte Instanz eingeführt, die auf jeden Fall für Gerechtigkeit sorgen wird (22,22-23). Die Strafandrohung in 22,23 ist fast schon ironisch zu nennen, da sie nicht den Tod des Schuldigen direkt formuliert, sondern dessen Frau und Kinder als Witwe und Waisen bezeichnet. Diese Art der Formulierung ist rhetorisch sehr wirksam, da sie nicht nur den Verstand anspricht, sondern bewusst auch die Emotionen. Dasselbe geschieht in 22,26b, wo es überhaupt nicht mehr nötig ist, eine Strafandrohung zu formulieren, da die unausgesprochene, in der Luft hängende Strafe allein an Gottes Gerechtigkeit und Barmherzigkeit dem Geschädigten (Armen) gegenüber hängt. Diese Loyalität JHWHs mit den Benachteiligten schwebt wie dunkle Drohung über den Unterdrückern. Zuvor wurde wieder auf das Sich-in-den-anderen-Hineinversetzen angespielt, indem die Situation des Armen aus seiner Sicht formuliert wurde (22,26a). Über solche rhetorischen Strategien lassen sich Wertvorstellungen kommunizieren, wie sie auch in Situationen übertragbar sind, die nicht direkt in der vorliegenden Bestimmung besprochen werden. Genau darauf zielt das Bundesbuch ab.

Die **religiösen Prinzipien**, die in 22,27-30 angesprochen werden, betreffen die Hochachtung von gottgegebener Autorität (22,27), vor allem die Regelmäßigkeit der Heiligtumsabgaben (22,28-29) und schließlich das Sichfernhalten vom Fleisch von nicht korrekt geschlachteten Tieren (22,30). Gott nicht zu lästern, steht quasi als Überschrift zum Folgenden, da sowohl die Gesellschaftsordnung als auch die Kultordnung von Gott her bestimmt sind. Wieder geht es also um die Etablierung und Sicherung der Ordnung im Volk, die anhand von drei knappen Beispielen verdeutlicht wird.

Im zweiten Block der **sozialen Pflichten** (23,1-12) geht es um so diverse Dinge wie das Verhalten im Gericht (23,1-3.6-8), praktische Hilfeleistung im Alltag (23,4-5) und das Gewährleisten von Ruhe und Erholung für alle (23,9-12). Diese Bestimmungen eint die Betonung, dass alle im Gottesvolk Mitmenschen und damit Teil einer Gemeinschaft sind.

Zu dieser Gemeinschaft gehören Schwache, die Mehrheit, Hasser, Arme, Geringe, Schuldlose, Ausländer und Sklaven. Es geht um ein Miteinander, das von gegenseitiger Rücksichtnahme und Solidarität geprägt ist. Dafür braucht es Wertvorstellungen, die über den persönlichen Interessen Einzelner stehen. Die folgenden werden angesprochen: Verpflichtung der Wahrheit gegenüber (23,1-3), Pflicht zur Hilfeleistung (23,4-5) und Gerechtigkeit, die nicht nach Umständen fragt (23,6-8). Diese Texte spielen mit Worten (wie es in der Übersetzung leider nur ansatzweise übertragbar ist), was für einen Gesetzestext eher unpassend wirkt, da solche Texte klar und unzweideutig formuliert sein sollten. Hieran wird deutlich, dass mehr als Gesetzeskonformität erwartet wird. Gesetz kann und muss ausgelegt werden, und normalerweise sind es Stärkere, Mächtigere, Einflussreichere, die sie zu ihren Gunsten auslegen. Dem wird hier ein Riegel vorgeschoben, indem Wertvorstellungen diskutiert werden, Umstände, die kein Gericht je erfassen kann, und Einstellungen und Motivationen, die nur Gott erkennen kann. So geht es vom „Recht zum Ethos“ (Dohmen 2004, 183).

Sehr passend zu dieser Zielrichtung zeigt 23,10-12 die sozialen Konsequenzen des im religiösen Bereich dominierenden „6 + 1“-Rhythmus. Ein Jahr Ruhe für Acker und Nutzpflanzen haben einen starken sozialen Aspekt, denn dann haben die Armen, die wahrscheinlich kein Land besitzen, die Möglichkeit, sich zu verpflegen. So kann es zu einem sozialen Ausgleich kommen. Auch die Mitarbeiter und Nutztiere haben Ruhe verdient, und so hat der Sabbat auch ganz handfeste ökonomische Konsequenzen – den Verdienstausfall von 52 Tagen jährlich. Der Nutzen ist jedoch ungleich größer, da eine solche Gesellschaft sicherlich zufriedener und stabiler ist.

Abschließend (23,13-19) kommt nun die Entsprechung zum Altargesetz vom Anfang des Bundesbuches. Jetzt geht es um **Kultzeiten**, d.h. um die Feste, die Israels Jahresablauf religiös gliedern. Den Anfang bildet ein narrativer Rückblick auf das bereits Gehörte (23,13). Wieder wird Gottes Alleinverehrungsanspruch erwähnt, wobei wortspielartig, durch „hören“, „anrufen“, „gehört werden“, die Verbindung zwischen den im Bundesbuch beschriebenen Wertvorstellungen und der Gottesbeziehung hergestellt wird. Fremde Götter würden die eben skizzierte Gesellschaft gefährden. Das Bundesvolk ist ohne das Ethos und die Einstellungen des Bundesbuches nicht zu haben, genauso wenig, wie eine solche solidarische Gesellschaft nicht ohne Gott zu haben ist.

Der Jahresrhythmus besteht aus dem Mazzoth-Fest (23,15), welches den Anfang des Jahres markiert, und den beiden Erntefesten, die das Ende des agrarischen Jahres markieren (23,16). 23,18-19 gibt einen kleinen Vorgeschmack auf das, was bezüglich des Kultes noch alles zu regeln ist und was in 3. Mose auch geregelt werden wird. Die Opfer gehören zu den Festen, ebenso wie die Abgaben an den Tempel dazugehören (23,19a). Für die Opfer gelten diverse Regeln, von denen hier zwei beispielhaft erwähnt werden: Blut und Fett müssen speziell behandelt werden, da das eine mit dem Leben assoziiert wird und das andere mit dem Besten des Opfertieres. 23,19b ist schwierig zu verstehen. Möglicherweise geht es um das symbolische Vermeiden einer Mischung aus Tod / Opfer und Leben / der für Zicklein lebensnotwendigen Milch. Wie dem auch sei, es ist ein markanter und gut zu merkender Abschluss des Hauptteils des Bundesbuchs. Interessanterweise wird genau dieser Satz in 34,26b bei der Rezitation einer Auswahl der Bestimmungen des Bundesbuches wiederholt. So scheint dieser Satz im vorliegenden Kontext vor allem eine gliedernde Funktion zu haben.

Der **Epilog des Bundesbuches** (23,20-33) leitet den Blick des Lesers wieder auf die große Erzählentwicklung in 2. Mose. Das in 23,20b zentrale Wort „Ort“ wird normalerweise nicht für das Land verwendet (höchstens in 3,8), sondern immer für das Heiligtum Gottes, also den Tempel, den Ort der Gegenwart Gottes (vgl. Crüsemann, 210ff). Hier kann dieser Ort, den Gott vorbereitet hat, aus der Perspektive des Sinai allerdings nur das Land der Verheißung sein, sodass „Ort“ hier als rhetorische Figur, „Ein Teil steht für das Ganze“, zu werten ist und besonders die Gegenwart Gottes betont. Das Thema der Gegenwart Gottes dominiert auch den Rest dieser Verse. Dorthin also, wo der Leser bereits lebt und sich eingerichtet hat, wird Gott das Volk des Auszugs begleiten. Diese Begleitung wird hier in der Gestalt eines Boten oder Engels gesehen. Die Identität des Boten wird nicht genannt, sodass offenbleibt, ob sich JHWH selbst, seine Wolkensäule oder am wahrscheinlichsten Mose hinter diesem Boten verbirgt. Er ist derjenige in 2. Mose, der Gottes Worte vermittelt (23,22). Er ist derjenige, welcher die Widerspenstigkeit der Israeliten während der Wüstenwanderung ertragen muss (23,21). Mose ist der Leiter, den Gott selbst eingesetzt hat und hinter den er sich immer wieder gestellt hat – insofern ist Gottes Name in ihm.

Die nun folgenden eigentlichen Bestimmungen dieses Abschnitts (23,24-25a) sind dem Leser bereits wohlbekannt (Dekalog und Altargesetz). Neu hinzu kommen allerdings die Segensverheißungen (23,25b-31), die die Konsequenzen des Gehorsams für Israels Situation ausmalen. Für die Wüstenzeit, aber auch später im Land, werden Brot und Wasser und der Schutz vor Krankheiten genannt. Diese Elemente sind bereits aus der Wüstenerzählung bekannt: Brot Kap. 16; Wasser 15,22-27; 17,1-7; Krankheiten 15,26. 23,26 beschreibt die Konsequenzen für die Geburtenentwicklung in Israel, eine Anspielung auf 1,7. Das Bild, das in 23,27-31 von der Landnahme gezeichnet wird, betont JHWHs vorausschauende Planung und sein höchst persönliches Wirken in diesem Prozess, wobei 23,30 wieder an 23,26 anschließt. Den Schluss bildet die nochmalige Erwähnung der Gefahren der Abgötterei, die sich aus der Nachbarschaft zwischen Kanaanäern und Israeliten ergibt und die dem Leser sicherlich allzu bekannt waren. Allerdings war Israel, langfristig gesehen, zu langsam beim Lernen dieser Prinzipien. Die Landgabe ist nicht bedingungslos (23,22a!), und so war Israel immer auf dem Weg in Richtung Exil.

Damit ist das große Werk des Bundesbuches abgeschlossen. Doch es lässt sich nicht einfach aus seinem Kontext herausheben, da es an vielen Stellen unauflöslich mit ihm verwoben ist. Hier hat der Leser also von den Vorstellungen erfahren, die JHWH, der Bundesgott Israels, von seinem Bundesvolk hat. Im ganz konkreten Alltag hat sich das Sein des Volkes zu erweisen: Werde nicht nur, was du bist, sondern tu auch so, als ob du es wärst!

2.3.3.4 Anregung zur Bibelarbeit

Das Bundesbuch wurde hier als Einheit behandelt, weil es wichtig ist, die großen Linien dieses Textes aufzuzeigen und sich nicht in Einzelheiten zu verlieren. Für ein Bibelgespräch ist so ein umfangreicher Text natürlich nicht praktikabel. Eher wäre an eine Reihe von Treffen zu denken, in denen die einzelnen Teile, alle oder ausgewählte, zu bedenken sind. Möglicherweise könnte man folgende Fragen stellen, um gemeinsam der Bedeutung der einzelnen Abschnitte für heute auf die Spur zu kommen:

- Worum geht es genau in diesem Abschnitt?
- Welche Überschrift würden Sie diesem Abschnitt geben?
- Welche Werte, Einstellungen oder Perspektiven stehen im Hintergrund dieses Abschnitts?
- Welche anderen biblischen Texte fallen Ihnen zu dem in diesem Text verhandelten Thema ein?
- Was lässt sich aus Ihrer Sicht über Gott lernen?
- Was können Sie über sich selbst lernen?
- Wie lassen sich die eben besprochenen Werte für heute konkret in Ihrem persönlichen Alltag, in Familie, Freundschaften, im Beruf, in der Gemeinde oder in der Gesellschaft wahren und umsetzen?

Es wäre dabei wichtig, die oft unbewusst vorhandene Angst, dass alttestamentliche Gebote Werkgerechtigkeit fördern, anzusprechen und auszuräumen. Es geht um die Lebensmöglichkeiten, die Gott als schützenden Rahmen seinem Volk mitgibt, damit es das sein kann, was er von ihm erwartet. Und auch heute erwartet Gott etwas von seiner Kirche. Es geht darum, dieselben Wertvorstellungen in einem ganz anderen sozialen Kontext zu leben. Dafür kann die große Gesetzessammlung von 2. Mose ein gutes Beispiel sein. Die Bedeutung der Vorschriften des Bundesbuchs im Judentum hat die christliche Tradition oft dazu verführt, diese Gesetze ausschließlich in der Polarität „Gesetz und Evangelium“ zu verstehen. „Damit haben aber Christen bis heute gezeigt, dass sie nicht zum Kern der Gebote und zu deren Grundverständnis vorgestoßen sind, das der

Kontext der Sinaiperikope markiert, dass nämlich das ‚Gesetz Evangelium ist'" (Dohmen 2004, 195).

Beispielhaft lassen sich konkretere Fragen für ein Bibelgespräch zu 23,1-9 wie folgt gestalten:

1. Wenn Sie die Verse in diesem Abschnitt gruppieren müssten, welche Überschriften würden Sie den Gruppen geben? Welche Beziehung sehen Sie zwischen diesen Teilen?
2. Welche Personenkreise werden in 23,1-9 angesprochen? Über welche wird geredet?
3. Unter welches Thema stellen Sie diese neun Verse?
4. Erwarten Sie von einem Gesetzestext, emotional angesprochen zu werden? Dies versucht 23,1-9! Woran würden Sie das festmachen?
5. Welche gesellschaftlichen Konsequenzen leiten Sie davon ab, dass Gott – wie in 23,7 beschrieben – die ultimativ letzte Instanz ist?
6. Welcher Vers aus diesem Abschnitt ist für Sie zentral? Warum?
7. Viele Gesetze in 2. Mose argumentieren mit der Idee: „Mach es Gott nach!", oder: „Orientiere dich an Gottes Vorbild!" Neutestamentlich ausgedrückt: Folge Jesus nach! Finden Sie dafür in diesem Abschnitt Anhaltspunkte?
8. Welche Beispiele aus Ihrer eigenen Kultur/Gesellschaft würden Sie heute wählen, um dasselbe auszudrücken wie 23,1-9?
9. Nehmen wir einmal an, Sie sind beruflich kein Richter. Können Sie den Versen 1-3 und 6-8 trotzdem etwas abgewinnen? Was lernen Sie hier über Gott?
10. Was könnte eine Gesellschaft von diesem Text lernen, in der jeder darauf bedacht ist, manipulativ immer das Beste für sich herauszuholen – also eine Gesellschaft, in der die Frage „Was bringt mir das?" ganz wichtig ist?

2.3.4 Bundesschluss und Bundesmahl (24,1-18)

2.3.4.1 Übersetzung

24,1 Zu Mose hatte er gesagt: Steig hinauf zu JHWH, du und Aaron, Nadab und Abihu und siebzig von den Ältesten Israels. Ihr sollt euch niederwerfen von ferne. 2 Allein Mose soll zu JHWH herantreten. Jene dürfen nicht näher kommen, und das Volk soll nicht mit ihm hinaufsteigen.

3 So kam Mose und erzählte dem Volk alle Worte JHWHs und alle Rechtsbestimmungen. Das ganze Volk antwortete mit einer Stimme und sprach: Alle Worte, die JHWH geredet hat, wollen wir tun! 4 Mose schrieb alle Worte JHWHs auf. Er machte sich früh am Morgen auf und errichtete einen Altar unten am Berg und zwölf Gedenksteine, entsprechend den zwölf Stämmen Israels. 5 Dann sandte er junge Männer von den Söhnen Israels, damit sie Brandopfer opferten und Stiere als Gemeinschaftsopfer für JHWH. 6 Darauf nahm Mose die Hälfte des Blutes und füllte es in Opferschalen, die andere Hälfte des Blutes spritzte er auf den Altar. 7 Dann nahm er das Buch des Bundes und las es dem Volk vor. Sie aber sprachen: Alle Worte, die JHWH geredet hat, wollen wir tun!

8 Dann nahm Mose das Blut und spritzte es auf das Volk und sprach: Das ist das Blut des Bundes, den JHWH mit euch geschlossen hat aufgrund aller dieser Worte.

9 Dann stiegen Mose und Aaron, Nadab und Abihu und siebzig von den Ältesten Israels hinauf. 10 Da sahen sie den Gott Israels und unter seinen Füßen so etwas wie eine Arbeit aus Saphirplatten, klar wie der Himmel selbst in seiner Reinheit. 11 Gegen die Edlen der Söhne Israels streckte er seine Hand nicht aus, vielmehr durften sie Gott sehen und essen und trinken.

12 Nun sprach JHWH zu Mose: Steige zu mir herauf auf den Berg und bleibe dort! Ich will dir die Steintafeln geben, die Thora und das Gebot, die ich geschrieben habe, um sie zu unterweisen. 13 Da machte Mose sich mit seinem Diener Josua auf. Mose stieg auf den Berg Gottes. 14 Zu den Ältesten sprach er: Wartet hier auf uns, bis wir zu euch zurückkommen. Seht, Aaron und Hur sind ja bei euch. Falls jemand einen Rechtsstreit hat, soll er an sie herantreten.

15 Dann stieg Mose auf den Berg hinauf und die Wolke bedeckte den Berg.
16 Die Herrlichkeit JHWHs wohnte auf dem Berg Sinai; die Wolke bedeckte ihn sechs Tage lang. Am siebten Tag rief er zu Mose mitten aus der Wolke. 17
Die Herrlichkeit JHWHs war wie ein verzehrendes Feuer auf dem Gipfel des Berges für die Augen der Söhne Israels.

18 Da ging Mose mitten in die Wolke und stieg hinauf auf den Berg. Mose war auf dem Berg vierzig Tage und vierzig Nächte.

2.3.4.2 Struktur

Die Erzählung des eigentlichen Bundesschlusses beginnt ohne große Einleitung mit einer Gottesrede (24,1-2). Danach wird der Bundesschluss berichtet (24,3-8). Die Mahlgemeinschaft der Repräsentanten Israels mit Gott (24,9-11) wird erstaunlich kurz beschrieben, obwohl es sich um einen der Höhepunkte in Israels Geschichte gehandelt haben muss. Der Rest des Kapitels erzählt von der Vorbereitung und der Absicht von Moses langem Aufenthalt auf dem Berg (24,12-18). Im Ganzen ist dieser kurze Text eine recht lose Erzählung, die eher schematisch wirkt. Es scheint dem Autor mehr um die Nennung von verschiedenen Ereignissen gegangen zu sein als um eine dramatische Erzählform.

2.3.4.3 Auslegung

Die Gottesrede (24,1-2) erwähnt nochmals die verschiedenen Heiligkeitsbereiche am Berg. Diese werden den verschiedenen Personengruppen zugeordnet. Mose darf bis ganz hinauf, seine drei Begleiter zusammen mit den 70 Ältesten müssen etwas weiter unten bleiben (V. 2!), und das Volk darf nur aus der Ferne zuschauen. Diese Stufen erinnern an Kap. 19, werden hier aber feiner unterteilt.

Die eigentliche Erzählung des Bundesschlusses beginnt mit einer Rede des Mose (24,3), der nun dem Volk das vorlegt, was soeben der Leser mit eigenen Augen oder Ohren „direkt von Gott“ erfahren hat. Das Volk stimmt mit denselben Worten dem Bund Gottes zu, wie sie es vor der Theophanie getan haben (19,8). Die Niederschrift der Worte Gottes durch Mose (24,4a) bezieht sich auf das Bundesbuch, denn der Dekalog sollte ja später (24,12; 31,18) von Gott selbst verschriftlicht werden. Am Morgen dann wird die Antwort des Volkes auf die Theophanie vorbereitet. Mose baut einen Altar und stellt Gedenksteine (Masseben) auf, die das Volk repräsentieren sollen. Entweder sind es Erinnerungssteine (vgl. 1Mo 23,18; 31,45; 35,14), die eben nicht als Kultobjekte bestimmt werden (vgl. 1Kön 18), oder sie wurden wegen ihrer unbehauenen Natur als Baumaterial für den Altar benutzt. Obwohl in 19,20-24 von Priestern die Rede war, werden hier lediglich junge Männer genannt, die die Opfer darbringen. Möglicherweise sind die einfachen Männer gerade Ausdruck der Qualität des ganzen Volkes als Priestervolk (19,6). Wieder (vgl. zu 20,24) stehen Brandopfer und Gemeinschaftsopfer als Beispiele für den späteren Opferkult (24,5). Der Blutritus (24,6) erinnert sehr an die spätere Priesterweihe, was ebenfalls Sinn ergibt, wenn man die zentrale Rolle der Bestimmung Israels in 19,5-6 ernst nimmt (siehe zur Stelle). Der Altar repräsentiert Gott, das Volk steht für sich. Die Verlesung der Bundesurkunde mit der Wiederholung der Antwort des Volkes (24,7) stellt den Höhepunkt des Rituals dar. Dies wird dadurch unterstrichen, dass der Blutritus sozusagen die Verlesung umklammert. Die Hälfte des Blutes wurde bereits an den Altar geschüttet, doch die andere Hälfte wird erst jetzt auf das Volk gespritzt. Die begleitenden Worte interpretieren das Symbol und somit ist der Bund besiegelt (24,8). Das Blut trifft beide Parteien des Bundes, die damit symbolisch verbunden wurden, wobei ausdrücklich nochmals die Grundlage des Bundes erwähnt wird: „alle diese Worte". Hiermit wird die Bundesurkunde gemeint sein, möglicherweise werden auch die bekräftigenden Worte des Volkes mit hineingenommen. Durch dieses Symbol und die begleitenden Worte wurde eine neue Realität geschaffen. Israel hat sein Erbe, den Väterbund, angenommen und bewusst und einstimmig sich dazu bekannt, dass sie gemeinsam das Volk Gottes sein wollen, welches Gott unter den anderen Völkern repräsentiert. Interessanterweise passt das Ritual nicht so ganz zu den normalen israelitischen Opfern und den zu wiederholenden Ritualen, wie sie später in der Thora beschrieben werden. So will der Text betonen, dass hier etwas Einmaliges geschieht.

Diese Einmaligkeit wird im anschließenden Festmahl (9-11) auf die Spitze getrieben. Die Repräsentanten des Volkes gehen auf den Berg und erleben erneut eine Theophanie, die hier jedoch nicht als angsteinflößend geschildert wird, sondern eher ruhig und getragen von Klarheit und Transparenz (24,10). Dabei ist besonders der erste Teil von 24,10 äußerst radikal formuliert, denn Gott zu sehen ist eigentlich der Tod, wie ja schon der folgende Vers (24,11a) erklärend nachschiebt und wiederholt, dass sie Gott tatsächlich sahen. Und doch wird hier nicht beschrieben, was sie genau gesehen haben, es wird sogar zurückhaltender formuliert als manche spätere prophetische Gottesvision. So wird ganz bewusst auf die unwiederholbare Einmaligkeit dieses Ereignisses hingewiesen, ohne jedoch überzogen zu wirken. Das gemeinsame Essen und Trinken der Repräsentanten in der Gelassenheit der Gottesschau verdeutlicht, wie sehr der Autor Israel als priesterliches Königreich verstanden wissen will. Bei alldem bleiben die Beteiligten ganz normale Menschen, sie feiern und werden nicht als in andere Sphären entrückt beschrieben. Die Bundesbeziehung ist also nicht eine überwirkliche, sondern eine tatsächliche, bodenständige Realität.

Etwas unvermittelt bricht der Bericht ab, und Mose wird von Gott auf den Berg zitiert, damit dieser sowohl die alten Worte schriftlich empfängt als auch neue Worte zu hören bekommt (24,12 und 15-18). Dazwischen gibt es noch ein paar nüchterne, praktische Anweisungen Moses, der seine Begleiter wieder zum Volk schickt und sie ganz bewusst als seine Stellvertreter in Rechtsfragen einsetzt (24,13-14), was bereits seit 18,13-27 vorbereitet ist.

2.3.4.4 Anregung zur Bibelarbeit

Dieses Kapitel führt und hält zwei Bereiche der Gottesbeziehung zusammen: rigorosen Gehorsam und Faszination von Gottes Gegenwart (Brueggemann, 882). Ersteres ist der ethische Fokus, den heutzutage viele aus dem Pietismus kommende Kirchen pflegen, und Letzteres gehört in die kontemplative Tradition sowohl römisch-katholischer, orthodoxer als auch protestantischer Frömmigkeit. Je nach Situation muss man vielleicht das jeweils traditionell nicht so betonte Element eher betonen, denn beide Aspekte gehören zusammen, wenn wir über unsere Beziehung zu Gott nachdenken.

Eid, Gehorsam und Pflichtbewusstsein haben in einer individualistischen, psychologisierten und auf persönliche Erfüllung und Autonomie bedachten Kultur ein schlechtes Image. Doch eine Beziehung zu Gott beinhaltet auch Verpflichtung. Dabei geht es sicher nicht um einen blinden Gehorsam, sondern um ein durchdachtes, von inneren Prinzipien und Einstellungen getragenes Gehorchen, das sich immer wieder auf neue Situationen einstellt und dem Leben, Freude und Feier zentral wichtig sind. Es ist ein Gehorsam, der sich an der Gottesnähe und -betrachtung motiviert und so den „Bund" mit Gott aus einer lebendigen Beziehung mit ihm füllt.

Die Gottesschau und das Mahl am Berg sind ein grundlegender und symbolischer Moment in der Geschichte Israels. Mit der Gegenwart Gottes wurde das Volk geheiligt, geehrt, beschenkt und es reagierte darauf mit Ehrfurcht, Schweigen, Respekt und innerer Freude. Es ist erstaunlich, mit welch nüchternen Worten diese gewaltige und einzigartige Begegnung beschrieben wird. Vielleicht war es auch das Fehlen von Worten, die Unaussprechlichkeit des Gesehenen, was zur Nüchternheit des Textes geführt hat. Jedenfalls begegnen die Repräsentanten des Volkes den Zurückgebliebenen nicht als der Welt entrückt und verzückt, sondern sind sich ihrer Verantwortung bewusst: Sie sollen zur Verfügung stehen, wenn Ordnung und Friede im Volk gefährdet sind.

Beide Aspekte, das „gehorsame Ohr" und das „kontemplative Auge", müssen zusammengehalten werden, denn nur zusammen können sie die Identität des Gottesvolkes bestimmen und sichern. Im Kern macht das (alte und neue) Gottesvolk eine durch Spiritualität getragene Solidarität und eine in der Gemeinschaft erfahrene Spiritualität aus. Wenn jeweils nur eine Seite betont und gelebt wird, entsteht eine Schieflage oder droht gar ein Identitätsverlust.

Im Bibelgespräch zu diesem Abschnitt wäre es möglich, nach Parallelen zu christlichen Konzepten und Ritualen zu fragen: Neuer Bund, Abendmahl, Taufe, Durch-Gott-angesprochen-Sein und menschliche Antwort darauf. Insgesamt ist auf die singuläre Sondersituation hinzuweisen, in der Israel hier beschrieben wird, und auf die Konsequenzen, die sie als Gemeinschaft aus diesem Ereignis gezogen haben. Diese Perspektive lässt sich entsprechend für die christliche Kirche insgesamt reflektieren. Ob es sinnvoll ist, diese Perspektive auch individualistisch auf die persönliche Glaubensbiografie anzuwenden, muss gut abgewägt werden. Auf jeden Fall ist aber die Frage zu stellen, wie es uns heute gelingen kann, die Gegenwart Gottes in uns, als Gemeinschaft und individuell, mithilfe des Heiligen Geistes zu feiern und zu markieren. In jüdischer Tradition gibt es das Fest der Simchat Torah (Freude an der Thora), welches mit dem christlichen Pfingstfest zusammenfällt. Hier ergeben sich bestimmt kreative Gedanken für die gemeinsame Gestaltung eines Festes oder speziellen Gottesdienstes.

2.4 Das zentrale Thema der Gegenwart Gottes in Israel wird in diversen Facetten besprochen (25,1–40,38)

Bereits in der Einleitung habe ich einige allgemeinere Anmerkungen zum großen Thema der Gegenwart Gottes inmitten Israels gemacht. An dieser Stelle möchte ich weitere Aspekte nennen, die diese so oft vernachlässigten – oder gar gemiedenen – Abschnitte von 2. Mose in ihrer theologischen Bedeutung hervorheben.

Viele Auslegungen dieses letzten Großabschnitts von 2. Mose gehen am Selbstverständnis der Texte vorbei. Entweder wird die historische Möglichkeit des hier beschriebenen Zeltheiligtums bezweifelt oder mit allen Kräften verteidigt oder jede Stofflage und jede Dochtschere symbolisch oder allegorisch gedeutet (vgl. Childs; Houtman 2000 zur Auslegungsgeschichte). Beides sind dem Text fremde Sichtweisen. Der Text selbst legt nicht durch eigene Signale nahe, dass hier eine allegorische Deutung intendiert wäre. Dass dieses Bauwerk immer wieder in diesem Sinne gedeutet wurde, liegt an der prinzipiellen Offenheit von nicht sprachlichen Zeichen für alle möglichen Deutungen. Möglicherweise waren symbolische Qualitäten der Baustoffe auch mitgedacht, rekonstruieren können wir sie heute leider nicht mehr.

Die Anweisungen und der Ausführungsbericht zum Heiligtum sind fest in den noch jetzt bestehenden erzählerischen Rahmen eingebunden und von ihm abhängig.

Die Anweisungen sind als Gottesrede gestaltet, ohne irgendeine narrative Unterbrechung. Die Lesedauer dieser Rede füllt selbstverständlich nicht die 40 Tage, die 24,18 für den Aufenthalt Moses auf dem Berg ansetzt. Damit sind diese Anweisungen eine radikale Zusammenfassung dieser Zeit und doch wird der Leseprozess deutlich verlangsamt, weil eben sonst nichts „passiert". Der Leser wird durch die Fülle der Details gezwungen, sich das ganze Heiligtum und dann den Ritus der Priester- und Heiligtumsweihe bildlich vorzustellen. Dabei wird deutlich, dass sich der Text nicht an Künstler oder Handwerker richtet, sondern eben an die „Leser" von 2. Mose. Viele Details bleiben auch komplett offen: Mit welchen Messern soll denn geschlachtet werden? Auf welchen Möbeln sollen die Priester im Vorhof ihre Teile des Opfers essen? Wie groß soll der Leuchter sein? Jacob schreibt berechtigt, dass der Versuch, einen exakten Nachbau des Zeltheiligtums zu schaffen, hoffnungslos sei (Jacob, 761). Damit liegt es nahe, nach einer theologischen Zielrichtung des Textes zu suchen und sich von einer architektonischen zu lösen. Der Leser wird in ein Heiligtum mit hineingenommen, das er selbst nie betreten hat, und doch kann er sogar bis ins Allerheiligste „vordringen".

Was aber wird nun durch die Anweisungen theologisch vermittelt? Der erste Hinweis wurde bereits in der Einleitung genannt: Gott will inmitten des Volkes Israel wohnen (25,8; 29,42-46). Die Gegenwart Gottes wird vom einmaligen Sinai, der außerhalb des Lagers unter strengen Zugangsbeschränkungen von Gottes Gegenwart redet, in das Lager verlagert und so gestaltet, dass sie mit dem reisenden Volk mitziehen kann. Es geht dabei nicht nur um ein Dabeisein, sondern es wird das Sprechen Gottes mit Mose und über ihn mit dem Volk betont, also das Offenbarungsgeschehen (25,22; 29,42). Dieser Gott will deswegen bei seinem Volk sein, weil er ihnen etwas zu sagen hat und in Gemeinschaft mit ihnen leben will. Wie bereits beim Altargesetz gesehen, geht es dabei immer um Gottes Initiative, was gegenüber den anderen altorientalischen Kulturen ein Novum ist, da es jenen vor allem darum geht, Einfluss auf ihre Gottheiten zu gewinnen, und sie daher den Kultus und den Kultort entsprechend gestalten. Auf dieser Ebene hat die ganze Gottesrede eine klare Funktion: Der israelitische Kultus gestaltet und legitimiert sich von Gott her. Der Kosmos des Heiligen wird von Gott her für Israel mit Bedeutung gefüllt.

Dass es sich um einen Kosmos handelt, wird auch dadurch unterstrichen, dass in Kap. 25–40 viele Ideen aus der biblischen Schöpfungserzählung aufgenommen werden. Das hier beschriebene Zeltheiligtum spiegelt sozusagen im Kleinen die gesamte Schöpfung wider. Dabei wird die Schöpfung nicht durch das Heiligtum vollendet, als ob dort „der Himmel auf Erden" wäre, sondern es entsteht eine Analogie der Beziehung zwischen Gott und Israel auf der einen und Gott und der Schöpfung auf der anderen Seite. In dieser Parallele legt der Text nahe, dass Gottes letztendliches Ziel mit der Schöpfung seine ungetrübte und andauernde

Gegenwart bei den Menschen ist. Ps 104,1-4 redet von Gottes „Zelten/Wohnen“ in der Schöpfung. Beide Schöpfungen, die der Welt und die des Zeltheiligtums, hatten einen einmaligen Beginn und entfalten sich seither, im Kleinen im regelmäßigen Gottesdienst und im Großen in Gottes Projekt der Wiederherstellung der Schöpfung mit dem Ziel, dass sie endlich das sein kann, was sie von Anbeginn sein sollte.

Es sind sieben Redeblöcke, die jeweils mit „Und JHWH sprach zu Mose:“ beginnen (25,1; 30,11.17.22.34; 31,1.12). 1Mo 1 kommt sofort in den Sinn: „Und Gott sagte“ – an sieben Tagen, wovon der letzte der Sabbat ist, und entsprechend der Schlussabschnitt (31,12-17) ebenfalls den Sabbat thematisiert. Vorher „machte“ (*'āśāh*) Gott die Schöpfung, so wie in 2Mo 25–31 „machen“ (*'āśāh*) das Verb der Wahl ist, um das Herstellen der verschiedenen Kreationen im Zusammenhang des Heiligtums zu beschreiben, wobei es nicht an Alternativen im hebräischen Vokabular gemangelt hätte. Wie der Geist Gottes über den Wassern für Gottes Kreativität und schöpferische Kraft steht (1Mo 1,2), so begabt Gottes Geist auch die Chefkünstler bzw. -handwerker, Bezalel und Oholiab, damit sie den Herausforderungen und Ansprüchen dieser Schöpfung im Kleinen gewachsen sind (2Mo 31,1-11). Zum Abschluss der beiden Projekte wird jeweils ein Werturteil abgegeben: „Und Gott sah an alles, was er gemacht hatte, und siehe, es war sehr gut“ (1Mo 1,31). Und: „Dann sah Mose das ganze Werk, und siehe, sie hatten es so gemacht, wie JHWH es dem Mose befohlen hatte, so hatten sie es gemacht“ (2Mo 39,43). Wenn etwas nach Gottes Vorstellungen ist, so ist es sehr gut. So wurde das Heiligtum zu einer geordneten Welt, die von Gehorsam und Kreativität geprägt wurde und in der der große Schöpfergott, der nun als Bundesgott inmitten des Volkes wohnt, angemessen gefeiert werden kann. Die Konzeption des Heiligtums schafft es, die Gegenwart Gottes nicht in einer kuscheligen Übervertrautheit verkommen zu lassen (Klein, 275). Die Heiligkeit Gottes steht als Kerngedanke im Zentrum des Heiligtums und bestimmt das Wohnen Gottes als Gnade und als Anspruch: Das Volk ist geehrt und beschenkt durch Gottes Nähe, es wird aber auch dadurch zu einem Leben herausgefordert, das dieser Nähe entspricht.

Dass das Volk dieser Herausforderung von Anfang an nicht gewachsen ist, wird am „Fall“ Israels deutlich. Während der Leser sich mit seinem geistigen Auge staunend in der Schönheit und Vollkommenheit des Heiligtums umschaut, hatte das Volk, welches keinen so direkten Zugang zur Vision des Heiligtums hatte, sich am Sinai ein eigenes, aus dem Chaos entstandenes Heiligtum kreiert. Für den Leser, ebenso wie für Mose und Gott, war es ein Schlag ins Gesicht, ein so offensichtliches Missachten des Bundes, dass man durchaus von dem Sündenfall Israels sprechen kann. Das Volk wollte die Dinge selbst in die Hand nehmen, so wie es damals Eva und Adam taten. Die Erzählung dieses Abfalls kommt an wohlüberlegter Stelle in 2. Mose: Jetzt geht es plötzlich nicht mehr um ein theoretisches Ideal des Gottesvolkes, sondern um die harte Realität des zur Sünde neigenden Volkes, das seiner Berufung und Identität nicht gerecht wird. Gottes Gegenwart ist in Gefahr und damit die Existenz Israels als Gottesvolk. Dass es dennoch weitergeht, dass am Schluss Mose das Volk segnet, weil er dieses wunderbare Heiligtum als „sehr gut" befinden kann (31,43), dass Gott tatsächlich inmitten des Volkes Wohnung nimmt, ist allein Gottes Gnade geschuldet (34,6-7). So ist der Bericht vom Bau des Zeltes nicht nur ein Ausführungsbericht, sondern vor allem ein Zeugnis von Israels Antwort auf Gottes gnädiges Annehmen eines sündigen Volkes.

Der große Abschnitt 25,1–40,38 zerfällt in drei offensichtliche Teile:

25–31	**Gott gibt Anweisungen zum Begegnungszelt.**
25,1–27,19	Gott gibt Anweisungen zum Kultort.
27,20–31,17	Gott gibt Anweisungen zur Priesterweihe und zum regelmäßigen Gottesdienst.
32–34	**Der Bund wird durch Israel gebrochen und durch Gott erneuert.**
35–40	**Bericht über den Bau des Begegnungszeltes und die Realisation von Gottes Gegenwart beim Volk**

Der erste Teil (25–31) ist wiederum klar zweigeteilt. Beide gehören auf das Engste zusammen. Im ersten Teil geht es vor allem um die baulichen Elemente des Heiligtums und seine Ausstattung (25,1–27,19). Dieser Abschnitt zielt daher eher auf die Einmaligkeit des Heiligtums. Im zweiten Teil werden die gottesdienstlichen Handlungen besprochen, die vor allem mit der Weihe der Priester und dem regelmäßigen Funktionieren des Kultes im Zelt zu tun haben (27,20–31,17), die durch die gesamte weitere Geschichte Israels hindurch bedeutsam waren. Die wie ein Kehrreim anmutende Wiederholung der Wendung „eine ewige Satzung für alle Generationen/Nachkommen" im zweiten Teil (27,21; 28,43; 30,10; 30,21) unterstreicht diese Aufteilung der Anweisungen (Dohmen 2004, 241). Die weiteren Unterteilungen dieser Abschnitte werden jeweils zur Stelle besprochen.

2.4.1 Gott gibt Anweisungen zum Kultort (25,1–27,19)

2.4.1.1 Übersetzung

25,1 JHWH sprach zu Mose: 2 Sage den Israeliten, dass sie eine Abgabe für mich erheben sollen. Von jedem Mann, dessen Herz ihn treibt, sollt ihr die Abgabe für mich erheben.

3 Dies sei die Abgabe, die ihr von ihnen erheben sollt: Gold, Silber und Kupfer, 4 blauer und roter Purpur, Karmesin, Feinleinen, Ziegenhaare, 5 rot gefärbte Widderfelle und Tachaschleder, Akazienholz, 6 Öl für den Leuchter, Gewürze für das Salböl und für das wohlriechende Räucherwerk, 7 Onyx-Steine und andere Steine zum Besetzen des Efods und der Brusttasche.

8 Sie sollen mir ein Heiligtum machen, damit ich in ihrer Mitte wohne. 9 So wie ich dir die Form der Wohnung und aller ihrer Geräte zeige, so sollt ihr es machen.

10 Sie sollen einen Kasten aus Akazienholz machen, zweieinhalb Ellen lang, eineinhalb Ellen breit und eineinhalb Ellen hoch. 11 Du sollst ihn mit reinem Gold überziehen, innen und außen sollst du ihn überziehen, und ringsum eine goldene Leiste an ihm anbringen. 12 Du sollst vier goldene Ringe für ihn gießen und diese dann an seinen vier Füßen befestigen, zwei Ringe auf seiner einen und zwei Ringe auf seiner anderen Seite. 13 Du sollst Stangen aus Akazienholz machen und sie mit Gold überziehen. 14 Diese Stangen sollst du durch die Ringe an den Seiten des Kastens schieben, damit man mit ihnen den Kasten tragen kann. 15 Die Stangen sollen in den Ringen des Kastens bleiben; sie dürfen nicht daraus entfernt werden. 16 In den Kasten sollst du das „Zeugnis" legen, das ich dir geben werde.

17 Du sollst eine Versöhnungsplatte aus reinem Gold machen, zweieinhalb Ellen lang und eineinhalb Ellen breit. 18 Du sollst zwei Kerubim machen aus getriebenem Gold. Du sollst sie an den beiden Enden der Versöhnungsplatte machen. 19 Mache den einen Kerub aus dem einen Ende, den anderen aus dem anderen Ende. Aus den beiden Enden der Versöhnungsplatte heraus sollst du die Kerubim machen. 20 Die Kerubim sollen die Flügel nach oben hin ausbreiten, sodass sie die Versöhnungsplatte mit ihren Flügeln bedecken, während ihre Gesichter einander zugekehrt sind; hin zur Versöhnungsplatte sollen die Gesichter der Kerubim gerichtet sein. 21 Du sollst die Versöhnungsplatte oben auf den Kasten legen; in den Kasten lege das „Zeugnis", das ich dir geben werde. 22 Dort will ich dir begegnen und mit dir von der Versöhnungsplatte aus sprechen, aus der Mitte der beiden Kerubim, die auf dem Kasten des „Zeugnisses" sind, alles, was ich dir für die Israeliten befehlen werde.

23 Du sollst auch einen Tisch aus Akazienholz machen, zwei Ellen lang, eine Elle breit und eineinhalb Ellen hoch. 24 Du sollst ihn mit reinem Gold überziehen und an ihm ringsherum eine goldene Kante machen. 25 Mache auch eine handbreite Leiste ringsherum und bring an dieser Leiste, ebenfalls ringsherum, eine goldene Kante an. 26 Du sollst vier goldene Ringe für ihn machen und diese Ringe an den vier Ecken, wo auch die Beine sind, anbringen. 27 Dicht bei der Leiste sollen die Ringe sein, zur Aufnahme der Stangen, um den Tisch zu tragen. 28 Du sollst die Stangen aus Akazienholz machen und sie mit Gold überziehen; mit ihnen soll der Tisch getragen werden.

29 Du sollst seine Schüsseln, seine Schalen, seine Kannen und seine Krüge machen, mit denen soll ausgegossen werden; aus reinem Gold sollst du sie machen. 30 Du sollst auf den Tisch ständig Schaubrote vor mir hinlegen.

31 Du sollst auch einen Leuchter aus reinem Gold machen, einen getriebenen Leuchter. Sein Fuß, sein Schaft, seine Kelche, seine Knospen und seine Blüten sollen aus einem Stück sein. 32 Von seinen beiden Seiten sollen sechs Arme ausgehen, drei Arme des Leuchters auf der einen Seite und drei Arme des Leuchters auf der anderen Seite. 33 Drei mandelförmige Kelche aus Knos-

pen und Blüten sollen an einem Arm und drei mandelförmige Kelche aus Knospen und Blüten an dem anderen Arm sein. So soll es sein an allen sechs Armen, die vom Leuchter ausgehen. 34 Am Leuchter selbst sollen vier mandelblütenförmige Kelche aus Knospen und Blüten sein, 35 und zwar je eine Knospe unter den ersten beiden von ihm ausgehenden Armen, je eine Knospe unter den zweiten von ihm ausgehenden Armen, je eine Knospe unter den dritten von ihm ausgehenden Armen, entsprechend den sechs Armen, die vom Leuchter ausgehen. 36 Seine Knospen und Arme sollen ein Ganzes mit dem Schaft sein, alles eine getriebene Arbeit aus einem Stück reinen Goldes. 37 Du sollst seine sieben Lampen machen. Man setze diese Lampen so darauf, dass sie zur Vorderseite hin leuchten. 38 Auch seine Dochtscheren und Pfannen sollen aus reinem Gold sein. 39 Aus einem Talent reinen Gold soll man ihn und alle diese Geräte machen. 40 Sieh zu, dass du sie genau nach dem Modell machst, das dir auf dem Berg gezeigt wird.

26,1 Die Wohnung sollst du aus zehn Planen machen, aus gezwirntem Feinleinen, gefärbt mit blauem und rotem Purpur und Karmesin, verziert mit Kerubim, ein Werk des Kunstwirkers. 2 Jede Plane soll achtundzwanzig Ellen lang und vier Ellen breit sein. Alle Planen müssen das gleiche Maß haben. 3 Fünf Planen sollen miteinander verbunden werden, und die anderen fünf Planen sollen miteinander verbunden werden. 4 Am Saum der äußersten Plane des einen zusammengesetzten Stückes sollst du Schlaufen aus blauem Purpur machen, ebenso am Saum der äußersten Plane des anderen zusammengesetzten Stückes. 5 Fünfzig Schlaufen sollst du an der einen Plane und fünfzig Schlaufen am Saum der anderen Plane machen, die zu dem anderen zusammengesetzten Stück gehört, sodass die Schlaufen einander entsprechen. 6 Du sollst fünfzig goldene Haken machen und die Planen mit den Haken miteinander verbinden, sodass die Wohnung eine Einheit wird. 7 Dann sollst du Planen aus Ziegenhaar machen, als Zeltdach über die Wohnung. Elf Planen sollst du machen. 8 Jede Plane soll dreißig Ellen lang sein und vier Ellen die Breite jeder Plane sein; alle elf Planen sollen das gleiche Maß haben. 9 Fünf von diesen Planen sollst du zu einem Stück verbinden, die sechs anderen Planen ebenfalls, wobei du die sechste Plane an der Vorderseite des Zeltes doppelt legen sollst. 10 Du sollst fünfzig Schlaufen am Saum der äußersten Plane *des einen zusammengesetzten Stückes machen und ebenso fünfzig Schlaufen am Saum der äußersten Plane des anderen zusammengesetzten Stückes. 11 Du sollst fünfzig kupferne Haken machen und die Haken in die Schlaufen hängen, <so> sollst du das Zelt zusammenfügen, dass es eine Einheit wird. 12 Das, was von der Plane des Zeltes übrig ist, die halbe Plane, die übrig ist, lass auf der Rückseite der Wohnung herabhängen. 13 Auch die Elle von hier und die Elle von dort, das, was von der Länge der Plane übrig ist, soll an den beiden Längsseiten der Wohnung herabhängen, um sie zu bedecken. 14 Du sollst eine Überdecke für das Zelt machen, aus rot gefärbten Widderfellen, und darüber noch eine Decke aus Tachaschleder anfertigen.*

15 Du sollst für die Wohnung Bretter aus Akazienholz machen – senkrecht stehende. 16 Jedes Brett soll zehn Ellen lang und eineinhalb Ellen breit sein. 17 Jedes Brett soll zwei Zapfen haben, ein jedes mit seinem Gegenstück verbunden. So sollst du alle Bretter der Wohnung machen. 18 Du sollst Bretter für die Wohnung machen: zwanzig Bretter für die Südseite, Richtung Süden. 19 Du sollst vierzig silberne Sockel machen für die zwanzig Bretter, je zwei Sockel unter jedem Brett für seine zwei Zapfen. 20 Auch zwanzig Bretter für die andere Seite der Wohnung, die Seite Richtung Norden, 21 und ihre vierzig Sockel, zwei Sockel unter einem Brett, dann jeweils zwei Sockel unter dem nächsten Brett. 22 Für die Rückseite der Wohnung, die Seite nach Westen, sollst du sechs Bretter machen 23 und du sollst noch zwei Bretter für die Ecken der Wohnung an der Rückseite machen. 24 Sie sollen von unten her doppelt sein, bis oben hin und dort durch einen Ring zusammengehalten werden. So soll es bei beiden sein; sie sollen für die beiden Ecken sein. 25 Es sollen also acht Bretter mit ihren silbernen Sockeln sein, sechzehn Sockel, je zwei Sockel unter jedem Brett. 26 Du sollst Querbalken aus Akazienholz machen, fünf für die Bretter auf der einen Seite der Wohnung, 27 ebenso fünf Querbalken für die Bretter der anderen Seite der Wohnung und fünf Querbalken für die Rückseite der Wohnung nach Westen. 28 Der mittlere Querbalken soll in der Mitte der Bretter durchgängig sein, vom einen Ende bis zum anderen.

29 Die Bretter sollst du mit Gold überziehen, ihre Ringe zur Aufnahme der Querbalken sollst du aus Gold machen und auch die Querbalken sollst du mit Gold überziehen. 30 So sollst du die Wohnung nach ihrem Plan aufstellen, wie dir auf dem Berg gezeigt wird.

31 Ferner sollst du einen Vorhang aus mit blauem und rotem Purpur und Karmesin <gefärbtem> und gezwirntem Feinleinen machen, <verziert> mit Kerubim, ein Werk des Kunstwirkers. 32 Du sollst ihn an vier mit Gold überzogenen Säulen aus Akazienholz aufhängen, deren Haken auch aus Gold sind und die auf vier silbernen Sockeln stehen. 33 Du sollst den Vorhang unter den Haken aufhängen und dort hinter den Vorhang den Kasten des „Zeugnisses" bringen. Trennen soll euch der Vorhang vom Heiligen und dem Allerheiligsten. 34 Die Versöhnungsplatte lege auf den Kasten des „Zeugnisses" im Allerheiligsten. 35 Den Tisch aber sollst du außerhalb des Vorhangs aufstellen und den Leuchter dem Tisch gegenüber auf der Südseite der Wohnung, den Tisch stelle auf die Nordseite.

36 Du sollst auch einen Vorhang für den Eingang des Zeltes aus mit blauem und rotem Purpur und Karmesin gefärbtem und gezwirntem Feinleinen machen, in Buntwirkerarbeit. 37 Für den Vorhang sollst du fünf Säulen aus Akazienholz machen und sie mit Gold überziehen, ihre Haken sollen aus Gold sein und du sollst für sie fünf kupferne Sockel gießen.

27,1 Du sollst den Altar aus Akazienholz machen, fünf Ellen lang und fünf Ellen breit. Der Altar soll quadratisch sein und drei Ellen hoch. 2 Du sollst seine Hörner an seinen vier Ecken machen. Die Hörner sollen mit ihm eine Einheit bilden. Du sollst ihn mit Kupfer überziehen. 3 Du sollst seine Töpfe für die Fettasche machen sowie seine Schaufeln, seine Schalen, seine Gabeln und seine Feuerpfannen. Alle seine Geräte sollst du aus Kupfer machen. 4 Du sollst für ihn ein Gitter aus Kupfer wie ein Netz machen und an den vier Ecken des Netzes vier kupferne Ringe anbringen. 5 Du sollst es von unten an der Altareinfassung anbringen, sodass das Netz bis zur halben Höhe des Altars geht. 6 Du sollst für den Altar Stangen machen, Stangen aus Akazienholz, und sie mit Kupfer überziehen. 7 Seine Stangen sollen durch die Ringe gesteckt werden, sodass die Stangen sich zu beiden Seiten des Altars befinden, wenn man ihn trägt. 8 Du sollst ihn aus Brettern machen, sodass er hohl ist. So, wie es dir auf dem Berg gezeigt wird, so sollen sie es machen.

9 Du sollst den Vorhof der Wohnung so machen: an der Südseite, nach Süden hin, Behänge für den Vorhof aus gezwirntem Feinleinen, einhundert Ellen für die eine Seite; 10 und seine zwanzig Säulen mit ihren zwanzig kupfernen Sockeln und seinen Haken und seinen Querverbindungen aus Silber.

11 Ebenso für die Nordseite Behänge von einhundert Ellen, dazu zwanzig
Säulen mit ihren zwanzig kupfernen Sockeln und ihren Haken der Säulen
und ihren Querverbindungen aus Silber. 12 Für die Westseite des Vorhofes,
Behänge von fünfzig Ellen, mit seinen zehn Säulen und zehn Sockeln. 13
Auch die Ostseite des Vorhofes, Richtung Sonnenaufgang, soll fünfzig Ellen
sein. 14 Es sollen fünfzehn Ellen der Behänge auf der einen Seite sein, mit
ihren drei Säulen und ihren drei Sockeln, 15 und fünfzehn Ellen der Behänge
auf der anderen Seite, mit ihren drei Säulen und ihren drei Sockeln. 16 Das
Tor des Vorhofes soll einen zwanzig Ellen breiten Vorhang aus mit blauem
und rotem Purpur und Karmesin <gefärbtem> und gezwirntem Feinleinen
haben, eine Arbeit des Buntwirkers, mit ihren vier Säulen und ihren vier
Sockeln. 17 Alle Säulen des Vorhofs ringsherum sollen silberne Verbindungen
haben, ihre Haken sollen ebenfalls aus Silber sein, ihre Sockel aber aus Kup-
fer. 18 Die Länge des Vorhofs sei einhundert Ellen, die Breite fünfzig Ellen
und die Höhe fünf Ellen mit Behängen aus gezwirntem Feinleinen und den
Sockeln aus Kupfer.

19 Alle Geräte der Wohnung, die zu all ihrem Dienst verwendet werden,
und alle ihre Pflöcke, auch alle Pflöcke des Vorhofs, sollen aus Kupfer sein.

2.4.1.2 Struktur

Die Anweisungen zum Bau des Heiligtums lassen keine Struktur mit besonderer Bedeutung erkennen. Nach dem Einstieg mit der Aufforderung zum Beitrag des Volkes zu den Materialien für die Konstruktion (25,1-7) wird nochmals an den Grund für dieses Heiligtum erinnert: Gott will inmitten des Volkes „wohnen“ (25,8-9). Für die Wohnung werden ausgewählte Materialien benötigt, die hier am Beginn der Vorschriften den Leser auf die Außergewöhnlichkeit und Bedeutung des Heiligtums vorbereiten.

Die eigentliche Beschreibung des Heiligtums beginnt mit dem zentralen Teil, dem Kasten des Zeugnisses (25,10-22). Dieser Kasten wird im Allerheiligsten platziert, später mit den Tafeln der Zehn Worte gefüllt und steht vor allem in den Regelungen zum Versöhnungstag (3Mo 16) im Zentrum.

Der Schaubrottisch (25,23-30) steht nicht mehr im Allerheiligsten, sondern, wie der Leuchter (25,31-40), auf der anderen Seite des Vorhangs, der das Allerheiligste vom Heiligsten abtrennt (26,31-37). Brote und Leuchter sind Symbole für die Gegenwart des Volkes bzw. Gottes.

Das eigentliche Zelt wird in 26,1-30 beschrieben. Dessen wichtigste Elemente sind der erwähnte Vorhang, der Altar und der Vorhof.

25,1-9	Abgabe der Materialien und Sinn des Heiligtums
25,10-22	Kasten des Zeugnisses
25,23-30	Tisch für die Brote
25,31-40	Leuchter
26,1-30	Zelt der Begegnung
26,31-37	Vorhang
27,1-8	Altar
27,9-19	Vorhof

Den Abschluss dieses großen Abschnitts macht die summarische Erwähnung der Geräte, die für den Kult im Heiligtum benötigt werden (27,19). Dass die mit 27,20 folgenden Anweisungen zum Brennstoff des Leuchters einen neuen Abschnitt einleiten, wird aus dem speziellen Beginn „Du aber, …“ deutlich (vgl. auch 28,1.3; 30,23).

2.4.1.3 Auslegung

Mose ist nun für 40 Tage auf dem Berg bei Gott. Während dieser Begegnung hört er Gottes Vorstellungen zu den baulichen und organisatorischen Bedingungen, unter denen dessen Gegenwart inmitten des Volkes realisiert werden soll. Wie in der Einleitung zum Abschnitt bemerkt, wird durch die lange Gottesrede ein theologisches Konzept der Möglichkeiten des Wohnen Gottes bei den Menschen entworfen. Es ist eine Rede für den Leser, der nicht bauen, sondern verstehen soll.

Die Abgabe der Materialien soll „für Gott" sein (25,2a). Man könnte hier eventuell an ein „Opfer" für Gott denken, doch liegt es nahe, dass eher „an Gottes Stelle" gemeint ist. Denn er will ja seine Nähe beim Volk realisieren. Das Volk stellt die geforderten Dinge zur Verfügung, damit Gottes Gegenwart bei Israel eine „be-greifbare" Form bekommen kann (Dohmen 2004, 246). Die Motivation der Stiftenden zeigt sich in der Freiwilligkeit. So wird der Einzelne des Volkes, der tatsächlich die Gemeinschaft mit Gott haben will, wahrgenommen und ernst genommen. Durch diese Freiwilligkeit wird das Heiligtum auch zu dem des edlen Spenders. In Ägypten haben die Israeliten unfreiwillig Tempel für Götter gebaut, die nicht ihre waren. Gottes Begegnungsort mit seinem Volk soll nicht durch Zwangsabgaben und Sklavenarbeit entstehen, wie so viele andere Kultbauten im Alten Orient.

Die Materialliste (25,3-7) gibt einen ersten Hinweis, was den Leser nun erwartet. Es ist aber nicht einfach nur eine Bestellliste, die eventuell nach Wert geordnet ist. Im Verlauf des Lesefortschritts wird klar, dass die Materialien den einzelnen Bestimmungen zugeordnet sind. Zuerst geht es allgemein um das Zelt, dann speziell um Salböl und Räucherwerk, um Efod und Brusttasche der Priester. Es sind ausgesuchte und teure Materialien, die der Bestimmung angemessen sind, da es ja um ein einmaliges, besonderes Zelt geht. Die einschlägigen Kommentare bieten eine breite Diskussion der möglichen Realien, die hinter den hebräischen Begriffen stehen. Für den vorliegenden Kommentar verzichte ich auf eine Begründung meiner Übersetzung. Beim für die äußerste Hülle des Zeltes verwendeten Leder („Tachaschleder") habe ich sogar einfach das hebräische Wort transkribiert, da alle Übersetzungsversuche eher Spekulation als Wissen vermitteln und eventuell zu falschen Urteilen über den Text führen könnten. Ähnliches gilt für das äußerste Priestergewand („Efod"), welches ebenfalls mit dem hebräischen Wort bezeichnet wird, da es in seiner Besonderheit durchaus als Fremdwort eingebürgert werden kann. Die Zielbestimmung des Zeltheiligtums ist das beständige Wohnen Gottes inmitten des Lagers (25,8). Damit wird natürlich zunächst auf das Wohnen Gottes auf dem Sinai zurückgewiesen (24,16). Diese Wohnung Gottes, fern und in undurchdringliche, gewaltige Wolken gehüllt, soll nun inmitten des Lagers sein, mobil und nah, dennoch nicht unmittelbar, wie die verschiedenen, klar abgetrennten Heiligkeitsbereiche es ausdrücken. Es ist ein „mitziehender Sinai". Damit wird die Kontinuität von Gottes Offenbarung in Wort und unaussprechlicher Herrlichkeit betont.

Der Text geht offensichtlich davon aus, dass allein Mose einen sichtbaren Plan oder ein Modell des Heiligtums und seiner Details von Gott gezeigt bekommen hat. Damit wird für den Leser klar, dass er mit dem Text den Versuch vor sich hat, dieses Modell in seinen wesentlichen Aspekten zu umschreiben. Mose bleibt so auch gegenüber dem Leser privilegiert, da nur dieser über die Erfüllung der Forderung nach einer genauen Kopie (25,9) urteilen kann.

Mit den Anweisungen zur Bundeslade, des Kastens des Zeugnisses (25,10-22), beginnen die einzelnen Anweisungen. Es geht also von innen nach außen, vom Allerheiligsten zum weniger heiligen Bereich. Der Kasten besteht aus zwei wesentlichen Elementen, der Kiste und deren Deckel, der „Versöhnungsplatte". Beide werden in ihrer Funktion in 25,21-22 beschrieben: In den Kasten sollen später die Tafeln der Zehn Worte gelegt werden. Von der Versöhnungsplatte her wird Gott mit Mose oder Israel reden. So steht im räumlichen und idealen Zentrum des Heiligtums erneut das Begegnen. Es geht um das Zeugnis des Bundes, d.h. um den Bund selbst und den Bundesschluss, welcher ja für den Leser eine schon lange bestehende Definition der Beziehung zwischen Gott und Israel und ein längst vergangenes Ereignis ist. Daher ergibt auch die übliche Übersetzung des Begriffs als „Bundeslade" Sinn. Diesem ist dann aber die durch die Zeit sich immer wieder neu ereignende Offenbarung Gottes („Ich werde mit dir sprechen"; vgl. 4. Mo 7,89) zur Seite gestellt. Israels Bund ist nicht einfach eine vor Urzeiten unterschriebene Urkunde, sondern eine lebendige, sich immer wieder erneuernde Beziehung. Dies wird auch und gerade durch das Heiligtum symbolisiert: Es erinnert an das einmalige Erlebnis am Sinai und es ermöglicht den andauernden, täglichen Gottesdienst. Insofern ist die Bundeslade das ideale Zentrum des Heiligtums in dem Sinne, dass sich von daher seine ganze Bestimmung bereits erschließt.

Hinzu kommen genauere Beschreibungen der Einzelheiten. Das reine Gold zeigt die Zentralität des Kastens an. Die Ringe und Tragestangen erinnern an die Mobilität, das Mitziehen Gottes durch Raum und Zeit. Die Engelsfiguren, Kerubim, lassen an die Thronwesen aus den Visionen der Propheten und aus den Psalmen denken (Ps 18,11; 80,2; 99,1; Jes 37,16; Hes 9,3; 10; 41). Wo sie sind, ist Gott selbst nicht weit.

Der Tisch wird als erstes Möbel, welches außerhalb des Allerheiligsten steht, aufgeführt (25,23-30). Nach der Beschreibung seiner Beschaffenheit steht auch hier eine Bestimmung: Dieser Opfertisch soll die Schaubrote („Brote des Angesichts") aufnehmen (25,30). Diese werden erst in 3Mo 24,5-9 näher beschrieben und sind möglicherweise ein Symbol für die zwölf Stämme Israels, welche hier alle unterschiedslos vor dem Angesicht JHWHs sind. Allerdings wird die metaphorische Bedeutung der Brote hier nicht festgelegt. Es scheint, dass hier vor allem der Ort des Tisches bedeutsam ist. Der Tisch diente offenbar noch anderen Zwecken, wie die verschiedenen Geräte, die mit ihm genannt werden, nahelegen (2Mo 25,29). Auch dieser Tisch soll mobil sein, deswegen die Ringe und Tragestangen.

Dem Tisch gegenüber soll ein Leuchter (Menora) aufgestellt werden (25,31-40). Die Menora wurde zu einem der einflussreichsten jüdischen Nationalsymbole (Krochmalnik, 124) und deswegen auch symbolisch oft überfrachtet. Diese Symbolik sollte man sicherlich nicht einfach in den Kontext von 2. Mose hineintragen. Das Material des Leuchters, reines Gold, und seine Machart, aus einem Stück getrieben, verbinden ihn eng mit der Versöhnungsplatte und ihren Kerubim. So könnte er als Symbol der göttlichen Präsenz im Vorraum des Allerheiligsten verstanden werden. Er steht dem Tisch direkt gegenüber, was durch die Ausrichtung der Lampen noch unterstrichen wird, wodurch das Gegenüber von Volk (zwölf Brote) und Gott (Leuchter) symbolisiert wird – und zwar das andauernde Gegenüber, denn beide, sowohl die Brote als auch die Lampen, Dochte und das Öl des Leuchters, sollen beständig erneuert werden. Die Verzierung lässt an eine stilisierte Pflanze denken, zusammen mit dem Licht der Lampen möglicherweise ein Symbol des Lebens. Der Baum des Lebens aus 1Mo 3 könnte als ideelles Bild dahinter stehen. Wenn man dieser gedanklichen Verbindung nachgeht, so sollte man sich aber immer bewusst machen, dass sich der Baum des Lebens der Urgeschichte nicht aus seinen späteren Aufnahmen ergeben muss. Doch hat der Baum des Lebens in manchen biblischen Texten Aufnahme gefunden. Immer steht dieser Baum für die Verbindung zu Gott. Dies hat große Tradition in fast allen vorderasiatischen und antiken Mythologien in Form des Weltenbaums. Dort verbindet der Baum die Unterwelt, die menschliche Realität und die Welt der Götter. In seinen Ästen leben die Nationen. Ähnliche Anspielungen gibt es auch in Dan 4,7-9 und Hes 17,22-23, wo der Baum eine Metapher für Gottes universelles Reich ist. In Mk 4,30-33, dem Gleichnis des Senfkorns, wird das Reich Gottes zu einem Baum, in dessen Ästen sich auch die Nationen der Segnungen Gottes guter Herrschaft erfreuen. Schließlich und in klarstem Bezug zur Urgeschichte findet sich der Baum auch in Offb 22,2. Auffällig ist die immer wieder enge Verbindung der Metaphern zum Tempel und damit dem Ort der Gottesgegenwart auf Erden. So eben auch hier im tragbaren Heiligtum: Gott lässt sein Angesicht leuchten über ihnen.

Nun wendet sich der Text dem äußeren Rahmen des Heiligtums zu, der eigentlichen Zeltstruktur (26,1-30). Zunächst werden die Zeltplanen beschrieben, die überaus aufwendig gestaltet sind (die farbig gewebten Leinentücher, dann die Planen aus Ziegenhaar und zum wetterfesten Abschluss noch zwei Lagen aus Fell oder Leder). Die in 26,1 genannten Kerubim, die auch im Zusammenhang mit dem Vorhang (26,31) genannt werden, sind rein sprachlich nicht ganz klar zu verstehen. In der Übersetzung wurden sie als Verzierung auf dem Stoff verstanden, doch ist es auch möglich, mit „als Kerubim“ zu übersetzen, sodass dann damit die Funktion der Plane gemeint ist: Wie die Kerubim die Gegenwart Gottes auf der Versöhnungsplatte überschatten, so bewachen die Planen das Heilige und auch das Allerheiligste und ziehen eine klare Grenze zur jeweils anderen Seite.

Auffällig oft ist von der „Einheit“ der Wohnung die Rede (26,6), die alle diese Planen bilden sollen. Im Hebräischen wird eine metaphorische Umschreibung: „wie eine Frau mit ihrer Schwester“, verwendet, die allerdings ihren metaphorischen Verweischarakter verloren hat und nun einfach mit „miteinander“ wiedergegeben werden sollte. Die Maßangaben lassen sich ebenfalls in diese Richtung interpretieren, da sie einander entsprechen und aufeinander hinweisen (Jacob, 786). Möglicherweise will diese Betonung der Einheit eine gedankliche Verbindung zur Vollkommenheit der Weltschöpfung herstellen, die ebenfalls wohlproportioniert ist. Die Konstruktion wird als „Wohnung" bezeichnet (26,1.30), was natürlich auf 25,8 zurückverweist. Hier wird also das Zelt Gottes vorgestellt, welches mit seiner räumlichen Struktur den Bereich Gottes abgrenzt und damit vor allem das Volk schützt, nicht Gott selbst.

Nun ist das Heiligtum nach außen zum Vorhof hin abgegrenzt und damit der Bereich höchster Heiligkeit markiert. Innerhalb des Zeltes wird allerdings noch eine weitere Trennung zwischen dem Allerheiligsten und dem Heiligen vollzogen (26,31-37). Die strukturgebende Funktion dieser Trennung, des Vorhangs, macht auch den etwas deplatziert wirkenden Vers 26,34 plausibel: Die Versöhnungsplatte, als der heiligste Gegenstand im Begegnungszelt, markiert den Bereich hinter dem Vorhang, das Allerheiligste. Jetzt wird es möglich, von innen und außen, von vor und hinter zu sprechen (26,35). Der Vorhang ist in gleicher Machart gefertigt, wie die inneren Zeltplanen (vgl. oben zu 26,1). Der in 26,36-37 beschriebene Vorhang wird mit einem anderen Wort bezeichnet (*māsāk*) als der oben genannte (*pārokät*), doch in Ermangelung einer besseren deutschen Entsprechung wurden beide Begriffe gleich übersetzt. Die unterschiedliche Bezeichnung hebt die Besonderheit des Trennungsvorhangs innerhalb des Heiligtums hervor.

Der Altar (27,1-8) ist fester Bestandteil eines jeden Heiligtums und wird daher gleich mit bestimmtem Artikel genannt. Gemäß seiner geringeren Heiligkeit soll er mit Kupfer überzogen werden. Die Hörner an seinen Ecken sind ein allgemeines Element an vielen Altären dieser Epoche im Vorderen Orient. Ihre Funktion oder Bedeutung ist aber nach wie vor unklar. Ein Grund, diese Hörner deuten zu müssen, besteht nicht. Verständnisprobleme bereitet das kupferne Gitter, welches unter dem Altar befestigt werden sollte – dessen Funktion erschließt sich jedenfalls nicht. Möglicherweise sollte es den für das Feuer nötigen Sauerstoff zuströmen lassen. Wieder wird deutlich, dass diese Anweisungen keine wörtlichen Bauzeichnungen darstellen, wie es auch 27,8 unterstreicht: Allein Mose hat das Modell bei Gott gesehen. Der Leser soll vor allem die Heiligkeitskonzeption des Heiligtums verstehen. Die weiteren Details des Altars betreffen seine Transportfähigkeit; das Bild der Mobilität des Heiligtums, des Mitziehens JHWHs inmitten des Volkes, verfestigt sich.

Der Vorhof genannte Bereich, der das Begegnungszelt umgibt (27,9-19), wird von einer Art Zaun umfasst, der wiederum – für den Leser – eine konzeptionelle Grenze zieht. Für diese ganze Konstruktion benötigt der Autor lediglich ein „Du sollst … machen" (27,9), was dessen Einheit und untergeordnete Bedeutung unterstreicht. Auch die verwendeten Materialien zeigen die weitere konzeptionelle Entfernung vom Allerheiligsten an. Der einzige Sinn des Vorhofs ist die Abgrenzung des heiligen Bezirks zum Lager. Dieser Bezirk wird nun genau in seiner Größe bestimmt: ca. mal 25 m. Eine Elle entspricht ca. 50 cm. Die genaue Lokalisation des Begegnungszeltes und der anderen Elemente innerhalb des Hofes bleibt offen. Abschließend werden nochmals zusammenfassend die „Wohnung" als Ganzes und die darin zu benutzenden Geräte genannt. Damit sind die baulichen Voraussetzungen für die Gegenwart Gottes gegeben.

2.4.1.4 Anregung zur Bibelarbeit

Dem modernen Leser erscheint es mindestens erstaunlich, dass die Thora so viel Text auf die genaue Beschreibung des zeitlich so begrenzten Zeltheiligtums verwendet – keinem anderen Einzelthema der Bibel werden so viele Sätze gewidmet. Wenn man sich jedoch das zentrale Thema des Buches 2. Mose in Erinnerung ruft, die Realisierung der Gegenwart Gottes inmitten seines Bundesvolkes, wird diese Betonung verständlich. Wie schon bei der Gotteserscheinung auf dem Sinai beobachtet, wurde Gottes Nähe als zugleich äußerst wünschenswert und wichtig, aber auch als äußerst gefährlich verstanden. Dieser Spannung will die Beschreibung des Heiligtums gerecht werden.

Für den heutigen Leser ist es eine Herausforderung, Details über Kulträume oder Kulthandlungen zu lesen. Gerade im protestantischen Bereich gab es öfter eine Abneigung gegenüber dem formellen, ritualisierten, hierarchischen Denken, welches uns hier begegnet. Dann wird, vielleicht aus interpretatorischer Faulheit, vorschnell vorgeschoben, dass diese Dinge seit Jesus überholt seien. Der Zugang zu Gott wäre ja offen, der Vorhang vor dem Allerheiligsten zerrissen, und damit hätten diese Texte keine Bedeutung mehr für uns. Vielleicht ist die postmoderne Generation mit ihrer Tendenz, auch wieder geheimnisvolle, mystische Aspekte im Christentum gelten zu lassen, mehr bereit, etwas über die Gott gegenüber auszudrückende Ehrfurcht aus diesen Texten zu lernen.

Für eine Reflexion zu diesem Thema wäre sicherlich eine gemeinsame Betrachtung von verschiedenen Gottesdiensträumen aus verschiedenen Traditionen und Epochen fruchtbar. Was drückt ein bestimmter Raum aus, über Gott selbst, über die Position des Menschen ihm gegenüber, das Verhältnis der Menschen untereinander, die in diesem Raum Gottesdienst feiern? Wie wird dort die Spannung zwischen Gottes Gegenwart und seiner Unnahbarkeit aufgelöst, erhalten, missachtet? Diese Überlegungen könnten sicher wertvolle Anstöße für die persönliche Spiritualität jedes Einzelnen sein, aber auch für die Art, wie die Gemeinde ihre Gottesdienste feiert.

Bei der auswertenden Reflexion dieser verschiedenen Gottesdiensträume sollte auf den zentralen theologischen Aspekt eingegangen werden: Zunächst geht es um Gottes Bereitschaft, nahe zu sein. Dies ist wohl der wichtigste Aspekt, der für Christen selbstverständlich zur Inkarnation Gottes in Jesus führt. Die Teilnehmer sollten Texte sammeln, die für sie von Gottes Gegenwart in Jesus sprechen, möglicherweise kommen sie auch auf die Tempelmetaphern zur Kirche bei Paulus.

„Und das Wort wurde Fleisch und wohnte unter uns, und wir haben seine Herrlichkeit gesehen, eine Herrlichkeit als eines Eingeborenen vom Vater, voller Gnade und Wahrheit“ (Joh 1,14). Dass dieser neutestamentliche Text von 2Mo 25–27 herkommt, sollte nicht überraschen. Auch das Johannesevangelium bringt Schöpfung (das „Wort“ von Joh 1,1) und Gegenwart Gottes („Es wohnte unter uns“) zusammen und spricht in einem Atemzug von Gottes Herrlichkeit, die darin zu „sehen“ ist, dass Jesus Mensch wurde, und darin, wie er dieses Menschsein gefüllt hat. Dabei ist Jesus allerdings nicht einfach die „Erfüllung“ des Zeltheiligtums, auch wischt er es nicht als nunmehr unbedeutend und überholt vom Tisch, sondern richtet den „Tempel" neu auf, nach den drei Tagen (Joh 2,19-20), und zwar als erweiterte Gegenwart Gottes, zugänglich für alle Menschen, nicht nur für Juden oder deren Priester. Das ist auch der Sinn des zerrissenen Vorhangs von Mt 27,51: In Jesus kommt Gott in seiner Heiligkeit zur ganzen Menschheit, wobei er bewusst die Begrenzung auf die Juden aufgibt. Interessanterweise wird im Johannesevangelium in diesem Zusammenhang vom „Wort" gesprochen, das ja auch im Zeltheiligtum mit der Versöhnungsplatte im Zentrum steht, da Gott von dorther mit Mose spricht. Nach wie vor ist also Gottes Ansprache, seine Offenbarung das für den Menschen Entscheidende an seiner Nähe.

Ein weiterer bedeutender Aspekt der Texte stellt das Ineinander von Text und Raum dar. Texte können zu Räumen werden, und Räume können kommunizieren. Dieses Verhältnis ist zunächst sehr offen, und vieles wird im Text von 2. Mose offengelassen. Hier wäre es gut, darauf hinzuweisen, dass die in manchen Kreisen beliebten allegorischen Auslegungen des Heiligtums mehr über die Menschen aussagen, die sie gut finden, als über die Texte selbst. Die metaphorische Qualität einzelner Elemente des Heiligtums soll nicht kleingeredet werden, aber es sollte ein Diskurs möglich sein, der auch andere Auslegungen und Assoziationen zulässt.

Letzteres ist besonders wichtig, da die Postmoderne mit dem Text von 2. Mose eine Hochachtung der symbolischen Kraft von Räumen und Handlungen teilt. Doch werden die postmodern sozialisierten Teilnehmer wohl kaum dieselben Assoziationen mit den beschriebenen Räumen verbinden wie die Menschen aus traditionellen christlichen Kreisen. Hier sind gegenseitiges Vertrauen und aufeinander Hören notwendig.

Allerdings wird am Text deutlich, dass die Symbolik nicht beliebig ist und keineswegs dem religiösen Gefühl des Einzelnen überlassen wird. Für den postmodernen Menschen kann es eventuell schwierig sein, die Symbole nicht als vielleicht sogar stimmigen Ausdruck seiner eigenen Befindlichkeit oder Persönlichkeit zu sehen, sondern sich durch die Symbole in eine Metaerzählung mit hineinnehmen zu lassen, sich dadurch in eine geschichtliche und theologische Tradition zu stellen, die vielleicht gar nicht seine selbst gewählte ist. Es könnte sein, dass gerade die große Symbolkraft dieser alttestamentlichen Texte, zusammen mit der ebenso großen der neutestamentlichen, der postmodernen Verlorenheit in einer Welt ohne Orientierung etwas Wesentliches und Bedeutsames entgegensetzen kann. Nur müssen diese Symbole eben gut, d.h. theologisch schlüssig und kontextuell relevant gestaltet und vermittelt werden. Dies ist die gemeinsame Herausforderung für alle Leser dieser Texte.

2.4.2 Gott gibt Anweisungen zur Priesterweihe und zum regelmäßigen Gottesdienst (27,20–31,18)

2.4.2.1 Übersetzung

27,20 Du aber, du sollst den Israeliten befehlen, dass sie dir reines Olivenöl, gepresstes, für die Beleuchtung bringen, um ein andauerndes Leuchten darzubringen. 21 Im Zelt der Begegnung, außerhalb des Vorhangs, der vor dem Kasten des Zeugnisses ist, sollen Aaron und seine Söhne es herrichten, vom Abend bis zum Morgen vor JHWH. Dies soll eine ewige Verpflichtung sein für alle Generationen der Söhne Israels.

28,1 Du aber, du sollst zu dir aus der Mitte der Israeliten deinen Bruder Aaron und seine Söhne bringen, damit er für mich zum Priester sei: Aaron und Nadab, Abihu, Eleasar und Itamar, die Söhne Aarons. 2 Du sollst für deinen Bruder Aaron heilige Gewänder machen, ihm zur Ehre und zum Schmuck. 3 Du aber, du sollst mit allen reden, die einen weisen Sinn haben, die ich mit dem Geist der Weisheit erfüllt habe. Sie sollen die Gewänder Aarons machen, damit man ihn heilige und er für mich zum Priester sei. 4 Das sind die Gewänder, die sie machen sollen: eine Brusttasche, ein Efod, ein Obergewand, ein schwer gewebtes Untergewand, einen Kopfbund und einen Gürtel. Sie sollen die heiligen Gewänder für Aaron, deinen Bruder, und für seine Söhne machen, damit er für mich zum Priester sei. 5 Sie sollen Gold, mit blauem und rotem Purpur und Karmesin gefärbtes Feinleinen nehmen. 6 Das Efod sollen sie aus Gold und aus mit blauem und rotem Purpur und Karmesin gefärbtem und gezwirntem Feinleinen machen, in Kunstwirkerarbeit. 7 Es soll zwei zusammengefügte Schulterstücke haben und an seinen beiden Enden verbunden sein. 8 Die Binde am Efod, die daran ist, soll ge-

nauso wie es gemacht sein und eine Einheit mit ihm, aus Gold und aus mit blauem und rotem Purpur und Karmesin gefärbtem und gezwirntem Feinleinen. 9 Nimm zwei Onyxsteine und graviere in sie die Namen der Söhne Israels ein: 10 sechs ihrer Namen auf den einen Stein und die übrigen sechs Namen auf den anderen Stein nach der Reihenfolge ihrer Geburt. 11 Als Steinschneiderarbeit wie eine Siegelgravur sollst du in die beiden Steine die Namen der Söhne Israels eingravieren und sie in goldene Fassungen fassen. 12 Dann sollst du die beiden Steine auf die Schulterstücke des Efods setzen, als Steine des Gedenkens an die Söhne Israels. Aaron soll ihre Namen auf seinen Schultern vor JHWH zur Erinnerung tragen. 13 Du sollst eine goldene Fassung machen 14 und zwei Ketten aus reinem Gold. Gib ihnen die Form von gedrehten Schnüren und befestige diese aus Schnüren gefertigten Ketten an den Fassungen.

15 Du sollst eine Brusttasche des Rechts machen, Kunstwirkerarbeit, wie das Efod gearbeitet ist: aus Gold, aus mit blauem und rotem Purpur und Karmesin gefärbtem und gezwirntem Feinleinen sollst du sie machen. 16 Sie soll quadratisch sein, doppelt gelegt, eine Spanne lang und eine Spanne breit. 17 Du sollst sie in vier Reihen mit Edelsteinen besetzen. Die erste Reihe mit einem Karneol, einen Topas und einen Smaragd; 18 die zweite Reihe mit einem Rubin, einem Saphir und einem Jaspis; 19 die dritte Reihe mit einem Hyazinth, einem Achat und einem Amethyst; 20 die vierte Reihe mit einem Chrysolith, einem Onyx und einem Nephrit. Sie sollen von Gold eingefasst sein in ihren Fassungen. 21 Entsprechend den Namen der Söhne Israels sollen es zwölf Steine sein, ihren Namen entsprechend. Mit jedem Namen der zwölf Stämme sollen sie in Siegelgravur beschriftet werden. 22 Du sollst an der Brusttasche die schnurartig gedrehten Ketten aus reinem Gold anbringen. 23 Bring ferner an der Brusttasche zwei goldene Ringe an und befestige die beiden Ringe an den beiden oberen Enden der Brusttasche. 24 Du sollst die beiden goldenen Schnüre an den beiden Ringen an den Enden der Brusttasche befestigen. 25 Die beiden Enden der beiden Schnüre sollst du an den beiden Fassungen anbringen und diese dann an den Schulterstücken des Efods auf seiner Vorderseite anbringen. 26 Du sollst zwei weitere goldene Ringe machen und diese dann an den beiden Enden der Brusttasche nach innen hin, an der dem Efod zugewandten Seite, befestigen. 27 Du sollst zwei goldene Ringe machen und sie an den beiden Schulterstücken des Efods unten an seiner Vorderseite befestigen, dicht bei der Verbindungsstelle, oberhalb der Binde des Efods. 28 Man soll die Brusttasche mit ihren Ringen mit Schnüren aus blauem Purpur an den Ringen des Efods befestigen, sodass die Brusttasche oberhalb der Binde des Efods sei und sich nicht vom Efod weg verschiebt. 29 Aaron soll die Namen der Söhne Israels auf der Brusttasche des Rechts auf seinem Herzen tragen, wenn er in das Heiligtum hineingeht, zur ständigen Erinnerung vor JHWH. 30 In die Brusttasche des Rechts sollst du die Urim und Tummim legen. Sie sollen auf dem Herzen Aarons sein, wenn er zu JHWH geht. Aaron soll das Recht Israels ständig vor JHWH auf seinem Herzen tragen.

31 Du sollst das Obergewand zum Efod ganz aus blauem Purpur machen. 32 Es soll eine Öffnung für den Kopf haben und einen gewebten Rand um diese Öffnung herum. Eine Öffnung wie die eines Lederpanzers soll sie sein, damit es nicht zerreißt. 33 Du sollst an seinem Saum Granatäpfel aus blauem und rotem Purpur und aus Karmesin machen, an seinem Saum ringsherum und in der Mitte goldene Glocken ringsherum, 34 jeweils eine goldene Glocke und einen Granatapfel und dann wieder eine goldene Glocke und einen Granatapfel rings um den Saum des Obergewandes herum. 35 Und es soll an Aaron sein, wenn er Dienst tut, und seinen Klang soll man hören, wenn er in das Heiligtum zu JHWH hineingeht und wenn er herauskommt, damit er nicht stirbt.

36 Du sollst ein Blatt aus reinem Gold machen und darauf eingravieren, wie eine Siegelgravur: Heilig für JHWH! 37 Du sollst es an einer Schnur von blauem Purpur festmachen. Es soll am Kopfbund sein, an der Vorderseite des Kopfbundes soll es sein. 38 Es soll auf der Stirn Aarons sein. Und Aaron soll die Schuld für die heiligen Dinge tragen, welche die Israeliten weihen, wenn sie alle ihren heiligen Gaben bringen. Es sei ständig vor seiner Stirn, um sie vor JHWH wohlgefällig zu machen. 39 Das Untergewand sollst du aus Leinen weben. Du sollst einen Kopfbund aus Feinleinen machen und einen Gürtel aus Buntwirkerarbeit. 40 Auch für die Söhne Aarons sollst du Untergewänder machen und du sollst Gürtel für sie machen und Kopfbünde zur Ehre und zum Schmuck. 41 Du sollst mit jenen Sachen deinen Bruder Aaron zusammen mit seinen Söhnen bekleiden. Du sollst sie salben und ihnen die

Hände füllen und heiligen, damit sie mir Priester sind. 42 Du sollst ihnen auch Unterhosen aus Leinen zur Bedeckung ihres nackten Fleisches machen. Von den Hüften bis zu den Oberschenkeln sollen sie reichen. 43 Aaron und seine Söhne sollen sie tragen, wenn sie in das Zelt der Begegnung hineingehen oder vor den Altar treten, um den Dienst am Heiligtum zu verrichten, damit sie nicht Schuld tragen und sterben. Dies sei eine ewige Anordnung für ihn und seine Nachkommen.

29,1 Dies ist es, was du mit ihnen tun sollst, um sie zu heiligen, damit sie für mich Priester werden: Du sollst einen jungen Stier und zwei fehlerlose Widder nehmen, 2 ungesäuertes Brot und ungesäuerte, mit Öl vermengte Kuchen sowie ungesäuerte, mit Öl bestrichene Fladen; aus feinem Weizenmehl sollst du sie machen. 3 Du sollst sie in einen Korb legen und in dem Korb darbringen, ebenso den jungen Stier und die beiden Widder. 4 Aaron und seine beiden Söhne sollst du an den Eingang des Zeltes der Begegnung bringen und sie mit Wasser waschen.

5 Du sollst die Gewänder nehmen und Aaron bekleiden mit dem Untergewand, dem Obergewand, dem Efod und dem Brustbeutel und ihm umbinden die Binde des Efods. 6 Du sollst ihm den Kopfbund auf den Kopf setzen und das heilige Diadem am Kopfbund befestigen. 7 Dann sollst du das Salböl nehmen und es über seinen Kopf gießen und ihn salben. 8 Auch seine Söhne sollst du herbeibringen und sie mit den Untergewändern bekleiden. 9 Du sollst sie umgürten mit einem Gürtel und ihnen die Kopfbünde umbinden. Es sei ihnen das Priestertum eine ewige Ordnung.

10 Du sollst den jungen Stier vor das Zelt der Begegnung bringen, damit Aaron und seine Söhne ihre Hände auf den Kopf des jungen Stieres stützen. 11 Dann sollst du den jungen Stier vor JHWH am Eingang des Zeltes der Begegnung schlachten. 12 Du sollst von dem Blut des jungen Stieres nehmen und es mit deinem Finger an die Hörner des Altars streichen. Alles übrige Blut sollst du an den Fuß des Altars gießen. 13 Du sollst das ganze Fett, das die Eingeweide bedeckt, sowie die Leber und die beiden Nieren, mit allem Fett, was an ihnen ist, nehmen und auf dem Altar in Rauch aufgehen lassen. 14 Das Fleisch des jungen Stieres, sein Fell und seinen Mageninhalt sollst du außerhalb des Lagers verbrennen. Es ist ein Sündopfer. 15 Den einen Widder *sollst du nehmen, und Aaron und seine Söhne sollen ihre Hände auf den Kopf des Widders stützen. 16 Du sollst den Widder schlachten, sein Blut nehmen und es ringsum an den Altar sprengen. 17 Den Widder aber sollst du in seine Stücke zerlegen, seine Eingeweide und seine Beine waschen und sie zu den übrigen Teilen und zu seinem Kopf legen. 18 Dann sollst du den ganzen Widder auf dem Altar in Rauch aufgehen lassen; ein Brandopfer für JHWH soll es sein, ein wohlgefälliger Geruch, ein Feueropfer für JHWH soll es sein. 19 Du sollst den anderen Widder nehmen und Aaron und seine Söhne sollen ihre Hände auf den Kopf des Widders stützen. 20 Dann sollst du den Widder schlachten, von seinem Blut nehmen und damit das rechte Ohrläppchen Aarons und jeweils das rechte Ohrläppchen seiner Söhne, den Daumen ihrer rechten Hand und die große Zehe ihres rechten Fußes bestreichen. Das übrige Blut sollst du ringsum an den Altar sprengen. 21 Du sollst von dem Blut, das auf dem Altar ist, nehmen und von dem Salböl. Du sollst damit Aaron und seine Söhne, seine Kleider und die Kleider seiner Söhne besprengen. So werden er und seine Söhne und seine Kleider und die Kleider seiner Söhne geheiligt sein. 22 Dann sollst du von dem Widder das Fett nehmen: den Fettschwanz, das Fett, das die Eingeweide bedeckt, das Fett über der Leber, die beiden Nieren mit ihrem Fett und die rechte Keule, denn es ist ein Widder zur Einsetzung, 23 dazu ein Rundbrot, einen Ölkuchen und einen Fladen aus dem Korb mit dem Ungesäuerten, der vor JHWH ist, 24 und das alles sollst du in die Hände Aarons und in die Hände seiner Söhne legen und du sollst es als Schwingopfer vor JHWH schwingen. 25 Darauf sollst du <alles> wieder aus ihren Händen nehmen und es auf dem Altar zusammen mit dem Brandopfer in Rauch aufgehen lassen, zum lieblichen Wohlgeruch vor JHWH; ein Feueropfer für JHWH soll es sein. 26 Du sollst die Brust von Aarons Einsetzungswidder nehmen und sie als Schwingopfer vor JHWH schwingen. Es soll dein Anteil sein. 27 Du sollst die Brust des Schwingopfers und die Keule des Hebeopfers von Aarons und seiner Söhne Einsetzungswidder heiligen, wenn sie geschwungen und gehoben worden sind. 28 <Diese Teile> sollen Aaron und seinen Söhnen auf ewig als Anteil von den Israeliten gehören. Denn es ist ein Hebeopfer und als Hebeopfer soll es von den Israeliten von ihren Gemeinschaftsopfern abgegeben werden als ihr Hebeopfer an JHWH.*

*29 Die heiligen Gewänder Aarons sollen für seine Söhne, die nach ihm
kommen, sein, damit man sie darin salbe und ihnen darin die Hände fülle.
30 Sieben Tage soll sie der ihm von seinen Söhnen nachfolgende Priester tragen, wenn er in das Zelt der Begegnung geht, um den Dienst im Heiligtum zu
verrichten. 31 Du sollst den Einsetzungswidder nehmen und sein Fleisch an
einem heiligen Ort kochen. 32 Aaron und seine Söhne sollen das Fleisch des
Widders zusammen mit dem Brot, das im Korb ist, am Eingang des Zeltes der
Begegnung essen. 33 Sie sollen das essen, was für die Sühnung, für das Füllen
ihrer Hände und ihre Heiligung gebraucht wurde. Jemand anderes darf nicht
davon essen, denn es ist heilig. 34 Sollte aber vom Fleisch des Einsetzungsop-
fers oder vom Brot etwas bis zum Morgen übrig bleiben, so musst du das übrig
Gebliebene im Feuer verbrennen. Es darf davon nichts mehr gegessen werden,
denn es ist heilig. 35 So sollst du mit Aaron und seinen Söhnen tun, so wie ich
dir befohlen habe. Sieben Tage lang sollst du ihre Hand füllen.*

*36 Jeden Tag sollst du einen Jungstier als Sündopfer zur Sühne vorbereiten
und den Altar entsündigen, indem du auf ihm sühnst, und ihn salben, um
ihn zu heiligen. 37 Sieben Tage sollst du auf dem Altar sühnen. So sollst du
ihn heiligen. Der Altar wird hochheilig sein. Alles, was den Altar berührt,
wird Heiliges. 38 Dies ist es, was du auf dem Altar darbringen sollst: zwei
einjährige Lämmer jeden Tag ohne Unterbrechung. 39 Das eine Lamm sollst
du am Morgen vorbereiten, das andere gegen Sonnenuntergang.*

*40 Ein Zehntel feines Mehl, vermengt mit einem viertel Hin kalt ge-
presstem Öl, sowie ein Trankopfer von einem viertel Hin Wein zu dem einen
Lamm. 41 Das andere Lamm sollst du gegen Sonnenuntergang vorbereiten;
mache es mit dem Speiseopfer und Trankopfer wie am Morgen. Es soll zum
lieblichen Wohlgeruch sein, ein Feueropfer für JHWH.*

*42 Ein ständiges Brandopfer soll es sein von <allen> deinen Generationen
am Eingang des Zeltes der Begegnung vor JHWH, wo ich euch begegnen werde, um dort mit dir zu sprechen. 43 Dort werde ich den Israeliten begegnen, es
wird durch meine Herrlichkeit geheiligt werden. 44 Das Zelt der Begegnung
und den Altar werde ich heiligen; Aaron und seine Söhne werde ich heiligen,
damit sie mir Priester sind. 45 Ich werde mitten unter den Israeliten wohnen
und ihr Gott sein. 46 Sie sollen erkennen, dass ich, JHWH, ihr Gott bin, der*

sie aus Ägypten herausgeführt hat, um in ihrer Mitte zu wohnen, ich, JHWH,
ihr Gott.

30,1 Du sollst einen Altar als Räucherort für das Räucherwerk machen; du
sollst ihn aus Akazienholz machen. 2 Er soll eine Elle lang und eine Elle breit,
also quadratisch, und zwei Ellen hoch sein. Seine Hörner sollen eine Einheit
mit ihm sein. 3 Du sollst ihn mit reinem Gold überziehen, seine Oberseite
und seine Wände ringsum sowie seine Hörner. Du sollst um ihn herum eine
goldene Leiste machen. 4 Zwei goldene Ringe sollst du ihm machen, unterhalb
seiner Leiste an seinen beiden Seiten sollen sie sein. Sie sollen zur Aufnahme
der Stangen sein, damit man ihn daran tragen kann. 5 Du sollst die Stangen
aus Akazienholz machen und mit Gold überziehen. 6 Du sollst ihn vor dem
Vorhang aufstellen, der vor der Lade des „Zeugnisses" ist, vor der Versöhnungs-
platte, die über dem „Zeugnis" ist, dort, wo ich dir begegnen werde. 7 Aaron
soll darauf wohlriechendes Räucherwerk verbrennen. Jeden Morgen, wenn
er die Lampen pflegt, soll er es verbrennen. 8 Und auch wenn Aaron gegen
Sonnenuntergang die Lampen aufsetzt, soll er es verbrennen. Es soll ein be-
ständiges Räucheropfer vor JHWH sein für <alle> eure Generationen. 9 Ihr
dürft auf ihm kein fremdes Räucherwerk und keine Brandopfer oder Speise-
opfer darbringen, auch Trankopfer dürft ihr über ihm nicht ausschütten. 10
Aaron soll einmal im Jahr an dessen Hörnern sühnen. Mit dem Blut des
Sündopfers zur Sühnung soll er einmal im Jahr auf ihm sühnen für alle eure
Generationen. Hochheilig ist er für JHWH.

11 Und JHWH sprach zu Mose: 12 Wenn du die Gesamtzahl der Israeli-
ten für ihre Veranlagung erhebst, so soll jeder ein Lösegeld für JHWH geben
für sich selbst, damit bei ihrer Zählung keine Plage über sie kommt. 13 Dies
soll jeder geben, der gezählt wurde: einen halben Schekel nach dem Schekel
des Heiligtums, zwanzig Gera pro Schekel, einen halben Schekel als Abgabe
an JHWH. 14 Jeder, der gezählt wurde, zwanzig Jahre und älter, soll die Ab-
gabe für JHWH geben. 15 Der Reiche soll nicht mehr geben und der Arme
nicht weniger geben als einen halben Schekel, wenn ihr die Abgabe an JHWH
zu eurer Lösung gebt. 16 So sollst du das Lösegeld von den Israeliten erheben
und es für den Dienst am Zelt der Begegnung geben. Es soll den Israeliten zur
Erinnerung vor JHWH sein, zu eurer Lösung.

17 Und JHWH sprach zu Mose: 18 Du sollst ein kupfernes Becken mit einem kupfernen Gestell zum Waschen machen und es zwischen dem Zelt der Begegnung und dem Altar aufstellen und Wasser hineingießen. 19 Aaron und seine Söhne sollen darin ihre Hände und Füße waschen. 20 Wenn sie in das Zelt der Begegnung hineingehen, sollen sie sich mit Wasser waschen, sodass sie nicht sterben. Auch wenn sie zum Altar herantreten, um zu dienen und Feueropfer zu opfern für JHWH. 21 Sie sollen ihre Hände und ihre Füße waschen, sodass sie nicht sterben. Es soll eine ewige Ordnung sein, für ihn und seine Nachkommen für <alle> ihre Generationen.

22 Und JHWH sprach zu Mose: 23 Du aber, du sollst dir ausgesuchte Gewürze nehmen, fünfhundert Einheiten ausgeflossene Myrrhe und halb so viel wohlriechenden Zimt, zweihundertfünfzig, Würzrohr, zweihundertfünfzig, 24 und Kassiazimt, zweihundertfünfzig nach dem Schekel des Heiligtums, dazu ein Hin Olivenöl. 25 Du sollst daraus ein Salböl für das Heilige machen, eine Gewürzsalbe, wie sie der Salbenmischer macht. Ein Öl zum Salben des Heiligen soll es sein. 26 Du sollst salben das Zelt der Begegnung und den Kasten des „Zeugnisses", 27 den Tisch und alle seine Geräte, den Leuchter und alle seine Geräte und den Räucheraltar, 28 den Brandopferaltar und alle seine Geräte und das Becken und sein Gestell. 29 Du sollst sie heiligen, damit sie hochheilig seien. Alles, was sie berührt, wird heilig. 30 Auch Aaron und seine Söhne sollst du salben und sie heiligen, damit sie mir Priester sind. 31 Den Israeliten sollst du sagen: Ein Öl zum Salben alles Heiligen soll es für mich sein, für <alle> eure Generationen. 32 Auf den Körper eines Menschen darfst du es nicht gießen. Ihr dürft auch nichts machen, was in seiner Mischung ähnlich ist, denn es ist heilig und soll heilig sein für euch. 33 Jeder, der Ähnliches mischt oder es einem Nicht-Priester gibt, soll aus seinem Volk ausgerottet werden.

34 Und JHWH sprach zu Mose: Nimm dir Duftstoffe, nämlich Stakte, Räucherklaue, Galbanum, Gewürzkräuter und reinen Weihrauch, alles zu gleichen Teilen, 35 und mache daraus Räucherwerk, eine Gewürzmischung, wie vom Salbenmischer, mit Salz vermengt, rein, heilig. 36 Du sollst einen Teil davon ganz fein zerreiben und davon etwas vor das „Zeugnis" im Zelt der Begegnung legen, wo ich dir begegnen werde, hochheilig soll es für euch sein. 37 Das Räucherwerk, das du machen sollst, sollt ihr in gleicher Mischung nicht für euch machen, es soll dir heilig für JHWH sein. 38 Wer Ähnliches macht, um daran zu riechen, soll aus seinem Volk ausgerottet werden.

31,1 Und JHWH sprach zu Mose: 2 Schau, ich habe Bezalel mit Namen gerufen, den Sohn Uris, den Enkel Hurs, vom Stamm Juda, 3 und habe ihn mit göttlichem Geist erfüllt, mit Weisheit und Einsicht, mit Wissen für jedes Handwerk, 4 um Pläne zu entwerfen und mit Gold, Silber und Kupfer zu arbeiten, 5 um Steine zu schneiden und zu fassen, um Holz zu schnitzen, um jegliches Handwerk zu tun. 6 Ich selbst, siehe, ich gebe ihm Oholiab, den Sohn Ahisamachs, vom Stamm Dan, zur Seite. Ich habe allen, die ein weises Herz haben, Weisheit ins Herz gelegt, damit sie alles machen, was ich dir befohlen habe: 7 das Zelt der Begegnung, den Kasten des „Zeugnisses", die Versöhnungsplatte auf ihm und alle Geräte des Zeltes 8 und den Tisch mit seinen Geräten, den reinen Leuchter mit allen seinen Geräten und den Räucheraltar, 9 den Brandopferaltar mit allen seinen Geräten und das Becken mit seinem Gestell, 10 die gewirkten Gewänder und die heiligen Gewänder für Aaron, den Priester, und die Gewänder seiner Söhne, damit sie Priester sind, 11 das Salböl und das wohlriechende Räucherwerk für das Heiligtum. Genau so, wie ich es dir befohlen habe, sollen sie es machen.

12 Und JHWH sprach zu Mose: 13 Und du, du sollst den Israeliten sagen: Haltet ja meine Sabbate! Denn er ist ein Zeichen zwischen mir und euch für alle eure Generationen, damit man erkenne, dass ich, JHWH, es bin, der euch heiligt. 14 Ihr sollt den Sabbat halten, denn er soll euch heilig sein. Wer ihn entweiht, muss unbedingt sterben. Wenn jemand an ihm eine Arbeit tut, soll er aus der Mitte seines Volkes ausgerottet werden. 15 Sechs Tage darf gearbeitet werden, aber der siebte Tag ist Sabbat, der heilige Ruhetag für JHWH. Jeder, der am Sabbat arbeitet, muss unbedingt sterben. 16 Die Israeliten sollen den Sabbat halten und den Sabbat feiern in allen ihren Generationen als einen ewigen Bund. 17 Zwischen mir und den Israeliten sei er ein Zeichen auf ewig, denn in sechs Tagen hat JHWH die Himmel und die Erde geschaffen und am siebten Tag hat er geruht und durchgeatmet.

18 Dann gab er Mose, nachdem er aufgehört hatte, mit ihm auf dem Berg Sinai zu sprechen, die beiden Tafeln des Zeugnisses, steinerne Tafeln, die von Gottes Finger geschrieben waren.

2.4.2.2 Struktur

27,20-21	Beleuchtungsöl
28,1-43	Priestergewänder
29,1-35	Priesterweihe
29,36–30,10	tägliche Opfer Gottes Gegenwart im Kult Räucheraltar
30,11-16	Volkszählung und Abgabe
30,17-21	Reinigungsbecken
30,22-33	Heiligungsöl
30,34-38	Räucherwerk
31,1-11	Befähigung der Kunsthandwerker
31,12-17	Erinnerung an den Sabbat
31,18	Übergabe der Tafeln

Die Überleitung vom ersten Teil, der die baulichen Details zum Heiligtum beschreibt, macht eine kurze Bemerkung zu einem Verbrauchsmittel, dem Öl für den Leuchter des Heiligtums (27,20-21). Hier wird der Übergang vom zeitlich von vorneherein begrenzten Zeltheiligtum hin zu den wiederkehrenden und kontinuierlichen Handlungen im und am Heiligtum markiert. Ab jetzt wird immer mal wieder auf die „folgenden Generationen" verwiesen. Vorbereitend für die eigentlichen Vorschriften zum Ritus der Priesterweihe (29,1-35) werden die Priestergewänder vorgestellt (28,1-43). Sobald die Priesterschaft bereitsteht, kann es natürlich gleich mit dem Gottesdienst losgehen. So schließt sich ein kleiner Dreierblock an, bei dem die Bestimmungen zu den täglichen Opfern (29,36-41) und zum Räucheraltar (30,1-10) eine erklärende Anmerkung zu Gottes Gegenwart im Gottesdienst rahmen (29,42-46). Dabei fällt auf, dass die Bestimmungen zum Räucheraltar zwar auch dessen Konstruktion betreffen, aber vor allem seine Funktion im kultischen Alltag, weswegen sie auch nicht in dem Großabschnitt 25–27 aufgeführt wurden. Dies gilt in ähnlicher Weise auch für das Becken zum rituellen Waschen (39,17-26).

Die Anweisungen zur Volkszählung, die der Erhebung der Pflichtbeiträge jedes einzelnen Israeliten dient (30,11-16), machen den Anfang der Sechserreihe (30,11–31,17), deren einzelne Teile alle mit dem Satz „Und JHWH sprach zu Mose: …" anfangen. Zu dem siebenfachen Vorkommen dieser Phrase siehe die Ausführungen oben zu den Bezügen des Heiligtums zur Schöpfungserzählung. Das Reinigungsbecken (30,17-21), das Salböl (30,22-33), das Räucherwerk (30,34-38) betreffen immer wiederkehrende Elemente des Gottesdienstes am Heiligtum. Die Einführung der verantwortlichen Kunsthandwerker (31,1-11) wirkt als generelle Zusammenfassung sämtlicher Bestimmungen zum Heiligtum.

An ganz herausgehobener Position, am Ende der langen Gottesrede, steht eine eindringliche Erinnerung zum Sabbat (31,12-17). Auch dieser Text wird mit den Worten „Und JHWH sprach zu Mose: …" eingeleitet. Damit wird die enge Verbindung dieses Teils zum Vorangehenden unterstrichen. Der Sabbat gehört konzeptionell zunächst eigentlich nicht zum Kult am Heiligtum dazu. Es ist eine Regel für die Struktur des Alltags, nicht des Gottesdienstes. Weil es aber eine Kernforderung des Bundes zwischen Gott und Volk ist, wird sie auch an dieser Stelle wiederholt. So wird deutlich, dass auch der Kult für JHWH ein Ausdruck des Bundes ist. Der Gottesdienst Israels ist nur vom Bund her zu denken und damit auch immer geschichtlich verwurzelt. Es geht um Erinnerung und Alltag, um Verwurzelung in der Schöpfung und das Ideal Gottes für diese Welt. Israels Gottesdienst ist nicht zu haben als individualisiertes, religiöses Privatvergnügen, als beziehungslose Versenkung, als willkommener Grund für das Ausbrechen aus der Öde des Alltags.

In 31,18 wird dann explizit die Gottesrede abgeschlossen und zur Handlung zurückgekehrt.

2.4.2.3 Auslegung

Das Öl zur Versorgung des Leuchters (27,20-21) ist etwas, was in aller Deutlichkeit die Einmaligkeit der vorher beschriebenen physischen Konstruktion des Heiligtums hinter sich lässt und auf die Fortdauer des Kultes hinweist („andauerndes Leuchten"). Es ist eine „ewige Verpflichtung für alle Generationen", wobei das „ewig" nicht im Sinne von

„andauernd", sondern eher als „regelmäßig" zu verstehen ist (Dohmen 2004, 264). Die Nennung der Tageszeiten weist ebenfalls auf das neue Thema: der rituelle Alltag Israels, der über die Dauer der Wüstenwanderung hin angelegt ist.

Dieser rituelle Alltag bedarf der Priesterschaft. Auch wenn alle Israeliten in einer idealen Weise Priester sind, so werden dennoch für den praktischen Vollzug im Heiligtum professionelle Priester benötigt. Diese werden nun ausgestattet und die Umstände ihrer Weihe besprochen. Dieser Teil ist textlich recht umfangreich und betont erneut die symbolische Verbindung zwischen der äußeren Form des Kults und der damit ausgedrückten Theologie und Spiritualität.

Die Anweisungen zur Berufsbekleidung der Priester (28,1-43) beginnen mit der Nennung der Personen und ihrer Bestimmung. Dabei wird deutlich, dass sie nicht wegen ihrer Fähigkeiten ausgewählt werden, sondern lediglich ein Amt bekommen, das sie ausfüllen müssen: „zum Priester sein", „Dienst tun". Diesem Amt entsprechen auch die Gewänder, die ganz parallel zum Zelt der Begegnung als Grenze zwischen heilig und profan verstanden sein wollen (Dohmen 2004, 266). Die spezielle Kleidung hebt den Priester aus der Masse des Volkes heraus, und ohne sie kann der Priester seinen Dienst nicht tun (28,43). Das komplette Gewand besteht aus einem Efod, welches man sich als eine Art ärmellosen Überwurf vorstellen kann (V. 6-14), einer Brusttasche, welche die „Steine des Rechts" beinhaltet (V. 15-30), dem Obergewand (V. 31-35), einem Kopfbund (V. 36-38), einem Untergewand (V. 39-41) und – speziell aufgeführt – einer Unterhose (V. 42-43).

Die Aufzählung in 28,4 nennt zuerst die Brusttasche und dann das Efod, wobei beide jedoch unauflöslich zueinandergehören, wie durch die auffällig breit beschriebene Art und Weise der Befestigung der Tasche am Efod deutlich wird (28,22-28). Efod und Tasche sind somit die wichtigsten Bestandteile des Gewandes. Dass die Brusttasche nicht einfach nur ein Beutel ist, wird durch seinen kostbaren Schmuck und seinen Inhalt ausgedrückt. Es sind zwölf Halbedelsteine, die jeweils einen Stamm Israels in Gottes Gegenwart repräsentieren und auf der Tasche befestigt werden. Als Inhalt der Tasche werden die „Urim und Tummim" genannt.

Die Repräsentationsfunktion der Steine ist offensichtlich und wird auch so benannt (28,29-30). Bei den „Urim und Tummim" bleibt die Bedeutung unklarer, da noch nicht einmal erwähnt wird, was sie sind. Sicherlich haben auch sie etwas mit der Erinnerungsfunktion der Tasche zu tun, da in 28,15.29-30 die Tasche als „Brusttasche des Rechts" bezeichnet wird und in V. 30 „Urim und Tummim" parallel zu „Recht" steht, beide soll Aaron auf dem Herzen tragen. Hier an eine Art Losorakel zu denken, legt der Kontext mindestens nicht nahe. Es ist wahrscheinlicher, dass „Urim und Tummim" parallel zu den Tafeln in der Bundeslade zu verstehen sind, die ja auch wie sie nicht erst gemacht werden müssen. In der jüdischen Tradition werden die beiden Begriffe mit den Worten „Licht" (*'ôr*) und „Vollkommenheit" (*tām*) zusammengebracht, was insofern eine gute Möglichkeit ist, da auch hier eine Parallele zum Zehnwort gegeben wäre (Jacob, 908f). Möglicherweise ist also an Schrifttafeln oder Ähnliches zu denken, bestimmt aber repräsentieren die beiden Objekte das Recht oder die Ordnungen Gottes für Israel.

Das Efod und auch das Obergewand sind ähnlich wie die Zeltplanen gewirkt und unterstreichen dadurch die Funktion des Priestergewandes als „Grenze" zwischen heilig und profan, die quasi zwischen der Persönlichkeit des Priesters und seinem Amt steht. Die auf den Schultern des Efods befestigten Steine sollen ebenfalls Israel repräsentieren. Es sind zwei Steine, die möglicherweise die Einheit der Söhne Israels unterstreichen sollen, die trotz ihrer Abstammung von mehreren Müttern ohne Unterscheidung gemeinsam das Volk Gottes ausmachen (Jacob, 910). Die Granatäpfel und Glöckchen am Saum des Obergewands werden nicht gedeutet, dienen aber wohl der Verzierung und haben keine praktische Funktion. Die Begründung „damit er nicht stirbt" am Ende von 28,35 hat nichts mit den Glöckchen selbst zu tun, sondern betrifft das Tragen des Gewandes.

Der Kopfbund mit seiner Stirnplatte soll wohl die Bestimmung der Priester als dem heiligen Bereich zugehörig jenen immer vor Augen halten („heilig für JHWH", 28,36). Was mit dem Tragen der Schuld, wie es in V. 38 angesprochen wird, gemeint ist, bleibt unklar. Sicher geht es um Verantwortungsübernahme. Möglich ist, dass die Israeliten beim Heiligungsritual Fehler gemacht haben, die Aaron nun als Repräsentant des Volkes vor Gott trägt. Wahrscheinlicher ist, dass Aaron als der oberste der Priester Verantwortung dafür trägt, dass die Gaben der Israeliten nicht durch Unreinheit der Priesterkollegen unheilig werden (vgl. Jacob, 919). Die involvierten Konzepte sind komplex, und es muss an dieser Stelle der Hinweis genügen, dass in der Bibel strikt zwischen kultisch-ritueller und moralischer Unreinheit getrennt wird. Nicht überall wird diese Trennung durch Worte markiert, aber die Konzepte sind voneinander getrennt (vgl. Klawans). Es geht also wahrscheinlich nicht um Sühnung, die nur durch Opfer geschieht, und Vergebung, die allein von Gott gewährt wird.

Das Untergewand und die Unterhose sind mit dem Verbot verbunden, vor dem Altar nackt zu erscheinen (vgl. das Altargesetz; 20,26). Als Hintergrund sind diverse Fruchtbarkeitsriten des alten Vorderen Orients zu vermuten, die in Israel nicht praktiziert werden sollten. Das in diesem Zusammenhang erwähnte „Händefüllen" (28,41) bedeutet „eine Aufgabe/Verantwortung übertragen", genauso wie in 29,29.33.35.

Nun kann die Ausführung zur Einsetzung der Priester folgen (29,1-35), da die Gewänder beschrieben sind und mit ihnen auch die Rolle, die die Priester für das Volk und vor Gott wahrnehmen sollen. Immer noch ist die Perspektive auf die Zukunft und damit den Kultalltag im Zentrum gerichtet. Dass im ganzen Abschnitt ganz konkret und wiederholt von Aaron und seinen Söhnen gesprochen wird, obwohl die Beschreibung des Ritus eindeutig auf Kontinuität und die zukünftigen Generationen abzielt, verdeutlicht, dass es im Ganzen um die Installation des erblichen aaronitischen Priestertums geht. Dohmen spricht in diesem Zusammenhang von Erstmaligkeit im Gegensatz zur Einmaligkeit des Zeltheiligtums (Dohmen 2004, 271). Der Bericht der Institution des Priestertums erfolgt konsequenterweise in 3Mo 8, nach dem Bau und der Weihe des Heiligtums. Der Ritus an sich betont vor allem die Heiligkeit, d.h. die Absonderung oder Abgrenzung der Priester von den Nicht-Priestern, wie auch die speziellen Gewänder und die Beschränkung des Verzehrs des Opfers auf die geweihten Priester.

Dass die Erstmaligkeit der Priestereinsetzung auf die Wiederholung und Andauer angelegt ist, wird nun durch den folgenden Abschnitt deutlich, der ganz kurz auf die täglichen Opfer eingeht. Die sieben Tage der Dauer der Priestereinsetzung (29,30) stellen die Verbindung her zu der ebenfalls sieben Tage dauernden Entsündigung/Heiligung des Altars (29,36-37). Vom vorbereiteten Altar ist der logische Schritt zu den Opfern nicht weit, und so werden die täglichen Opfer kurz genannt (29,38-41) und ihre Begründung geliefert: Es wird ein wohlgefälliger Geruch für JHWH sein. Damit ist der Leser bereits ganz in seiner eigenen Gegenwart angekommen, denn diese Opfer wurden anscheinend ohne Unterbrechung bis zum Exil und danach wieder bis zur Zerstörung des Tempels durch die Römer 70 n.Chr. dargebracht. Diese Punkte der Identifikation sind wichtig für die kommunikative Kraft des Textes. Es geht nicht um irgendwelche interessanten vergangenen Dinge, sondern es wird eine Interpretation der vorfindlichen Gegenwart vorgelegt und auch seitens des Lesers gefordert.

Vorbereitet durch die eben genannte Strategie, kann der nun folgende sehr theologische Text (29,42-46) eine starke Wirkung auf den Leser entfalten. Es ist eine komplette Begründung des Begegnungszeltes und des damit verbundenen israelitischen Gottesdienstes. Über das Brandopfer, welches eben bei den täglichen Opfern erwähnt wurde, kommt der Autor gleich zum Kern des Gottesdienstes, der Gottesbegegnung (29,42). Diese Gottesbegegnung ist für alle Generationen das Ziel ihres Kults. Das Ziel der Gottesbegegnung ist die Offenbarung Gottes, seines Willens, seiner Vorstellungen. Die Nähe Gottes führt dann dazu, dass das Volk geheiligt wird (29,43). Dies wird interessanterweise an erster Stelle genannt, noch bevor es um die Heiligung des Zeltes, des Altars und der Priester geht (29,44). Die Rede vom Wohnen Gottes in der Mitte Israels (29,45-46) vermittelt die Dauerhaftigkeit der Gottesnähe, wie sie schon durch die Generationen in 29,42 angesprochen wurde. Schließlich wird dann diese gesamte Kulttheologie mit der geschichtlichen Herausführung Israels aus Ägypten und dem Bund des Volkes mit Gott („JHWH, ihr Gott", zweimal) verbunden: „Wenn das Ziel der Herausführung aus Ägypten im Wohnen in der Mitte der Israeliten (so V. 46) – mittels des Heiligtums – besteht, dann entsteht daraus eine tiefe Fundierung für den künftigen Gottesdienst, insofern er die Freiheit der von JHWH Befreiten feiernd weiterträgt“ (Dohmen 2004, 274). Diese wenigen Verse sind ein sehr verdichteter Ausdruck der gesamten Theologie der Thora. Durch die gedanklichen Verbindungen, die der Text zwischen den Kernelementen israelitischer Theologie und Frömmigkeit aufzeigt, kann der Leser seine eigene Gegenwart prüfen und eventuell Wege suchen, wie in seiner eigenen Zeit und Situation dieser Gesamtschau Rechnung getragen werden kann, denn er ist immer noch Teil des Bundesvolks.

Oben, unter „Struktur“, wurde bereits darauf hingewiesen, dass der Räucheropferaltar an dieser Stelle etwas unvermittelt erwähnt wird (30,1-10). Wie dort gesagt, ist es dessen Funktion im Gottesdienst (30,7-10), die seine Position im Text rechtfertigt. Dem, was die Priester am Altar zu tun haben, wird zur Seite gestellt, was dort auf keinen Fall getan werden darf (30,9). Bislang (seit 25,2) wurde nur bestimmt, was gemacht werden soll, Verbote wurden nicht in Bezug zum Heiligtum ausgesprochen. Dass dies jetzt gerade nach dem theologischen Höhepunkt von 29,42-46 geschieht, ist bedeutsam; so auch 29,42a: „ein ständiges Brandopfer“, mit 30,8b: „ein beständiges Räucheropfer“. Das Ideal der Gottesnähe ist gefährdet, der Altar kann falsch verwendet werden; vgl. auch die späteren Verbote, die Mischungen des Räucherwerks und des Salböls für den profanen Bereich zu kopieren, 30,32-33.37-38. Der Text ist überaus realistisch – es wird passieren: Das Volk wird sich im Gottesdienst falsch verhalten, es wird auch im Alltag nicht immer gottgemäß leben, sonst gäbe es keine Notwendigkeit für Sündopfer und Sühnung (30,10). So sind der Kult und das Begegnungszelt nicht nur ein Ausdruck der idealen Gottesbeziehung, sondern auch – und zwar im selben Moment – der Realität des schwachen Menschen. Dies ist die Gnade Gottes, wie sie im Alten Testament bereits zur vollen Entfaltung kommt. Der Leser wird im weiteren Fortgang der eigentlichen Erzählung noch viel direkter mit den Abgründen menschlicher Schwäche konfrontiert werden, aber bereits hier wird ihn der Realismus Gottes eingeholt haben, der ja durchaus eine gute Nachricht ist.

Nach 25,1 kommt nun wieder ein „Und JHWH sprach zu Mose:“ (30,11). Damit setzt ein neuer Abschnitt ein. Der freiwilligen Abgabe „nach seinem Herzen“ (25,1-7) zur Konstruktion des einmaligen Zeltheiligtums wird eine Pflichtabgabe an die Seite gestellt (30,11-16). Da hier nicht genauer bestimmt wird, worin die Abgabe besteht, ist am ehesten von einer monetären Abgabe auszugehen, die dem kontinuierlichen Unterhalt des Kults dient. Dabei wird das Volk als Ganzes ohne Unterscheidung in die Pflicht genommen. Sicherlich ist ein Aspekt, dass so alle gleichermaßen am Heiligtum Beteiligte sind – das Heiligtum sollte immer Projekt des ganzen Volkes bleiben, nicht nur einer besonders frommen oder betuchten Elite. Die Nennung der Armen und Reichen zeigt somit an, dass für den Gottesdienst soziale Unterschiede nicht relevant sind. Allerdings gibt der Text auch noch eine andere Begründung für die Abgabe: „damit bei der Volkszählung keine Plage über sie kommt" (30,12b). Es ist schwierig, die Begründung für diese Aussage nachzuvollziehen. Der Text selbst legt nahe, dass eine Volkszählung Gefahren birgt (vgl. 1 Chr 21!), da sie den Zorn Gottes in Form einer „Plage" nach sich ziehen kann. Diese kausale Verbindung wird nicht begründet. So soll die Zählung mit der Abgabe verbunden werden, die dann die drohende Plage abwehrt.

Beginnend mit dem schwierigen Text zur Volkszählung mit Abgabe kommt das Volk verstärkt in den Anweisungen vor, bei dem Becken allerdings nur wieder indirekt: „alle ihre Generationen" (30,21), dann geht es um die Verbote, die die klare Trennung zwischen heilig und profan schützen wollen (30,32-33.37-38), und die Auswahl der Hauptkunsthandwerker aus dem Volk. Den Höhepunkt dieser Folge bildet die Sabbaterinnerung an das ganze Volk, da jeder Einzelne davon direkt betroffen ist. So wendet sich der Text vom Zentrum des Heiligtums hin zum ganzen Lager.

Das Waschbecken (30,17-21) wird als Einziges der Geräte des Heiligtums herausgehoben und genauer in seiner Funktion erklärt. Auch hier geht es um den andauernden Kultalltag Israels und damit eine Brücke zur Zeit des Lesers – „für alle Generationen" (30,21). Hände und Füße kommen mit dem Heiligtum in Kontakt und müssen daher rituell gereinigt werden. Hier geht es nicht um Sauberkeit, sondern um die symbolische Ebene, wie schon beim Waschen der Kleider in den Vorbereitungen zur Theophanie in Kap. 19.

Das Heiligungsöl (30,22-33) ist ebenfalls zur symbolischen Verwendung: Das damit Gesalbte wird dem normalen Bereich und Gebrauch entzogen und für die Nutzung oder den Dienst im Heiligen zur Verfügung gestellt. So markiert auch das Öl die überall präsente Grenze zwischen profan und heilig, die das Begegnungszelt und den Gottesdienst durchzieht. Daher darf auch und gerade dieses Öl nicht „profaniert" werden. Selbiges gilt für das Räucherwerk (30,34-38).

Die Auswahl und Befähigung von Bezalel und Oholiab als Verantwortliche für Planung und Durchführung des Baus des Heiligtums (31,1-11) stellen wieder den unmittelbaren Kontakt der langen Gottesrede mit der Rahmenerzählung zum eigentlichen Bau des Zeltes her. Der göttliche Geist, der ihre alles entscheidende Ausrüstung darstellt, bedeutet für sie Weisheit, Einsicht und Wissen (31,3). Diese drei Qualitäten sind ganz offensichtlich nicht auf rein intellektuelle oder gar ethische Werte aus, sondern zielen auf handwerkliches und künstlerisches Können (31,4-5). So ist es eine Gruppe von begabten Künstlern und Handwerkern, die das Heiligtum baulich realisieren. Interessanterweise werden bewusst Künstler genannt, die dann wohl auch künstlerische Freiheit hatten, das Idealbild der Absicht Gottes gemäß in Materie umzusetzen. Das „genau so" aus 31,11 bezieht sich nicht auf einfaches Kopieren, sondern auf sinnentsprechendes Umsetzen, wie ein genauer Vergleich der Anweisungen (25-31) und des Ausführungsberichtes (35-40) nahelegt (siehe unten zur Stelle).

Den Abschluss der großen Gottesrede bildet die Erinnerung an den Sabbat (31,12-17). Wie auch der eben beschriebene Gottesdienst ist der Sabbat ewig gültig und reicht in die Gegenwart des Lesers unmittelbar hinein. Das Halten des Sabbats wird als Zeichen des Bundes bezeichnet, der ja im Hintergrund des Ganzen steht, sowohl im Blick auf die Motivation Gottes für das Herausführen der Israeliten aus Ägypten als auch als Fundament für die Einführung des Heiligtums und des Gottesdienstes, die beide die Nähe Gottes ermöglichen wollen. Beim Sabbat zeigt es sich für jeden, wie ernst es Israel mit seinem Gott meint. Dabei soll alle sieben Tage nicht nur einfach nichts gemacht werden, sondern es soll gefeiert werden – wahrscheinlich ein Hinweis auf den Gottesdienst, der auch über die Begründung in 31,13b, „der euch heiligt", angesprochen wird. Der Sabbat ist eine Form von Gottesdienst, auch wenn oder gerade weil er nicht an den Kult und an das Heiligtum gebunden ist. Hier kann jeder dem Bund mit seinem Gott, der Beziehung zu ihm, seinen Ausdruck verleihen.

Mit 31,18 kehrt der Autor zur Rahmenerzählung zurück. Mose bekommt die Tafeln in die Hand, von denen der Leser weiß, dass sie in die Bundeslade gelegt werden sollen. So wird der Bau des Begegnungszeltes quasi vorweggenommen.

2.4.2.4 Anregung zur Bibelarbeit

Da Gottesdienst immer stark kulturell gefärbt ist, haben moderne und postmoderne Leser oft Schwierigkeiten mit den eben besprochenen Texten. Priester mit besonderen Gewändern, Tieropfer, Räucherwerk und Salböl sind Formen des Gottesdienstes, die mindestens gegen das protestantische Ideal von Nüchternheit und Wortorientierung gehen. Katholiken oder orthodoxe Kirchen haben weniger Berührungsängste mit diesen eher greif- und sichtbaren Elementen des Gottesdienstes. Auch viele pfingstliche und neupfingstliche Gemeinden sind bereit, ihre Gottesdienste mit symbolischen Gegenständen und Handlungen anzureichern. Neben der Tatsache, dass diese Tendenzen Ausdrucksformen von Kulturen und Subkulturen sozialer Milieus sind, muss auch der individuelle Geschmack gesehen werden, der Menschen für symbolische Elemente offener macht oder nicht. So sind Werturteile in diesem Bereich mit großer Vorsicht zu behandeln.

Was jedoch in den Texten zum Heiligtum, der Priesterschaft und des alltäglichen Gottesdienstes sehr deutlich wird, ist der Versuch der Stimmigkeit. Dinge werden einander zugeordnet, wiederholen sich, unterstreichen immer wieder neu, aber mit anderen „Farben“, dieselben Prinzipien. Auch wird darauf geachtet, dass das Große im Blick bleibt und nicht die kleinen Details die Hauptaussage überdecken. Der vielleicht bedeutsamste Text ist in diesem Zusammenhang 29,42-46, der die theologischen Zusammenhänge aufzeigt und damit fast das ganze Buch 2. Mose zusammenführt. Von diesem Kern her lassen sich alle oder mindestens sehr viele Elemente des israelitischen Kults ableiten und einander zuordnen. Realistisch für ein Bibelstudium zu diesem langen und detailreichen Textkomplex wäre sicherlich die Konzentration auf diesen Kernabschnitt 29,42-46. Es böte sich an, die einzelnen Detailpassagen, durch Überschriften repräsentiert, grafisch diesem Kerntext zuzuordnen und nachzuvollziehen, wie das Heiligtum diese Theologie der Gottesgegenwart abbildet. Hinweise dazu finden sich in den folgenden Absätzen.

Eine Bibelstudiengruppe könnte man durchaus dazu herausfordern, Ähnliches mit ihrem eigenen Gottesdienst zu tun: von dem her, was sie als ihr theologisches Zentrum verstehen, ihren Gottesdienst und die anderen Elemente ihrer Gemeinschaft auf Stimmigkeit abzuklopfen. Dabei wird der Blick auf die symbolische Qualität fast aller Aspekte der jeweiligen christlichen Tradition geschult, und es kann möglicherweise eine neue, tiefere Akzeptanz der Formen entstehen – oder eben eine Neubesinnung und Umgestaltung beginnen, die dann aber getragen sein sollte von theologischer Reflexion und nicht nur von persönlichen oder kulturellen Vorlieben. So ließen sich eventuell sogar die immer wieder auftretenden Generationskonflikte in Gemeinden verstehen und gegenseitiges Verständnis schaffen.

Ein weiterer Aspekt, der den Text in seiner Ganzheit prägt, ist die Spannung zwischen heiligen Zeiten, Orten und Situationen und dem davon so deutlich abgegrenzten Alltag. Grenzen und die Wahrung des Besonderen sind die zentralen Elemente israelitischer Frömmigkeit. Gott zu begegnen, auf ihn zu hören und in seiner Nähe zu feiern, ist etwas Herausgehobenes, etwas Besonderes, ja sogar etwas Gefährliches. Damit dies so bleibt, wurden Räume abgesteckt, besondere Kleider benötigt, spezielle Öle und Räuchermittel gemischt, die sonst im Alltag Israels nicht anzutreffen waren. Sicher haben solche rituellen und symbolischen Bedeutungselemente die inhärente Gefahr, zum Traditionalismus zu verkommen, wo dann eine vollkommene Form die inhaltliche Leere zu verstecken versucht. Wie die spätere Kultkritik der Propheten zeigt, war diese Gefahr sehr reell. Doch darf der mögliche Missbrauch nicht den Blick auf die Qualitäten verstellen, die solch ein durch Disziplin und Ausdauer getragenes System fördert. Das tägliche Opfer darf ebenso wenig aufhören, wie der Rhythmus der Jahresfeste gebrochen werden soll. Ohne auf äußere Umstände zu achten, wurde der Dienst am Heiligtum versehen, einfach weil es so gefordert war. Die persönliche Tagesstimmung des Priesters spielt hier genauso wenig eine Rolle wie die politischen Umstände des ganzen Volkes. Neben die Herausgehobenheit des Heiligtums und des offiziellen Gottesdienstes mit seiner Priesterschaft wird dann allerdings auch noch der Sabbat gestellt, der für den Lebensalltag jedes einzelnen Israeliten nicht nur eine zeitlich gliedernde Funktion hatte, sondern immer wieder an die spezielle Gottesbeziehung Israels erinnert. Diesem allen entspricht in einem gewissen Sinne das christliche Spannungsverhältnis zwischen Sonntag und Montag, zwischen Gottesdienst und Gemeindeaktivität und Arbeitswelt. Beides soll zusammengehören, einander befruchten und bereichern.

Eine letzte Perspektive auf diese Texte ist die Hochachtung von Kunst und Schönheit. Ästhetik wird dem Chaos und der Beliebigkeit entgegengestellt. Kirche war über Jahrhunderte ein Ort der Kunst, und dies aus gutem Grund. Die ästhetische Kreativität des Menschen spiegelt Gottes Schöpfungshandeln wider. Man erinnere sich an denselben Geist Gottes, der in 1Mo 1 die Schöpfung überschattet und hier die Kunsthandwerker erfüllt. Schönheit besteht in Ordnung und nimmt den Betrachter mit in das Staunen, welches nicht nur dem Schönen an sich gilt, sondern weiter blickt, hin zu dem, der es geschaffen hat. Kunst hat die Fähigkeit, das Leben aus der Reduktion auf die horizontale Ebene zu entreißen: Moral und Vernunft sind eine Sache; das Heilige muss auch einen Ort in unserem Leben haben. Richtiges Handeln und richtiges Denken gewinnen erst durch Ehrfurcht und Liebe die notwendige Tiefe. Dabei kann die Kunst helfen. Dies ist ein Bereich, den viele christliche Gemeinden lange Jahre lang ignoriert haben. Möglicherweise gibt es da viel aufzuholen und zu entdecken. Darstellende Kunst ist dabei lediglich ein Aspekt. Auch Theater, Musik, Filmkunst, Literatur, Architektur und noch andere Bereiche künstlerischen Schaffens sollten wieder neu durchdacht und zu ihrem möglichen Beitrag für den Gottesdienst und den Alltag der Kirchen befragt werden.

2.4.3 Der Bund wird durch Israel gebrochen und durch Gott erneuert (32,1–34,35)

2.4.3.1 Übersetzung

32,1 Als das Volk sah, dass Mose nicht mehr vom Berg herabzukommen schien, versammelte es sich gegen Aaron und verlangte von ihm: Auf, mach uns Götter, die vor uns herziehen! Denn wir wissen nicht, was aus diesem Mose geworden ist, aus dem Mann, der uns aus Ägypten herausgeführt hat. 2 Da sagte Aaron zu ihnen: Nehmt die goldenen Ringe, die an den Ohren eurer Frauen, eurer Söhne und eurer Töchter sind, und bringt sie zu mir! 3 Und so nahmen sie, das ganze Volk, die goldenen Ringe ab, die an ihren Ohren waren, und brachten sie zu Aaron. 4 Er nahm sie aus ihrer Hand, bearbeitete das Gold zu einer Skulptur und machte es zu einem goldenen Kalb. Dann sagten sie: Das sind deine Götter, Israel, die dich aus Ägypten herausgeführt haben! 5 Als Aaron dies sah, baute er vor ihm einen Altar. Aaron ließ ausrufen: Morgen sei ein Fest für JHWH!

6 Am nächsten Morgen standen sie früh auf, opferten Brandopfer und brachten Gemeinschaftsopfer. Und das Volk setzte sich, um zu essen und zu trinken; dann standen sie auf, um sich zu amüsieren.

7 JHWH sprach zu Mose: Geh, steige hinab! Dein Volk, das du aus Ägypten herausgeführt hast, hat alles verdorben. 8 Schnell sind sie abgewichen von dem Weg, den ich ihnen befohlen hatte. Sie haben sich ein goldenes Kalb gemacht, haben sich davor niedergeworfen, ihm geopfert und gesagt: Das sind deine Götter, Israel, die dich aus Ägypten herausgeführt haben. 9 Und weiter sagte JHWH zu Mose: Ich habe dieses Volk gesehen; es ist ein halsstarriges Volk! 10 Nun lass mich, sodass mein Zorn gegen sie entbrenne und ich sie vernichte. Dich aber werde ich zu einem großen Volk machen.

11 Darauf besänftigte Mose das Angesicht JHWHs, seines Gottes, und sagte: Warum, JHWH, sollte dein Zorn gegen dein Volk entbrennen, das du mit großer Kraft und starker Hand aus Ägypten herausgeführt hast? 12 Warum sollten die Ägypter sagen: In böser Absicht hat er sie herausgeführt, um sie in den Bergen umzubringen und sie vom Erdboden zu vertilgen? Lass ab von deinem glühenden Zorn und lass dich gereuen das Böse gegen dein Volk. 13

Denke an Abraham, an Isaak und an Israel, deine Knechte, denen du bei dir selbst geschworen hast, als du gesagt hast: Ich will eure Nachkommen zahlreich machen wie die Sterne des Himmels und dieses ganze Land, von dem ich gesprochen habe, werde ich euren Nachkommen geben, damit sie es besitzen in Ewigkeit.

14 Da reute JHWH das Böse, von dem er gesagt hatte, er würde es seinem Volk antun.

15 Da machte Mose kehrt und stieg vom Berg herab, die beiden Tafeln des Zeugnisses in seiner Hand. Die Tafeln waren auf beiden Seiten beschrieben; vorne und hinten waren sie beschrieben. 16 Die Tafeln waren Gottes Werk und die Schrift war Gottes Schrift, in die Tafeln eingeritzt.

17 Und als Josua den Lärm des Volkes bei seinem Schreien hörte, sagte er zu Mose: Im Lager ist Kriegslärm!

18 Er aber sagte: Das ist weder Siegesgeschrei noch der Schrei der Unterlegenen; ich, ich höre eine Stimme des Singens. 19 Und es geschah, als Mose nun in die Nähe des Lagers kam, da sah er das Kalb und die Tänze; der Zorn des Mose entbrannte, und er schleuderte die Tafeln aus seinen Händen und zerbrach sie am Fuß des Berges. 20 Dann nahm er das Kalb, das sie gemacht hatten, verbrannte es im Feuer, zerstieß es zu Pulver, welches er auf das Wasser streute, und gab es den Israeliten zu trinken.

21 Und Mose sagte zu Aaron: Was hat dir dieses Volk getan, dass du eine so große Schuld über es gebracht hast? 22 Aaron antwortete: Der Zorn meines Herrn entbrenne nicht! Du weißt ja selbst, wie übel dieses Volk <dran> ist. 23 Sie sagten zu mir: Mache uns Götter, die vor uns herziehen; denn dieser Mose da, der Mann, der uns aus Ägypten herausgeführt hat, wir wissen nicht, was mit ihm los ist. 24 So sagte ich zu ihnen: Wer Gold hat, der nehme es ab. Sie brachten es mir und ich schmolz es im Feuer. Da kam dieses Kalb heraus.

25 Und Mose sah, wie das Volk zügellos war, wie Aaron es hatte zügellos werden lassen, sodass sie bei ihren Feinden in Verruf kamen. 26 Und Mose stand im Tor des Lagers und sagte: Wer für JHWH ist, komme her zu mir! Es versammelten sich bei ihm alle Söhne Levis. 27 Er sagte zu ihnen: So spricht JHWH, der Gott Israels: Jeder gürte sein Schwert um! Geht im Lager hin und her, von einem Tor zum anderen, und erschlagt jeder auch den eigenen Bruder, Freund und Verwandten! 28 Die Söhne Levis taten so, wie es Mose gesagt hatte. Es fielen vom Volk an jenem Tag an die 3000 Mann. 29 Dann sagte Mose: Weiht euch heute als Priester für JHWH, weil jeder von euch gegen seinen Sohn und seinen Bruder war und um euch heute Segen zu geben.

30 Und es geschah am nächsten Morgen, da sagte Mose zum Volk: Ihr, ihr habt gesündigt – eine große Sünde. Aber ich werde nun zu JHWH hinaufgehen – vielleicht kann ich Sühnung für eure Sünden erwirken. 31 So ging Mose wieder zu JHWH und sagte: Ach, dieses Volk hat gesündigt eine große Sünde und sich Götter aus Gold gemacht. 32 Und nun, wenn du ihre Sünde vergibst … – wenn nicht, dann lösche mich doch aus deinem Buch, das du geschrieben hast. 33 JHWH aber sagte Mose: Wer gegen mich gesündigt hat, den lösche ich aus meinem Buch. 34 Nun also geh und führe das Volk dorthin, wohin ich dir gesagt habe. Siehe, mein Bote soll vor dir hergehen. Aber wenn der Tag meiner Heimsuchung gekommen ist, werde ich sie heimsuchen wegen ihrer Sünde. 35 Und JHWH schlug das Volk dafür, dass sie das Kalb gemacht hatten, das Aaron gemacht hatte.

33,1 Dann sprach JHWH zu Mose: Geh und zieh hinauf von hier, du und das Volk, das du aus Ägypten herausgeführt hast, in das Land, das ich Abraham, Isaak und Jakob geschworen habe zu geben: Ich will es deinen Nachkommen geben. 2 Ich will einen Boten vor dir hersenden – und die Kanaaniter, Amoriter, Hetiter, Perisiter, Hiwiter und Jebusiter vertreiben – 3 in ein Land, in dem Milch und Honig fließen. Aber ich selbst kann nicht in deiner Mitte hinaufziehen, weil du ein halsstarriges Volk bist, sonst würde ich dich auf dem Weg vernichten.

4 Als das Volk diese üblen Worte hörte, wurde es traurig, und keiner legte seinen Schmuck an. 5 Denn JHWH hatte zu Mose gesagt: Sage den Israeliten: Ihr seid ein halsstarriges Volk! Wenn ich auch nur einen Augenblick in deiner Mitte hinaufzöge, müsste ich dich vernichten. So lege nun deinen Schmuck ab, dann werde ich sehen, was ich mit dir tun kann. 6 So entledigten sich die Israeliten von Schmuck, vom Berg Horeb an.

7 Mose würde nun jeweils das Zelt nehmen und es für sich außerhalb des Lagers in Entfernung vom Lager aufstellen. Er sollte es Zelt der Begegnung nennen. Es sollte jeder, der JHWH suchen will, hinausgehen zum Zelt der Begegnung, das außerhalb des Lagers ist. 8 Wenn Mose zum Zelt hinausginge, steht das ganze Volk auf, und jeder stellt sich an den Eingang seines Zeltes und blickt Mose hinterher, bis er in das Zelt hineingegangen wäre. 9 Wenn Mose in das Zelt hineingegangen wäre, senkte sich die Wolke herab und bliebe am Eingang des Zeltes stehen, und er redete mit Mose. 10 Wenn das ganze Volk die Wolkensäule am Eingang des Zeltes stehen sähe, sollte sich das ganze Volk erheben und jeder sich am Eingang seines Zeltes niederwerfen. 11 JHWH redete mit Mose, von Angesicht zu Angesicht, wie jemand mit seinem Freund redet. Dann kehrte er in das Lager zurück, sein Diener aber, Josua, der junge Mann, der Sohn des Nun, würde nicht aus der Mitte des Zeltes weichen.

12 Mose sagte zu JHWH: Siehe, du hast mir gesagt: Führe dieses Volk hinauf! Du hast mich aber nicht wissen lassen, wen du mit mir senden willst. Aber du hattest doch gesagt: Ich kenne dich mit Namen und du hast Gnade in meinen Augen gefunden. 13 Wenn ich nun Gnade in deinen Augen gefunden habe, so lass mich deine Wege wissen, damit ich dich erkenne und Gnade in deinen Augen finden kann. Und siehe, es ist dein Volk, diese Nation. 14 Da sagte er: Mein Angesicht wird mitgehen, und ich werde dir Ruhe lassen. 15 Er sagte zu ihm: Wenn dein Angesicht nicht mitgeht, dann führe uns nicht von hier hinauf! 16 Denn woran soll man erkennen, dass ich Gnade in deinen Augen gefunden habe, ich und dein Volk? Nicht daran, dass du mit uns ziehst, sodass wir ausgezeichnet werden, ich und dein Volk, vor allen Völkern auf dem Erdboden? 17 JHWH antwortete Mose: Auch diese Worte, die du gesagt hast, will ich tun, weil du Gnade in meinen Augen gefunden hast, und ich kenne dich mit Namen.

18 Da sagte er: Lass mich doch deine Herrlichkeit sehen! 19 Doch er sagte: Ich werde alle meine Güte vor deinem Angesicht vorüberziehen lassen und mich dir im Namen JHWH offenbaren. Aber ich werde gnädig sein, wem ich gnädig sein will, und ich werde mich erbarmen, wessen ich mich erbarmen will. 20 Und er sagte: Mein Angesicht kannst du nicht sehen, denn kein Mensch sieht mich und bleibt am Leben. 21 JHWH sagte: Siehe, in meiner Nähe ist ein Ort, stelle dich dort auf den Felsen. 22 Und es wird geschehen, wenn meine Herrlichkeit vorübergeht, dann werde ich dich in die Felsenhöhle stellen und meine Hand über dich decken, bis ich vorübergezogen bin. 23 Dann werde ich meine Hand wegnehmen und du wirst mich von hinten sehen. Aber mein Gesicht kann man nicht sehen.

34,1 JHWH sprach zu Mose: Haue dir zwei steinerne Tafeln zurecht, wie die ersten, und ich werde auf die Tafeln die Worte schreiben, die auf den ersten Tafeln standen, die du zerbrochen hast. 2 Halte dich für morgen bereit, um morgens auf den Berg Sinai hinaufzusteigen, und stelle dich dort auf dem Gipfel des Berges vor mich. 3 Doch mit hinaufsteigen darf niemand. Niemand darf sich auf dem ganzen Berg sehen lassen. Auch Kleinvieh und Rinder dürfen nicht am Fuß des Berges weiden.

4 Da haute er sich zwei steinerne Tafeln zurecht, wie die ersten. Am Morgen stand Mose auf und stieg auf den Berg Sinai hinauf, wie es ihm JHWH geboten hatte, und er nahm die beiden steinernen Tafeln mit sich. 5 JHWH kam in der Wolke herab und er stellte sich mit ihm dorthin und er offenbarte sich im Namen JHWH. 6 JHWH zog vor ihm vorüber, und er rief aus: JHWH ist JHWH; ein gnädiger und barmherziger Gott, langmütig und reich an Gnade und Treue, 7 der Gnade bewahrt an tausend Generationen, Schuld, Frevel und Sünde vergibt, aber ganz sicher nicht einfach freispricht, sondern die Schuld der Väter prüft an den Söhnen und Enkeln bei der dritten und vierten Generation.

8 Mose beeilte sich, sich zur Erde niederzubeugen, so warf er sich nieder 9 und sagte: Wenn ich Gnade in deinen Augen gefunden habe, o Herr, dann gehe doch, mein Herr, in unserer Mitte. Zwar ist es ein halsstarriges Volk, aber verzeihe du uns unsere Schuld und unsere Sünde und lasse uns dein Eigentum sein.

10 Dann sagte er: Siehe, ich werde einen Bund schließen. Vor deinem ganzen Volk werde ich Wunder tun, wie sie auf der ganzen Erde und unter allen Völkern nicht geschaffen worden sind. Und das ganze Volk, in dessen Mitte du bist, wird das Wirken JHWHs sehen. Denn es ist eine Furcht gebietende Sache, die ich an dir tun werde. 11 Beachte genau, was ich dir heute befehle: Siehe, ich werde vor dir vertreiben die Amoriter, Kanaaniter, Hetiter, Perisiter, Hiwiter und Jebusiter. 12 Hüte dich, dass du keinen Bund schließt mit den Bewohnern des Landes, in das du kommen wirst; sie könnten dir sonst in deiner Mitte zum Fallstrick werden. 13 Ihr sollt vielmehr ihre Altäre niederreißen, ihre Gedenksteine zertrümmern und ihre Kultpfähle ausrotten. 14 Denn du sollst dich nicht vor einem anderen Gott niederwerfen; denn JHWH, sein Name ist eifersüchtig und ein eifersüchtiger Gott ist er. 15 Hüte dich, dass du keinen Bund schließt mit den Bewohnern des Landes. Sie werden ihren Göttern nachhuren und ihnen opfern und werden dich einladen, und dann wirst du von ihren Opfern essen. 16 Wenn du von ihren Töchtern Frauen für deine Söhne nimmst, werden ihre Töchter hinter ihren Göttern herhuren, und sie werden auch deine Söhne verführen, hinter ihren Göttern herzuhuren.

17 Götter aus Metall sollst du dir nicht machen.

18 Das Mazzoth-Fest sollst du halten. Sieben Tage sollst du Mazzoth essen, wie ich dir befohlen habe. Zum festgesetzten Monat, im Abib, denn im Monat Abib bist du aus Ägypten ausgezogen. 19 Jede Erstgeburt gehört mir, und zwar alles Männliche, jeder Erstlingswurf von Rind und Kleinvieh. 20 Und den Erstlingswurf vom Esel sollst du mit einem Stück Kleinvieh auslösen; wenn du ihn nicht auslösen willst, sollst du ihm das Genick brechen. Jeden Erstgeborenen von deinen Söhnen sollst du auslösen. Vor mir sollst du nicht mit leeren Händen erscheinen. 21 Sechs Tage sollst du arbeiten, am siebten Tag aber sollst du ruhen, selbst beim Pflügen oder Ernten sollst du ausruhen. 22 Auch das Wochenfest sollst du feiern mit den Erstlingsfrüchten der Weizenernte und das Fest der Lese an der Wende des Jahres. 23 Dreimal im Jahr sollen alle Männer unter euch vor dem Herrn, vor JHWH, dem Gott Israels, erscheinen. 24 Wenn ich die Völker vor dir vertreibe und deine Grenzen weit mache, wird niemand dein Land begehren, während du heraufsteigst, um dreimal im Jahr vor JHWH, deinem Gott, zu erscheinen. 25 Du sollst das Blut meiner Opfer nicht mit Gesäuertem schlachten und vom Opfer des Passahfestes nichts bis zum Morgen übrig lassen. 26 Das Beste von den Erstlingsfrüchten deines Ackers sollst du in das Haus JHWHs, deines Gottes, bringen. Ein Zicklein sollst du nicht in der Milch seiner Mutter kochen.

27 Da sagte JHWH zu Mose: Schreibe dir diese Worte auf, denn aufgrund dieser Worte schließe ich einen Bund mit dir und mit Israel. 28 Und er war dort bei JHWH vierzig Tage und vierzig Nächte. Er aß weder Brot noch trank er Wasser. Und JHWH schrieb auf die Tafeln die Worte des Bundes, die zehn Worte.

29 Als Mose vom Berg Sinai herabstieg, und Mose hatte die Tafeln des Zeugnisses in der Hand, als er vom Berg herabstieg, da wusste Mose nicht, dass die Haut seines Gesichts strahlend war, weil er mit ihm gesprochen hatte.

30 Da sahen Aaron und alle Israeliten Mose, und siehe, die Haut seines Gesichtes strahlte. Und sie fürchteten sich, sich ihm zu nähern. 31 Aber Mose rief sie herbei, und so kehrten Aaron und alle Sippenhäupter der Gemeinde zu ihm zurück, und Mose redete mit ihnen. 32 Nun kamen auch alle Israeliten hinzu, und er befahl ihnen alles, was JHWH zu ihm auf dem Berg Sinai geredet hatte. 33 Als Mose fertig war mit ihnen zu sprechen, legte er eine Decke über sein Gesicht. 34 Wenn nun Mose vor das Angesicht JHWHs trat um mit ihm zu sprechen, nahm er die Decke ab, bis er wieder herausging. Wenn er herausgegangen war, sagte er den Israeliten das, was ihm aufgetragen worden war. 35 Und die Israeliten sahen, wie die Haut von Moses Gesicht strahlte. Daher legte Mose die Decke über sein Gesicht, bis er wieder hinging um mit ihm zu sprechen.

2.4.3.2 Struktur

Der „Fall Israels“ hat eine zentrale rhetorische Funktion in 2. Mose, einem Buch, das bislang hauptsächlich von Idealen und großen Absichten für Israel gesprochen hat. In der Wüstenwanderung bis zum Sinai wurde zwar schon auf die rebellische Einstellung des Volkes verwiesen, doch im großen Bundesabschnitt von 19–24 und dann natürlich in den langen Ausführungen in 25–31, die vor allem dem Vorbereiten der Gegenwart Gottes inmitten des Volkes dienen, geht es um das ideale Israel, um ein Volk, geformt von der Idee, eine Priesterschaft des Schöpfergottes für die ganze Welt zu sein (19,5-6). Der Leser hat sich während der letzten Kapitel darauf konzentriert, sich das Heiligtum und die Priesterschaft vorzustellen. Da kommt der Wechsel zur Situation im Lager der Israeliten in 32,1 doch recht abrupt. Dieser Kontrast ist offensichtlich bewusst so gestaltet, denn die Gottesrede, die Mose auf die Ereignisse vorbereitet (32,7-10), bekommt der Leser als Retrospektive nachgeschoben. Mose wurde vorbereitet, der Leser nicht.

Die sich nun entfaltende Erzählung mit ihren Dialogen zwischen Mose und Gott lässt sich in drei große Teile gliedern (Dohmen 2004, 282-283):

32,1-29	Israel verletzt den Bund.
32,20–34,9	Der Text reflektiert die Konsequenzen, und Mose tritt vor Gott für das Volk ein.
34,10-35	Gott und Israel erneuern den Bund.

Der erste Teil, die eigentliche Erzählung zum Goldenen Kalb, ist als Gegenpol zu Theophanie und Bundesschluss in 19–24 konstruiert. 32,1-6 berichten von der Schaffung des Kalbes. Die nachfolgenden Teile interpretieren bereits die Handlung des Volkes: in 32,7-14 durch einen Dialog zwischen Gott und Mose; dann folgt Moses unmittelbare Reaktion mit einem Schwerpunkt zu den Tafeln des Zeugnisses (32,15-20); 32,21-24 bietet einen Dialog zwischen Mose und Aaron. Abschließend folgt ein Bericht zur Strafe bzw. Reinigung des Volkes (32,25-29).

Im zweiten Teil ist Mose wieder oben auf dem Berg und reflektiert theologisch mit Gott über die große Frage, wie Gottes Gegenwart im Volk zu dessen Sündhaftigkeit passen kann. Thematisch entfaltet sich der Mittelteil wie folgt:

32,30-35	Ist Vergebung überhaupt denkbar?
33,1-11	Gegenwart Gottes in Israel? Eigentlich nicht!
33,12-17	Gegenwart Gottes in Israel? Wegen Gnade doch.
33,18–34,9	Vergebung wird gewährt, Gottes Nähe zugesichert und sein Name bedacht.

Das Ergebnis dieser Reflexion ist erstaunlich und führt zur Bundeserneuerung zwischen Gott und Israel, die nochmals einzelne Elemente aus dem Bundesbuch mit aufnimmt. Dieser Teil beginnt mit Gottes Antwort (34,10) auf Moses letzte Frage, ob er nicht verzeihen und das Volk als sein Eigentum wieder annehmen könne (34,9). Mit dem Blick auf das Land der Verheißung (34,11-16) wird an die Basis des Bundes erinnert (34,17-28), die nicht anders ist als die von Kap. 19–24. Die letzten Verse dieses dritten Teils (34,29-35) fassen ihn insgesamt aus der Perspektive der Gottesoffenbarung zusammen – der Mittler Mose gibt Gottes Wort weiter, und so kann dann der Bau des Begegnungszeltes beginnen.

Insgesamt zeigt schon die Struktur des großen Abschnitts 32–34, dass die Nähe Gottes inmitten des Bundesvolkes nicht einfach zu realisieren ist. Gottes Vergebungsbereitschaft ist zwar zentral und letztlich die Lösung des Problems, doch ist es dem Text wichtig, das Gottesbild nicht zu verflachen und somit die vorher so differenziert dargestellte Theologie der Heiligkeit Gottes möglicherweise durchzustreichen. Der Text versucht, eine Spannung aufrechtzuerhalten, die letztlich das Fundament jeder Gottesbegegnung ist: Eigentlich geht es nicht, aber Gott selbst macht es möglich.

2.4.3.3 Auslegung

Nachdem Mose die Tafeln mit den zehn Worten bekommen hat (31,18), blendet der Text über in das Lager der Israeliten. Die „Versammlung gegen Aaron“ (32,1) erinnert an die sog. Murrerzählungen aus der Wüstenerzählung (siehe zur Stelle) und wird damit eindeutig als feindselig und anklagend gegenüber der Leitung bewertet, die während der Abwesenheit Moses in Aarons Händen liegt. Der Auslöser der Unzufriedenheit ist, dass das Volk den nicht mehr „sieht“, der für sie die Verbindung zu Gott herstellt, der sie letztlich im Namen Gottes aus Ägypten an den Gottesberg gebracht hat. Ihr Führer Mose ist für sie verschollen, und so fordern sie einen Ersatz – vor allem im Hinblick auf die weitere Wanderung Richtung Kanaan. Das Volk weiß ja noch nichts von Gottes Absicht, mit ihnen mitzuziehen. Aus ihrer Perspektive wird Gott am Sinai bleiben, daher dann auch die Idee, dass sie auf dem Weg neue Begleitung brauchen werden.

Die goldenen Ohrringe (32,2-3) sind nicht etwa aus dem Fundus der Dinge, die sie beim Auszug aus Ägypten empfangen hatten, dort war mehr von Gefäßen die Rede (3,22). In der einzigen anderen Erwähnung der Ohrringe in der Thora, bei der Vorbereitung des Baus des Altars von Bet-El (1Mo 34), werden die Ohrringe zusammen mit den Götzenbildern im Zuge einer gründlichen Reinigungsaktion vergraben. Es ist also wahrscheinlich, dass Aaron hier ausgerechnet die Gegenstände einsammelt, die eine Verbindung zu fremden Göttern haben. Damit ist gleich schon zu Anfang dieses Teils eine Verbindung vom Goldenen Kalb zu Bet-El angedeutet, die vor allem durch 1 Kön 12 an Bedeutung gewinnt, wo berichtet wird, wie Jerobeam die zwei Stierbilder in Bet-El und Dan aufstellt. Das Verhältnis dieser beiden Texte kann allerdings hier nicht weiter diskutiert werden.

Das Material hat also schon mit fremden Göttern zu tun, wie viel mehr das Götterbildnis, welches Aaron nun herstellt (32,4). Im alten Vorderen Orient waren Stierkulte sehr verbreitet, besonders der kanaanäische Gott El ist hier zu nennen. Wahrscheinlich geht es vor allem um die Stärke und den Eindruck, die das Tier vermittelt, und dessen Fruchtbarkeit, die den Stier als Gottessymbol so beliebt gemacht haben. Es war also naheliegend für Aaron, einen Stier zu wählen. Das Volk definiert dann direkt das Bildnis als „die Götter, die uns aus Ägyptern herausgeführt haben". Dieser Satz steht in radikaler Spannung zu 13,14.16; 16,6; 18,1; 20,2; 29,46 und gibt das Thema für die nächsten Verse über das Gespräch zwischen Gott und Mose an, die das Geschehen eindeutig als Fremdgötterverehrung deuten. Es wird deutlich, dass hier ganz bewusst ein Ersatz für JHWH geschaffen werden sollte, da dieser ohne Mose nicht mehr greifbar war.

Aaron reagiert weiterhin nur. Diesmal lässt er ein Fest ausrufen (32,5), welches zu einer Gegenveranstaltung zum Essen und Trinken der Sippenoberhäupter vor Gott auf dem Sinai (24,11) verkommt (32,6). Das Amüsieren nach dem Festessen ist öfter als eine Art Orgie verstanden worden, doch legt der Text dies in keiner Weise nahe. Es scheint eher ein fröhliches Beisammensein mit Tänzen und Gesang gemeint zu sein, was an das Fest zum Anlass des Durchzugs durch das Schilfmeer erinnert (Dohmen 2004, 300). Diese Anspielung gibt dem Ruf des Volkes, dass dies der Gott des Auszugs sei, nochmals eine besondere Brisanz.

Nun ist es also berichtet. Der Bundesbruch Israels ist geschehen. Jetzt beginnt der Text damit, die Handlung des Volkes aus verschiedenen Perspektiven zu interpretieren (vgl. oben zu Struktur). Was genau ist da passiert? Hat Israel gegen das Fremdgötterverbot verstoßen? Oder gegen das Bilderverbot? War das Opfern auf jenem Altar ausschlaggebend? Oder ist das eigentliche Problem ihre Ungeduld gewesen? Oder das Vergessen, dass es JHWH war, der sie aus Ägypten herausgeführt hatte? Haben sie sich durch Aaron verleiten lassen, oder haben sie ihn in die Ecke gedrängt, dass er nicht anders konnte? Eine erste Einschätzung gibt Gott selbst (32,7-10). Hier wird deutlich, dass es bei dem Kalb nicht einfach um ein Bild JHWHs geht, sondern dass diese Skulptur als Gott verehrt wurde. Der Weg, von dem sie abgewichen sind, sind wohl die Weisungen, wie sie der Dekalog und das Bundesbuch definiert haben. Das Volk hat alles ruiniert, vor allem die beabsichtigte Gegenwart Gottes, die sie ja bewusst durch das Götterbildnis ersetzt haben. Diese Konsequenz zieht das Volk sich unwissentlich zu, da es innerhalb der Erzählung ja noch gar nicht von dem Heiligtum weiß. Doch der Leser weiß Bescheid, und so kommt ihm gleich die Rolle des Beurteilers zu, aus der er nun die weitere Entwicklung der Erzählung wahrnimmt. Das Volk soll sterben (vgl. 22,19) und Gott will sich ein neues Volk aus Mose und seinen Nachkommen heranbilden (32,10). Vgl. den Neuanfang, den Gott mit Noah in 1Mo 6–9 oder mit Abraham in 1Mo 12 setzt.

Moses Reaktion bringt einen neuen Aspekt in die Bewertung des Abfalls Israels ein (32,11-13): Gottes Ehre und seine Versprechen gegenüber den Vätern. Die Vernichtung des Volkes würde den Auszug Israels aus Ägypten in seiner Funktion infrage stellen. Daran sollte man ja Gottes Größe und Charakter ablesen können; „damit ihr mich erkennt". Das zweite Argument ist der Verweis auf die Mehrungs- und Landverheißung an die Erzväter Israels (1Mo 22,16-17; 26,3-4). Dies alles passt aus Moses Sicht nicht zu einem Neubeginn, sondern nur zum Weitermachen. So spiegelt Mose die Position des Autors von 2. Mose, denn der Auszug aus Ägypten wird ja in den ersten Kapiteln des Buches eng mit diesen Väterverheißungen verbunden. 32,14 nennt ganz knapp das Ergebnis von Moses Bemühungen: Gott bereut. Das theologische Problem, dass sich immer wieder im Zusammenhang mit einer Meinungsänderung Gottes stellt, ist für den vorliegenden Text offensichtlich kein Problem. Die Vernichtung des Volkes ist also abgewehrt.

Nun steigt Mose in das Lager hinab, nimmt die Lage wahr und bewertet durch sein Handeln erneut das Tun des Volkes (32,15-20). Der

Schwerpunkt dieses Teils sind die Tafeln, auf die Gott die Zehn Worte geschrieben hatte. Es wird von zwei Tafeln ausgegangen, die jeweils einzelne Gebote gruppieren würden. Die Meinungen dazu gehen in der Auslegungsgeschichte sehr auseinander, spielen aber für die Auslegung des Textes keine Rolle. Die Tafeln wurden für den Leser bereits in der Anweisung, sie im Kasten des Bundes zu deponieren (25,16.21), zur Bundesurkunde zwischen Gott und Israel. Nochmals wird betont, dass sie Gottes Werk sind (32,16) und damit von seiner Seite her den Vertrag bekräftigen. So drängt sich dem Leser natürlich die Frage auf, was diese Urkunde noch bedeuten kann. Jetzt kommt Josua in den Blick (32,17-18), was verwunderlich erscheint, da er noch keine größere Rolle in 2. Mose gespielt hat (vgl. 17,8-16; 24,13). Es scheint so, dass dieses kurze Gespräch vor allem deswegen erzählt wird, damit der spätere Leiter des Volkes von der Sünde des Volkes unberührt bleibt – er war nicht im Lager, und die Fehleinschätzung der Lage unterstreicht seine Unwissenheit. Der Text kehrt nun zu den Tafeln zurück (32,19). Moses inhaltsschweres Zerstören der Tafeln markiert deutlich den Einschnitt, den das Volk durch seine Fremdgötterverehrung geschaffen hat – der Bund ist verletzt und damit gebrochen. Dies geschah am Fuß des Berges, genau an dem Ort, wo der Bund auch geschlossen wurde (24,4). Die Tafeln wurden zertrümmert, und das Kalb wird zermahlen und den Israeliten „zurückgegeben" (32,20). Hätten sie ihre „abgöttlichen" Ohrringe doch lieber gleich vergraben, so wie Jakobs Familie in 1Mo 35 (Dohmen 2004, 308).

Nun stellt Mose Aaron zur Rede (2Mo 32,21-24). Im Bericht am Anfang der Erzählung war Aaron schon eher als passiv charakterisiert worden. Das unterstreicht er selbst nun vehement. Dabei ist ihm nicht zu unterstellen, dass er etwa die Dinge falsch darstellen würde. Der Autor füllt vielmehr die Details auf, die er bei dem ersten Bericht unerwähnt gelassen hatte, vor allem das Schmelzen des Goldes, und lässt das weg, was vorher erzählt worden war. Ihm selbst kann man nicht so recht etwas anhängen, doch genau diese Passivität war das Problem. Er hatte dadurch das Volk zum Sündigen verführt (vgl. 1Mo 20), er hatte eine „große Schuld" über es gebracht, sie „zügellos werden lassen" (2Mo 32,25).

Nun „sieht" Mose erneut die Situation des Volkes (32,26). Der Schluss dieses Verses ist nicht eindeutig, und die gewählte Übersetzung versucht, dem Kontext gerecht zu werden. Wahrscheinlich ist von der Reputation des Volkes vor anderen Völkern die Rede, ähnlich wie Mose bereits bezüglich Gottes gutem Ruf argumentiert hatte (32,12). Anlass für die nun folgende, archaisch anmutende Strafaktion sind wohl die noch andauernden Feiern der Israeliten im Lager. Die kurze Erzählung lässt vieles offen. Ruft Mose lediglich die Leviten zu sich, die, die aufgrund ihres Amtes „für JHWH sind"? Sind davon alle auch mit dem Herzen dabei? Gibt es mit seinem Ruf zur Sammlung am Tor, als Ort des Gerichts, eine Chance zu Umkehr, die aber nicht von allen angenommen wird? Auf jeden Fall schickt er daraufhin die Leviten zu einer Art Reinigungsaktion in das Lager. Damit wird deutlich, wie sehr das Götterfest und die Verehrung des Bildnisses zur Entheiligung des Lagers und des Volkes beigetragen haben. Das Kriterium der Leviten, wen sie töten und wen nicht, wird nicht genannt. Die Betonung des kurzen Textes liegt woanders: Es ist die eben genannte Entweihung, das Überschreiten einer Grenze (vgl. die Strafandrohung in 19,20-25). So haben sich schlussendlich die Leviten als dem Priesterstatus des ganzen Volkes am ehesten würdig verhalten; sie haben sich heute für JHWH geweiht, d.h., sie haben die Grenze eingehalten, neu gezogen und damit „Entsühnung" gewirkt.

Der mit 32,30 beginnende mittlere Teil des Großabschnitts 32–34 bewegt die Frage, ob und unter welchen Umständen Gott nun erneut inmitten des Volkes wohnen kann. Die Todesgefahr für das Volk ist aus dem Weg geschafft (32,14), doch die weiteren Konsequenzen für den Weg vom Sinai und dann letztlich auch für das Volk in Kanaan bleiben noch offen. Der Leser selbst weiß, dass Gott es irgendwie möglich gemacht hat, weiterhin im Volk zu wohnen, doch wie, das soll er nun durch 2. Mose erfahren.

Die Frage nach der Möglichkeit von Vergebung stellt der Text selbst in 32,30 mittels der Ankündigung des Mose, nun wieder auf den Berg zu JHWH zu gehen und zu sehen, was er für das Volk erreichen kann. Mose tritt vor JHWH und bietet nach dem stellvertretenden Sündenbekenntnis (32,31) sein eigenes Leben als Sühnung für das Volk an (32,32). Bedeutsam ist, dass diesmal Mose die Initiative ergreift und JHWH anspricht. Sonst ist es im Allgemeinen umgekehrt. An dieser Stelle wird deutlich, wie sehr Mose seine Rolle als Mittler zwischen Israel und Gott auch in dieser Richtung wahrnimmt und Israels Interessen gegenüber Gott vertritt. Der Bund mit Gott ist also kein einseitiges Akzeptieren von Lebensregeln und einer bestimmten Frömmigkeitsform, sondern lebendige Beziehung. Welche Sühnungsform Mose mit der Alternative zur Vergebung Gottes genau meint, wird nicht formuliert. Das „Löschen aus dem Buch" scheint eine Art Kompensationsangebot zu sein, eine stellvertretende Sühne, evtl. eine Art Opfer. Da diese Alternative von Gott nicht gewählt wird, ist es für das Argument des Textes auch nicht weiter wichtig. Gott hält am Verursacherprinzip fest, das die Verbindung zwischen Sünde und ihren Konsequenzen festlegt (32,33). So wird das Volk diese Konsequenzen tragen, wenn Gott auch inzwischen bereit ist, den Rest des Volkes in das Land zu bringen, welches er ihren Vätern versprochen hatte (32,34). Es wird also weitergehen, doch nicht mit Gott in der Mitte des Volkes, wie es in der Konzeption des Zeltheiligtums vorbereitet wurde. Ein Bote JHWHs, eventuell ein Engel, soll sie begleiten, Gott selbst aber nicht. 32,35 ist kein klarer Bericht einer spezifischen Strafhandlung, vielleicht denkt der Autor an das Gericht der Leviten in 32,28.

Die Idee Gottes, das Volk ohne seine unmittelbare Gegenwart nach Kanaan ziehen zu lassen, wird nun in einem weiteren Durchgang diskutiert (33,1-11). In der einleitenden Gottesrede (33,1-3) wird die Landverheißung an Israel wiederholt und direkt damit verbunden, dass wegen der sündigen Tendenz des Volkes Gottes Gegenwart inmitten des Lagers nicht möglich ist. Diese Zurücknahme wird dadurch motiviert, dass Gott das Volk schützen will (33,3b), denn Gottes Heiligkeit wird zur Gefahr für das Unheilige.

In einem zweiten Unterteil (33,4-6) wird die Reaktion der Israeliten auf diese Aussichten erzählt. Die Trauer ist verständlich, steht damit ja mindestens in einem gewissen Ausmaß die Kündigung des Bundes in Aussicht – inwiefern kann Israel noch als etwas Besonderes gelten, wenn Gott nicht in ihrer Mitte ist. Das Ablegen des Schmucks ist vom symbolischen Gehalt her nicht eindeutig. Manche vermuten einen Trauerritus, ein Reuebekenntnis oder die radikale Abkehr von der Fremdgötterverehrung. Auf jeden Fall war die Intention eine Abkehr von fremden Göttern, ob nun emotional oder symbolisch, spielt keine große Rolle. Durch den Nachsatz wird die Möglichkeit einer neuen Entwicklung angedeutet – wer weiß, vielleicht gibt es doch noch eine Lösung?

Sozusagen als Verdeutlichung der Unmöglichkeit von Gottes Gegenwart und den praktischen Konsequenzen davon wird nun überlegt, wo denn das Heiligtum dann noch seinen Platz haben könnte (33,7-11). Die Syntax dieses Abschnitts ist nicht ganz einfach zu übertragen. Die Beschreibung des regelmäßigen Gottesdienstes scheint etwas deplatziert, da das Begegnungszelt noch nicht gebaut wurde. Es liegt auch nicht nahe, hier an ein zweites Zelt, sozusagen ein Privatzelt des Mose, zu denken. Der Text gibt dazu keinerlei Anhaltspunkt. Es liegt vielmehr nahe, dass das Zeltheiligtum nach der Götzendienst-Sünde des Volkes einen anderen Ort und eine andere Funktion bekommen muss. Wenn das Heiligtum aufgerichtet wäre, dann würde es folgendermaßen ablaufen: Es wäre dann nicht mehr Wohnung Gottes inmitten des Volkes, sondern „nur noch" Offenbarungszelt. Das Resümee dieses Teils ist also, dass Gottes Gegenwart in Israel nicht mehr denkbar ist, zumindest nicht mehr so, wie zunächst von beiden Seiten erhofft. Dass diese Idee vom Zelt außerhalb des Lagers nie verwirklicht wird, mindert nicht den theologischen Beitrag, den dieses Gedankenexperiment leistet (vgl. Dohmen 2004, 320). Wie bereits einleitend angedeutet, gibt es bei Gott kein einfaches „Schwamm drüber", sondern die Bedingungen für eine enge Gottesbeziehung müssen gewahrt bleiben, auch wenn Gott sie letztlich alle selbst erfüllt.

Mose lässt also nicht los. Sein Ziel ist offensichtlich die Wiederherstellung des Bundes in all seinen Aspekten. Er argumentiert nun von der Bereitschaft Gottes zur Gnade her (33,12-17). Er begründet seine Fürbitte für das Volk aus der besonderen Beziehung, die er mit Gott hat. Nichts anderes bedeuten die beiden Aussagen „kenne dich mit Namen" und „hast Gnade in meinen Augen gefunden". Diese enge Beziehung war schon Gegenstand der Berufungserzählung (3–4) und hat sich im Lauf des Buches immer wieder gezeigt, sodass es auch nicht zu sehr verwundert, dass sich Moses „Zitat" nirgends in 2. Mose aus Gottes Mund findet. Über den

Umweg des ihm von Gott noch nicht genannten Boten versucht Mose nun, jenen dazu zu bewegen, sich festzulegen. Den alles bestimmenden Kernsatz bringt Mose dann in 33,13b: „Und siehe, es ist dein Volk, diese Nation." Der Autor hat nun Gott die Ehre gelassen, seine komplette Umkehr selbst und ohne Stichwort von Mose her zu formulieren, daher kommt es etwas unvermittelt: „Mein Angesicht wird mitgehen" (33,14a). Dies ist Gottes Gegenwart, Gott selbst inmitten des Volkes, wie aus der nun folgenden Moserede deutlich wird (33,15-16; vgl. Jacob, 956). Der Nachsatz in 33,14b ist in seiner Kürze schwer verständlich, doch legt sich aus dem Kontext her nahe, dass Gott damit Moses Fürbitte als „erfolgreich" wertet. So hat nun nicht nur Mose Gnade in den Augen JHWHs gefunden, sondern das ganze Volk, wie es Mose in 33,16 ausdrückt: „ich/wir, d.h. ich und dein Volk". Ohne Gott wollen und können sie nicht mehr sein. Mose hat Gottes Gnade erbeten, und diese Gnade kann aus seiner Perspektive nur im Beisein Gottes auf dem Weg bestehen.

Nun kommt es in einem vierten Teil (33,18–34,9) zu einer ausgedehnten Diskussion über das, was die eben angesprochene Gnade konkret ausmacht. Im theologischen Kern geht es um Vergebung, die an drei Punkten festgemacht wird: Gottes Nähe, der Offenbarung seines Namens und seiner inneren Bereitschaft zu vergeben. Die Eröffnung macht Mose mit seiner Bitte, Gottes Herrlichkeit zu sehen (33,18). Damit meint er nicht irgendeine mystische Gottesschau, sondern das, was er eigentlich von 24,9-11 her erwarten kann – eine erneute Bestätigung der wieder aufgenommenen Bundesbeziehung mit Israel. In 24,17 war es auch die sichtbare Herrlichkeit Gottes, die den Israeliten so großen Eindruck machte. Doch selbst Mose gegenüber will Gott seine Souveränität wahren und begrenzt diesmal die Gottesschau auf eine Offenbarung seines Namens JHWH. Wie schon in Kap. 3 lässt sich Gott nicht festlegen, und dieselbe *„idem per idem"*-Formulierung begegnet auch hier (33,19; vgl. 3,14). Die Betonung, dass Gott sich nicht sehen lassen wird, ist besonders von dem Goldenen Kalb her verständlich: Aaron „sah" dieses und die Reaktion des Volkes darauf und baute dann den Altar, der dem neuen Gott geweiht war (32,5). Diesen Gott hatten sie sich gemacht, sich damit auch verfügbar gemacht. So etwas ist mit JHWH nicht zu machen. Doch JHWH bietet das Beste, was er anbieten kann: „alle seine Güte", die Offenbarung seines Namens, einen Einblick in seinen Charakter, sein Wesen. Spätestens in 34,1 wird klar, was dies alles für das Volk zu bedeuten hat: Gott wird seinen Bund mit ihnen erneuern, daher braucht es neue Tafeln, die Mose vorbereitend mitbringen soll. Wieder wird die kommende Theophanie mit den notwendigen Sicherheitshinweisen vorbereitet (34,3). Die sogenannte Gnadenrede (34,5-7) ist sicherlich ein Höhepunkt in 2. Mose, doch ist sie aufgrund ihrer dichten Formulierung nicht einfach zu verstehen. Dies ist wohl auch beabsichtigt, denn Gott ist für menschliches Verstehen nicht widerspruchsfrei erfassbar, selbst wenn er sich, wie hier, offenbart. Zunächst ist nicht ganz deutlich, ob diese Rede ein hymnischer Teil der Moserede ist oder ob JHWH selbst spricht und so Mose beten lehrt. In dieser Offenheit kann jeder Leser diese Worte zu seinem eigenen Gebet machen und somit den Gedankengang für sich selbst in Anspruch nehmen.

34,7 ist als Erklärung zu 34,6 zu deuten: „Stellt V. 6 Wesenseigenschaften Gottes vor Augen, so erläutert V. 7 daraus resultierende Handlungsweisen" (Scoralick 2001, 146). Gottes Gnade und Barmherzigkeit, seine Langmut und sein Reichtum an Gnade und Treue sind allerdings keine abstrakten Eigenschaften, sondern sind immer bezogen auf eine Beziehung, und zwar hier ganz konkret auf seine Beziehung mit Israel. Von daher darf auch die Spannung zwischen Vergebungsbereitschaft und dem Willen, nicht einfach freizusprechen, nicht aufgelöst oder systematisch-theologisch wegerklärt werden. Beides ist in Gott nebeneinander berechtigt und kommt in der konkreten Beziehung auch zum Ausdruck. Man darf aber auch nicht von einer Unberechenbarkeit Gottes sprechen, der so und so das tut, was er will. Hier ist vielmehr ein sehr wirkungsvoller Ausdruck von Hoffnung auf den gnädigen Gott gemeint, was durch das überzogene Verhältnis von 1000 zu drei bis vier betont wird. Im antiken Israel lebten drei bis vier Generationen in einem Haushalt zusammen. Setzt man für eine Generation ca. 20 Jahre an, so wird der krasse „Überhang" an Gnade deutlich: 20 000 Jahre zu einem gerade existierenden Haushalt. In diesem Kontext lassen sich die Auswirkungen der Sünde der Väter sehr wohl und ganz konkret beobachten, „prüfen", ob die Sünden der Vorfahren sich bei den Kindern fortsetzen (Dohmen 2004, 355). Gottes Geduld

(34,6b) lässt ihn mit der Strafe warten. Hier wird in keiner Weise an eine Art Sippenhaftung oder Vererbung von Sünde gedacht. Was als Resümee von Gottes Selbstoffenbarung bleibt, ist, dass er barmherzig und gnädig ist und seine Vergebungsbereitschaft menschlich nicht fassbar (Dohmen 2004, 356). Dies ist es also, was das Volk in seiner Halsstarrigkeit braucht, um trotzdem die Gegenwart Gottes in seiner Mitte genießen zu können: Gottes Vergebungsbereitschaft (34,9), und zwar immer wieder, wie die weitere Geschichte des Volkes zeigen wird.

Im dritten und letzten großen Abschnitt der Erzählung vom Goldenen Kalb (34,10-35) wird nun die Bundeserneuerung beschrieben. Dabei wird kein Bericht des Rituals gegeben, sondern der Schwerpunkt allein auf den Inhalt des Bundes gelegt. Dieser ist betont derselbe wie beim ersten Bundesschluss in Kap. 20–24.

Den Anfang macht ein Blick in die Zukunft Israels im Land der Verheißung (34,11-16), wodurch der Bund auf eine ganz konkrete Situation zugespitzt wird, auf das Weiterziehen in der Wüste und dann das Ankommen und Wohnen in Kanaan (vgl. 23,23-33). Die Wunderwerke, die Gott tun wird (34,10), sind eindeutig auf Mose bezogen, der inmitten des Volkes Mittler sein wird. Wahrscheinlich wird hier eine erste Andeutung der verschiedenen Wunder gemacht, die Mose im weiteren Verlauf der Wüstenwanderung für Israel tun wird. Damit werden Moses Führungsanspruch und seine Berufung zum Mittler, wie bereits in der vorsinaitischen Wüstenerzählung, bestätigt. Die sehr betonte Einschärfung, in Kanaan angekommen, kein Risiko bezüglich fremder Götter einzugehen (34,12-16), ist aus der Episode mit dem Goldenen Kalb mehr als verständlich.

Die nun folgenden Verse (34,17-28) nehmen den Schlussabschnitt des Bundesbuches (20,22–23,33) auf und deuten so an, dass hier das Ganze gemeint ist. Das Bilderverbot (20,3-5) wird aus gegebenem Anlass wiederholt (34,17). Dann kommen noch Anmerkungen zum Festkalender sowie zur Erstlingsabgabe und zum Sabbat (34,18-26), der ja bereits an verschiedenen Stellen in 2. Mose vorkam und sowohl die Struktur des Buches an sich zusammenhält als auch die Zeit des Auszugs mit der Zeit des Lesers. Der markante Satz zum Kochen des Zickleins in der Milch seiner Mutter (34,26b; vgl. 23,19) dürfte selbst dem gedächtnisschwächsten

Leser klarmachen, dass hier das Bundesbuch wiederholt und gemeint ist. Den Abschluss macht dann auch konsequenterweise die Erwähnung der Beschriftung der neuen Tafeln. In alledem soll sich das Volk von den anderen Völkern Kanaans unterscheiden und abgrenzen. Diese Grenzziehung braucht das Volk nicht nur, um die Gegenwart Gottes für sich zu sichern, sondern auch, um ihrer Identität und Bestimmung als Priestervolk gerecht zu werden. Nach dem Bundesbruch wird also der Bund in allen Aspekten wiederhergestellt, wobei allerdings jetzt zum Ideal der Kap. 19–31 die Realität des Gottesvolkes mit seiner starken Tendenz zur Sünde gestellt wird. Damit wird der Horizont aufgezogen, vor dem die Existenz als Gottesvolk überhaupt erst ermöglicht wird – die Vergebungsbereitschaft Gottes.

34,29-35 geben einen Einblick in die neue Situation des Volkes. Mose wird hier zur großen Theophanie von Kap. 19 in Bezug gesetzt. Besonders in der Reaktion des Volkes wird dies deutlich: Beide Male schrecken sie zurück und bleiben zunächst auf Distanz. Es scheint so, als würde Mose die Herrlichkeit Gottes vom Berg mit herabbringen und damit bereits einen ersten Vorgeschmack auf die Gegenwart Gottes im Lager bieten. Auch hier werden Grenzen gezogen, wie es am Sinai der Fall war und wie sie der Leser bereits in Kap. 25–31 kennengelernt hat. Bedeutsam ist die Rolle Moses, wie sie in diesem kurzen Text deutlich wird. Seine Persönlichkeit tritt vollkommen hinter seinem Amt als Mittler zurück. Sein Gesicht ist nicht mehr zu sehen, es sei denn, er vermittelt gerade ein Wort JHWHs, und dann ist es von Gottes Licht überstrahlt. Es sieht fast so aus, als wäre Mose ganz im göttlichen Bereich verortet. Er wirkt dem Lager und seinen Mitisraeliten sehr entrückt und geht in seiner Funktion auf. Zentral ist 34,32: Mose gibt Gottes Anweisungen weiter, und da sind mit Sicherheit die Anweisungen zum Bau des Begegnungszeltes enthalten, welches ja nun doch gebaut werden kann, und zwar inmitten des Lagers.

2.4.3.4 Anregung zur Bibelarbeit

2Mo 32–34 sind zentrale Kapitel für die Gesamtanlage des Buches. 2. Mose will über die Erzählung und Deutung der Gründungsepoche

Israels vor allem die Identität des Volkes definieren. Dabei von einem rein hypothetischen Ideal auszugehen, wäre mindestens blauäugig, wenn nicht gar bewusste Irreführung. Das Volk der Israeliten ist keine Spur besser als irgendein anderes Volk; es ist auch nicht schlechter. Diesem Fakt muss ein theologischer Versuch, die Identität dieses Volkes zu bestimmen, gerecht werden. So müssen die Spannungen zwischen Anspruch und Wirklichkeit, zwischen Heiligkeit und Tendenz zum Unheiligen, zwischen Berufung und Verrat an der Berufung, zwischen widerstreitenden politischen Programmen und zwischen Strafe und Vergebung miteinbezogen werden. Diese Spannungen sind Teil der menschlichen Existenz, und daher ist das Buch 2. Mose auch heute noch mit so viel Gewinn lesbar.

Die Sünde des Volkes ist ebenso schockierend wie verständlich. Für uns als Leser jedoch erscheint sie zunächst trotzdem unverständlich, da wir ja von Gottes Wunsch, in der Mitte des Volkes zu wohnen, wissen; da wir von Gottes Idealvorstellung von Israel wissen. So wird der „Sündenfall Israels" zu einem Exempel, an dem sich die große Diskussion um die theologische und praktische Möglichkeit der Gegenwart Gottes bei uns sündigen Menschen entfaltet. Diese Diskussion ist aufgrund ihrer Länge nicht einfach zu erfassen. In einer Bibelgesprächsgruppe wäre dennoch der Versuch zu wagen, mindestens in einem ersten Treffen alle drei Kapitel zu besprechen, um dann eventuell in weiteren Gesprächen die Details aufzufüllen. Da allein das Lesen des Ganzen viel Zeit in Anspruch nimmt, wäre eine Aufteilung der Gruppe in Kleingruppen denkbar, die sich jeweils einen der drei Hauptteile (32,1-29 Abfall vom Bundesgott; 32,20–34,9 Reflexion über die Konsequenzen [Fürbitte des Mose]; 34,10-35 Bundeserneuerung) unter Beachtung der folgenden Fragen vornehmen:

- Welche Personen oder Personengruppen kommen in diesem Abschnitt vor? In welcher Beziehung stehen sie zueinander? Machen die Personen jeweils eine Entwicklung durch?
- Welches Bild Israels und welches Bild Gottes entsteht durch diesen Text?

- In welche Teile würden Sie den Text gliedern? Welches ist der Kernsatz, die Kernidee des Abschnitts? Wo würden Sie den Höhepunkt des Abschnitts sehen?
- Welche Überschrift würden Sie dem gesamten Abschnitt geben? Worin sehen Sie den Beitrag des Textes zum großen Thema „Vergebung"?
- Wo finden Sie sich selbst oder Ihre Gemeinde in diesem Text wieder? Mit welchen Personen können Sie sich am ehesten identifizieren?

Diese Fragen könnten sehr lange und ausführlich besprochen werden, daher ist es wichtig, die Zeit im Blick zu behalten und jeder Gruppe die Chance zu geben, den anderen von ihren Ergebnissen zu berichten. Im Anschluss daran wäre zu fragen, welcher gedankliche Fortschritt in den drei Kapiteln zu erkennen ist, damit der Überblick und die Entwicklung des Themas nicht verloren gehen.

Nun sollen noch einige theologische Themen angeschnitten werden, die sich vom Text her aufdrängen und heute nach wie vor relevant sind. Zunächst ist die Sünde des Goldenen Kalbes nicht einfach nur ein Einzelfall. Sie kann als paradigmatisch angesehen werden. Die menschliche Tendenz ist, Gott in den Griff zu bekommen, die Unfassbarkeit Gottes aufzulösen und in eine leichter handhabbare Form zu pressen. Heute ist es nicht ein Goldenes Kalb, das wäre kulturell unangebracht, es sind vielmehr die gedanklichen Gottesbilder, die aus denselben Gründen „hergestellt" werden: der Versuch, Gott durch Gebet und Fasten, durch moralisch besonders rigoroses Leben, durch laute oder leise Versprechungen, durch großzügige Spenden, durch Kerzen und Weihrauch, durch ein aufopferungsvolles Verzichten in die Ecke zu treiben, vor seinen eigenen Karren zu spannen und letztlich dazu zu bewegen, dass er unsere eigenen Ideen und Wünsche verwirklicht. An JHWH zu glauben, an den Gott, der in 2. Mose beschrieben wird, bedeutet, seine Souveränität zu akzeptieren, nach 40 Tagen Funkstille seinerseits nicht gleich in Panik auszubrechen und ein neues religiöses Erlebnis zu produzieren. Es bedeutet, anzunehmen, zu warten, zu erwarten, zu hören und zu gehorchen. Keine anderen Götter anzubeten, bedeutet nicht vor allem das Vermeiden von etwas, sondern zuerst, sich ganz auf den einen einzulassen, von ihm all das zu erwarten, was man sonst von den Ersatzgöttern erwarten würde – und im Fall von JHWH, dass man sich unter seine Souveränität unterordnet.

Die Bedeutung der Gegenwart Gottes in diesen Kapiteln wirkt fast schon aufdringlich, doch war sie offenbar die zentrale Sorge Israels, Moses und Gottes gleichermaßen. Das Volk wollte sie durch die goldene Skulptur sichern, Mose betont, dass ohne Gottes Gegenwart kein Gottesvolk möglich ist, und Gott hält daran fest, dass seine Gegenwart nur zu seinen Konditionen zu haben ist. Gottes Gegenwart ist vielleicht sogar das zentrale Thema des Alten Testaments. Heute kümmern sich nur wenige um dieses Thema. Die Konsequenzen der zunehmenden Bedeutungslosigkeit des Bewusstseins von Gottes Gegenwart markieren viele unserer Gesellschaften. Wo die Nähe und damit die Wirkung der Heiligkeit Gottes missachtet wird, da degradiert man soziale Beziehungen zu Mitteln zum eigenen Zweck, da wird menschliche Würde missachtet, da werden Schönheit und Kunst zu marktwirtschaftlichen Faktoren, da wird der Mensch zu seinem eigenen Richter, orientierungslos und verloren im Zwang zur Entscheidung ohne Kriterien. Das Bewusstsein der Nähe Gottes hat eine wesentliche Funktion für unser Menschsein. Es lässt uns Grenzen wahrnehmen, bremst uns aus, ermöglicht uns eine eigentlich fremde Perspektive, schützt uns letztlich vor uns selbst. Damit ist Gottes Gegenwart keine Sache, die es nur im Gottesdienst zu feiern oder ehrfurchtsvoll wahrzunehmen gilt, sondern sie will uns Richtung geben, uns den Kopf zurechtrücken. Sie hat Konsequenzen für den Alltag. Daher müssen wir für sie kämpfen, sie wie Mose erbitten und uns vor allem nach Gottes Bedingungen für sein Beisein bei uns richten.

Letzteres ist, realistisch betrachtet, nur möglich, wenn Gott uns in unserer „Halsstarrigkeit" annimmt und unsere immer präsente Sündhaftigkeit mit seiner Vergebungsbereitschaft nicht nur aufwiegt, sondern maßlos mit seiner Gnade überdeckt. Manchmal hat man den Eindruck, dass Gottes Gnade es nur gerade so schafft, mit unserer privaten und gesellschaftlichen Sündhaftigkeit mitzuhalten. Dem ist aber nicht so, sie ist überschwänglich, menschlich nicht zu begreifen. Vielleicht muss das heute wieder stärker betont werden, damit wir uns nicht dazu verleiten lassen, in großem Pessimismus auf das Ende dieser Welt zu hoffen. Gerade von den Nachfolgern des lebendigen und heiligen Gottes hat die Welt etwas anderes verdient. Der Auftrag, der mit der Berufung des Gottesvolkes als Priestervolk einhergeht (das Neue Testament, spricht von Licht und Salz), gilt nach wie vor und sollte hoffnungsvoll und in demütigem Bewusstsein der eigenen Unzulänglichkeit ausgeführt werden.

2.4.4 Über den Bau des Begegnungszeltes und die Realisation von Gottes Gegenwart beim Volk wird berichtet (35,1–40,33)

2.4.4.1 Übersetzung

35,1 Und Mose versammelte die ganze Gemeinde der Israeliten und sagte zu ihnen: Diese Dinge hat JHWH euch befohlen, damit ihr sie tut: 2 Sechs Tage darf gearbeitet werden, aber der siebte Tag soll für euch ein heiliger Sabbat sein, ein Ruhetag für JHWH. Jeder, der an ihm eine Arbeit tut, soll ganz gewiss sterben. 3 Ihr dürft in all euren Wohnungen kein Feuer anzünden am Sabbattag.

4 Und Mose sagte zur Gemeinde der Israeliten: Dies sind die Sachen, die JHWH befohlen hat: 5 Nehmt von euch eine Abgabe für JHWH. Jeder, motiviert aus seinem Herzen, soll eine Abgabe für JHWH bringen: Gold, Silber, Kupfer, 6 Stoffe, gefärbt mit blauem und rotem Purpur und Karmesin, Feinleinen, Ziegenhaare, 7 rot gefärbte Widderfelle, Tachaschleder und Akazienholz, 8 Öl für den Leuchter, Gewürze für das Salböl und für das wohlriechende Räucherwerk, 9 Onyxsteine und andere Edelsteine für das Efod und für die Brusttasche. 10 Alle Kunstverständigen unter euch sollen kommen und alles machen, was JHWH befohlen hat: 11 die Wohnung mit ihrem Zelt und ihrer Decke, ihren Haken, ihren Brettern, ihren Querbalken, ihren Säulen und Sockeln, 12 den Kasten mit seinen Tragstangen, die Versöhnungsplatte, den inneren Vorhang, 13 den Tisch mit seinen Tragstangen, alle seine Geräte, die Schaubrote, 14 den Leuchter zur Beleuchtung mit all seinen Geräten, seine Lampen und das Öl für den Leuchter, 15 den Räucheraltar mit seinen Tragstangen, das Salböl und das wohlriechende Räucherwerk und den Eingangs-

vorhang am Eingang der Wohnung, 16 den Brandopferaltar mit seinem kupfernen Gitter, seinen Tragstangen und allen seinen Geräten, das Becken mit seinem Gestell, 17 die Behänge für den Vorhof, seine Säulen mit ihren Sockeln und den Vorhang für den Eingang des Vorhofs, 18 die Pflöcke der Wohnung und die Pflöcke des Vorhofs mit den dazugehörigen Stricken, 19 die gewirkten Gewänder für den Dienst im Heiligtum und die heiligen Gewänder für Aaron, den Priester, und die Kleider seiner Söhne, damit sie Priester seien.

20 Und die ganze Gemeinde der Israeliten ging von Mose weg. 21 Dann kamen sie, jeder, den sein Herz motivierte, und jeder, den sein Geist dazu antrieb, brachte die Abgaben für JHWH für die Konstruktion des Begegnungszeltes, für den gesamten Dienst an ihm und für die heiligen Gewänder. 22 Es kamen die Männer nach den Frauen, alle, die ihr Herz motivierte, und brachten Spangen, Ringe, Siegelringe, Ketten, goldenen Schmuck jeglicher Art, jeder, was er JHWH als Weihegabe an Gold bringen wollte, 23 und jeder, der blauen oder roten Purpur, Karmesin, Feinleinen, Ziegenhaare, rot gefärbte Widderfelle und Tachaschleder fand. 24 Jeder, der eine Abgabe von Silber und Kupfer bringen wollte, brachte die Weihegabe für JHWH herbei, und jeder, bei dem sich Akazienholz für alle Arbeiten am Projekt fand, brachte es herbei. 25 Alle kunstverständigen Frauen spannen mit ihren Händen und brachten das Gesponnene: mit blauem und rotem Purpur und Karmesin <Gefärbtes> und Feinleinen. 26 Alle Frauen, deren Herz sie motivierte, in Weisheit spannen sie Ziegenhaare. 27 Die Sippenhäupter brachten Karneol und andere Edelsteine zum Besatz des Efods und der Brusttasche, 28 ferner Gewürze und das Öl für den Leuchter, zum Salböl und zum wohlriechenden Räucherwerk. 29 Jeder Mann und jede Frau, motiviert in ihrem Herzen, für das Werk etwas beizutragen, das JHWH durch Mose befohlen hatte, die Israeliten, brachten eine Gabe für JHWH.

30 Mose sagte zu den Israeliten: Seht, JHWH hat namentlich Bezalel, den Sohn Uris, den Enkel Hurs, vom Stamm Juda, berufen 31 und ihn mit dem Geist Gottes erfüllt, mit Weisheit, Einsicht und Erkenntnis zu jeder Arbeit, 32 um Pläne zu entwerfen, um Gold, Silber und Kupfer zu bearbeiten, 33 um durch Schneiden und Fassen von Steinen und durch Schnitzen von Holz allerlei Kunsthandwerk auszuführen. 34 Auch zu unterweisen, gab er ihm ins Herz, ihm und Oholiab, dem Sohn Ahisamachs, vom Stamm Dan. 35 Er hatte sie mit einem weisen Herz erfüllt, um alle möglichen Arbeiten auszuführen, wie sie der Kunsthandwerker, der Kunstweber und Buntwirker mit blauem und rotem Purpur und Karmesin Gefärbtem und Feinleinen, aber auch der Weber anfertigt, um jegliche Arbeit auszuführen und Pläne zu entwerfen.

36,1 Bezalel, Oholiab und alle kunstverständigen Männer, denen JHWH Weisheit und Einsicht gegeben hatte, damit sie wissen, wie sie alle Arbeiten für den Bau des Heiligtums tun können, sollen alles so tun, wie JHWH es befohlen hat.

2 So berief Mose Bezalel, Oholiab und die kunstverständigen Männer, denen JHWH Weisheit ins Herz gegeben hatte, alle, die motiviert waren, das Werk anzugehen und auszuführen. 3 Dann nahmen sie von Mose alle Abgaben, welche die Israeliten für die Arbeiten zum Bau des Heiligtums gebracht hatten, um sie auszuführen. Sie brachten ihm auch weiterhin jeden Morgen Spenden. 4 Da kamen alle Kunsthandwerker, die mit den Arbeiten am Heiligtum beschäftigt waren, Mann für Mann, von der Arbeit, die sie gerade machten, 5 und sie sagten zu Mose: Das Volk bringt zu viel, mehr als zur Ausführung der Arbeiten, die JHWH befohlen hat, notwendig ist. 6 Da befahl Mose und ließ im Lager melden: Weder Mann noch Frau soll noch Materialabgaben für das Heiligtum machen! So hörte das Volk auf zu bringen. 7 Das Material war genug für die Arbeit, sogar mehr als genug.

8 So machten alle Kunstverständigen, die am Werk arbeiteten, die Wohnung aus zehn Planen aus gezwirntem Feinleinen, aus mit blauem und rotem Purpur und Karmesin Gefärbtem mit Kerubim, ein Werk des Kunstwirkers. 9 Jede Plane war achtundzwanzig Ellen lang und vier Ellen breit; alle Planen hatten dasselbe Maß. 10 Und er verband fünf Planen miteinander, die anderen fünf Planen verband er ebenfalls miteinander. 11 Am Saum der einzelnen Planen, am Ende zum Verbinden, machte er Schlaufen aus blauem Purpur, ebenso am Saum der Plane, am Ende der anderen Verbindung. 12 Fünfzig Schlaufen machte er an der einen Plane, und fünfzig Schlaufen machte er am Ende der Plane, die bei der anderen Verbindung ist, sodass die Schlaufen gegenüber den anderen waren. 13 Dazu machte er fünfzig goldene Haken und fügte die Planen mit den Haken zusammen, eine mit der anderen, sodass

*die Wohnung ein Ganzes wurde. 14 Dann machte er Planen aus Ziegen-
haaren zu einem Zeltdach auf der Wohnung. Elf Planen machte er. 15 Jede
Plane war dreißig Ellen lang und jede Plane vier Ellen breit. Alle elf Planen
hatten dasselbe Maß. 16 Dann verband er fünf Planen miteinander und
ebenso die anderen sechs Planen miteinander. 17 Am Saum der einzelnen
Planen, am Ende zum Verbinden, machte er fünfzig Schlaufen aus blauem
Purpur, ebenso machte er fünfzig Schlaufen am Saum der Plane, am Ende der
anderen Verbindung. 18 Dann machte er fünfzig kupferne Haken, um die
Zeltplanen zu einem Ganzen zusammenzufügen. 19 Und er machte für das
Zelt eine Überdecke aus rot gefärbten Widderfellen und darüber eine Decke
aus Tachaschleder.*

*20 Und er machte für die Wohnung Bretter aus Akazienholz – senkrecht
stehende. 21 Ein Brett war jeweils zehn Ellen lang und anderthalb Ellen
war ein Brett jeweils breit. 22 Ein Brett war mit zwei Zapfen mit seinem
Gegenstück verbunden. So machte er es für alle Bretter der Wohnung, 23
und er machte die Bretter für die Wohnung: zwanzig Bretter für die Südseite,
Richtung Süden. 24 Und er machte für die zwanzig Bretter vierzig silberne
Sockel: zwei Sockel unter einem Brett für die beiden Zapfen, zwei Sockel
unter <dem nächsten> Brett für die beiden Zapfen … 25 Für die zweite Seite
der Wohnung, die Nordseite, machte er zwanzig Bretter 26 und ihre vierzig silbernen Sockel, zwei Sockel unter einem Brett, zwei Sockel unter <dem
nächsten> Brett … 27 Für die Rückseite der Wohnung, die Westseite, machte
er sechs Bretter. 28 Zwei Bretter machte er für die Ecken der Wohnung an der
Rückseite. 29 Sie waren von unten her zusammen, bis oben, zu dem einen
Ring. So machte er es bei beiden an beiden Ecken. 30 Es waren insgesamt
acht Bretter mit ihren silbernen Sockeln, sechzehn Sockel, je zwei Sockel unter
einem Brett.*

*31 Dann machte er Querbalken aus Akazienholz, fünf für die Bretter auf
der einen Seite der Wohnung 32 und fünf Querbalken für die Bretter auf der
anderen Seite der Wohnung und fünf Querbalken für die Bretter der Rückseite der Wohnung, Richtung Westen hin. 33 Den mittleren Querbalken ließ
er in der Mitte der Bretter von einem Ende zum anderen Ende durchlaufen.
34 Die Bretter überzog er mit Gold, und ihre Ringe zur Aufnahme der Querbalken machte er aus Gold und überzog auch die Querbalken mit Gold.*

*35 Dann fertigte er den Vorhang aus mit blauem und rotem Purpur
und Karmesin gefärbtem und gezwirntem Feinleinen an, er machte ihn in
Kunstwirkerarbeit mit Kerubim. 36 Dann machte er für ihn vier Säulen aus
Akazienholz, überzog sie mit Gold, und goldene Haken und goss für sie vier
silberne Sockel. 37 Ferner machte er einen Vorhang für den Eingang des Zeltes
aus mit rotem und blauem Purpur und Karmesin gewebtem und gezwirntem
Feinleinen, in Buntwirkerarbeit, 38 mit seinen fünf Säulen und ihren Haken. Ihre Kapitelle und ihre Querverbindungen überzog er mit Gold; ihre
Sockel aber waren aus Silber.*

*37,1 Und Bezalel machte den Kasten aus Akazienholz, zweieinhalb Ellen
lang, eineinhalb Ellen breit und eineinhalb Ellen hoch. 2 Er überzog sie innen und außen mit reinem Gold und machte an ihm ringsum eine goldene
Leiste.*

*3 Dann goss er vier goldene Ringe an seinen vier Ecken, zwei Ringe auf der
einen Seite und zwei Ringe auf der anderen Seite. 4 Dann machte er Stangen
aus Akazienholz und überzog sie mit Gold. 5 Dann schob er die Stangen
durch die Ringe an den Seiten des Kastens, um den Kasten tragen zu können.*

*6 Und er machte die Versöhnungsplatte aus reinem Gold, zweieinhalb El-
len lang und eineinhalb Ellen breit. 7 Dann machte er zwei Kerubim – in
getriebener Arbeit formte er sie aus den beiden Enden der Versöhnungsplatte
heraus, 8 den einen Kerub an dem einen und den anderen Kerub an dem
anderen Ende. Aus der Versöhnungsplatte heraus arbeitete er die Kerubim
an ihren beiden Enden. 9 Die Kerubim hatten die Flügel nach oben hin
ausgebreitet und bedeckten so mit ihren Flügeln die Versöhnungsplatte. Ihre
Vorderseiten waren einander zugekehrt, hin zur Versöhnungsplatte waren die
Vorderseiten der Kerubim gerichtet.*

*10 Und er machte den Tisch aus Akazienholz, zwei Ellen lang, eine Elle
breit und eineinhalb Ellen hoch. 11 Er überzog ihn mit reinem Gold und
machte eine goldene Leiste ringsherum. 12 Dann machte er rings um ihn
einen handbreiten Rahmen und machte ringsherum eine goldene Leiste für
seinen Rahmen. 13 Und er goss für ihn vier goldene Ringe und befestigte diese
Ringe an den vier Seiten bei seinen vier Beinen. 14 Dicht am Rahmen waren
die Ringe zur Aufnahme der Stangen, um den Tisch tragen zu können. 15*

Die Stangen fertigte er aus Akazienholz an und überzog sie mit Gold, um den Tisch tragen zu können. 16 Dann machte er die Geräte, die zum Tisch gehören, seine Schüsseln, seine Schalen, seine Krüge und seine Kannen, aus denen ausgegossen wird – aus reinem Gold.

17 Dann machte er den Leuchter aus reinem Gold, in getriebener Arbeit machte er den Leuchter, seinen Fuß und seinen Schaft, seine Kelche, seine Knospen und Blüten aus einem Stück. 18 Von seinen beiden Seiten gingen sechs Arme aus, drei Arme des Leuchters auf der einen Seite und drei Arme des Leuchters auf der anderen Seite. 19 Drei mandelförmige Kelche aus Knospen und Blüten waren an einem Arm und drei mandelförmige Kelche aus Knospen und Blüten an dem anderen Arm. So machte er es an allen sechs Armen, die vom Leuchter ausgehen. 20 Am Leuchter selbst waren vier mandelblütenförmige Kelche, aus Knospen und Blüten, 21 und zwar je eine Knospe unter den ersten beiden von ihm ausgehenden Armen, je eine Knospe unter den zweiten von ihm ausgehenden Armen, je eine Knospe unter den dritten von ihm ausgehenden Armen, entsprechend den sechs Armen, die vom Leuchter ausgehen. 22 Seine Knospen und Arme waren ein Ganzes mit dem Schaft, alles eine getriebene Arbeit aus einem Stück reinen Goldes. 23 Dann machte er seine sieben Lampen, seine Dochtscheren und seine Pfannen aus reinem Gold. 24 Aus einem Talent reinen Gold machte er ihn und alle seine Geräte.

25 Dann machte er den Räucheraltar aus Akazienholz, eine Elle lang, eine Elle breit, quadratisch, und zwei Ellen hoch; seine Hörner waren mit ihm eine Einheit. 26 Er überzog ihn mit reinem Gold, seine Oberseite und seine Wände ringsum sowie seine Hörner. Er machte um ihn herum eine goldene Leiste. 27 Zwei goldene Ringe machte er ihm, unterhalb seiner Leiste an seinen beiden Seiten zur Aufnahme der Stangen, damit man ihn daran tragen konnte. 28 Die Tragstangen machte er aus Akazienholz und überzog sie mit Gold. 29 Dazu machte er das heilige Salböl und das reine, wohlriechende Räucherwerk, wie es der Salbenmischer macht.

38,1 Dann machte er den Brandopferaltar aus Akazienholz, fünf Ellen lang und fünf Ellen breit, quadratisch, und drei Ellen hoch. 2 An seinen vier Ecken machte er seine Hörner, sodass seine Hörner mit ihm eine Einheit bildeten, und überzog ihn mit Kupfer. 3 Dann machte er alle zum Altar gehörigen Geräte: die Töpfe, Schaufeln, Schalen, Gabeln und Feuerpfannen. Alle

Geräte machte er aus Kupfer. 4 Er machte für den Altar ein Netz, ein Gitter aus Kupfer, unterhalb seiner Einfassung bis zu seiner halben Höhe. 5 Dann goss er vier Ringe für die vier Ecken des kupfernen Gitters zur Aufnahme der Stangen. 6 Er machte die Stangen aus Akazienholz und überzog sie mit Kupfer. 7 Die Stangen steckte er durch die Ringe an den Seiten des Altars, um ihn tragen zu können. Aus Brettern, hohl, machte er ihn.

8 Dann machte er das kupferne Becken und sein kupfernes Gestell, bezogen auf das Dienen, welches sie am Eingang des Begegnungszeltes taten.

9 Und er machte den Vorhof: an der Südseite, nach Süden hin, Behänge für den Vorhof aus gezwirntem Feinleinen, einhundert Ellen, 10 und seine zwanzig Säulen mit ihren zwanzig kupfernen Sockeln und seinen Haken und seinen Querverbindungen aus Silber. 11 Ebenso für die Nordseite Behänge von einhundert Ellen, dazu zwanzig Säulen mit ihren zwanzig kupfernen Sockeln und ihren Haken und ihren Querverbindungen aus Silber. 12 Für die Westseite des Vorhofes, Behänge von fünfzig Ellen, mit seinen zehn Säulen und zehn Sockeln; die Haken der Säulen und ihre Querverbindungen aus Silber; 13 auf der Ostseite, gen Sonnenaufgang, fünfzig Ellen; 14 fünfzehn Ellen der Behänge auf der einen Seite <des Eingangs>, mit ihren drei Säulen und ihren drei Sockeln, 15 und fünfzehn Ellen der Behänge auf der anderen Seite, mit ihren drei Säulen und ihren drei Sockeln. 16 Alle Behänge des Vorhofs ringsum waren aus gezwirntem Feinleinen. 17 Die Sockel der Säulen waren aus Kupfer, aber ihre Haken und Querverbindungen aus Silber; auch der Überzug ihrer Kapitelle war aus Silber. Alle Säulen des Vorhofes hatten silberne Querverbindungen. 18 Und der Vorhang am Eingang des Vorhofes war Buntwirkerarbeit aus mit blauem und rotem Purpur und Karmesin gefärbtem und gezwirntem Feinleinen; zwanzig Ellen lang und fünf Ellen hoch, entsprechend den Behängen des Vorhofs. 19 Seine vier Säulen mit ihren Füßen waren aus Kupfer, seine Haken aus Silber, der Überzug ihrer Kapitelle und ihre Querverbindungen waren aus Silber. 20 Alle Pflöcke für die Wohnung und den Vorhof ringsum waren aus Kupfer.

21 Dies ist die Aufstellung zur Wohnung, der Wohnung des Zeugnisses, aufgestellt auf Befehl Moses durch die Leviten unter der Leitung Itamars, des Sohnes Aarons, des Priesters. 22 Bezalel, der Sohn Uris, der Enkel Hurs, aus dem Stamm Juda, hatte alles gemacht, was JHWH Mose befohlen hatte, 23 und mit ihm Oholiab, der Sohn Ahisamachs, vom Stamm Dan, ein Kunsthandwerker, Kunstwirker und Buntweber für mit blauem und rotem Purpur und Karmesin gefärbtes und feines Leinen.

24 Alles Gold, das für die Arbeit am ganzen Werk des Heiligtums verarbeitet wurde – das Gold des Schwingopfers –, war 29 Talente und 730 Schekel nach dem Schekel des Heiligtums.

25 Das Silber der Gemeinde gemäß der Volkszählung war 100 Talente und 1750 Schekel nach dem Schekel des Heiligtums, 26 ein Beka pro Kopf, also die Hälfte eines Schekels nach dem Schekel des Heiligtums, von allen, die gezählt worden waren, von zwanzig Jahren und älter, insgesamt 603 550. 27 100 Talente Silber wurden zum Gießen der Sockel des Heiligtums und der Sockel des Vorhangs verwendet, 100 Talente für 100 Sockel, für jeden Fuß ein Talent. 28 Aus den 1775 Schekeln aber machte er Haken für die Säulen, überzog ihre Kapitelle und verband sie miteinander.

29 Das Kupfer des Schwingopfers betrug 70 Talente und 2400 Schekel. 30 Daraus machte er die Sockel vom Eingang des Begegnungszeltes, den kupfernen Altar samt seinen kupfernen Gittern, alle Altargeräte, 31 die Sockel des Vorhofs ringsum und die Sockel am Eingang des Vorhofs, alle Pflöcke der Wohnung und alle Pflöcke des Vorhofs ringsum.

39,1 Aus mit blauem und rotem Purpur und Karmesin Gefärbtem machten sie die gewobenen Gewänder zum Dienst im Heiligtum. Sie machten die heiligen Gewänder für Aaron, wie JHWH es Mose befohlen hatte.

2 Das Efod machten sie aus Gold, aus mit blauem und rotem Purpur und Karmesin gefärbtem und gezwirntem Feinleinen. 3 Er hämmerte Goldbleche dünn und schnitt sie in Fäden, um sie in das mit blauem und rotem Purpur Gefärbte und das Feinleinen einzuwirken, in Kunststickerarbeit. 4 Sie machten zwei zusammengefügte Schulterstücke; an den beiden Enden wurden sie zusammengefügt. 5 Die Binde am Efod, die daran ist, war aus einem Stück mit ihm gearbeitet, sie war aus Gold, mit blauem und rotem Purpur und Karmesin gefärbtem und gezwirntem Feinleinen, wie JHWH es Mose befohlen hatte.

6 Sie machten die Onyxsteine, gefasst in goldene Fassungen und graviert mit Siegelgravur die Namen der Söhne Israels. 7 Er setzte sie als Steine des

Gedenkens an die Söhne Israels auf die Schulterstücke des Efods, wie JHWH es Mose befohlen hatte. 8 Dann machten sie die Brusttasche in Kunstweberarbeit, wie die Arbeit des Efods, aus Gold, aus mit blauem und rotem Purpur und Karmesin gefärbtem und gezwirntem Feinleinen. 9 Quadratisch war sie, doppelt gelegt machten sie die Brusttasche, eine Spanne lang und eine Spanne breit, doppelt gelegt. 10 Und sie besetzten sie in vier Reihen mit Steinen: Die erste Reihe war ein Karneol, ein Topas und ein Smaragd, 11 die zweite Reihe ein Rubin, ein Saphir und ein Jaspis, 12 die dritte Reihe ein Hyazinth, ein Achat und ein Amethyst, 13 die vierte Reihe ein Chrysolith, ein Onyx und ein Nephrit. Sie waren in Gold eingefasst in ihren Fassungen. 14 Die Steine waren entsprechend den Namen der Söhne Israels, es waren zwölf entsprechend ihren Namen. In Siegelgravur war jeder mit dem Namen eines der zwölf Stämme versehen. 15 Sie machten an der Brusttasche die Ketten, gedreht wie Schnüre, aus reinem Gold: 16 Sie machten zwei goldene Fassungen und zwei goldene Ringe und befestigten die beiden Ringe an den beiden Enden der Brusttasche. 17 Die beiden goldenen Schnüre machten sie an den beiden Ringen an den Enden der Brusttasche fest. 18 Die zwei anderen Enden der beiden Schnüre machten sie an den zwei Fassungen fest und diese wiederum an den beiden Schulterstücken des Efods auf seiner Vorderseite. 19 Und sie machten zwei goldene Ringe und machten sie an den beiden unteren Enden der Brusttasche fest, nach innen hin, an dem den Efod zugewandten Rand. 20 Dann machten sie noch zwei goldene Ringe und befestigten sie unten an den beiden Schulterstücken des Efods, an seiner Vorderseite, dicht bei der Verbindung knapp oberhalb der Binde des Efods. 21 Sie befestigten die Brusttasche mit ihren Ringen mit Schnüren aus blauem Purpur an den Ringen des Efods, damit es oberhalb der Binde des Efods anlag und die Brusttasche sich nicht vom Efod weg verschieben konnte, wie JHWH es Mose befohlen hatte.

22 Sodann machte er das Obergewand des Efods in Weberarbeit ganz aus blauem Purpur. 23 Und die Öffnung für den Kopf war in seiner Mitte wie die Öffnung eines Lederpanzers, damit es nicht zerreißt. 24 Und sie machten an seinem Saum Granatäpfel aus mit blauem und rotem Purpur und Karmesin gefärbtem und gezwirntem Feinleinen fest. 25 Dann machten sie Glocken aus reinem Gold und setzten sie zwischen die Granatäpfel an den

*Saum des Obergewandes ringsum zwischen die Granatäpfel: 26 eine Glocke
und einen Granatapfel, eine Glocke und einen Granatapfel ..., am Saum des
Obergewandes ringsum, für den Dienst, wie JHWH es Mose befohlen hatte.*

*27 Die Untergewänder machten sie aus Feinleinen in Weberarbeit für
Aaron und seine Söhne 28 und den Kopfbund aus Feinleinen, die Bänder
der Kopfbünde aus Feinleinen und die leinenen Unterhosen aus gezwirntem
Feinleinen 29 und den Gürtel aus gezwirntem Feinleinen, mit blauem und
rotem Purpur und Karmesin in Buntwirkerarbeit, wie JHWH es Mose befohlen hatte.*

*30 Sie machten ein Blatt aus reinem Gold, das heilige Diadem, und schrieben
darauf in Siegelgravur: Heilig für JHWH! 31 Dann befestigten sie daran
eine Schnur aus blauem Purpur, um es oben am Kopfbund anzubringen, wie
JHWH es Mose befohlen hatte.*

*32 So wurde die ganze Arbeit der Wohnung des Begegnungszeltes vollendet.
Die Israeliten hatten es ganz so gemacht, wie JHWH es Mose befohlen
hatte.*

*33 So brachten sie nun die Wohnung zu Mose: das Zelt mit allen seinen
Geräten, seinen Haken, Brettern, Querbalken, Säulen und Sockeln, 34 die
Plane aus rot gefärbten Widderfellen, die Überdecke aus Tachaschleder und
den inneren Vorhang, 35 den Kasten des „Zeugnisses" mit seinen Stangen
und der Versöhnungsplatte, 36 den Tisch mit allen seinen Geräten und die
Schaubrote, 37 den Leuchter aus reinem Gold mit seinen Lampen, den Lampen
in ihrer Ordnung, und alle seine Geräte und das Öl zur Beleuchtung,
38 den goldenen Altar und das Salböl, das wohlriechende Räucherwerk und
den Vorhang für den Eingang des Zeltes, 39 den kupfernen Altar mit seinem
kupfernen Gitter, seine Stangen und alle seine Geräte, das Becken mit seinem
Gestell, 40 die Behänge des Vorhofs, seine Säulen und Sockel und den Vorhang
für den Eingang des Vorhofs, seine Stricke und seine Pflöcke und alle Geräte
für den Dienst in der Wohnung, dem Begegnungszelt, 41 die gewobenen
Gewänder für den Dienst im Heiligtum, die heiligen Gewänder für Aaron,
den Priester, und die Gewänder für seine Söhne, damit sie Priester seien. 42
Genauso, wie JHWH es Mose befohlen hatte, hatten die Israeliten die ganze
Arbeit gemacht. 43 Dann sah Mose das ganze Werk, und siehe, sie hatten es*

*so gemacht, wie JHWH es dem Mose befohlen hatte, so hatten sie es gemacht.
Und Mose segnete sie.*

*40,1 Da sagte JHWH zu Mose: 2 Am ersten Tag des ersten Monats sollst du
die Wohnung des Begegnungszeltes aufbauen, 3 und du sollst den Kasten des
„Zeugnisses“ hineinstellen und mit dem Vorhang den Kasten verdecken. 4
Dann sollst du den Tisch hineinbringen und die Schaubrote darauf legen.
Du sollst auch den Leuchter hineinbringen und seine Lampen aufsetzen. 5
Dann sollst du den goldenen Räucheraltar vor den Kasten des Zeugnisses stellen und den Vorhang am Eingang der Wohnung aufhängen. 6 Dann sollst du
den Brandopferaltar vor den Eingang der Wohnung des Zeltes der Begegnung
stellen, 7 das Becken zwischen das Zelt der Begegnung und den Altar stellen
und Wasser hineingießen. 8 Danach sollst du den Vorhof ringsum aufbauen
und den Vorhang am Eingang des Vorhofs anbringen. 9 Dann sollst du das
Salböl nehmen und die Wohnung samt allem, was in ihr ist, salben und sie
mit allen ihren Geräten heiligen, damit sie heilig ist. 10 Dann sollst du den
Brandopferaltar und alle seine Geräte salben und so den Altar heiligen, damit
der Altar hochheilig ist. 11 Dann sollst du das Becken und sein Gestell salben
und es heiligen. 12 Dann sollst du Aaron und seine Söhne an den Eingang des
Zeltes der Begegnung herantreten lassen und sie mit Wasser waschen. 13 Dann
sollst du Aaron mit den heiligen Gewändern bekleiden und ihn salben und
ihn heiligen, damit er mir zum Priester sei. 14 Dann sollst du seine Söhne
herantreten lassen und sie mit ihren Gewändern bekleiden 15 und sie salben,
wie du ihren Vater gesalbt hast, damit sie mir zu Priestern seien. Dies soll sein,
damit ihre Salbung zu einem ewigen Priestertum für ihre Generationen wird.*

*16 Dann machte Mose alles genau so, wie JHWH es ihm befohlen hatte,
so machte er es.*

*17 Im ersten Monat des zweiten Jahres, am ersten Tag des Monats, wurde
die Wohnung aufgebaut. 18 So baute Mose die Wohnung auf: Er stellte ihre
Sockel auf, setzte ihre Bretter hinein, machte ihre Querverbinder fest und
richtete ihre Säulen auf. 19 Dann breitete er das Zelt über die Wohnung und
legte die Plane des Zeltes darüber, so, wie JHWH es Mose befohlen hatte. 20
Dann nahm er das Zeugnis und legte es in den Kasten, steckte die Stangen an
den Kasten und legte die Versöhnungsplatte oben auf den Kasten. 21 Dann*

brachte er den Kasten in die Wohnung, hängte zur Verhüllung den inneren Vorhang auf und verdeckte so die Lade des Zeugnisses, wie JHWH es Mose befohlen hatte. 22 Dann stellte er den Tisch in das Zelt der Begegnung auf die Nordseite der Wohnung außerhalb des inneren Vorhangs 23 und schichtete darauf die Schaubrote vor JHWH, wie JHWH es Mose befohlen hatte. 24 Dann stellte er den Leuchter in das Zelt der Begegnung dem Tisch gegenüber auf die Südseite der Wohnung 25 und setzte darauf die Lampen vor JHWH, wie JHWH es Mose befohlen hatte. 26 Dann stellte er den goldenen Altar in das Zelt der Begegnung vor den inneren Vorhang 27 und entzündete darauf das wohlriechende Räucherwerk, wie JHWH es Mose befohlen hatte. 28 Dann hängte er den Vorhang vor den Eingang der Wohnung. 29 Den Brandopferaltar stellte er vor den Eingang der Wohnung des Zeltes der Begegnung und opferte darauf Brandopfer und Speiseopfer, wie JHWH es Mose befohlen hatte. 30 Das Becken stellte er zwischen das Zelt der Begegnung und den Altar und goss Wasser zum Waschen hinein, 31 damit sich Aaron und seine Söhne darin Hände und Füße waschen konnten. 32 Immer, wenn sie in das Zelt der Begegnung hineingingen oder an den Altar herantraten, wuschen sie sich, wie JHWH es Mose befohlen hatte. 33 Dann baute er den Vorhof auf, rings um die Wohnung und um den Altar, und hängte den Vorhang vor den Eingang des Vorhofs.

So vollendete Mose das Werk.

2.4.4.2 Struktur

Nach der Bundeserneuerung in Kap. 34, in deren Zusammenhang die theologischen Voraussetzungen für die Gegenwart Gottes diskutiert wurden, geht der Autor nun wieder zum konkreten materiellen Heiligtum über. Der nun folgende Bericht zu Vorbereitung, Bau und Aufrichtung des Heiligtums ist in vielen Bereichen eine fast wörtliche Wiederholung der entsprechenden Anweisungen aus Kap. 25–31, allerdings mit einer eigenen Schwerpunktsetzung.

Der Text gliedert sich in acht große Abschnitte, denen hier gleich die Anweisungen zugeordnet werden.

35,1-19	1. Sabbat und allgemeine Aufstellung	31,12-17; 25,1-7
35,20–36,7	2. Vorbereitungen	
35,20-29	Materialabgabe 1	
35,30–36,2	Auswahl der Kunsthandwerker	31,1-6
36,3-7	Materialabgabe 2	
36,8–38,20	3. Fertigstellung aller Teile des Heiligtums	
36,8-19	Zeltplanen	26,1-14
36,20-34	Gerüststruktur	26,15-30
36,35-38	innerer Vorhang	26,31-37
37,1-9	Bundeslade	25,10-22
37,10-16	Schaubrottisch	25,23-30
37,17-24	Leuchter	25,31-40
37,25-29	Räucheraltar	30,1-10; 30,22-38
38,1-7	Brandopferaltar	27,1-8
38,8	Waschbecken	30,17-21
38,9-20	Vorhof	27,9-19
38,21-31	4. Abrechnung des Materials	
39,1-31	5. Fertigstellung der Priestergewänder	28,1-43
39,32-43	6. allgemeine Aufstellung	
40,1-15	7. Anweisungen zum Aufbau	
40,16-33	8. Ausführung des Aufbaus	

Es fällt auf, dass die Abfolge der einzelnen Elemente, bezogen auf deren lokale Anordnung, nun eher von außen nach innen geordnet ist: Zuerst wird die äußere Struktur der Wohnung konstruiert, dann die Einrichtungsgegenstände. Altar und Waschbecken sind außerhalb des Zeltes, und der Vorhof grenzt letztlich die gesamte Konstruktion nach außen ab (vgl. Jacob, 994f). Im Anschluss folgt die Herstellung der Priestergewänder, so wie auch im Anweisungsteil. Diesem allen sind zusammenfassende Listen zugeordnet, die einen literarischen Rahmen bieten, die nochmals in einer überschaubareren Weise die Vollständigkeit der Ausführungen unterstreichen. Diesem kommunikativen Ziel scheinen auch die Anweisungen und der Bericht zum abschließenden Aufbau des Heiligtums (40,1-33) zu dienen.

Das eigentlich Neue in diesem Großabschnitt ist der Bericht zu den Vorbereitungen (35,20–36,7), der in enger Verbindung zu Kap. 32–34 steht. Hier drückt sich die Dankbarkeit des Volkes für die Bundeserneuerung wohl am stärksten aus. Es fehlt interessanterweise eine Entsprechung zu den Anweisungen zur Priesterweihe und den Opfern (29,1–31,10). Diese Elemente, die die Fortdauer des Kults selbst betreffen, werden später nachgeliefert (3. Mose) und hier zugunsten der Konzentration auf die Vorbedingungen zum Wohnen Gottes in Israel zurückgestellt. Der Gottesdienst ist nur dann sinnvoll, wenn sich Israel der Gottesnähe bewusst sein kann.

2.4.4.3 Auslegung

In der Gesamtanlage wollen die Kap. 35–40 als Ausführungsbericht der Anweisungen verstanden werden, die Mose auf dem Berg von JHWH empfangen hatte (Kap. 25–31). Wer Kap. 35–40 lediglich als bürokratisch motivierte Wiederholung oder redaktionelle Dopplung liest, geht am eigentlichen Kern des Textes vorbei. Wiederholungen laden zum Vergleichen ein. Durch das Vergleichen wird hier deutlich, welche wichtige Rolle Kap. 32–34 in der Anlage von 2. Mose spielen. Die immer wiederkehrende Entsprechungsformel „wie JHWH es Mose befohlen hatte" macht deutlich, dass dieses Werk der Menschen ganz den göttlichen Vorstellungen entspricht, was gerade nach der Katastrophe des Goldenen Kalbes ein ganz eigenes Gewicht bekommt. Das Heiligtum muss nach Kap. 32–34 als Antwort Israels auf Gottes Vergebung gelesen werden, und nicht einfach als Gehorsam gegenüber den Anweisungen aus Kap. 25–31. Das Volk reagiert aus vollem Herzen und freien Stücken, wie die überschwängliche Materialabgabe deutlich macht (35,20-29; 36,3-7), und setzt seine gottgegebene Kreativität für Gott ein (35,30–36,2).

Die große Gottesrede von Kap. 25–31 hat vor allem die Funktion der einzelnen Bestandteile des Heiligtums im Blick, wogegen der Baubericht vor allem auf das „Wie" der Ausführung abzielt: „analog, aber nicht identisch" (Jacob, 995). Dabei ist das Urteil des Autors bzw. Moses oder Gottes entscheidend, wie die Entsprechungsformel (s.o.) verdeutlicht. Damit diese Formel nicht einfach nur für sich steht, geht der Text in genau die Details, die uns als moderne Leser so überflüssig erscheinen: Bis ins Kleinste entspricht das Heiligtum der Idee Gottes.

Wie bereits im Kommentar zu Kap. 25–31 immer wieder angemerkt, wollen diese vielen Details jedoch nicht den Leser zum Nachbau motivieren, sondern vielmehr ein Bild vor seinem inneren Auge entstehen lassen, welches sich nach dem Lesen von Kap. 35–40 auf ein gehorsames, begeistertes und kreatives Volk ausdehnt. Nachdem zum Heiligtum noch der Aspekt des vergebungsbereiten Gottes dazugekommen ist, kommt jetzt noch eine Anbetungsgemeinschaft hinzu, die aus freien Stücken, aufopfernd und kreativ ihr Bestes gibt, damit sie die Gegenwart ihres großartigen Gottes in ihrer Mitte feiern können. Dieses Wüstenheiligtum ist nicht Ausdruck einer Obsession mit Ordnung, Struktur und Ritus, sondern Ort der lebendigen Gemeinschaft von Gott und Mensch.

Nun sollen noch Anmerkungen zu einzelnen Aspekten des Textes folgen. Wieder versammelt sich das Volk (35,1). Diesmal allerdings nicht, um gegen die Leiterschaft zu murren, wie vor der Schaffung des Goldenen Kalbes, sondern um zu hören, was sie zu tun haben und wie sie gemeinsam etwas schaffen können, was der Gegenwart Gottes unter ihnen angemessen ist.

Dass der Abschnitt mit dem Sabbat beginnt (35,1-3), ist ein direkter Verweis auf 31,12-17. Hier wurde der Sabbat als das Bundeszeichen erwähnt. Nach der Bundeserneuerung wird dieses zentrale Symbol wiederholt und möglicherweise den ganzen Aktivitäten, die nun rund um das Heiligtum entstehen, gegenübergestellt. Die Verbindung zur Schöpfungserzählung wird über 20,8-11 zusammen mit dem ganzen Schaffen und Beurteilen des Geschaffenen deutlich. Bei all der Kreativität und Geschäftigkeit kommt aber der alltäglichste Ausdruck des Bundes nicht zu kurz. Letztlich ist das Zeltheiligtum auf das Vorübergehende angelegt, der Sabbat hingegen soll und wird es überdauern (Dohmen 2004, 394-395), so wie der Bund, dessen Bestand ja gerade eben erst auf die Vergebungsbereitschaft Gottes gegründet wurde.

Die Sammlung der Abgaben (35,20-29; 36,3-7) für das Konstruktionsmaterial ist von dem Refrain geprägt, dass sie es freiwillig taten, „im Herzen motiviert", „in ihrem Geist angetrieben". Das Herz ist im Alten Testament nicht primär der Sitz der Emotionen, sondern des Denkens, Planens, Überlegens und Wollens. Ihrer Freiwilligkeit entspricht dann auch ihre Freigiebigkeit (36,5.7). Hier spendet jeder Einzelne für das Werk aller. Das Volk wird geeint durch das gemeinsame Projekt, einen Raum für Gott zu schaffen (vgl. Krochmalnik, 151). Es gibt zwar einige, die besonders begabt sind, das Werk auszuführen (35,30–36,2), doch alle beteiligen sich durch die Gaben (vgl. auch 38,21-31). Vielleicht ist diese betonte Einheit und Einmütigkeit des Volkes auch der Grund, warum bei den Priestergewändern vor allem die Brusttasche besonders genau beschrieben wird (39,6-21), die ja gerade zum Ziel hat, Gottes Volk als Einheit in all ihren Teilen vor Gott zu repräsentieren.

Die Berufung der Kunsthandwerker mit der Betonung der Weisheit, Kunstfertigkeit, Einsicht, Erkenntnis und Kreativität legt nahe, dass hier nicht einfach Menschen einen exakten Plan abarbeiten, sondern dass gerade in der Betonung des Künstlerischen zum Ausdruck kommt, dass hier Israels Werk entsteht (Dohmen 2004, 395).

Ein übersetzerisches Problem ist 38,8, wo die Herstellung des Waschbeckens berichtet wird. Die „Spiegel der diensttuenden Frauen" sind aus der Annahme entstanden, dass der zweite Teil des Satzes das Material angeben soll, welches für das Becken verwendet wurde. Daran haben sich dann allerlei Spekulationen zu Kultprostitution und andere religionsgeschichtliche Hypothesen entzündet. Solche Spekulationen entsprechen dem Text in seinem Kontext in keiner Weise. In der Tat werden „Frauen" hier überhaupt nicht erwähnt, sondern werden aus dem Partizip Feminin um Plural von „dienen" abgeleitet, ebenso die „Spiegel", die hier ein Partizip Femininum Plural von „sehen/erkennen" wiedergeben. Ich folge Dohmen 2004, 396-398, der das zweite Partizip nicht mit Personen zusammenbringt, sondern mit guten Gründen auf die Möglichkeit verweist, das „Dienen" als Nomen zu verstehen, welches dann im Relativsatz erklärt wird. Das erste Partizip „Erkennen/Erscheinung" verweist dann auf die Perspektive, aus der das Becken hier betrachtet wird: „im Blick auf",

„bezogen auf" jenes Dienen am Heiligtum. Dies passt sehr gut zum Kontext, da ja das Waschen am Becken den Priestern erst den Dienst am Heiligtum ermöglicht. So steht hier die Funktion des Beckens im Zentrum.

Die Aufzählung der verwendeten Edelmetalle in 38,21-30 (ca. 1000 kg Gold, 3450 kg Silber und 2430 kg Kupfer) soll wahrscheinlich die Bedeutung und Kostbarkeit des Begegnungszeltes unterstreichen. Diese Mengen waren wohl durchaus nicht unrealistisch für den Alten Orient in jener Zeit (Durham, 490). Zur Anzahl der Israeliten (38,26) vgl. die Einleitung, und speziell zu dieser Stelle siehe Kitchen, 347.

Zu einem ersten Höhepunkt kommt die Erzählung in 39,42-43. Nach der ein wenig erweiterten Entsprechungsnotiz wird berichtet, wie Mose das Werk „sieht", darauf nochmals die Entsprechungsformel wiederholt und das Volk segnet. Diese zwei Verse knüpfen somit sehr deutlich an 1Mo 1,28.31 an. Diese Verbindung zur Schöpfungserzählung wird dann noch weiter gezogen, wenn 40,2 vom „ersten Tag des ersten Monats" als dem Tag redet, an dem das Zelt aufgebaut werden soll. Hier ist also ein Neuanfang für Israel markiert. Das große Werk, die „zweite Schöpfung" sozusagen, ist vollendet, und nun beginnt ein neuer Abschnitt für Israel. So kann dann auch nach dem Bericht zum Aufbau der Wohnung („So vollendete Mose das Werk", 40,33) Gottes Inbesitznahme des Ganzen stattfinden.

2.4.4.4 Anregung zur Bibelarbeit

In seiner Gesamtanlage hält Kap. 25–40 das zusammen, was so oft getrennt wird: Spontaneität und Regelungen, Kreativität und genaue Vorstellungen, Sünde und Vergebung, Freiwilligkeit und Pflichtbewusstsein. Die Betonung liegt dabei immer auf dem Sinn, der hinter allem steht. Letztlich sind sowohl das Zeltheiligtum selbst als auch die gemeinsame Anstrengung ihrer Konstruktion Zeichen der Heiligkeit Gottes, die im Volk wohnt. In einer Studiengruppe zum Text wäre es denkbar, diese einzelnen Aspekte in einer Art Tabelle zusammenzufassen und einerseits vom Text her konkret zu füllen und dann aber auch darüber nachzudenken, welche Bereiche in der eigenen Gemeinde bereits gut ausgeprägt sind und welche noch der Nachbesserung bedürfen. Dabei sollte bewusst reflektiert werden, welche Beziehung zwischen dem konkreten Schritt (z.B. der Auswahl der Musik, dem von der Gemeinde unterstützten Altenpflegeheim, dem Neubau des Gemeindesaales oder der Organisation der Finanzen der Gemeinde …) und der Gegenwart Gottes in der Gemeinde besteht. Letztlich muss in allem, was wir tun, deutlich werden, dass wir Gottes Gegenwart für die Menschen um uns herum sichtbar und fruchtbar machen.

Gottesdienst kann und wird immer auch Geld kosten. Dabei ist Gottesdienst nicht beschränkt auf das gemeinsame Singen, Beten und Hören, sondern kann weiter gefasst werden, denn auch soziale Aktion, Evangelisation, Mission, Kunst oder Gebäude können, wenn sie entsprechend motiviert sind, zum Ausdruck unseres Gottesdienstes werden. Gottes Wohnen in dieser Welt kann viele Formen annehmen. Wichtig dabei ist das Konzept, welches hinter diesen Formen steht. Beim Heiligtum steht sozusagen die Schöpfung Gottes Pate. Es ist die menschliche Antwort auf Gottes Wunsch, mit uns zu sein – und wo Gott ist, da wird seine lebensschaffende und lebensbejahende Kraft zum Vorschein kommen. Vielleicht ist es die moderne Idee von der individuellen Unabhängigkeit, die uns so knauserig macht, für die Gemeinschaft zu spenden. Denn alles, was ich weggebe, kann ich nicht mehr für mich ausgeben und wird mir an irgendeiner Stelle zur Erfüllung meiner hart erarbeiteten Unabhängigkeit fehlen. Angst und Egoismus sind hier die treibenden Kräfte. Etwas, das Gottes Heiligkeit und seine Werte für diese Welt spiegeln soll, sei es eine architektonische oder eine soziale Einrichtung, wird nie durch Menschen realisiert werden, die der Illusion ihrer Unabhängigkeit nachlaufen, sondern nur von Menschen, die wissen, dass ihr Leben nichts als Geschenk ist, und daher ohne Angst geben können, allein aus Dankbarkeit oder einfach weil es richtig ist zu geben. „An die Stelle von Angst tritt Dankbarkeit und an die Stelle von Egoismus tritt außergewöhnliche Großzügigkeit“ (nach Brueggemann, 963).

2.4.5 Schluss: Gott nimmt Wohnung in Israel (40,34-38)

2.4.5.1 Übersetzung

40,34 Da bedeckte die Wolke das Zelt der Begegnung, und die Herrlichkeit JHWHs erfüllte die Wohnung. 35 Mose konnte nicht in das Zelt der Begegnung hineingehen, weil die Wolke in ihm wohnte und die Herrlichkeit JHWHs die Wohnung ausfüllte.

36 Immer, wenn sich die Wolke von der Wohnung erhob, brachen die Israeliten auf, während all ihrer Wanderungen. 37 Wenn aber die Wolke sich nicht erhob, brachen sie nicht auf bis zu dem Tag, an dem sie sich erhob. 38 Die Wolke JHWHs war tagsüber auf der Wohnung, nachts aber war Feuer in ihr vor den Augen des ganzen Hauses Israels während all ihrer Wanderungen.

2.4.5.2 Auslegung

Dieser Text ist der Höhepunkt des ganzen Buches. Mit äußerst wenigen Worten und dann noch recht wiederholend, wird das beschrieben, worauf die Erzählung hin ausgerichtet war: Gottes leibhaftige Gegenwart inmitten Israels. So wurden sie aus der ägyptischen Sklaverei befreit, um einem neuen Herrn zu dienen, ihrem von den Vätern „geerbten" Bundesgott. Dieser Bundesgott hat dieses Volk trotz ihrer ausgeprägten Tendenz zu Unzufriedenheit, zu fehlendem Vertrauen und zu krasser Abgötterei bestimmt, ein priesterliches Volk für alle anderen Völker zu sein. Mit dieser Ehre und Aufgabe geht allerdings auch die Pflicht einher, in einer gewissen Gottesnähe zu leben. Dies ist anspruchsvoll, wie die ganze Anlage des Heiligtums zeigt. Doch Gottes Gegenwart in Israel ist unverzichtbar, und so wird nun beschrieben, wie JHWH sich seine „Wohnung" heiligt, sie erfüllt, sodass selbst Mose nicht hinzutreten kann. Der „Sinai" ist nun inmitten des Lagers. Nicht mehr der hohe, unantastbare Berg beherbergt Gott, sondern ebenjenes mobile Heiligtum, welches nun den Takt der weiteren Wanderung angibt (40,36-38).

Dieser Blick nach vorne ist an dieser Stelle vielsagend, da der große Erzählentwurf der Thora den Aufbruch vom Sinai erst in 4Mo 10 ansetzt. Das Begegnungszelt wurde „zum wandernden Sinai" (Jacob, 1032), und damit waren die Gegenwart Gottes, sein Schutz, seine Versorgung und seine Offenbarung ortsunabhängig. Dies ist der Beginn einer Theologie, die Israel später durch die Exilzeit helfen sollte und auch sonst weitreichende Konsequenzen hatte, da man diesem Gott überall dienen konnte. Diese Sicht geht dann sogar noch weiter in dem Wissen, dass das Zeltheiligtum von der ganzen Anlage her ein Provisorium sein musste. Die eigentliche Konstante waren der Gottesdienst und der Sabbat. Das Land war zwar immer noch Gegenstand der Väterverheißungen und wichtiges Ziel des Volkes, doch ist aus der Perspektive von 2. Mose letztlich die ganze Welt das Land der Verheißung, was auch durch die vielen Beziehungen zur Schöpfungsgeschichte gestützt wird.

2.4.5.3 Anregung zur Bibelarbeit

In der jüdischen Theologie wurde der Begriff *Schechina* (von hebr. „wohnen") geprägt für die irdische Gegenwart des transzendenten Gottes. Diese Gegenwart Gottes ist nicht gebunden an das Heiligtum, sondern dort, wo Gott will, wird er sich offenbaren. Gott wird durch seine Gegenwart in Israel nicht verfügbar, sondern er ist einfach dabei. Viele der menschlichen Bemühungen um die göttliche Gegenwart (Tempelbau, Magie, Fetische, Götzenbilder bis hin zum Missbrauch von eigentlich wünschenswerten religiösen Ausdrucksformen wie Gebet, Fasten, Meditation) zielen letztlich darauf ab, diesen Gott im Griff zu haben, ihn zum eigenen Vorteil einzuspannen. Derartigen Bemühungen entzieht sich der Gott Israels. Das wurde bereits in Bezug auf den Namen Gottes deutlich (2Mo 3). Auch in der Diskussion um Gottes Vergebung nach dem Goldenen Kalb (Kap. 33–34) wird Gottes Souveränität betont. Mit dem letzten Schritt zum Wohnungnehmen Gottes bindet sich Gott in einer gewissen Weise an dieses Heiligtum, doch wird gleich nachgeschoben, dass er der Bestimmende ist.

Diese Einstellung zur Gegenwart Gottes, die das Nachfolgen betont, muss immer wieder neu erkämpft werden, da die menschliche Tendenz immer dahin geht, selbst die Kontrolle übernehmen zu wollen. Nun ist sichergestellt, dass die göttliche Gegenwart die Gemeinschaft des Glaubens verändern kann.

Eine Bibelstudiengruppe könnte diesen Abschlusstext zum Anlass nehmen, die angedeuteten großen Themen des Buches 2. Mose zu rekapitulieren und gedanklich miteinander zu verbinden.

Gottes Initiative bei der Orientierung und Offenbarung spielt auch für die christliche Kirche eine zentrale Rolle. Die Gruppe könnte aufgefordert werden zu sammeln, welche Traditionen und Praktiken ihrer Gemeinde ihnen helfen oder sie hindern, dem Heiligen Geist zu folgen.

Gebet ist ein Thema heutiger Frömmigkeit, an welchem diese Gedanken konkret werden können. Bei aller berechtigter Beharrlichkeit im Gebet, selbst wenn es sich auf Gottes Verheißungen gründen will, dürfen wir nicht vergessen, dass es unsere möglicherweise fehlbaren Auslegungen dieser Verheißungen sind, die uns eine falsche Sicherheit in Bezug auf unser Gebet vermitteln. Wir sollten auf Gott vertrauen und hoffen, nicht auf unser Gebet, nicht auf all die Voraussetzungen, die wir meinen, erfüllt zu haben, bevor wir beten. „Wirksames Gebet" ist ein Widerspruch in sich, wenn wir an einen souveränen Gott glauben. Gott wirkt, und er wirkt so, wie er es will. Gebet sollte aus dieser Perspektive eher als Angebot Gottes zu gegenseitiger Gemeinschaft verstanden werden – dies wiederum ist unmittelbar mit dem Zeltheiligtum, mit Gottes Gegenwart bei uns, verbunden.

3 Bibliografie

Albright, W.F., „The Name Yahweh". *Journal of Biblical Literature* 43 (1924), 370-378.

Assmann, J., *Herrschaft und Heil: Politische Theologie in Ägypten, Israel und Europa*. Darmstadt: Wissenschaftliche Buchgesellschaft, 2000.

Ders., *Exodus. Die Revolution der Alten Welt*. Darmstadt: Wissenschaftliche Buchgesellschaft, 2015.

Baltzer, K., *Das Bundesformular*. Neukirchen-Vluyn: Neukirchener, 1964.

Becker, J., „Zur ‚Ich bin'-Formel im Alten Testament". *Biblische Notizen* 98 (1999), 45-54.

Ber, V., „Moses and Jethro: Harmony and Conflict in the Interpretation of Exodus 18". *Communio viatorum* 50 (2008), 147-170.

Beyerlin, W., *Religionsgeschichtliches Textbuch zum Alten Testament*. Altes Testament Deutsch, Ergänzungsreihe *1*. Göttingen: Vandenhoeck & Ruprecht, 1975.

Bietak, M., „On the Historicity of the Exodus: What Egyptology Today Can Contribute to Assessing the Biblical Account of the Sojourn in Egypt". In T.E. Levy, T. Schneider, W.H.C. Propp (Hrsg.), *Israel's Exodus in Transdisciplinary Perspective* (S. 17–37). Cham: Springer, 2015.

Boecker, H.J., *Recht und Gesetz im Alten Testament und im Alten Orient*. 2. Auflage. Neukirchen: Neukirchener, 1984.

Bottéro, J., *Mesopotamia: Writing, Reasoning, and the Gods*. Chicago: University of Chicago Press, 1992.

Brueggemann, W., „The Book of Exodus". In *The New Interpreters Bible*, 1:675-1191. Nashville: Abingdon, 1994.

Childs, B.S., *The Book of Exodus: A Critical Theological Commentary. OTL*. 3. Auflage. Louisville: Westminster, 1976.

Chirichigno, G.C., *Debt-Slavery in Israel and in the Ancient Near East*. Journal for the study of the Old Testament Supplementum 141. Sheffield: Sheffield University Press, 1993.

Coats, G.W., „Self-Abasement and Insult Formulas". *Journal of Biblical Literature* 89 (1970), 14-26.

Cross F.M., „Yahweh and the God of the Patriarchs". *Harvard Theological Review* 55 (1962), 225-259.

Crüsemann, F., *Die Tora: Theologie und Sozialgeschichte des alttestamentlichen Gesetzes*. München: Kaiser, 1992.

Davies, J.A., *A Royal Priesthood: Literary and Intertextual Perspectives on an Image of Israel in Exodus 19.6*. London, New York: T&T Clark, 2004.

Dohmen, C., *Exodus 19–40*. Herders theologischer Kommentar zum Alten Testament. Freiburg: Herder, 2004.

Dohmen, C., *Exodus 1–18*. Herders theologischer Kommentar zum Alten Testament. Freiburg: Herder, 2015.

Durham, J.D., *Exodus. Word Biblical Commentary 3*. Waco, Texas: Word Books, 1987.

Exum, J.C., „‚You Shall Let Every Daughter Live'. A Case Study of Exodus 1:8–2:10". *Semeia* 28 (1983), 63-82.

Fischer, G., „Gottes Offenbarung am Dornbusch. Und die Berufung des Mose (Ex 3–4)". *Bibel und Kirche* 62 (2007), 227-231.

Freedman, D.N., „The Name of the God of Moses". *Journal of Biblical Literature* 79 (1960), 151-156.

Fretheim, T.E., *Exodus*. Louisville: John Knox Press, 1991.

Fretheim, T.E., „Because the Whole Earth is Mine: Theme and Narrative in Exodus". *Interpretation* 50 (1996a), 229-239.

Fretheim, T.E., *The Pentateuch. Interpreting Biblical Texts*. Nashville: Abingdon, 1996b.

Graupner, A., „Vergeltung oder Schadensersatz? Erwägungen zur regulativen Idee alttestamentlichen Rechts am Beispiel des ius talionis und der mehrfachen Ersatzleistung im Bundesbuch". *Evangelische Theologie* 65 (2005), 459-477.

Hoffmeier, J.K., *Israel in Egypt: The Evidence for the Authenticity of the Exodus Tradition*. New York, Oxford: Oxford University Press, 1997.

Hoffmeier, J.K., „What is the Biblical Date for the Exodus?" *Journal of the Evangelical Theological Society* 50 (2007), 225-247.

Houtman, C., *Exodus Volume II*. Historical Commentary on the Old Testament. Kampen: KOK, 1993a.

Houtman, C., *Exodus Volume I.* Historical Commentary on the Old Testament. Kampen: KOK, 1993b.

Houtman, C., *Das Bundesbuch: Ein Kommentar.* Documenta et Monumenta Orientis Antiqui 24. Leiden: Brill, 1997.

Houtman, C., „Pentateuchal Criticism“. In John H. Hayes, *Dictionary of Biblical Interpretation* Band 2, K-Z. Nashville: Abingdon Press, 1999, 257-262.

Houtman, C., *Exodus Volume III.* Historical Commentary on the Old Testament. Leuven: Peeters, 2000.

Jackson, B.S., *Studies in the Semiotics of Biblical Law.* Journal for the Study of the Old Testament Supplementum 314. Sheffield: Sheffield Academic Press, 2000.

Jacob, B., *Das Buch Exodus.* Stuttgart: Calwer, 1997.

Kaiser, O., *Der Gott des Alten Testaments. Theologie des Alten Testaments. Band 3. Wesen und Wirken: Jahwes Gerechtigkeit.* Uni-Taschenbücher 2392. Göttingen: Vandenhoeck & Ruprecht, 2003.

Kellenberger, E., „Theologische Eigenarten der Verstockung Pharaos in Ex 4–14“. Theologische Zeitschrift 58 (2002), 109-113.

Kellenberger, E., *Die Verstockung Pharaos. Exegetische und auslegungsgeschichtliche Untersuchungen zu Exodus 1–15.* Stuttgart: Kohlhammer, 2006.

Kitchen, K.A., *Das Alte Testament und der Vordere Orient: Zur historischen Zuverlässigkeit biblischer Geschichte.* Gießen, Basel: Brunnen, 2008.

Klawans, J., *Impurity and Sin in Ancient Judaism.* Oxford; New York: Oxford University Press, 2000.

Klein, R.W., „Back to the Future: The Tabernacle in the Book of Exodus“. *Interpretation* 50 (1996), 264-276.

Kratz, R.G., „Der Dekalog im Bundesbuch“. *Vetus Testamentum* 44 (1994), 205-238.

Krochmalnik, D., *Das Buch Exodus im Judentum.* Stuttgart: Katholisches Bibelwerk, 2000.

Kupfer, C.D., *Mit Israel auf dem Weg durch die Wüste. Eine leserorientierte Exegese der Rebellionstexte in Exodus 15:22–17:7 und Numeri 11:1–20:13.* Leiden: Brill, 2012.

Kürle, S., *The Appeal of Exodus. The Characters God, Moses and Israel in the Rhetoric of the Book of Exodus.* Paternoster Biblical Monographs. Milton Keynes: Paternoster, 2013.

Limbeck, M., *Das Gesetz im Alten und Neuen Testament.* Darmstadt: Wissenschaftliche Buchgesellschaft, 1997.

Lohse, B., *Luthers Theologie in ihrer historischen Entwicklung und in ihrem systematischen Zusammenhang.* Göttingen: Vandenhoeck & Ruprecht, 1995.

Lundbom, J.R., „God's use of the Idem per Idem to Terminate Debate." *Harvard Theological Review* 71 (1978), 193-201.

McCarthy, D.J., *Treaty* and *Covenant: A Study in Form in the Ancient Oriental Documents and in the Old Testament.* Rom: Pontificio Istituto Biblico, 1963.

McCarthy, D.J., *Old Testament and Covenant: A Survey of Current Opinions.* Oxford: Blackwell, 1972.

McConville, J.G., *Deuteronomy.* Apollos Old Testament Commentary. Downers Grove: InterVarsity Press, 2002.

Mendenhall, G.E., „Covenant Forms in Israelite Tradition". *Biblical Archaeologist* 17 (1954), 50-76.

Merrill, E.H., „Rameses II and the Exodus: A Case of Mistaken Identity". In M.J. Geller, A.R. Millard, B. Oded, G. Galil (Hrsg.), *Homeland and Exile: Biblical and Ancient Near Eastern Studies in Honour of Bustenay Oded* Leiden: Brill, 2009, 533-545.

Otto, E., „Die Bedeutung der altorientalischen Rechtsgeschichte für das Verständnis des AltenTestaments". *Zeitschrift für Theologie und Kirche* 88 (1991), 139-168.

Patrick, D., „Is the Truth of the First Commandment Known by Reason?" *Catholic Biblical Quarterly* 56 (1994), 423-441.

Redford, D.B., „The Literary Motif of the Exposed Child (cf. Ex. ii 1-10)". *Numen* 14 (1967), 209-228.

Rendtorff, R., *Das überlieferungsgeschichtliche Problem des Pentateuch.* Göttingen: de Gruyter, 1977.

Rendtorff, R. *Theologie des Alten Testaments. Ein kanonischer Entwurf Band 2: Thematische Entfaltung.* Neukirchen-Vluyn: Neukirchener, 2001.

Riecker, S., *Ein Priestervolk für alle Völker. Der Segensauftrag Israels für alle Nationen in der Tora und den vorderen Propheten*. Stuttgart: Katholisches Bibelwerk, 2007.

Roth, M.T., *Law Collections from Mesopotamia and Asia Minor*. SBL Writings from the Ancient World Series. Band 6. 2. Auflage. Atlanta: Scholars Press, 1997.

Sarna, N.M., *Exodus – Shemot*. The JPS Torah Commentary 2. Philadelphia: Jewish Publication Society, 1991.

Schmidt, W.H., *Exodus, Sinai und Mose: Erwägungen zu Ex 1–19 und 24*. Darmstadt: Wissenschaftliche Buchgesellschaft, 1983.

Schmidt, W.H. / Delkurt, H., *Die Zehn Gebote im Rahmen alttestamentlicher Ethik*. Darmstadt: Wissenschaftliche Buchgesellschaft, 1993.

Scoralick, R., „‚JHWH, JHWH, ein gnädiger und barmherziger Gott' (Ex 34,6). Die Gottesprädikationen aus Ex 34,6f. in ihrem Kontext in Kapitel 32–34." In E. Blum / M. Köckert. *Gottes Volk am Sinai*. Gütersloh: Gütersloher Verlagshaus, 2001, 141-156.

Scoralick, R. *Gottes Güte und Gottes Zorn. Die Gottesprädikationen in Exodus 34,6f und ihre intertextuellen Beziehungen zum Zwölfprophetenbuch. HBS 33*. Freiburg: Herder, 2002.

Siebert-Hommes, J. „Die Geburtsgeschichte des Mose innerhalb des Erzählzusammenhangs von Exodus I und II." *Vetus Testamentum* 42 (1992), 398-403.

Soden, W. von, „Jahwe, Er ist, Er erweist sich'." In H.-P. Müller. *Bibel und Alter Orient. Altorientalische Beiträge zum Alten Testament von Wolfram von Soden*. Beiträge zur alttestamentlichen Wissenschaft 162. Göttingen: Vandenhoeck & Ruprecht, 1985, 78-88.

Sprinkle, J.M., *The Book of the Covenant: A Literary Approach*. Journal for the Study of the Old Testament Supplementum 174. Sheffield: JSOT Press, 1994.

Steins, G. „Den anstößigen Text vom Durchzug durchs Schilfmeer (Ex 14) neu lesen. Oder: Wie der Bibelkanon uns Gottes Rettung nahe bringt". *Bible und Kirche* 62 (2007), 232-237.

Sternberg, M., *The Poetics of Biblical Narrative: Ideological Literature and the Drama of Reading.* Indiana Literary Biblical Series. Bloomington: Indiana University Press, 1987.

Watts, J.W., *Psalm and Story: Inset Hymns in Hebrew Narrative.* Journal for the Study of the Old Testament Supplementum 139. Sheffield: Sheffield Academic Press, 1992.

Watts, J.W., „The Legal Characterization of God in the Pentateuch". *Hebrew Union College Annual* 67 (1996), 1-14.

Watts, J.W., „Reader Identification and Alienation in the Legal Rhetoric of the Pentateuch". *Biblical Interpretation* 7 (1999), 101-112.

Weber, B., „‚Jede Tochter aber sollt ihr am Leben lassen!' Beobachtungen zu Ex 1,15–2,10 und seinem Kontext aus literaturwissenschaftlicher Perspektive". *Biblische Notizen* 55 (1990), 44-77.

Weimar, P. Zenger, E.; *Exodus: Geschichten und Geschichte der Befreiung Israels.* Stuttgarter Bibelstudien 75. Stuttgart: Katholisches Bibelwerk, 1975.

Wenham, G.J., *Story as Torah: Reading Old Testament Narrative Ethically.* Edinburgh: T&T Clark, 2000.

Willi-Plein, I., „Ort und literarische Funktion der Geburtsgeschichte des Mose". *Vetus Testamentum* 41 (1991), 110-118.

Wood, B.G., „The Rise and Fall of the 13th-Century Exodus-Conquest Theory". *Journal of the Evangelical Theological Society* 48 (2005), 475-489.

Wood, B.G., „The Biblical Date for the Exodus is 1446 BC". *Journal of the Evangelical Theological Society* 50 (2007), 249-258.

Wright, N.T., *Jesus and the Victory of God.* Minneapolis: Fortress, 1996.

Young, R.C., „A Critical Analysis of the Evidence from Ralph Hawkins for a Late-Date Exodus-Conquest". *Journal of the Evangelical Theological Society* 51 (2008), 225-243.

Zenger, E.A., *God of Vengeance? Understanding the Psalms of Divine Wrath.* Louisville: Westminster John Knox Press, 1996.

Zenger, E. / Fabry, H.J., *Einleitung in das Alte Testament.* Kohlhammer Studienbücher Theologie 1.1. 5. Aufl. Stuttgart: Kohlhammer, 2004.

Zimmerli, W. *Grundriß der alttestamentlichen Theologie.* Theologische Wissenschaft 3,1. Stuttgart: Kohlhammer, 1999.